Stefan Weinfurter

Das Reich im Mittelalter

Stefan Weinfurter

Das Reich im Mittelalter

Kleine deutsche Geschichte von 500 bis 1500

C.H.Beck

Mit 7 Abbildungen, 8 Karten und 8 Stammbäumen

1. Auflage. 2008
2., durchgesehene und aktualisierte Auflage. 2011
3., aktualisierte Auflage. 2018

4., aktualisierte Auflage. 2021

www.chbeck.de
Umschlaggestaltung: Kunst oder Reklame, München
Umschlagmotiv: Adlerfibel aus dem Schmuck der Kaiserin Gisela, erste Hälfte des 11. Jahrhunderts, Landesmuseum Mainz;
Photo: Gallimard – Photothek
Satz: Janß GmbH, Pfungstadt
Druck und Bindung: CPI – Ebner & Spiegel, Ulm
Gedruckt auf alterungsbeständigem Papier
Printed in Germany
ISBN 978 3 406 77835 3

klimaneutral produziert
www.chbeck.de/nachhaltig

Inhalt

Einleitung

Vor über zwei Jahrhunderten, 1806, ging das Heilige Römische Reich deutscher Nation zu Ende. Der habsburgische Kaiser Franz II. legte die Kaiserkrone dieses Reichs nieder, und damit löste sich ein politisches Gebilde von ganz eigener und besonderer Art auf – ein Reich, das fast 1000 Jahre Bestand gehabt hatte. Sein Ende hatte viele Gründe: Der Nationalstaat war im Begriff, sich durchzusetzen, die Aufklärung trieb die Säkularisation der geistlichen Fürstentümer voran, vor allem aber wirkte die Neugestaltung Europas, die Napoleon vorgenommen hatte. Der Rheinländer Joseph Görres sah das Alte Reich schon 1797 mit der Eroberung der Stadt Mainz durch die Franzosen ins Herz getroffen. Mainz war bis dahin der altehrwürdige Sitz des ersten und vornehmsten der geistlichen Kurfürsten gewesen – war er doch zugleich der Erzkanzler des Reichs. So schrieb Joseph Görres am 7. Januar 1798 seine «Rede auf den Untergang des Heiligen Römischen Reiches» und schloss sie mit den Versen:

> «Von der Sense des Todes gemäht, atemlos und bleich,
> Liegt hier das heilige römische Reich.
> Wandrer, schleiche dich leise vorbey, du mögest es wecken,
> (…).
> Ach! Wären die Franzosen nicht gewesen,
> Es würde nicht unter diesem Steine verwesen.
> Requiescat in Pace.»

Aber so rasch verschwindet eine über 1000 Jahre gewachsene politische und gesellschaftliche Ordnung nun doch nicht. Vieles, was das Heilige Römische Reich ausgemacht hat, ist in seinen Auswirkungen bis heute spürbar. Am deutlichsten zeigt sich dies am föderativen Prinzip unserer modernen Staatsordnung. Aber auch in der Gestalt unserer Städte, Dörfer, Klöster, Kirchen, Burgen und Schlösser blieben wesentliche Inhalte dessen, was das Heilige Römische Reich kennzeichnete, erhalten. Die deutsche Sprache hat sich über die Jahrhunderte hin geformt. Die Wurzeln für all dies und letztlich die Prägung unserer gesamten gesellschaftlichen und kulturellen Anfänge erfolgte maßgeblich im Mittelalter, auch wenn wir heute allzu leicht geneigt sind, dies zu übersehen. Aber – auch das gilt es zu beachten – das Mittelalter war lange Zeit nicht «deutsch» im modernen Sinne. Von einem «deutschen Reich» kann man im Mittelalter nur bedingt sprechen, und einen «deutschen Kaiser» gab es erst im 19. Jahrhundert, als der preußische «Weißbart» Wilhelm I. die Kaiserkrone annahm und dabei an den «Rotbart» Friedrich I. Barbarossa anknüpfte. «Deutsch» und die «Deutschen» haben im Mittelalter einen langen Weg über viele Etappen benötigt, um sich so zu formieren, wie wir heute die Begriffe mit Inhalt füllen. Dieser Weg führte mitten durch Europa, und die damit verbundene Entwicklung war immer mit der Geschichte Europas verquickt. Daher müsste man, um den «deutschen Weg» in seinem ganzen Facettenreichtum hervortreten zu lassen, «Europa» viel mehr zu Wort kommen lassen, als es in diesem Buch möglich ist. In dem Bewusstsein, nur eine Auswahl an – freilich bedeutenden – Weg- und Wendemarken zu bieten und nur Entwicklungslinien ziehen zu können, sind die Aspekte, die Schwerpunkte und die historischen Epochen und Zäsuren für dieses Buch und sein Thema gewählt worden.

1. Das Reich der Franken

Die fränkische Reichsgründung

Am Anfang war das Reich – könnte man denken. Das stimmt und stimmt auch wieder nicht. Eine, von der Ausdehnung her gesehen, feste Größe eines Reichs gab es nie. Und außerdem: Von welchem Reich sprechen wir eigentlich? Am Anfang stand jedenfalls nicht ein deutsches Reich, sondern ein Reich der Franken, ein *regnum Francorum*. Es waren kleine fränkische Gruppen, die sich am Niederrhein und am Mittelrhein niedergelassen hatten und im 4. und 5. Jahrhundert nach Christus in den Raum zwischen Aachen und Paris, also in das späte Römische Reich, einsickerten. Wie dieser Prozess vor sich ging, weiß man nicht so genau. Es war die Zeit des Zerfalls des weströmischen Reichs.

Dennoch war es keineswegs so, als hätten die Franken diese Teile des Römischen Reichs erobert. Vielmehr erwiesen sie sich zunächst als loyale Krieger und Heerführer und wurden gar als besonders fähige Soldaten in die römischen Legionen eingegliedert. Sie bewährten sich so gut, dass sie zunehmend das Kommando übernahmen. Durchaus mit Stolz wurde auf einem fränkischen Grabstein vermerkt: «Als Landsmann bin ich ein Franke, als römischer Soldat stehe ich unter Waffen» (*Francus ego civis, miles Romanus in armis*). Ein wichtiges Element des Integrationsprozesses bildeten demnach militärische Leistungen. Am Anfang des Reichs, so könnte man sagen, standen Kriegertum und militärische Bewährung.

Solche Dienste wurden belohnt. Allmählich rückten fränkische Siedler aus ihren bisherigen Gebieten in Toxandrien, dem Raum zwischen der Rhein- und der Scheldemündung, in die romanisierten Gebiete im Westen vor – in etwa der Raum, den wir heute mit Belgien, dem nördlichen Frankreich und dem Niederrhein umschreiben würden. Es scheint, dass sich bald eine der fränkischen Sippen besonders hervortat, nämlich die der Salier, die unter der Führung eines Chlodio stand. Möglicherweise bestand das Kennzeichen von Chlodios Familienclan, der später unter dem Namen Merowinger gefasst wurde, schon in den Anfängen in langer Haartracht. Jedenfalls werden die Könige aus dieser Familie bereits in der *Chronik* des Fredegar (III, 9) im 7. Jahrhundert als «langhaarig» (*crinitus*) bezeichnet.

Die Franken waren nicht sehr zahlreich. Man schätzt, dass es vielleicht zehntausend oder zwanzigtausend kampffähige Männer waren, doch das ist reine Spekulation. Es waren jedenfalls so wenige, dass sie in den galloromischen Regionen noch nicht einmal in der Lage waren, die Sprache der Bevölkerung zu beeinflussen. Aber sie übernahmen die politische Führung, wobei sich die Familie der Merowinger gegen Ende des 5. Jahrhunderts an die Spitze setzte. Einer aus der Sippe Chlodios, Childerich, der das fränkische Kleinreich von Tournai anführte, soll zunächst von den Franken verjagt worden sein, weil «er anfing, ihre Töchter zu missbrauchen» (Gregor von Tours, *Historia Francorum* II, 12). Er unterstellte sich jedenfalls als «Reichsgermane» dem Oberbefehl des gallischen Heerführers Aegidius und errang glänzende Erfolge. Damit verhalf er seinem Herrn um Soissons in Nordgallien zu einer mächtigen Position. Als Aegidius' Sohn, Syagrius, 464 die Herrschaft in Nordgallien übernahm, stand auch Childerich wieder an seiner Seite. Seine fränkisch-barbarische Armee war eine zentrale Stütze der im rapiden Niedergang begriffenen römischen Macht.

Mit einem Schatz aus Waffen, Juwelen und Münzen, die aus byzantinischen, hunnischen, germanischen und galloromischen Werkstätten stammten, wurde Childerich nach seinem Tod 482 beigesetzt. Sein Grab, das 1653 in der Nähe von Tournai aufgefunden wurde, barg einen goldenen Siegelring mit dem Namen und dem Brustbild des Merowingers: *Childirici regis*. Er hatte sich also bereits selbst als *rex*, als König, bezeichnet. Der Dienst für Rom hatte ihn an die Spitze der Gesellschaft gebracht, und seine Welt war durchdrungen von römischer Lebensart.

Mit Chlodwig, seinem Sohn und Nachfolger, kam die Wende – mit ihm, so kann man sagen, begann die Geschichte des fränkischen Reichs. Unterstützt von anderen fränkischen Kleinkönigen schlug er Syagrius 486/487 vernichtend in der Schlacht von Soissons – eine europäische Weichenstellung. Ein romanisierter Barbarenkönig hatte den letzten weströmisch-gallischen Herrscher beseitigt. Ohne Schwierigkeiten trat er an dessen Stelle, übernahm den Oberbefehl über die römisch-fränkische Armee, ließ die römische Provinzverwaltung bestehen und bemächtigte sich der römischen Fiskalländer, deren Steueraufkommen ihm zugute kam. Das Land um Soissons wurde zur Keimzelle des fränkischen Reichs. Die darauf folgenden Siege über andere Stämme festigten Chlodwigs Stellung: 496/497 schlug er bei Zülpich die Alemannen, die damals ihre Gebiete im Elsaß, am nördlichen Mittelrhein und in den rechtsrheinischen Gebieten an Main und Neckar verloren. Als sie sich 506 wieder erhoben, wurde der Aufstand blutig niedergeschlagen. Fortan waren die Alemannen in das Frankenreich einbezogen. 491/492 unterwarf Chlodwig die niederrheinischen Thüringer und zwischen 509 und 511 die rheinischen Franken um Köln. Um 500 setzte er sich gegen die Burgunder durch, die allerdings erst 534 vollständig ins Frankenreich eingegliedert werden konnten. Auch der Zugang zum Mittelmeer durch die Eroberung der Provence gelang erst unter Chlodwigs Nachfolgern (536/537).

Doch die militärische Überlegenheit und die Übernahme der römisch-gallischen Herrschaftsverwaltung allein hätten kaum ausgereicht, um den Beginn einer neuen, weitwirkenden westeuropäischen Reichsgründung in Gang zu bringen. Geradezu entscheidend war es, dass sich Chlodwig dem römisch-christlichen Glauben anschloss. Schon bald erkannte er, der vorher wahrscheinlich dem römischen Polytheismus – und damit dem traditionellen Reichsglauben an Götter wie Jupiter, Saturn, Mars und Merkur – angehangen hatte, dass er sich auf den christlichen Gott als Sieghelfer verlassen könne. Vielleicht aber war es auch seine burgundische Ehefrau Chrodechild, die seinen Sinneswandel herbeiführte. Sie glaubte an den Christengott – und zwar gemäß dem römischen Bekenntnis – und habe «nicht aufgehört, ihm Predigten zu halten», um ihn von den Vorteilen des Wechsels zum Christengott zu überzeugen: Jupiter sei ein schmutziger Eheschänder, und Mars und Merkur hätten auch nicht viel zu bieten. Der Christengott aber habe Himmel und Erde geschaffen, lasse die Sonne leuchten und die Sterne glänzen, habe das Wasser mit Fischen, das Land mit allerlei Getier und die Luft mit Vögeln erfüllt und das Menschengeschlecht erschaffen (Gregor von Tours II, 30). In einer militärischen Notlage, als die Alemannen das Frankenheer zu besiegen drohten, habe dann Chlodwig am Ende tatsächlich die Hilfe von Jesus Christus angerufen, nachdem die römischen Götter keine Reaktion gezeigt hätten. Jedenfalls ließ sich Chlodwig an einem Weihnachtstag um 500 – die genaue Jahreszahl ist umstritten: 496, 498, 500 oder gar 508 – von Bischof Remigius in Reims taufen. Zuvor hatte er sein «Volk» befragt, also seine wichtigsten Gefolgsleute, die ihm zurieten. Die Konversion des Königs zog zwangsläufig auch diejenige seiner Gefolgschaft nach sich: «Mehr als dreitausend aus seinem Heer», so Gregor von Tours in seiner *Frankengeschichte* (II, 31), seien ihrem Herrn bei dem Übertritt gefolgt.

Diese Taufe, so könnte man etwas zugespitzt formulieren, war zugleich die Geburtsstunde des mittelalterlichen Europa. Die Christianisierung der Franken beseitigte die bislang in Gestalt unterschiedlicher Kulte bestehenden Hürden und ermöglichte die enge Zusammenarbeit und schließlich die Verschmelzung mit den Galloromern – den Bauern, Handwerkern und dem Adel Galliens. Dieser Prozess, der die Gesellschaft in allen Schichten erfasste und durchdrang, ist ein Signum des 6. Jahrhunderts.

Andere germanische Völker hatten zwar auch das Christentum angenommen, aber nicht in der römischen Variante. Sie entschieden sich für den arianischen Glauben. Das war die Lehre des Presbyters Arius aus Alexandria (gest. 336), der behauptete, Jesus Christus sei nicht «gottgleich» (*homoousios*), sondern nur «gottähnlich» (*homoiousios*). Nur Gott Vater sei der einzig wahre Gott, und sein Sohn, der unter ihm stehe, sei ein kleinerer und untergeordneter Gott. Der Heilige Geist schließlich sei ein Geschöpf des Sohnes und besitze als dessen Diener (*minister*) eine noch geringere Gotteswürde. Diese vor allem im Osten des Römischen Reichs herrschende Auslegung wurde durch die Bibelübersetzung des westgotischen Bischofs Wulfila (311–383) seinem Volk vermittelt und dann von fast allen germanischen Völkern übernommen. Offenbar entsprach sie deren Vorstellungen einer hausherrschaftlichen Ordnung mit klarer Rangfolge. Aber im Römischen Reich hatte sich durch den Beschluss des Konzils von Nikaia in Kleinasien im Jahre 325 und endgültig dann durch das Konzil von Konstantinopel im Jahre 381 die Lehre von der Wesensgleichheit des Sohnes mit dem Vater durchgesetzt. Sie galt seither in der römischen Kirche als Kriterium der Rechtgläubigkeit.

Angesichts dieser Spaltung wird erst vollends deutlich, von welcher Tragweite der Übertritt Chlodwigs und seiner Franken zur römischen Richtung des Christentums gewesen sein musste. Nur die Franken konnten demnach in diesen innigen, synergetischen Kultur- und Ordnungstransfer mit den Römern und der von ihnen bevorzugten Ausprägung des Christentums eintreten – eines Christentums, dessen kulturelle und politische Wirkungsmacht für die Spätantike hochbedeutend war. Nun konnte ein «Volk der Franken» (*populus Francorum*) entstehen, das sich aus Galliern, Kelten, Römern, Goten, Burgundern – und auch aus Franken zusammensetzte.

Dass auch Chlodwig selbst es für unerträglich gehalten habe, «dass diese Arianer einen Teil Galliens besitzen» (Gregor von Tours, II, 37), klingt nicht unwahrscheinlich, zumal dies eine zusätzliche Motivation dafür bot, 507 das westgotische Reich von Toulouse auszulöschen. Um sich der Gottgefälligkeit seines Plans zu versichern, hatte er zuvor den heiligen Martin an dessen Grab in Tours befragen lassen, ob die Gelegenheit für einen Kriegszug günstig sei. Als seine Boten die Kirche betraten, hörten sie, wie der Vorsänger gerade den Psalm 18, 40 f. anstimmte:

«Herr, Du hast mich zum Kampf mit Kraft umgürtet, Du hast alle in die Knie gezwungen, die sich gegen mich erhoben. Meine Feinde hast Du zur Flucht gezwungen, und alle, die mich hassen, konnte ich vernichten.» Das klang vielversprechend. Diese Worte nahmen die Boten quasi als Orakelspruch mit in das Zelt ihres Königs. Daraufhin gab dieser sogleich den Befehl, loszumarschieren und die Westgoten bei Poitiers anzugreifen. Nach weiteren Kämpfen und seinem endgültigen Sieg kehrte er im Triumphzug nach Tours zurück, wo er in der Kirche des heiligen Martin den Purpurrock anlegte und sein Haupt mit dem Diadem schmückte – Zeichen imperialer Würde in römischer Tradition. Von da an sei er «gewissermaßen Konsul oder Augustus genannt worden» (*ab ea die tamquam consul aut augustus est vocitatus*, Gregor von Tours II, 38). Von Tours aus, so der Chronist weiter, sei Chlodwig nach Paris gezogen und habe dort den Sitz seiner Herrschaft eingerichtet (*ibique cathedram regni constituit*).

Seit seinen großen militärischen Erfolgen verehrte Chlodwig den heiligen Martin vor allen anderen Heiligen des Christentums. Überall, wo die Franken siegreich ihre Lanze in den Boden stießen, übernahm der heilige Martin als Patron die Regie in den wichtigsten Kirchen. Die Bischofskirche von Mainz, auf der der heilige Martin heute noch auf dem Dachfirst reitet, ist ein Beispiel dafür. Chlodwig und seine Nachfolger ließen den halben Mantel, der dem heiligen Martin geblieben war, nachdem er die andere Hälfte der Legende zufolge einem Bettler geschenkt hatte, sogar am Königshof mitführen. Mantel heißt lateinisch *cappa*, und deshalb nannte man die geistlichen Bewacher dieser *cappa* die Kapläne.

Noch aber konnte sich Chlodwig seines neuen Reichs nicht sicher sein, noch lebten zu viele männliche Mitglieder seiner Sippe, die sich ebenfalls die Königswürde zugelegt hatten. Einen nach dem anderen tötete er mit List und Entschlossenheit, nicht selten eigenhändig, damit «außer seinen eigenen Nachkommen keiner von seinen Verwandten mehr übrig bliebe» (Fredegar III, 27). Die gesamte Familie von König Sigibert, der über die am Rhein bei Köln siedelnden Franken regierte, wurde ermordet. Am Ende habe Chlodwig darüber geklagt, dass er nun keine Verwandten mehr habe, die ihm im Notfall Hilfe bieten könnten. «Aber», so der Chronist, «er sprach dies nicht aus Schmerz um den Tod derselben, sondern aus List, ob sich vielleicht doch noch einer fände, den er töten könnte.» (Gregor von Tours II, 42).

Christlicher Glaube, römische Organisation sowie kriegerische Brutalität und Skrupellosigkeit bildeten nicht nur keinen Widerspruch zueinander, sondern vielmehr die Grundlagen des fränkischen Reichs. Zielstrebig wurde von nun an die kirchliche Liturgie zur Stabilisierung des merowingischen Königtums eingesetzt. So lautete eine der Segensformeln für einen jeden merowingischen König: «Blicke, allmächtiger Gott, wohlgefällig auf Deinen glorreichen Knecht [hier folgte der Name des jeweiligen Königs]. Wie Du Abraham, Isaac und Jakob gesegnet hast, so schenke ihm die Segnungen Deiner Gnade und erachte ihn als würdig, dass sich die ganze Fülle Deiner Macht über ihn ergießt und ihn durchdringt. Gib ihm vom Tau des Himmels und vom Fett der Erde, Überfluss an Getreide und Wein und Öl und Reichtum an allen Früchten.» Magische Vorstellungen von der königlichen Heilskraft verbanden sich mit christlichen Traditionen.

In wenigen Jahren war aus dem spätrömischen Erbe ein großes und verhältnismäßig festes Reich erwachsen. Das römische Straßennetz, die Städte und Handelsverbindungen blieben erhalten, man lebte weithin überwiegend nach römischem Recht und pflegte lateinische Bildung und Sprache. Am Hof des Königs hielten sich romanische Offiziere auf, und gallorömische Sekretäre (*scriniarii*) und Kanzler (*referendarii*) aus der spätrömischen Verwaltung standen nach wie vor zur Verfügung. Vor allem wirkte die straffe römische Militärorganisation in die fränkische Zeit hinein. Im Hinblick auf die militärische Disziplin kann man geradezu von einem romanisierten Heerwesen der Franken sprechen. In größeren Städten wurden Garnisonen eingerichtet, die von einem «Grafen» (*comes*) befehligt wurden. Seine Aufgaben waren militärischer und rechtlicher Natur. Er hob in seinem Bereich die Truppen aus und setzte, wenn er dazu in der Lage war, das königliche Recht durch. Dazu benötigte er in der Regel die Mitarbeit des Bischofs der Stadt.

Enorme Tragweite erlangte die Entscheidung, mit der Chlodwig, der 511 starb, seine Nachfolge regelte. Er teilte das Reich unter seinen vier Söhnen auf. Niemand kann bis heute sagen, warum er dies so entschieden hat. Man verweist darauf, dass es auch bei anderen Völkern zeitweise mehrere Könige gleichzeitig gab. Aber das war keineswegs die Regel, und es gab sogar Völker, die gar keinen König hatten, wie die Sachsen. Eine andere Erklärung bringt die magische Kraft der merowingischen Abstammung ins Spiel, und zwar im Hinblick auf die Herkunft des mythischen Ahnherrn von einem halbgottähnlichen «Meerungeheuer mit Stierkopf» (*bistea Neptuni Quinotauri similis*, Fredegar III, 9). Die Gattin Chlodios soll von diesem Monster geschwängert worden sein und Meroveus geboren haben, eine Art Stammvater der «Merowinger». Diese Vorstellung von göttlicher Abkunft ging auf alle männlichen Mitglieder über, die deshalb alle denselben Anspruch auf das Erbe im Königtum erhoben. Eine andere Folge davon war, dass sich die Merowinger schon bald von der übrigen politischen Elite so weit abgrenzten, dass sie im Grunde nur noch untereinander heirateten und anderen Adelsfamilien die Nähe zum Königshaus verwehrten. Diese genetische Abschottung, die den Erneuerungsprozess der Dynastie beeinträchtigte, führte zum Niedergang des Königshauses. Ein dritter Vorschlag zur Erklärung der Reichsteilung unter die Söhne knüpft an die römische Tradition an: Im Römischen Reich hatte es längst mehrere Herrscher nebeneinander gegeben. Außerdem, so ist zu erkennen, wurde das Reich Chlodwigs nach den Prinzipien römischer Grenzziehung geteilt. Jeder Bruder erhielt seinen eigenen Hof und seine römischen Berater in seiner jeweiligen Hauptstadt (Reims, Soissons, Paris, Orléans). Bei der Zuteilung der Teilreiche wurde die Ordnung der römischen Stadtprovinzen (*civitates*) zugrunde gelegt, also die gewachsenen galloromischen Strukturen; entscheidend waren die Steuereinnahmen jeder Region. Jeder der Söhne erhielt außerdem Anteil am fränkischen Kerngebiet (*Francia*) zwischen Rhein und Loire und am Gebiet des neu eroberten Aquitaniens.

Blieb auch die Idee von der Einheit des Gesamtreichs weiterhin bestehen, so war durch dieses Teilungsprinzip quasi zugleich mit der Errichtung des Frankenreichs auch der Keim zu seiner Auflösung gelegt. Das System der Erbteilung blieb fortan erhalten. Das Reich wurde wie ein Hausbesitz der Königsfamilie betrachtet. Dies ist auch deshalb bemerkenswert, weil darin zum Ausdruck kommt, dass sich in der fränkischen Königsherrschaft von Beginn an keine Vorstellungen von einem abstrakten Reichsbegriff ausgebildet haben. Was die Konzepte von «Staatlichkeit» betrifft, so war die römische Tradition eines überzeitlichen Staatswesens offenbar rasch versiegt. Im Gegenteil: Das «Reich der Franken» stellte sich ganz als ein Verband von Personen dar, der auf den König zugeordnet war. Dieser wiederum verstand sich als eine Art Hausvorsteher, als *senior*, freilich mit der Vorgabe, dass diese Funktion, aus mythischen Wurzeln erwachsen, immer nur mit der Familie der Merowinger verbunden sein könne. Über diese mythologische Verklammerung war das Reich auch in seinen Teilen letztlich in der Familie der Merowinger vereinigt. Daher blieb die Vorstellung lange bestehen, dass es nur ein einziges *regnum Francorum* gebe, dessen Idee sich wie eine Klammer über alle Teilreiche legte und diese zusammenhielt.

In diesem Sinne bemühten sich die Nachfolger Chlodwigs auch gemeinsam nach Kräften, das Reich der Franken auf Kosten der Nachbarn auszudehnen. Im Inneren gab es allerdings unablässig Auseinandersetzungen und Versuche, sich gegenseitig umzubringen. Das Ergebnis war eine verwirrende und gewalterfüllte politische Geschichte in den folgenden Jahrzehnten und Jahrhunderten. In der Forschung hat man daher bereits erwogen, ob die Merowinger nicht auch in dieser Hinsicht viel von den Römern gelernt haben könnten …

Einen besonders unrühmlichen Höhepunkt erreichte diese Entwicklung mit der grausamen Hinrichtung der Königin Brunhilde (Brunichilde) im Jahr 613. Zu diesem Zeitpunkt hatten sich nach einem längeren Prozess die Teilreiche Austrien (Ostreich), Neustrien (Westreich) und Burgund als Größen herausgebildet, die auch künftig eine Rolle spielen sollten. Brunhilde, die Tochter des westgotischen Königs Athanagild, stammte aus dem alten Westgotenreich um Toulouse. Sie war die Gemahlin König Sigiberts I. von Austrien (gest. 575), der im Namen seiner Frau Ansprüche auf Gebiete der anderen Teilreiche erhob. Außerdem strebten die beiden danach, den Adel von Austrien einer straffen Verwaltung nach römischem Muster zu unterwerfen. Letztlich wurde von ihnen das Ziel eines fränkischen Einheitsreichs verfolgt.

Die Folge waren langjährige erbitterte Kämpfe im gesamten fränkischen Reich. Lange Zeit vermochte Brunhilde, eine starke Stellung zu behaupten – ihre Gestalt ging nicht von ungefähr in das Nibelungenlied ein. Die mächtigen burgundischen und austrischen Adligen suchten Hilfe bei König Chlothar II. von Neustrien (gest. 629) und lieferten ihm die Königin aus. Drei Tage lang wurde sie gefoltert, dann auf einem Kamel im ganzen Heer herumgeführt und schließlich mit den Haaren, einem Fuß und einem Arm an den Schwanz eines wilden Pferdes gebunden. Durch dessen Hufe und den rasenden Lauf sei die Königin schließlich in Stücke gerissen worden (Fredegar IV, 42). Dieses schreckliche Schauspiel bildete das Ende eines Vernichtungskampfes im Merowingerhaus, bei dem zehn Könige ihr Leben ließen.

Der Sieg Chlothars II., mit dem eine fünfzehnjährige Ruhephase im Reich einsetzte, war letztlich ein Sieg des austrischen Adels. Hier formierten sich die Kräfte, die ein neues Selbstbewusstsein entwickelten und ihre Macht schrittweise ausbauten. Zwei Männer ragten unter ihnen hervor, Bischof Arnulf von Metz (gest. um 640) und Pippin der Ältere (gest. 639), die Stammväter der Karolinger. Die Sammelbezeichnung «Karolinger» entwickelte sich erst später, weil der Name durch Karl Martell, Karl den Großen, Karl den Kahlen und andere Könige dieses Hauses eine besondere Bedeutung im Sinne von «großmächtiger Herrscher» oder gar Kaiser erlangte. Vom Stammvater in männlicher Linie her gesehen, müsste man eigentlich von «Arnulfingern» sprechen.

Der Sohn des Metzer Bischofs Arnulf war Ansegisel (gest. nach 657), der die Tochter Pippins namens Begga (gest. um 693) heiratete. Aus dieser Verbindung wiederum ging Pippin der Mittlere hervor (gest. 714), der den Aufstieg der Karolinger vorantrieb. Als sich seit 638/639 für 40 Jahre keiner der Merowingerkönige mehr durchsetzen konnte, gelang es ihm, die Besitzungen der Arnulfinger und Pippiniden im Zentrum Austriens zwischen Maas, Mosel und Rhein in seiner Hand zu vereinen. Um 675 erscheint er als «Herzog» (*dux*) in Austrien, und 687 errang er in der Schlacht bei Tertry an der Somme einen großartigen Sieg gegen seine sämtlichen Widersacher. Damit stand die Dynastie der Arnulfinger-Pippiniden an der Spitze des Reichs, denn Pippin der Mittlere übernahm das Amt des Hausmeiers (*maior domus*) für das gesamte Frankenreich. In dieser Stellung kontrollierte er den Königshof und führte den Befehl über das Heer.

Das Jahr 687 darf als Schlüsseldatum für die Geschichte des Frankenreichs gelten. Von nun an verlagerte sich das Zentrum der fränkischen Macht von Paris und dem Seine-Gebiet in das Land zwischen Maas und Mosel. Nicht mehr die merowingischen Könige, sondern der «karolingische» Hausmeier vereinte das Gesamtreich in seiner Hand. Auf dem Thron saßen zwar noch Merowinger, aber sie waren herabgesunken zu Kreaturen Pippins des Mittleren, der sich «Fürst der Franken» (*princeps Francorum*) nannte.

Nach dem Tod Pippins im Jahre 714 kam es nochmals zu einer kurzen Krise, als sein Sohn Karl sich der Angriffe des Adels von Neustrien zu erwehren hatte. Aber er konnte diese schwierige Lage rasch überwinden. «Wie die Sonne nach kurzer Finsternis ihre hellen Strahlen dem ganzen Erdkreis sendet, so leuchtete Karl, der würdigste Erbe Pippins, den ermatteten und schier ob des Heils verzweifelten Völkern als großmächtiger Beschützer», so beschrieben später die *Fränkischen Reichsannalen* diese Situation. So, als wäre Pippin von den Toten wieder auferstanden, sei der Sohn gegen die Feinde losgestürmt. Die Neustrier wurden 719 bei Soissons endgültig besiegt, und den Nachstellungen im eigenen Haus begegnete er damit, dass er seine Stiefmutter Plektrud in die Verbannung schickte.

Mit Karl beginnt ein neuer Abschnitt in der Geschichte des fränkischen Reichs. Von Kindheit an, so berichten die Quellen, sei er für den Krieg und das Militärwesen geschult worden. Später kam für ihn der Beiname Martell auf, der «Schmiedehammer», denn, so erklärt der Chronist Hugo von Flavigny, er habe alle benachbarten Reiche wie mit einem Hammer zermalmt. Nichts ist erfolgreicher als der Erfolg. Karl Martell eilte von Sieg zu Sieg, unterwarf 736 Aquitanien und 733 die Provence, fiel 720, 722, 724 und 738 in Sachsen ein, 725 und 728 in Bayern und plünderte von 718 bis 722 Friesland. Auch der Herzog der Alemannen, Theudebald, bekam den «Hammer» zu spüren und musste 732 die Flucht ergreifen. Aber noch heller als alle diese Heldentaten erstrahlte der Ruhm, den Karl Martell mit seinem Sieg über die Araber 732 bei Tours und Poitiers errang: 711 waren muslimische Berber unter ihrem Befehlshaber Tāriq ibn Ziyād über die Meerenge zwischen Afrika und Europa übergesetzt. Der Berg, an dem sie am 27. April landeten, wurde nach ihrem Anführer «Gibraltar» genannt, «Berg des Tarik» (Ǧabal Tāriq). In einem unaufhaltsamen Siegeszug überzogen sie die iberische Halbinsel, überquerten die Pyrenäen und fielen in das Frankenreich ein. Herzog Eudo von Aquitanien (gest. 735) konnte sie 721 erstmals aufhalten, und Karl Martell scheint sie in einer ganzen Reihe von Kämpfen bezwungen zu haben. Jedenfalls entstanden bald Lieder, die ihn als Sieger feierten und seinen Mythos begründeten. Die Muslime zogen sich auf die iberische Halbinsel zurück, wo sich mit der Zeit der Widerstand der Reconquista, das heißt, der christlichen Rückeroberung Spaniens, formierte.

Mit Karl Martell war die Übergangsphase von der spätantiken Welt zum mittelalterlichen Europa verbunden. Die innere Ordnung des Reichs wurde neu stabilisiert, das Heerwesen reformiert, eine neue Gefolgschaft aufgebaut, die Mission und der

Ausbau der Kirche vorangetrieben. Die Bedeutung der Städte ging zurück, während die der adligen Herrenhöfe und ihrer Grundherrschaften auf dem Land zunahm. Es scheint, als habe Karl Martell auch damit begonnen, im Bereich seiner riesigen Besitzungen durch gezielte Maßnahmen die Erträge ganz erheblich zu steigern. Einem Salhof (Herrenhof) wurden planmäßig umliegende Bauernsiedlungen (häufig mit den Namen Osthofen, Westhofen und ähnlichen) zugeordnet und eine Art Flurbereinigung durchgeführt. Sein Enkel, Karl der Große, sollte dieses «Villikationssystem», dem ein Gutsverwalter (*villicus*) vorstand, dann weiter ausbauen und für das gesamte Reich verbindlich machen.

Erfolge ziehen Gefolgschaften an. Seine Krieger vermochte Karl Martell reich zu belohnen. Neben den eroberten Ländern zwang er auch die Klöster dazu, Teile ihrer Besitzungen an seine Krieger auszugeben. «Landleihe auf Befehl des Königs» (*precaria verbo regis*) nannte man dieses Vorgehen. Wieder, so könnte man sagen, ging die Erneuerung des Reichs wie einst in seiner Anfangszeit vom Militärwesen aus. Aber Karl Martell förderte auch die Mission, die vor allem von den Iren und den Angelsachsen betrieben wurde. Er unterstützte Pirmin (gest. 753), der unter anderen das Inselkloster Reichenau gründete und in Pirmasens begraben wurde, das seinen Namen dem Heiligen verdankt. Der Angelsachse Willibrord (gest. 739) wirkte als Bischof in Utrecht und bei den Friesen und errichtete das Kloster Echternach bei Luxemburg. Der berühmteste unter ihnen war Winfrid Bonifatius (gest. 754), ein Angelsachse aus Wessex. Sein Ziel war es, die Kirche im Reich der Franken der straffen römischen Ordnung und Organisation anzupassen. Bistümer sollten feste Grenzen haben und die Liturgie nach römischem Muster durchgeführt werden. Immer wieder stieß der unermüdliche Verkünder der römischen Normen auf Widerstand, ganz besonders im Klerus von Köln und Salzburg. Der Salzburger Bischof Virgil (gest. 784) war aus Irland gekommen, wo die Bildung in höchster Blüte stand, und so hatte dieser für den angelsächsischen und in seinen Augen ungebildeten Eiferer nur Spott übrig. Die Wirkung, die von Bonifatius ausging, der bei der Mission der Friesen nahe Dokkum den Märtyrertod erlitt, war dennoch groß. Sie bestand vor allem darin, dass die fränkische Kirche nun noch enger an Rom herangeführt wurde und sich auf diese Weise ein fester Kontakt zwischen dem Bischof von Rom und dem Hausmeier des Frankenreichs anbahnte. Die politische Elite der Franken begann ihren Blick nach Süden zu richten, während die fränkische Kirche einer Disziplinierung unterworfen wurde.

Als Karl Martell 741 starb, befand sich das Reich der Franken längst wieder im Aufwind. Nach anfänglicher Teilung des Reichs unter den Söhnen gelang Pippin dem Jüngeren 747 dessen Vereinigung in einer Hand, nachdem sein Bruder Karlmann – möglicherweise gezwungenermaßen – mit Frau und Kindern in ein Kloster eintrat. Diese Macht gedachte Pippin nicht mehr zu teilen. Zwar gab es mit Childerich III. seit 743 noch einen merowingischen Schattenkönig, aber um die Mitte des Jahrhunderts war für Pippin der Moment gekommen, selbst nach der Krone zu greifen. Nun zahlte es sich aus, dass die karolingischen Hausmeier eine starke adlige Gefolgschaft um sich geschart hatten und dass durch Bonifatius die Verbindung mit Rom vorbereitet worden war. Im Frühjahr 750 reiste eine fränkische Gesandtschaft zu Papst Zacharias (741–752), um ihm jene berühmte Anfrage zu unterbreiten, ob es gut sei oder nicht, wenn diejenigen im Frankenreich Könige seien, die keine Macht hätten (*Fränkische Reichsannalen* zum Jahr 750). «Papst Zacharias», so erfahren wir weiter, «gab Pippin den Bescheid, es sei besser, denjenigen als König zu bezeichnen, der die Macht habe, als den, der ohne königliche Macht blieb.» Und dann folgt ein bedeutungsvoller Satz: «Damit die Ordnung nicht zugrundegerichtet werde, ließ er kraft seiner päpstlichen Autorität Pippin zum König machen» (*ut non conturbaretur ordo, per auctoritatem apostolicam iussit Pippinum regem fieri*). Mit dem Wort *ordo* war die göttliche Weltordnung gemeint, in der alles und jeder seinen Platz zum Wohl des Ganzen auszufüllen hatte. Wenn einer aber nur den Namen trägt und nur als König bezeichnet wird, ohne diese Funktion auch faktisch auszuüben, dann war er dieser Idee zufolge ungeeignet und musste ersetzt werden. Diese Vorstellungen gehen auf den Kirchenvater Augustinus (354–430) zurück, der die göttliche Ordnung als das Zusammenwirken der vielfältigen, auch divergierenden Kräfte in einer wunderbar geordneten, gottgewollten Harmonie beschrieb und mit Hilfe der Kirche auf Erden verwirklicht sehen wollte. Die «Verwirrung» (*conturbatio*) dieser Ordnung galt als das Böse schlechthin, gelenkt von den teuflischen Mächten. So wurde mit diesem päpstlichen Bescheid an Pippin in verschlüsselter Weise zum Ausdruck gebracht, dass auch die Unfähigkeit der Merowingerkönige vom Bösen und Verfolger der Kirche selbst verursacht worden sei. Der Karolinger Pippin wurde dagegen in die Rolle des im Sinne der Kirche guten und gottgewollten Königs gerückt.

Damit war das Ende des alten Königshauses gekommen. Childerich III., der «falsche König» (*qui false rex vocabatur*), wurde geschoren und mitsamt seinem unmündigen Sohn zu lebenslanger Haft ins Kloster Saint-Bertin geschickt. Die fränkischen Gefolgsmänner stimmten dem Wechsel im Königtum verständlicherweise zu, und 751, wohl am Weihnachtstag, nahm, wie die Quellen andeuten, Bonifatius selbst die Salbung vor.

Die Forschung ist sich uneins darüber, ob mit der kirchlichen Salbung ein neues Element in die fränkische Königserhebung Einzug hielt oder ob man einen alten Brauch der Merowinger weiterführte. Alle Umstände weisen aber doch wohl recht eindeutig darauf hin, dass die Königssalbung Pippins ihm vor allem eine neue Legitimation verschaffte, mit der das Königtum der Merowinger gerade nicht einfach fortgesetzt werden sollte. Die Deutung wird bestätigt durch den Bund gegenseitiger Liebe, der drei Jahre später, 754, zwischen dem Papst Stephan II. (752–757) und Pippin in Quierzy geschlossen wurde. Dort kam es auch zu der berühmten Pippinischen Schenkung, mit der Pippin dem Papst weitreichende Gebietszusagen in Italien machte. Schließlich wiederholte der Papst in der Kirche von Saint-Denis den Salbungsakt. Die Königssalbung, das Zeichen des göttlichen Auftrags, lässt sich somit als hauptsächliches Merkmal der neuen Königslegitimation erkennen. Doch muss man hinzufügen, dass auch Pippins Sohn Karl und dessen jüngerer Bruder Karlmann die Salbung erhielten und Pippins Gemahlin Bertrada den päpstlichen Segen empfing. Damit ging die neue Herrschaftslegitimation auf die gesamte Familie über, mithin auf das karolingische Königshaus, das an die Stelle des merowingischen trat. Diese Beobachtung ist wichtig, weil sich damit erklären lässt, dass auch die Karolinger das Reich als eine Art groß dimensionierter Hausherrschaft verstehen konnten. In diese Richtung weist ebenso der Befehl des Papstes an die Franken, sie dürften niemals einen König aus einem anderen Geschlecht erheben.

Zusätzlich verlieh der Papst dem neuen König den Ehrentitel eines *Patricius* der Römer. Der *Patricius* war bis dahin der Stellvertreter des in Konstantinopel (Byzanz) residierenden römischen Kaisers, der in Rom die weltliche Herrschaft innehatte. Eigentlich hatte der Papst darüber gar kein Verfügungsrecht, aber mit der Übertragung dieses Amtes legte sich auch der Papst eine neue Autorität zu – nämlich in der Lage zu sein, wie ein Kaiser in hohe weltliche Machtpositionen einzuweisen. Pippin war nunmehr mit dem Auftrag ausgestattet, anstelle des Kaisers von Byzanz den Schutz über Rom und St. Peter auszuüben. Dass es von hier bis zur Übernahme der Kaiserwürde durch einen fränkischen Herrscher kein großer Schritt mehr war, deutet sich an. Bezeichnend ist im übrigen, dass Pippin das Amt des Hausmeiers (*maior domus*), das ihm den Aufstieg erst ermöglicht hatte, nicht wieder besetzte. Auf diesem Wege sollte ihm kein Konkurrent mehr entstehen.

Das Reich der Franken war solchermaßen ein zweites Mal begründet worden. Dieses Mal erscheint es nicht mehr als Ableger des Römischen Reichs, sondern vereinigte in einer neuen Synthese die dominierenden politischen und kirchlichen Kräfte im westlichen Europa. Die Verbindung mit dem Papsttum verschaffte dem karolingischen Königtum nicht nur eine neue Legitimation, sondern auch neue Handlungsspielräume, die den Charakter des Reichs weitgehend beeinflussen sollten.

Menschen im Reich der Franken

Es ist nicht gut, dass der Mensch alleine bleibt. Diese biblische Erkenntnis (*Genesis* 2,18) hatte in den verschiedenen Zeiten einen unterschiedlichen Stellenwert. Das Individuum, der «Single», ist in unserer heutigen Gesellschaft vielleicht in manchen Großstädten wie München oder Berlin schon der Normalfall. Vor eintausend und mehr Jahren jedoch wäre er nicht überlebensfähig gewesen. Von überall her drohte Gefahr. Bedroht etwa von den Unbilden der Witterung – von Stürmen, Eis und Kälte, Hitze und Dürre –, waren die Menschen in höchstem Maße von der Natur abhängig. Ungewöhnliche Naturereignisse mussten daher die Aufmerksamkeit auf sich ziehen, denn sie schienen Veränderungen zu signalisieren, auf die man achten musste. Neben der christlichen Religion mit ihrer Deutungshoheit für den Weltenlauf blieb daher weiterhin auch die traditionelle heidnisch-mythische Interpretation der Naturereignisse lebendig. Erscheinungen von Kometen riefen höchste Erregung in der Bevölkerung hervor. So berichtet der sogenannte Astronomus in seiner *Lebensgeschichte Kaiser Ludwigs des Frommen* zum Jahre 837 folgendes (Kapitel 58): Am Osterfest dieses Jahres sei ein Komet im Sternbild der Jungfrau aufgetaucht. Er habe in 25 Tagen die Zeichen des Löwen, des Krebses und der Zwillinge durcheilt und habe endlich am Kopf des Stieres seinen feurigen Leib mit dem langen Schweif niedergelegt. Der Kaiser selbst habe erkannt, dass dies als Zeichen für «die Veränderung des Reichs und den Tod des Fürsten» zu deuten sei: *Mutationem enim regni mortemque principis hoc monstrari portento dicitur.* Daraufhin habe er sich ganz den Lobgesängen und Gebeten zu Gott hingegeben.

Noch schlimmer war es, wenn Heuschreckenschwärme einfielen, wie im Jahre 873, «Würmer mit vier Flügeln und sechs Füßen, ... einem breiten Maul, einem langen Magen und zwei steinharten Zähnen», die alles, was sie auf den Äckern fanden, in Windeseile verzehrten (*Annalen von Fulda*). So war die Furcht ein ständiger Begleiter der Menschen, stets sah man sich bedroht. Doch all dies wurde übertroffen von der Angst vor dem Jüngsten Gericht. Nur bei Gott und den Heiligen konnte man Schutz und Rettung erflehen und finden. So stifteten die Reichen Kirchen und Klöster und ließen aus Rom die Gebeine von Heiligen und Märtyrern herbeischaffen. Der Reliquienhandel blühte auf, und Betrüger machten ihre Geschäfte, indem sie einbalsamierte Mäuse und ähnliches als heilige Gegenstände feilboten.

Nicht zuletzt war das Überleben damit verknüpft, wie man sich in den unausgesetzt wütenden Kriegen behauptete. Das unfreie Volk war zwar häufig Ziel von Plünderung und Mord, aber unter günstigen Umständen konnte es sich in die Wälder flüchten und retten. Der adlige Krieger hingegen konnte dem Kampf nicht ausweichen, und damit erklärt es sich, dass gerade im Adel die Lebenserwartung besonders niedrig war. Im Durchschnitt konnte man mit einer Lebensdauer von 30 Jahren rechnen. In solch bösen Zeiten musste man sich zusammenschließen. Nur als Teil einer Gruppe konnten die Menschen bestehen, eingebunden in eng geknüpfte Beziehungen von Verwandten und Freunden, von Kriegergefolgschaften, religiösen Gemeinschaften, grundherrschaftlichen Verbänden oder Gilden.

Die wichtigste Gruppe war mit der Sippe vorgegeben. Sippen basierten auf Verwandtschaft, aber das Rangsystem einer Sippe war keineswegs festgelegt. Es richtete sich nach dem Ansehen und der Durchsetzungskraft einzelner Mitglieder. Um deren «Haus» gruppierten sich dann die näheren und entfernteren Verwandten. Diese Konzentration auf einen Sippenverband mit ihren Zentren in «Häusern» führte dazu, dass Sippen- oder Stammeszugehörigkeit ein wichtiges Kriterium bei der Auswahl der Ehefrau beziehungsweise des Ehemanns wurde, um den Fortbestand solcher Personengemeinschaften zu erhalten und zu festigen. Daher heiratete man selten über Stammesgrenzen hinweg. Für die Sachsen bestätigt dies der Annalist Rudolf von Fulda im frühen 9. Jahrhundert: Diese hätten sorgfältig darauf geachtet, sich nicht mit anderen Völkern zu verbinden. «Deshalb», so stellte er fest, «haben sie auch fast alle dieselbe Gestalt und Leibesgröße und dieselbe Haarfarbe».

Die Wahl des Ehepartners war von größter Bedeutung, weil davon der weitere Bestand ganzer Personengemeinschaften abhängen konnte. Eine Heirat war deshalb nicht in das Belieben eines einzelnen gestellt, sondern musste von den Sippen sorgfältig vorbereitet werden, um nicht durch eine falsche Partnerwahl vielleicht Unglück über viele Menschen zu bringen. In gründlich ausgehandelten Verträgen schlossen die beteiligten Sippen einen Ehevertrag im Rahmen der Verlobung (*desponsatio*). Diese bildete bereits den rechtserheblichen Akt einer Ehebindung, auch wenn die Ehepartner noch Kinder waren. Dazu gehörte auch die Festlegung der Brautausstattung, die von der Familie der Braut aufzubringen war und in das neue «Haus» überging. Der Bräutigam seinerseits hatte die Brautgabe, das sogenannte Wittum (*dos*) – Ländereien, Vieh und Hörige – einzubringen, um damit seiner künftigen Frau eine Sicherheit zu verschaffen, falls sie Witwe werden sollte. Waren diese Voraussetzungen geklärt, wurde die Braut dem Bräutigam in ritueller Weise in einem Festakt übergeben (*traditio*) und, wenn sie noch minderjährig war, nicht selten im Haus der Eltern des künftigen Ehemannes erzogen. Die Kirche war an allen diesen Vorgängen zunächst gar nicht beteiligt. Noch blieb die Hochzeit ein rein weltlicher Akt. Der Vollzug der Ehe folgte, wenn die Braut zumindest 12 Jahre alt war und die Geschlechtsreife erreicht hatte. Inwieweit dieser Vollzug bereits in fränkischer Zeit als symbolischer Akt im Beisein von Sippenmitgliedern erfolgte, ist nicht geklärt. Den ersten Nachweis eines öffentlichen «Beilagers» haben wir erst aus der Zeit um 1200. Dabei handelt es sich ausgerechnet um die Heirat der heiligen Elisabeth von Thüringen.

Schon in fränkischer Zeit begann freilich die Kirche, sich in die Regeln und Rituale der Eheschließung einzumischen. So wurde auf der Grundlage der mosaischen Gesetze des Alten Testaments etwa die Verwandtenehe zurückgewiesen. Die «Nahehe» sollte nach kirchlicher Auffassung nicht mehr rechtsgültig sein. Auch sollte die Trennung einer Ehe im Prinzip nicht oder nur mit kirchlicher Billigung möglich sein. All das stieß auf entschlossenen Widerstand vor allem beim Adel, der seine Besitzungen zusammenhalten wollte. Aber die Kirche begann, die neue Eheordnung in hartnäckig geführten Eheprozessen durchzusetzen.

Dies zeitigte schwerwiegende Folgen. Eine davon war, dass im 9. Jahrhundert eines der fränkischen Teilreiche, nämlich das lotharingische Mittelreich, das die Klammer für das fränkische Gesamtreich bilden sollte, unterging. König Lothar II. (gest. 869) wollte sich von seiner Gemahlin Theutberga, die ihm keine Kinder gebar, trennen und seine Nebenfrau Waldrada heiraten, von der er einen Sohn hatte. Mit diesem Vorhaben scheiterte er allerdings an der Weigerung des Papstes, der Scheidung zuzustimmen. Daher galt sein Sohn als illegitim, sein Haus starb aus und sein Reich ging unter.

Eine weitere Forderung der Kirche bestand darin, dass eine Braut in die Heirat einwilligen müsse. Die Kirche war daher auf lange Sicht gesehen die Wegbereiterin der Liebesheirat. Auch das konnte von den Sippen dieser Epoche nicht akzeptiert werden, denn damit hätten Mädchen, nicht selten minderjährig, über das Schicksal ganzer Personenverbände entschieden.

Von nicht geringerer Bedeutung als die Sippenverbände war die Gruppenbildung durch Freundschaft (*amicitia*) und Treue (*fides*). Freundschaft und Gefolgschaft sind dabei kaum zu trennen, wie die jüngere Mittelalterforschung immer deutlicher herausgearbeitet hat. Lange Zeit war man der Meinung, dass Gefolgschaftsverbände in fränkischer Zeit vor allem durch die rechtliche Bindung der Lehnsbeziehung hergestellt worden seien. Das System der wechselseitigen Treue zwischen dem Herrn und seinem Gefolgsmann habe das Lehnswesen hervorgebracht, bei dem der Lehnsmann mit der Wohltat (*beneficium*) einer Landleihe ausgestattet worden sei und dafür fortan Dienst und Gehorsam zu leisten gehabt hätte. Insbesondere für die Zeit Karls des Großen hat man schon ganze Lehnssysteme, Vasallenheere oder gar eine die Verfassung strukturierende «Lehnspyramide» konstruiert. Davon rückt man heute immer mehr ab.

Vielmehr richtet man den Blick auf «Freunde und Getreue», die den Kreis der Haus- und Kampfgenossen bildeten und durch Freundschaftsbeziehungen, die Vertragscharakter besaßen, miteinander verbunden waren. Dieses «System» basierte im Prinzip auf Gleichrangigkeit: *Facti sunt amici* – «Sie haben sich zu Freunden zusammengeschlossen». Auch Könige schlossen solche Freundschaftsbündnisse – so Karl der Große mit dem König von Galizien und Asturien, den Königen von Schottland und sogar dem Kaiser von Byzanz.

Zur Freundschaft trat der Eid hinzu. Die «Eidgenossenschaft» oder «Schwurfreundschaft» bildete eine besonders dauerhafte Vereinigung. Eine der frühen, berühmten Schwureinungen wurde durch die Straßburger Eide von 842 geschaffen. Damals war das fränkische Reich in den ersten blutigen Bürgerkrieg geraten. Drei Brüder, Lothar I. (gest. 855), Ludwig der Deutsche (gest. 876) und Karl der Kahle (gest. 877), waren nach dem Tod ihres Vaters, Ludwigs des Frommen (gest. 840), wegen des Erbes übereinander hergefallen. Der Konflikt gipfelte in der Schlacht von Fontenoy am 25. Juni 841. Es war der Tag der mörderischsten und wohl auch erbärmlichsten Schlacht, die die Franken gegeneinander austrugen. Ein Augenzeuge, Angilbert, beschreibt, wie «der Bruder dem Bruder den Tod gab, der Onkel dem Neffen, der Sohn dem Vater». Als die Schlacht zu Ende war, befahlen die Bischöfe ein mehrtägiges Fasten und Beten wegen der Sünde, dass so viel christliches Blut vergossen worden war. Um eine neue Handlungsgrundlage zu schaffen, bemühten sich Ludwig der Deutsche und Karl der Kahle, wechselseitige Liebe zu zelebrieren. Man tauschte Geschenke aus und ließ die Getreuen in Gastmählern Eintracht feiern. Um das immer noch vorherrschende Misstrauen auszuräumen, wurde schließlich am 14. Februar 842 in Straßburg zwischen den Brüdern im Beisein ihrer Gefolgsleute ein feierliches Bündnis geschlossen. Es fand seinen Höhepunkt in den Straßburger Eiden, die von den Brüdern öffentlich in romanischer (*lingua Romana*) und in «deutscher» Sprache (*lingua Teudisca*) geschworen wurden: «Aus Liebe zu Gott und zur Erlösung des christlichen Volkes und um unser beider Wohl will ich von diesem Tag an in alle Zukunft, so mir Gott Wissen und Macht dazu gibt, diesen meinen Bruder sowohl in Hilfeleistung wie auch in anderer Hinsicht so halten, wie man von Rechts wegen seinen Bruder halten soll, unter der Voraussetzung, dass er mir dasselbe tut.» Auch die beiden Gefolgschaften vereinigten sich durch Eide in romanischer und in «deutscher» Sprache.

Diese Eide wurden von dem Chronisten Nithard (*Historiarum Libri Quattuor*) aufgeschrieben und sind uns dadurch erhalten geblieben. Sie gehören zu den ältesten Zeugnissen der althochdeutschen und der altfranzösischen Sprache – und sie bezeugen, dass nunmehr Herrschaftsbereiche der karolingischen Könige auch als Sprachbereiche erscheinen. Die Zugehörigkeit zu einem Reich wurde nun erstmals durch die gemeinsame Sprache zum Ausdruck gebracht. Dabei darf die *lingua Teudisca* aber noch nicht als «deutsche Sprache» verstanden werden, sondern als «Sprache des Volks» im Gegensatz zum Lateinischen. Immerhin wird mit dieser Umschreibung doch ein bestimmter, sich auch politisch definierender Teil des fränkischen Reichs erfasst. So könnte man sagen, dass sich hier eine Gemeinschaft konstituierte, die über ein Freundschaftsbündnis zu wachen hatte und deren Hauptsprache auf der einen Seite romanisch und auf der anderen Seite fränkisch war – immerhin eine erste wichtige Station auf dem weiten Weg, den die «Deutschen» zu sich selbst zurückzulegen hatten.

Alle diese Gruppen und Gemeinschaften, in denen die Menschen im Frankenreich sich organisierten, gaben ihren Mitgliedern Regeln und Wertenormen, gewissermaßen kollektive Erwartungen, vor. Ihnen hatte sich jeder zu unterwerfen. «Von Rechts wegen» hatte man sich in bestimmter Weise zu verhalten – ein Bruder gegenüber einem Bruder oder ein Gefolgsmann gegenüber seinem Herrn (*senior*) oder seinen Mitstreitern. Was das Recht war, war freilich nicht aufgeschrieben. Es wurde vielmehr «gelebt» und in öffentlichen Inszenierungen immer wieder gefunden und der Gemeinschaft vor Augen gestellt. Alle Handlungen und Entscheidungen liefen in Reden, Ritualen und

Gebärden ab, wurden auf diese Weise öffentlich kontrolliert und, sollten sie gültig sein, bestätigt. In rituellen Handlungen suchten sich die Gruppen ihrer Gemeinschaft zu vergewissern.

Auch der gesamte Bereich der Konfliktregelung war vom Ritual bestimmt. In Konflikten, die nicht mit Gewalt ausgetragen werden sollten, einigten sich die Parteien auf Vermittler oder auf Schiedsrichter, deren Spruch sich die Beteiligten zu unterwerfen versprachen. Dieses Verfahren bot in den Augen der damaligen Menschen einen höheren Grad an Effizienz als ein Gerichtsverfahren. Über die Zusammensetzung des Schöffenkreises bei Gericht konnte ein Gerichtsherr das Verfahren beeinflussen, konnte sogar selbst gleichzeitig Vorsitzender und Partei sein. Eine Anklage bedeutete meist schon eine Verurteilung, und ein Gerichtsbeschluss, wurde er denn durchgeführt, ließ neue Konflikte entstehen. Ganz anders das Schlichtungsverfahren: Hier konnte man einen Weg finden, der allen Beteiligten half, ihr Gesicht zu wahren, der auch sogleich, hatte man sich einmal geeinigt, den Frieden herstellte. Das ganze System war also nicht auf Bestrafung ausgerichtet – dieses Prinzip der Strafgerichtsbarkeit, das zum modernen Rechtsdenken überleitete, setzte sich erst im hohen Mittelalter durch –, sondern auf die Herstellung des Friedens. Im Friedensmahl konnte die neue Einigkeit und Versöhnung dann wieder rituell demonstriert werden.

Das Mahl bot auch sonst ein Forum der öffentlichen Ordnung. Das festliche Mahl vereinte Freunde und Gefolgsleute, lockte Freunde an den Hof des Feiernden, stellte seine Herrschaft und Herrlichkeit zur Schau. Dieser führte seine mit Teppichen und Tüchern geschmückten Räume vor, tischte köstlichen Wein und leckere Speisen in kostbaren Gefäßen auf und zeigte damit seinen Rang. Entsprechende Anlässe gerieten gleichsam zu einer Bestandsaufnahme seiner Macht. Von besonderer Bedeutung waren dabei kirchliche Hochfeste, adlige Hochzeiten, Königskrönungen, Hoftage, Begräbnisfeierlichkeiten oder Friedensschlüsse. Auch die Jagd spielte in diesem Zusammenhang eine wichtige Rolle. Trafen sich Könige, wurden kostbare Geschenke ausgetauscht und Prestige und Status in den

Ritualen des Auftretens sichtbar gemacht. Herrschaftszeichen, Gaben, Kleider und Gebärden machten Leute. Kostbare Gewänder waren unabdingbar für den Herrn, weil sie sein Herrentum zeigten. Bei Frauen kam das Geschmeide hinzu, der Schmuck aus Gold, Silber und Edelsteinen. Bei Männern war es vor allem das Wehrgehänge mit dem Schwert.

All dies gehörte zur Verfassung der Gesellschaft und der politischen Ordnung des fränkischen Reichs. Die hohe Bedeutung dieser Ordnungsmechanismen und Instrumentarien zu begreifen, ist unverzichtbare Voraussetzung für das Verständnis von Handlungsweisen und Entscheidungen einzelner Personen und der Geschichte dieser Epoche im Ganzen. Unter diesem Blickwinkel wird auch deutlich, wie weit entfernt jene Gesellschaft – trotz ihrer Nähe zum Römischen Reich – von einer Vorstellung «staatlicher» Ordnung gewesen ist, die wir mit diesem Begriff verbinden.

Das kulturelle Leben wurde von den Klerikern und den Mönchen getragen. Sie waren vom 8. Jahrhundert an mehr und mehr die einzigen, die im Reich der Franken lesen und schreiben konnten. Vor allem die Klöster wurden zu Zentren kultureller Vermittlung, als die Mönche damit begannen, die antiken Autoren auf Pergament abzuschreiben und sie damit der Nachwelt zu erhalten. Nur in Klöstern und Domschulen wurden Sprach- und Denkhorizonte entwickelt, innerhalb derer wenigstens gewisse Grundlagen einer abstrakten Begrifflichkeit existierten. Ein überzeitliches, transpersonales Denken war schon von den sprachlichen Voraussetzungen her kaum entwickelt. Auch das gilt es heute zu beachten, wenn der Charakter der «Staatlichkeit» dieses Reichs beschrieben werden soll.

Im Bewusstsein der Zeitgenossen war die Vorstellung großer Organisationen ausschließlich über personale Beziehungen oder organologische Modelle denkbar: Die Kirche stellte dafür die Idee vom Leib Christi mit seinen Gliedern und Organen zur Verfügung. Dieses Konzept konnte man auch zur Deutung der «staatlichen» Ordnung einsetzen – allerdings nur unter der Voraussetzung, dass man das Reich als kirchliche Einrichtung verstand, gleichsam als «Gottesstaat». Daneben gab es das Modell von der gesellschaftlichen Gliederung in drei Stände: die Mönche, die Kleriker und die Laien. Diese Ordnung, die vor allem im 9. Jahrhundert die gesellschaftliche Deutung bestimmte, basierte auf der Bibel. Sie war auf dem jeweiligen Heilswert der drei Gruppen gegründet. Die Mönche folgten einer Lebensweise, die ihr eigenes Seelenheil garantierte. Die Kleriker waren schon einigermaßen tief in die säkularen Dinge verwoben, so dass sie den Mönchen im Heilswert ihrer Lebensweise unterlegen waren. Die Laien schließlich hatten die geringsten Aussichten, ihr Leben den Anforderungen christlicher Gebote in ausreichendem Maße anzupassen.

Demgegenüber waren Konzepte öffentlich-säkularer Ordnung in den Jahrhunderten des fränkischen Reichs so gut wie nicht vorhanden. Man dachte in den Kategorien von Sippe, «Haus» und Hausgenossen, Verwandtschaft und Gefolgschaft, Kampfgemeinschaft und Gebetsbruderschaft, Mächtigen und Armen. Bei den Mönchen herrschte wie in der weltlichen Ordnung das Modell der väterlichen Gewalt vor. Der *abbas*, der Abt, war schon von der Wortbedeutung her nichts anderes als der «Vater» seiner Mönchsgemeinschaft, der mit väterlicher Liebe und auch väterlicher Strenge seinen Konvent zu leiten hatte. Der Abt, so lesen wir in der Regel des heiligen Benedikt, solle daran denken, dass er seine Mönche wie Söhne behandle. Der eine brauche Güte, ein anderer bedürfe des Tadels, wieder ein anderer des guten Zuredens. Der Abt müsse sich daher auf die Eigenart eines jeden einzelnen einstellen und sich danach richten, so dass er nicht nur die ihm anvertraute Herde vor Schaden bewahre, sondern sich auch am guten Gedeihen aller erfreuen könne. Am Ende der Tage müsse er Rechenschaft über alle diese Seelen ablegen (*Benediktregel*, Kapitel 2).

Ganz ähnlich lauten die Empfehlungen, die der Bischof Hinkmar von Reims in seinem Buch *Die Ordnung des Königshofes* (*De ordine palatii*) von 882 an den König richtete. Der König müsse wissen, dass sein Name ihn dazu verpflichte, «für alle Untertanen der Lenker zu sein» (*ut subiectis omnibus rectoris officium procuret*, Kapitel 2). Daher müsse er allen ein Vorbild geben und dürfe sich nicht durch Geschenke oder Verwandtschaftsbeziehungen in seinem Handeln beeinflussen lassen. Er müsse einerseits Strenge, ja Furcht verbreiten, damit man ihn achte, andererseits aber auch Liebe erwecken, damit man sich ihm anvertraue. Schließlich müsse er immer daran denken, dass er alle Sünder, die er in der irdischen Welt nicht habe bessern können, «im Strafmaß bei der künftigen Verdammnis über sich haben wird» (Kapitel 3). Aus dieser Handlungsanweisung leuchtet wiederum das «Hausvater-Prinzip» hervor, nach dem auch der König zu regieren hatte.

Das «Ganze» wurde also vom «Einzelnen» aus entwickelt, und dieses Prinzip galt für die gesamte Ordnung des fränkischen Reichs. Begriffliche Abstraktion war dafür nicht erforderlich. Es gab ein «Reich der Franken», aber es wurde nicht als Institution gedacht, sondern als die Summe einer Vielfalt von Gruppen und sozialen und religiösen Gemeinschaften, die sich unter dem Dach des karolingischen «Hauses» vereinigten.

Kaiser Karl und seine Erben

Die bestimmende Gestalt der karolingischen Epoche war Karl der Große, der von 768 bis 814, also ein halbes Jahrhundert, regierte. Er wurde am 2. April 748 geboren, folgte seinem Vater 768 als König nach und wurde Schöpfer eines Großreichs, in dem sich auch frühe Konturen einer späteren Gemeinschaft der «Deutschen» erkennen lassen. Nach dem Tod seines Bruders Karlmann 771 – der neuerdings gerne Karl selbst angelastet wird – standen einer souveränen Machtentfaltung Karls keine größeren Hemmnisse aus den Reihen der eigenen Verwandtschaft mehr im Wege: Karlmanns Söhne, die mit ihrer Mutter an den Hof des langobardischen Königs Desiderius (gest. 774) nach Pavia geflohen waren, fielen dort 774 Karl in die Hände und verschwanden aus der Geschichte. Die Frage, ob im Herrscherhaus beim Tod eines Bruders zuerst dessen Söhne oder aber

Abb. 1 Reiterstatuette Karls des Großen oder Karls des Kahlen, um 869, Musée du Louvre

dessen Brüder die frei gewordene Herrschaft übernehmen dürften, blieb eine der umstrittensten Fragen im Karolingerreich. Erst hundert Jahre nach den Ereignissen von Pavia wurde sie in der Schlacht bei Andernach zugunsten der Söhne entschieden, was den Zerfall des fränkischen Großreichs endgültig besiegeln sollte: Wenn die Söhne vor den Brüdern des Verstorbenen erbten, war eine Vereinigung des Reichs nicht mehr möglich. Unter Karl jedoch setzte sich noch die Bruderfolge durch.

Karls Reich war alles andere als eine homogene Einheit. Eine Vielzahl ganz unterschiedlicher Völker, Sprachen, Rechtskreise und Kulturen wurde darin zusammengebunden. Die wichtigste Klammer dieses Reichs war, jedenfalls über viele Jahre hin, der militärische Erfolg des Herrschers. Man könnte es geradezu als Karls erste Devise ansehen, dieses so bunt zusammengesetzte Reich dadurch zusammenzuhalten, dass seine Krieger in ihrem «fränkischen» Überlegenheitsgefühl durch andauernde Erfolge immer wieder bestätigt wurden. Dann war auch Beute zu verteilen, waren allenthalben große Geschichten von Tapferkeit und Treue zu erzählen und überall Zufriedenheit zu verbreiten. In einer solchen Kriegergemeinschaft des Erfolgs wollten alle Franken sein.

So stand Karl unermüdlich im Krieg. Jedes Jahr versammelte er sein Heer und zog gegen die benachbarten Reiche – gegen die spanischen Muslime, gegen den Herzog von Bayern, gegen das Reich der Langobarden in Oberitalien (daher der bis heute überdauernde Name der Region «Lombardei») sowie gegen die Sachsen, die Bretonen, die Slaven und die Awaren. Dem Feldzug gegen den Langobardenkönig Desiderius und der Eroberung des Langobardenreichs 773/774 kommt unter diesen Aktionen ein besonderer Stellenwert zu – nicht nur, dass er mit großer Härte, ja Brutalität geführt wurde, dass nach neunmonatiger Bestürmung der Königsstadt Pavia der reiche langobardische Kronschatz in die Hände Karls fiel und die gesamte langobardische Königsfamilie ausgelöscht wurde. Die mit diesen Vorgängen verbundene Übernahme des langobardischen Königreichs kann vielmehr auch als Vorzeichen für den dereinst folgenden

Griff nach der Kaiserwürde verstanden werden. Karl hatte mit seinem Sieg über die Langobarden einen zweiten Machtschwerpunkt gewonnen, der ihn näher an Rom und an den Stützpunkt des byzantinischen Kaisers in Ravenna heranführte. Wie wichtig für Karl diese neue Plattform war, lässt der Titel erkennen, den er sich damals zulegte: «König der Franken und der Langobarden» (*rex Francorum et Langobardorum*). Das eroberte Reich wurde nicht einfach dem fränkischen Reich eingegliedert, sondern steigerte die Herrschaft Karls zu einem Doppelkönigtum. Damit ragte sein Rang bereits in dieser Phase über den eines gewöhnlichen Königs heraus.

Kompromisslos verhielt sich Karl auch in seinem Vorgehen gegenüber seinem Verwandten, dem Herzog Tassilo III. von Bayern. Dieser, über seine Mutter Hiltrud – eine Tante Karls des Großen – ebenfalls ein Karolinger, hatte begonnen, seiner Herrschaft in Bayern königliche Repräsentation zu verleihen: Er ließ in seinen Urkunden Formeln verwenden, die in der Königskanzlei der Franken üblich waren, und zudem 772 seinen Sohn Theodo von Papst Hadrian I. taufen und salben, auch dies ein königliches Vorrecht. In Salzburg entstand eine neue Domkirche, die in ihren Ausmaßen und Ausschmückungen gewaltig und opulent war und sogar die fränkische Krönungskirche in Saint-Denis übertraf. Wie ein König beanspruchte Tassilo III. die Herrschaft über seine «Landeskirche». Alle diese Maßnahmen ließen klar erkennen, dass er sich aus der Einbindung in das Frankenreich herauszulösen suchte. In geschickter Diplomatie gelang es Karl jedoch, den Adel Bayerns durch Schenkungen für sich zu gewinnen, und als er schließlich 787 und 788 mit geballter militärischer Überlegenheit die Unterwerfung Tassilos forderte, stand dieser allein. Seine Bayern hatten ihn verlassen. Tassilo musste sich wie ein Knecht demütigen und wurde wegen angeblichen treulosen Verlassens des fränkischen Heeres (*harisliz*) auf einem Feldzug, der 763 gegen Aquitanien stattgefunden hatte, verurteilt. 788 verschwand er mit seiner Familie in einem Klostergefängnis, möglicherweise in Lorsch nahe Worms am Rhein.

Anschließend ging Karl daran, die Awaren an der Südostgrenze des Reichs niederzuwerfen. Dieses Steppenvolk war seit mehr als zweihundert Jahren in Pannonien ansässig und hatte von dort immer wieder Einfälle nach Italien und Bayern unternommen. Doch zuletzt war man auf dem Weg, sich mit Bayern zu arrangieren, indem man einen Grenzraum zwischen den Völkern, ein gemeinsames Puffergebiet, einrichtete. Karl jedoch wollte dieses System der «fließenden» Grenzen beenden. Er bevorzugte eine eindeutige Grenzziehung nach außen wie nach innen, und dies verlangte in seinen Augen die völlige Unterwerfung der Awaren.

791 konnte er erste Erfolge verbuchen. Bei seinem Einfall ins Awarenreich machte er große Beute, verschleppte von dort, wie es heißt, eine zahllose Menge von Männern, Frauen und Kindern und verteilte sie unter seinen Kriegern. 792 ließ er eine bewegliche Brücke bauen und auf Schiffen die Donau abwärts transportieren, um im pannonischen Raum jederzeit mit seinen Truppen über die Donau übersetzen zu können. Als nächstes verfolgte er den Plan, den Nachschubweg bis zum Rhein zu verlängern und zu diesem Zweck eine Verbindung zwischen der Donau und dem Rhein herzustellen. In der Nähe von Weißenburg in Mittelfranken sollten die Flussläufe der schwäbischen Rezat und der Altmühl durch einen Kanal miteinander verbunden werden. Die beiden Flüsse liegen hier nur etwa eintausendfünfhundert Meter auseinander, und der Höhenunterschied beträgt etwa zwanzig Meter. Ein Kanal (*fossa Carolina*) hätte den Raum von Lothringen über einen geschlossenen Wasserweg bis zum Schwarzen Meer verbunden – ein beachtliches Projekt, das erst mehr als tausend Jahre später von einem bayerischen König wieder aufgenommen werden sollte … Dieses gewaltige Vorhaben macht deutlich, in welch weitgespannten raumplanerischen Dimensionen Karl und seine Berater dachten. Mit dem Kanalbau hat man seinerzeit tatsächlich begonnen, und noch heute kann man die Geländeveränderungen bei dem Ort namens Graben erkennen.

Trotz Tausender von Arbeitern ging das Projekt zu langsam voran, doch auch ohne Kanal entschloss sich Karl 796 zum entscheidenden Angriff. Konzentrisch zogen seine Heere über die Donau und von Friaul her gegen die Awaren, die sich trotz ihrer Ringburgen angesichts der gewaltigen fränkischen Übermacht ohne große Gegenwehr unterwarfen. Unermessliche Schätze fielen Karl in die Hände, die er an Krieger, Kirchen und Klöster verteilte oder in der königlichen Schatzkammer in Aachen einlagerte. Die Führungsschicht der Awaren wurde niedergemacht, und das Volk verschwand aus der Geschichte. Dieser Sieg steigerte das Ansehen Karls bei den slavischen Völkern in solchem Maße, dass sie seinen Namen zur Bezeichnung ihrer eigenen Könige übernahmen: Kral oder Krol.

Am schwierigsten gestaltete sich die Unterwerfung der Sachsen. Der Krieg gegen diesen Stamm zog sich, wenn auch mit Unterbrechungen, über 30 Jahre hin und dauerte von 772 bis 804. Zuerst ließ Karl sein Heer in das Gebiet der Engern, eines sächsischen Teilvolks südlich von Paderborn, einrücken. Dabei konnte die Eresburg (heute Obermarsberg an der Diemel) eingenommen und die nördlich davon gelegene Irminsul zerstört werden. Der Name Irminsul könnte «Säule des Irmin» bedeutet haben und ein gewaltiger Baumstamm in einem heiligen Hain gewesen sein. Dieser Kultsäule hatten die Sachsen Gold und Silber als Opfer dargebracht.

Karl ging dazu über, Stützpunkte für die Zwangschristianisierung der Sachsen anzulegen; dabei kam der Burg an der Quelle der Pader, Paderborn, eine wichtige Rolle zu. Viele der sächsischen Adligen konnten durch großzügige Zugeständnisse gewonnen werden, während die sächsischen Bauern ihren Widerstand mit größter Zähigkeit fortsetzten. Unter der Führung Widukinds konnten sie die Karlsburg in Paderborn erstürmen und niederbrennen, anschließend stießen sie bis zum Rhein vor. Karl antwortete, indem er sächsische Adlige zu Grafen erhob und ihnen die Verantwortung für die Eingliederung des Volks in das Frankenreich übertrug. Zugleich beauftragte er Klöster wie Fulda und Corvey (bei Höxter) damit, die Kontrolle über ihren Wirkungsbereich mit allen Mitteln herzustellen. Junge und kampferprobte Mönche im Alter von 16 bis 20 Jahren zogen ein, die den christlichen Glauben einpflanzen und sich auch in den blutigen Kämpfen behaupten sollten. Kaum einer, so ergab die Untersuchung ihrer Gräber in Fulda, wurde älter als 30 Jahre.

Schließlich sollten drakonische Strafen und Strafbestimmungen den Widerstand der Sachsen brechen. In einem «Sachsenerlass», dem *Capitulare de partibus Saxoniae*, wurde bestimmt, dass nicht nur die Ermordung eines Klerikers, sondern auch die Zerstörung einer Kirche mit dem Tod zu bestrafen sei. Dasselbe Strafmaß sollte sogar für den Versuch gelten, sich der Taufe zu entziehen oder heidnische Praktiken heimlich weiter zu betreiben. Dazu zählte etwa die Einäscherung einer Leiche, die der christlichen Glaubenslehre – insbesondere von der Wiederauferstehung im Fleische – entgegenstand.

Als dann den Sachsen noch ein Kirchenzehnt auferlegt wurde, den sie als eine grausame Versklavung ansahen, brach ein gewaltiger Aufstand aus. Fränkische Priester wurden massenweise umgebracht und 782 eine fränkische Heeresgruppe in offener Schlacht an der Nordseite des Süntelgebirges vernichtet. Doch der Großteil des sächsischen Adels war bereits in die fränkische Oberschicht hinübergezogen worden: Er lieferte die Aufständischen aus, die bei Verden an der Aller hingerichtet wurden – angeblich viereinhalbtausend Mann, geköpft, gehängt, erschlagen. Karl wurde zum «Sachsenschlächter» und erhöhte den Druck derart, dass sich Widukind schließlich 785 in die Königspfalz von Attigny begab und sich dort mit seinen Gefährten taufen ließ. Danach hören wir nichts mehr von ihm. Wahrscheinlich verschwand er wie Tassilo III. hinter Klostermauern.

Ein letztes großes Aufbäumen erfolgte am Ende der neunziger Jahre des 8. Jahrhunderts. Daraufhin wurden viele Sachsen aus den Gebieten der unteren Elbe und aus Holstein deportiert und im ganzen Frankenreich verstreut angesiedelt. Noch heute trifft man auf diese Sachsenorte wie etwa Sachsenhausen bei Frankfurt am Main. Im Jahre 802 wurde den Sachsen ein mit fränkischen Rechtsnormen und christlich-kirchlichen Grundwerten durchmischtes Volksrecht auferlegt, in dem aber immerhin auch die Grundlinien des alten Stammesrechts erhalten blieben. So konnte schließlich eine Beruhigung der Situation herbeigeführt werden, die 803 in einen Friedensschluss mündete. Die Sachsen mussten freilich eine große Anzahl vornehmer Geiseln stellen, die sich anschließend in diverse Klöster zu begeben hatten. Kleinere Aufstände im darauffolgenden Jahr spielten dann keine Rolle mehr. Die Sachsen gehörten seither fest zum fränkischen Reich, die sächsische Bevölkerung war, wie dies später, im 10. Jahrhundert, vom Sachsenchronisten Widukind von Corvey beschrieben wurde, von Karl «zur Magd verknechtet» worden.

Was hat Karl zu diesen ständigen Kriegen getrieben – mehr als dreißig Jahre lang mit vollem persönlichem Einsatz? Was hat ihm die Energie gegeben für die Eroberungen in Italien, Bayern, Pannonien, Sachsen und schließlich in Nordspanien, wo sein Sohn Ludwig das Gebiet bis zum Ebro als Spanische Mark dem Frankenreich unterstellte? Was hat ihm zu der Autorität verholfen, dass die Heerführer und Ratgeber sich immer wieder im Herbst eines Jahres zusammenfanden, um den Feldzug des nächsten Jahres vorzubereiten, die Grenzabschnitte und Gebiete zu bestimmen, an denen – notfalls unter großen Opfern – die Kämpfe zu führen waren? War es nur die Absicht, auf diese Weise Sicherheit und innere Festigkeit des fränkischen Reichs zu stärken und die Krieger zufriedenzustellen? Oder verfolgte Karl darüber hinaus auch das Ziel, einen weiten Friedensraum zu schaffen, wie es ihn einst im Römischen Reich gegeben hatte – einen Friedensraum freilich, in dem anstelle der *pax Augusta* des Kaisers die Gebote Gottes gelten sollten?

Karl verstand sich selbst als Diener Gottes, als *minister Dei*. Somit standen auch seine Kriege im Dienste einer höheren Idee, einer moralischen Rechtfertigung, die aus der christlichen Religion gespeist wurde. Gottesfurcht trieb ihn an, die Vision einer besseren Welt, ja gar die eines Gottesreichs auf Erden. Wenn er und seine Krieger das Christentum gewaltsam in die Nachbarvölker einpflanzten, dann taten sie das in der Überzeugung, damit die bestmögliche Lebens- und Gesellschaftsordnung ihrer Zeit zu verbreiten und durchzusetzen. Solchen Begründungsmustern begegnen wir in der Geschichte immer wieder – bis zum heutigen Tag. Stets ging und geht es auch um die Frage, wer das Gute und wer das Böse vertritt. Die Franken standen für das Gute, da gab es für sie keinen Zweifel. Sie sahen sich als das von Gott auserwählte Volk, dessen Pflicht es geradezu sei, den anderen Völkern die Werte der christlichen Lebensordnung aufzuzwingen. Dass neben diesem weltanschaulich motivierten Programm auch sehr irdische Gründe eine Rolle spielten, ist gewiss – auch dies gilt in allen Epochen der Geschichte bis heute.

Um die Christianisierung mit solcher Radikalität vertreten und vorantreiben zu können, mussten die Franken und die in ihrem Reich zusammengefassten Völker selbst das Christentum intensiv in sich aufgenommen haben. Sie mussten in der Lage sein, die heiligen Schriften und die Werke der Kirchenlehrer zu lesen und zu verstehen. Sie mussten die Schrift der heiligen Texte und die lateinische Sprache erlernen, um die Begrifflichkeit der Bibel zu erfassen. Nur so konnten die Voraussetzungen dafür geschaffen werden, die Normen der christlichen Lebensordnung aufzunehmen und umzusetzen. Dieses inspirierte Streben mündete in eine «Bildungsreform», eine Renaissance des Wissens und der Wissenschaft, die noch heute Bewunderung verdient. Am Hofe Karls sammelte sich ein Kreis von Gelehrten, die sich im Wettstreit der Bildung zu übertreffen suchten. Unter ihnen finden sich klangvolle Namen wie jene des Grammatikers Petrus von Pisa, des Rhetorikers Paulinus von Aquileia, des Universalgelehrten Alkuin und des Historikers Paulus Diaconus. Auch der Franke Angilbert gehörte zu diesem Kreis, und er notierte: «David wünscht, Lehrer zu haben an seinem Hof». Der ehrenvolle Vergleich mit dem König des Alten Testaments zielt auf Karl selbst, der die Weisheit der Alten zu erneuern suchte.

Grundlage und Vorbild für das Wissen, Denken und Sprechen wurden die Texte der antiken Autoren, die man abschrieb und deren Inhalt man diskutierte. Eine neue, gut lesbare Schrift wurde um 800 entwickelt, die «karolingische Minuskel»; damit einher gingen erstmals ein System klarer Worttrennungen und das Vierlinienschema, bei dem es Buchstaben mit Ober- und

Unterlängen sowie Mittelbuchstaben gibt, die das Lesen erleichtern. Der neue Schrifttyp hat sich bis heute in unserer «lateinischen» Schrift erhalten. Über neunzig Prozent aller klassischen Werke sind uns einzig dank dieser karolingischen Bildungsoffensive erhalten geblieben, denn sie wurden jetzt nicht mehr auf fragilem Papyrus geschrieben wie in der Antike, sondern auf haltbarem, aus Tierhäuten gefertigtem Pergament. Das damals noch junge Kloster Lorsch an der Bergstraße, von dem noch die weltweit bewunderte karolingische Torhalle erhalten ist, hat sich als Bewahrer des antiken Erbes besonders hervorgetan; auf dieser Grundlage wurde es möglich, das Sprachniveau auf die Ebene anspruchsvoller Grammatik, Rhetorik und Poetik anzuheben.

So konnten die christlichen Gebote in den Rang einer Art von Grundgesetz, das die gesamte Lebensordnung im fränkischen Reich bestimmen sollte, erhoben und verbreitet werden. Zahllose schriftliche, vom Königshof ausgehende Erlasse (Kapitularien) überschwemmten das Reich. Im Jahre 789 wurde das Erneuerungsprogramm schließlich in einer umfassenden «Allgemeinen Verordnung» verkündet, der *Admonitio generalis*. Alle Menschen im Reich der Franken sollten sich gemeinsam mit dem König bessern, denn er, der König, wolle «das Falsche tilgen, das Überflüssige abschneiden, das Rechte einführen.» Die Gültigkeit des Kirchenrechts wurde bekräftigt: Kleriker und Mönche sollten ein vorbildliches Leben führen, und das ganze Volk sollte sich den kirchlichen Geboten unterwerfen. Dieser Aufruf bezog sich aber nicht allein auf den religiösen Lebensbereich; vielmehr wurden durch den Erlass Blutrache, Diebstahl und andere Verbrechen verboten, der korrekte Gebrauch der Maße und Gewichte bestimmt, eine überall gültige Zeitrechnung eingeführt und das korrekte Schreiben und Lesen angeordnet. *Rechnen und Berechnen* wurde zu einer Hauptforderung der Reform. Alles, was erschaffen sei, sei nach Vernunft und Gesetzmäßigkeit der Zahlen geformt – so war man überzeugt. Der Gelehrte Alkuin traktierte die Schüler mit Rechenaufgaben, die uns heute wieder in der PISA-Bildungsoffensive begegnen: Ein

Herr hat 90 Hörige. Sie sollen 90 Scheffel Getreide bekommen, und zwar so, dass die Männer je drei, die Frauen je zwei, die Kinder je einen halben Scheffel erhalten. Wie viele Männer, Frauen und Kinder befanden sich unter den 90 Hörigen?

Die wichtigsten Helfer Karls in seinen Bemühungen waren die Mönche und Geistlichen, unter ihnen die Bischöfe mit ihren Bistümern. Sie übernahmen damals die wichtigsten Ämter im Reich, wurden die entscheidenden Berater am Hof und erhielten im Gegenzug umfangreiche Besitzungen, Rechte und Einkünfte. Ihre Sitze – im Ostteil des Frankenreichs insbesondere Mainz, Köln, Trier und Salzburg – wurden zu kirchlich-politischen Zentralorten. Der König selbst ließ in Aachen, wo er sich regelmäßig im Winter in den warmen Quellen von den Strapazen der Kriegsführung erholte, eine prächtige Hofkirche, das Marienstift, errichten; die nicht weniger aufwendige Pfalz in Aachen erlangte um 800 den Rang der Hauptresidenz.

Um sein Reich, das schon erhebliche Teile des westlichen und mittleren Europa umfasste, zusammenzuhalten, benötigte Karl freilich auch weltliche Helfer. Das Militärwesen war hocheffizient ausgeformt. Um die Heeresstärke einzuschätzen, muss man davon ausgehen, dass Bischöfe und Grafen jeweils zwischen 20 und 50 Panzerreiter zu stellen hatten. Dazu kam noch die eigene Gefolgschaft des Königs. Angesichts der Zahl der Amtsträger wird man insgesamt gewiss von mindestens fünfzigtausend Panzerreitern ausgehen dürfen. Hinzuzurechnen ist überdies das Fußvolk, ein Mehrfaches der zuvor genannten Zahl. Freilich wurde dieses gewaltige Heer niemals vollständig aufgeboten – das wäre schon aus Gründen der Truppenversorgung gar nicht möglich gewesen –, doch wird das gewaltige kriegerische Potential des Reichs damit deutlich.

Ein gut organisiertes Nachrichtensystem bildete die Voraussetzung für rasches und effizientes Handeln. Ein Befehl des Königs musste in kürzester Zeit an die Bischöfe und von diesen an die Äbte und Grafen weitergegeben werden. Stationen für den Wechsel des Pferdes (*parafredus*) standen für Boten in regelmäßigen Abständen entlang der Straßen und Wege zur Verfügung.

Bei einer Mobilmachung musste sich die Reiterei noch am selben Tag, spätestens aber am nächsten Morgen an den festgelegten Sammelplätzen einfinden. Königsboten (*missi dominici*), in der Regel hochgestellte Personen wie Bischöfe oder Hofbeamte, hatten die Funktionsfähigkeit des Systems ständig zu überprüfen. Die Grafschaften schließlich bildeten das Grundgerüst der Ordnung und der Organisation. Die Amtsinhaber führten den Titel *comes* oder wurden mit dem germanischen Titel *grafio* benannt. Sie handelten im königlichen Auftrag, nahmen den Vorsitz im Gericht einer Grafschaft oder einer Stadt (*civitas*) ein, waren für die Friedenssicherung und den Einzug der Abgaben an den «Fiskus» zuständig und leiteten das Kriegeraufgebot des Amtsbezirks. Die Grafen mussten begütert sein und über die nötige Autorität verfügen, um diese Aufgaben erfüllen zu können. So bildete sich eine politische Oberschicht heraus, die sich durch Königsnähe, königliche Ämter und großen Besitz auszeichnete – die «karolingische Reichsaristokratie».

Die hegemoniale Stellung, die sich Karl auf diese Weise geschaffen hatte, seine Dominanz in weiten Teilen Italiens, die Vereinigung zweier Königstitel in seiner Person, die Herrschaft über ein Großreich, das sich vom Atlantik bis zur Elbe und von der Scheldemündung bis weit nach Italien wölbte, die absolute Überlegenheit seines Heeres und schließlich das Ziel der Durchsetzung christlicher Werte sowie der Anspruch auf Schutzherrschaft über die Kirche bildeten wirkmächtige Faktoren, die förmlich danach verlangten, zu einem neuen, umfassenden politischen Ordnungskonzept verknüpft zu werden. Wie schon 751, als die Karolinger den ihrer Macht entsprechenden Königstitel annahmen, erhielt auch die Macht- und Autoritätsfülle Karls ihren Namen, als er am Weihnachtstag des Jahres 800 in Rom zum Kaiser gekrönt wurde.

Freilich, einen Kaiser gab es schon in Byzanz. Aber in diesen Jahren saß dort eine Frau, Irene (797–802), auf dem Kaiserthron. Dies konnte eine ganz und gar männlich dominierte Welt quasi als Vakanz deuten, wie es auch die zeitgenössischen *Lorscher Annalen* nahelegen: «Weil damals der Name des Kaisers bereits von den Byzantinern zu weichen begann und sie das Kaisertum einer Frau bei sich hatten, schien es dem Papst Leo und allen heiligen Vätern, die bei der Versammlung (in Rom) anwesend waren, und ebenso auch dem übrigen christlichen Volk richtig, dass sie Karl, den König der Franken, Kaiser nennen sollten. Dieser hatte damals die Herrschaft über Rom inne, wo die Kaiser immer zu residieren pflegten, und kontrollierte auch die übrigen Hauptorte in ganz Italien und Gallien und ebenso in Germanien. Weil der allmächtige Gott alle diese Hauptorte in seine Gewalt übertragen hatte, schien es ihnen daher nur gerecht zu sein, dass er selbst mit der Hilfe Gottes und auf die Bitte des ganzen christlichen Volkes hin den entsprechenden Namen trage.»

In der Forschung wird seit langem um eine Antwort auf die Frage gerungen, welcher Impuls für die Kaiserkrönung Karls ausschlaggebend war. Möglicherweise kam der entscheidende Anstoß sogar aus Byzanz selbst, wie aus einer unscheinbaren Notiz («Kölner Notiz») hervorzugehen scheint. Andere sehen eher die Notlage Papst Leos III. (795–816) als entscheidend dafür an, denn dieser war in heftige Kämpfe des stadtrömischen Adels hineingezogen worden und in einen Hinterhalt geraten, bei dem er an Augen und Zunge verletzt worden sein soll und «nackt und halbtot auf der Straße liegen blieb» (*Fränkische Reichsannalen*). Kurz darauf, 799, eilte er zu Karl nach Paderborn, um dessen Hilfe zu erbitten. Inwieweit die Kaiserkrönung damals schon vereinbart wurde, ist schwer zu entscheiden. Doch wird man davon ausgehen müssen, dass Karl sich über die Ziele seiner Romreise im Jahre 800 Klarheit verschafft hatte, bevor er aufbrach. Beim Einritt in die Stadt Rom wurde er jedenfalls bereits mit kaiserlichen Ehren empfangen. Freilich, Ablauf und Form der Kaiserkrönung am Weihnachtstag selbst haben offenbar heftiges Missfallen bei Karl hervorgerufen, denn die Inszenierung zielte, wie es scheint, darauf ab, den Papst als alleinigen Urheber der Kaiserwürde erscheinen zu lassen. Störte Karl die Salbung, die ihm zuteil wurde, weil durch sie der Akt in seiner Wahrnehmung allzu einseitig als kirchlich-sakramentale Legitimation gedeutet werden konnte? Oder war ihm das gesamte Zeremoniell zuwider, weil es möglicherweise nach dem Muster ablief, dem in Byzanz ein Hauptkaiser folgte, wenn er einen Nebenkaiser krönte? Der ostfränkische Gelehrte Einhard, der eine berühmte *Lebensbeschreibung Karls* (*Vita Caroli magni*) verfasst hat, vermerkte jedenfalls an dieser Stelle: Wenn ihm, Karl, bekannt gewesen wäre, welche Absicht der Papst verfolgte, dann hätte er an jenem Tag, obzwar es ein so hoher Festtag war, die Peterskirche nicht betreten.

Doch nun war Karl Kaiser. Man begann, ihn den großen Karl zu nennen. «Karl, allgnädigster, erhabener, von Gott gekrönter, großer und Frieden bringender Kaiser, der das Römische Reich steuert und durch Gottes Barmherzigkeit auch König der Franken und Langobarden ist» (*Karolus serenissimus a Deo coronatus magnus pacificus imperator Romanum gubernans imperium, qui et per misericordiam Dei rex Francorum et Langobardorum*): So nannte er sich selbst, angelehnt an byzantinisch-italische Formeln und unter Hinweis auf die verschiedenen Bestandteile und Grundlagen seiner Macht. In diesem Titel wird an erster Stelle betont, dass die Krönung nicht durch den Papst, sondern durch Gott erfolgt sei. Außerdem spiegelt sich in der umständlichen Formulierung, dass die Machtstellung Karls auf einer eigenartigen gedanklichen Verknüpfung einer Institution, dem *Romanum imperium*, mit den Personenverbänden der Franken und der Langobarden beruhte. Hinzu trat noch der Gedanke, dass das neue Kaisertum als «christliches Reich» (*imperium christianum*) im Kern kirchlich bestimmt sei. Vor allem der Geistliche und Gelehrte Alkuin propagierte diese Vorstellung. Auch mit Karls Kaisertum, so wird deutlich, war noch längst kein abstrakt definierter, gewissermaßen staatstheoretisch fundierter Reichsbegriff entstanden.

Das hatte Folgen. Am geringsten wogen dabei noch die Konflikte mit Byzanz, wo man den «Emporkömmling» eigentlich gar nicht ernst nehmen wollte. Dort spottete man über den Wichtigtuer und über das barbarische Verhalten am fränkischen Hof. Viel bedeutsamer und letztlich für die Zukunft entscheidend wurde vielmehr die Frage, nach welchen Prinzipien künftig die Nachfolge in der Herrschaft über das Reich geregelt würde. Das Königtum war – wie schon bei den Merowingern – im *Haus* der Karolinger verankert und stand allen Söhnen eines Herrschers zu. Das Kaisertum dagegen konnte nur einer von ihnen übernehmen. War dieser damit Herr über seine Brüder? Und wie konnte es dann überhaupt noch gleichrangige Teilherrschaften geben, wenn sich das Kaisertum über das gesamte Reich wölbte? Das waren Probleme, um die in der Folgezeit und schon während der letzten Jahre Karls heftig gerungen wurde, die aber letztlich ungelöst blieben.

Weder mit der «Teilungsordnung der Reiche» (*Divisio regnorum*) von 806 noch mit der «Anordnung über das Reich» (*Ordinatio imperii*) von 817, in der das Recht der Erstgeburt (Primogenitur) verankert werden sollte, und ebenso wenig mit den Teilungsplänen von 833, 837 und 839 gelang es, die kaiserliche Gesamtherrschaft und die königlichen Teilherrschaften miteinander in Einklang zu bringen. Die kirchlichen und klösterlichen Reformen unter Karls Nachfolger, Ludwig dem Frommen (814–840), stärkten zeitweise die Einheitspartei der hohen Geistlichkeit und ihre Idee vom «theokratischen Einheitsreich»: Wie den einen Gott sollte es auch nur einen Herrscher geben. Doch die Kämpfe um die Anteile und Ansprüche im Karolingerhaus verebbten keineswegs und wurden über Generationen hin erbittert fortgeführt.

Schließlich wurde im Vertrag von Verdun vom August 843, den die Söhne Ludwigs des Frommen untereinander schlossen, festgeschrieben, dass man nur unter gleichen Bedingungen teilen wollte. Jeder Reichsteil sollte denselben Wert haben. Dies ließ man durch eine eigens eingesetzte Kommission, bestehend aus jeweils 40 Gefolgsleuten der drei Brüder, prüfen und festlegen. Am Ende erhielt Lothar I. (gest. 855) das Mittelreich; dazu gehörten Italien, die Provence, ein Teil Burgunds, das Elsaß und Lothringen – also, im ganzen gesehen, die Achse Rom-Pavia-Aachen. Er durfte auch den Kaisertitel weiterführen, den er seit 823 besaß. An Karl den Kahlen (gest. 877) fiel das Westreich, das im Osten von den Flüssen Schelde und Maas begrenzt wurde. Den Reichsteil östlich des Rheins mit Bayern, Alemannien, Rheinfranken und Sachsen übernahm Ludwig, in der Forschung mit dem Beinamen «der Deutsche» belegt (gest. 876). Außerdem sicherte er sich das Gebiet der linksrheinischen Bistümer Mainz, Worms und Speyer und damit eine wirtschaftsstarke fränkische Kernlandschaft. Von wegweisender Bedeutung war, dass in diesem Vertrag das Nachfolgerecht der Söhne der drei teilenden Brüder beschlossen wurde. Damit war vorgezeichnet, dass die Teilung kaum mehr rückgängig zu machen war.

In der Tat erweist sich der Vertrag von Verdun von 843 im Rückblick als ein wesentlicher Schritt hin zu einer Entwicklung, in der sich die Grundlagen für ein späteres deutsches Reich abzuzeichnen begannen. Allerdings war damals noch nichts entschieden. 870 gelang es Ludwig dem Deutschen, im Vertrag von Meersen seinen Anteil an Lothringen bis an die Maas- und Mosellinie vorzuschieben. Eine wichtige Rolle spielte im weiteren Verlauf König Ludwig III. der Jüngere (876–882), der seinem Vater, Ludwig dem Deutschen, im Ostreich nachfolgte. Den Anspruch seines Onkels, Karls des Kahlen, das Frankenreich Karls des Großen in seiner Hand wieder zu vereinen, wehrte er in der Schlacht von Andernach im Oktober 876 erfolgreich ab. Damit verteidigte er das Nachfolgerecht der Söhne. Er hatte in den Jahren zuvor eine neue Adelsgefolgschaft um sich aufgebaut, zu der die Familien der Konradiner, der Babenberger und der Liudolfinger gehörten, jene Familien also, die zwei Generationen später die Herrschaft im Ostreich unter sich ausmachen sollten. Bei Andernach standen sie an Ludwigs Seite. Im übrigen war Ludwigs Heer erstmals nach Stämmen geordnet, ein bemerkenswerter Wandel in der Organisation seines Reichs. Adel, Rechts- und Stammesverbände begannen eine immer wichtigere Rolle zu spielen, die sich das Königtum des Ostteils zunutze machte.

Die Schlacht bei Andernach, so berichten die *Annalen von Saint-Bertin*, wurde von Ludwig und seinem Gefolge wie ein

Gottesurteil vorbereitet. Mit Fasten und Litaneien erflehte man das Erbarmen Gottes. Ausgewählte Männer mussten die Probe mit heißem Wasser bestehen, d. h. Gegenstände aus heißem Wasser herausnehmen. Die Verbrühungen durften nicht eitern. Weitere Männer ließen die Kaltwasserprobe über sich ergehen. Sie wurden gefesselt ins Wasser geworfen und mussten untergehen. Wären sie oben geschwommen, hätte das bedeutet, dass das reine Wasser sie nicht annehmen wollte. Schließlich erwartete eine Gruppe von Männern die Probe mit dem glühenden Eisen. Sie mussten dieses Eisen eine bestimmte Strecke weit tragen. Auch hier durfte, nach dem Abnehmen des Verbands nach einer gewissen Zeit, die Brandwunde nicht eitern. Alle diese Männer, dreißig an der Zahl, bestanden das Gottesurteil bravourös. Gott war auf ihrer Seite. Daraufhin zogen Ludwigs Kämpfer weiße Gewänder an und stürmten in einschüchternder Geschlossenheit gegen die Krieger Karls des Kahlen. Diese wurden vernichtend geschlagen und die Fliehenden derart ausgeplündert, «dass sie sich mit Heu und Stroh einwickeln mussten, um wenigstens ihre Schamteile zu verhüllen». Die Macht Ludwigs des Jüngeren, der sein Herrschaftszentrum in Frankfurt am Main errichtet hatte, wurde dadurch so gefestigt, dass er im Vertrag von Ribemont 880 auch den westlichen Teil Lothringens für sein Ostreich hinzugewinnen konnte.

So nahm im 9. Jahrhundert Schritt für Schritt ein Ostreich (Austrien) Gestalt an, das im Bewusstsein der Zeitgenossen zwar ein Bestandteil der karolingischen Hausherrschaft und damit ein Teil des fränkischen Gesamtreichs blieb, das sich aber zunehmend verselbständigte. Gegenüber dem Westfrankenreich (Neustrien) und Italien konnte man es, kulturell gesehen, freilich fast als Entwicklungsland bezeichnen. Dies prägte auch das Bewusstsein der Gelehrten, etwa des Mönchs Otfried von Weißenburg (gest. nach 870), der um 865 daranging, eine volkssprachige Bibeldichtung zu verfassen. Ein aus den vier Evangelien zusammengefügtes, 7104 Langzeilen umfassendes Bibel-Epos in der Volkssprache zu konzipieren, war ein ungeheuer schwieriges Unterfangen, wie ihm selbst bewusst war. Stolz berichtete er von den vielen Überlegungen, die er dabei anstellen musste, um seine Muttersprache an die Normen lateinischer Grammatik, Rhetorik, Dichtkunst, Begrifflichkeit und Syntax anzupassen. «Unsere Sprache», so wusste er, «gilt als bäuerisch, denn sie wurde von denen, die sie sprechen, weder durch schriftliche Werke noch durch eine Grammatik jemals kultiviert». Das Bewusstsein, einer Gemeinschaft anzugehören, die sich durch eine kulturell unterlegene «Volkssprache», der *lingua theodisca*, von der romanischen unterschied, wirkte durchaus integrativ. Man grenzte sich dadurch – wenn auch im negativen Sinn als Gemeinschaft der kulturell Zurückgebliebenen – von den romanisch sprechenden Zeitgenossen ab. In kriegerischer Hinsicht aber blieb man überlegen, wie bald auch die ottonische Epoche bestätigen sollte.

2. Die Entfaltung des römischen Kaisertums im Mittelalter

Die Sachsenkönige und die Liebe zu Italien

Um 900 war das einst so stolze Reich der Franken in existenzielle Not geraten. Die inneren Konflikte hatten die Kräfte zermürbt, und der Schlaganfall, der den ostfränkisch-karolingischen Kaiser Arnulf (887–899) 896 ereilt hatte, wirkte geradezu zeichenhaft für diese Situation. Intrigen am Hof leiteten den weiteren Niedergang ein, und nachdem Arnulf gestorben war, brachen 900 die Ungarn ins Reich ein. Die wilden Steppenkrieger hatten bereits die Fürstentümer in Pannonien in Besitz genommen, nun machten sie Beute im Westen. «Sie leben nicht nach Art von Menschen», so äußerte sich der Chronist Regino von Prüm, «sondern wie das Vieh. Sie nähren sich nämlich, so hört man, von rohem Fleisch, trinken Blut, verschlingen als Heilmittel die in Stücke zerteilten Herzen ihrer Gefangenen, lassen sich durch kein Gejammer erweichen, durch keine Regung des Mitleids rühren. Das Haar schneiden sie sich bis auf die Haut mit dem Messer ab.» Tag und Nacht würden sie auf ihren Pferden reiten, und ihre Kinder müssten früh schon das Reiten lernen, vor allem das Bogenschießen vom Pferderücken aus. Daher würden sie mit solcher Kunst Pfeile abschießen, dass man sich vor ihren Schüssen gar nicht schützen könne.

In der Tat waren die Bogen der Ungarn ganz ungewöhnliche Waffen. Sie bestanden nicht einfach aus biegsamen Holzstangen, sondern wurden kunstvoll Schicht um Schicht durch das Verleimen verschiedener Hölzer und Hornstränge aufgebaut – eine Arbeit, die Jahre dauerte. So entstand der «Reflexbogen», der ungeheure Durchschlagskraft besaß. Die ungarischen Krieger wirkten auf die Menschen im Reich wie die wilden Horden der Apokalypse. Eine fremde Welt brach in Europa ein. Hoffnungslos sah man sich ihr ausgeliefert. Der Chronist Widukind von Corvey sah in den Ungarn Nachkommen der Hunnen und führte ihre Abstammung auf gotische Hexen zurück; aus den mäotischen Sümpfen hätten sie sich nun über die Erde ergossen.

Der ungarischen Kriegstaktik mit Pfeilhagel, Scheinfluchten, raschem Ortswechsel und überfallartigen Angriffen standen die fränkischen Panzerreiter zunächst ratlos gegenüber. Bevor man nahe genug herangekommen war, um zum gewohnten Zweikampf überzugehen, hatte man schon einen Pfeil im Leib. Wer sollte diese Feinde aufhalten? Kaiser Arnulf hatte nur einen siebenjährigen Sohn, Ludwig das Kind (900–911), der damals auf den Thron gesetzt wurde. Die militärische Abwehr jedoch mussten andere übernehmen, vor allem die Anführer der sich neu formierenden Stammesverbände der Bayern, Alemannen, Franken und Sachsen. Markgraf Liutpold von Bayern ging sogar in die Offensive und zog 907 mit einem großen bayerischen Heer bis vor Pressburg. Dort freilich wurde er mit seinen Männern auf dem Marchfeld in einer furchtbaren Schlacht niedergemetzelt. Liutpold fiel, ebenso der Erzbischof von Salzburg, die Bischöfe von Freising und Säben, aber auch viele Grafen.

Zur ungarischen Gefahr kam diejenige hinzu, die von den Wikingern ausging. Und schließlich erschütterten heftige Fehden im Innern das Reich, als die Konradiner, die ihren Machtschwerpunkt im Lahngau, in der Wetterau und am Mittelrhein besaßen, und die Babenberger, die Herren im östlichen Franken, um die Führung stritten. Die Konradiner setzten sich durch und stellten mit Konrad I. (911–918) den nächsten König im Ostreich – den ersten Nichtkarolinger, aber immerhin einen Franken. Auch dessen Herrschaft war nicht vom Glück gesegnet. Er verlor Lothringen an das Westreich und rieb sich auf in den Kämpfen gegen die Liudolfinger, das führende Adelshaus der Sachsen, und gegen die bayerischen Liutpoldinger. Das ostfränkische Reich drohte, sich vollends aufzulösen.

Die Wende kam mit Heinrich I. (919–936), dem Mann, «den die ganze Welt benötigte» (Widukind I, 17). Er stammte aus der

Familie der Liudolfinger, die ihre Machtzentren in der Gegend von Gandersheim, von Hildesheim und in Quedlinburg hatten. Später kam noch Magdeburg hinzu.

Die Zäsur, die mit seinem Eintritt in die Geschichte verbunden ist, hat durchaus epochale Bedeutung: Das alte Karolingerreich war damit an sein Ende gekommen, denn nun übernahm ein Sachsenfürst die Leitung des maroden Ostreichs. Das war das Signal für die endgültige Abtrennung vom Westreich, ein Prozess, der durch den Bonner Vertrag von 921 weiter gefördert wurde. Auf einem Boot mitten im Rhein legten die beiden Könige die Grenze ihrer Reiche fest. Heinrich, ein glänzender Kriegsführer, hatte seine sächsischen Krieger in ausgezeichnete Verfassung gebracht. Die fränkische Elite war daher bereit, sich ihm zu unterwerfen, Franken und Sachsen verschmolzen zu einem Volk: *populus Francorum atque Saxonum* – welch ein Wechsel der Verhältnisse, wenn man an die Niederwerfung der Sachsen durch Karl den Großen ein Jahrhundert zuvor denkt! Aus der «sächsischen Magd» wurde eine Herrin. So sah das auch der Chronist Widukind von Corvey.

Wie die Erhebung Heinrichs ablief, wissen wir nicht, aber es scheint, als hätten ihm die Mächtigen unter den Franken, an ihrer Spitze Eberhard, der Bruder des verstorbenen Konrad I., das Königtum angetragen. Die Geschichte von «Heinrich am Vogelherd» – die noch ins Mittelalter zurückgeht und die Carl Loewe (1796–1869), der große Balladenkomponist der Romantik, in deutschnationaler Hochstimmung zum Klingen gebracht hat – dürfte noch ein gewisser Reflex auf diese Situation sein. Die Nachricht, dass Heinrich dabei auf die Königssalbung, die ihn über die anderen Großen der beiden Völker emporgehoben hätte, verzichtet haben soll, wird man nicht so leicht abtun dürfen. Sie passt in das Konzept einer Legitimation, die sich den König eher als einen «Primus inter pares» denn als einen hervorgehobenen Monarchen vorstellen wollte. In der *Chronik* des Flodoard von Reims heißt es ohne weitere Begründung: «Heinrich begann zu herrschen». Freilich war sein Radius anfangs noch begrenzt, denn die Bayern hatten sich mit dem Liutpoldinger Arnulf einen eigenen König gewählt. Zunächst eher ein König der Sachsen und Franken, schob Heinrich allmählich sein Königtum in die Räume der Alemannen und Bayern vor. Dabei verfuhr er im Vergleich zu seinem Vorgänger auf ganz neuartige Weise: Nach anfänglichen militärischen Drohgebärden kamen rasch Einigungen zustande, die 920 und 921 in Freundschaftsverträge mit den dortigen Anführern (*duces*) mündeten. Diese wurden als «Herzöge» in ihren Herrschaftsbereichen anerkannt und erlangten sogar mehr oder weniger die Hoheit über Bischöfe und Klöster. Für Arnulf von Bayern ist jedenfalls ausdrücklich überliefert, dass er beim Tod eines Bischofs den Nachfolger bestimmen durfte. Damit konnten diese Herzöge ihre Stellung in ihren Herzogtümern erheblich festigen und geradezu königsgleichen Rang erlangen.

In der Folgezeit wurde das Reich mit einem dichten Netz von Freundschaftsbündnissen überzogen. Damit entstanden gleichsam künstliche Verwandtschaften, die meist noch durch eine Gebetsverbrüderung verstärkt wurden. Dies bedeutete eine Verbindung und Verpflichtung über den Tod hinaus, denn die Mitglieder beteten für das Seelenheil der Verstorbenen. Sprunghaft nahm das Gebetsgedenken in den Reichsklöstern zu, wie die Einträge zahlreicher größerer und kleinerer Personengruppen in den Memorialbüchern von St. Gallen, des Klosters auf der Reichenau, des Vogesenklosters Remiremont oder des Klosters Fulda noch heute erkennen lassen. Immer wieder, und zwar in wechselnden Konstellationen mit Vertretern des Adels, findet sich darunter auch König Heinrich I. mit seiner Familie. Herrschaftliche Rangunterschiede wurden in solchen Zusammenschlüssen überbrückt, denn die Gleichheit der Freunde überdeckte die Ungleichheit von Amt und Macht.

Auch in den Außenbeziehungen diente der Freundschaftsbund zur Festigung des neuen Reichs. König Rudolf II. von Burgund (gest. 937) bietet ein Beispiel dafür. Ihm schenkte Heinrich I. obendrein noch die Stadt Basel, um von Rudolf eine ungewöhnliche Gegengabe zu erhalten: die Heilige Lanze, eine kostbare Reliquie, die heute im Kunsthistorischen Museum in

Wien aufbewahrt wird. In ihr Lanzenblatt ist ein Nagel eingearbeitet, von dem man der Meinung war, dass er vom Kreuz Christi stammte. Diese Reliquie wurde bald zur wichtigsten Herrscherinsignie des 10. Jahrhunderts. In der Ungarnschlacht von 955 und auch in anderen Kämpfen trug man sie dem Heer voran.

Über ein Freundschaftsbündnis gewann Heinrich I. schließlich 925 auch das Herzogtum Lothringen für das ostfränkische Reich zurück. Herzog Giselbert unterstellte sich auf diese Weise dem sächsischen König und konnte damit seine Machtposition in Lothringen stärken, ja eigentlich erstmals ein geeintes Herzogtum in diesem Raum aufbauen. Mit Lothringen war eine kulturell führende Region in Europa mit einer reichen Stadt- und Bildungstradition in das Reich Heinrichs integriert worden. Die Lütticher Domschule etwa war als geistiges Zentrum berühmt; sie sandte fortan wie auch andere Kulturzentren ihre Impulse, gefördert durch das Königshaus, in den Osten, vor allem nach Sachsen, in die neue Machtregion Europas.

Die schwierigste Aufgabe stellte sich Heinrich I. mit der Abwehr der Ungarn. 926 gelang es, für die Freigabe eines gefangenen ungarischen Anführers und gegen immense Tributzahlungen einen neunjährigen Frieden zu erlangen. Diese Zeit wurde gut genutzt. Wichtige Orte, Städte, Klöster und Burgen im Reich erhielten Wälle, Mauern und Befestigungen. Jeder neunte «Bauernkrieger» (*miles agrarius*) sollte künftig für die Versorgung und militärische Instandhaltung der Burgen abgestellt und von den anderen acht Bauern verpflegt werden. Zur militärischen Ertüchtigung wurden seit 928 jahrelang Feldzüge gegen die benachbarten Slaven unternommen. Die Gefangenen konnte man überdies als Sklaven nach Cordoba in Spanien verkaufen, was zwar wenig christlich, den finanziellen Ressourcen aber förderlich war.

Dann, 932, war man so weit – Heinrich I. kündigte den Vertrag mit den Ungarn und verweigerte den Tribut. Auf einer Synode in Erfurt wurden die geistlichen Vorbereitungen für den Krieg getroffen und besondere Fastengebote verkündet. Die

Entscheidungsschlacht gegen die Ungarn sollte auch eine Entscheidung Gottes für oder gegen sein Volk sein. Im Frühjahr 933 fielen die Ungarn mit einem ungewöhnlich großen Heer ein, um die Tributverweigerung zu bestrafen. Aber nun zahlten sich Heinrichs Umsicht und Vorbereitungen aus. An mehreren Orten in Thüringen und Sachsen wurden ungarische Abteilungen niedergemacht. Am 15. März 933 kam es dann zum großen Aufeinandertreffen an der Unstrut, bei dem die Ungarn rasch in die Flucht geschlagen werden konnten. Der Triumph förderte das neue Gemeinschaftsgefühl, das Heer begrüßte seinen König mit dem altrömischen Titel «Vater des Vaterlands» (*pater patriae*) und als «großmächtigen Herrn und Imperator» (*rerum dominus imperatorque*) (Widukind I, 39).

So hatte Heinrich ein «großes, weites Reich durch eigene Kraft errungen» (Widukind I, 41), hatte es «geeint, befriedet und wieder zusammengebracht» (Widukind I, 27). Ein Neuanfang war gemacht, ein neues politisches Gebilde gewissermaßen aus der Konkursmasse des karolingischen Reichs aufgebaut worden. Im Bewusstsein der Zeitgenossen wurde damit freilich noch immer das «ostfränkische Reich» (*regnum Francorum orientalium*) fortgesetzt, und so wurde dieser Verbund von Sachsen, Franken, Schwaben, Bayern und (fränkischen) Lothringern auch noch über Generationen hin bezeichnet. Es war also noch lange kein «deutsches Reich» entstanden, auch wenn seine Konturen im Rückblick bereits erkennbar wurden.

Doch wie sollte es nach Heinrich I. weitergehen? Er hatte vier Söhne – Thankmar aus seiner ersten Ehe sowie Otto, Heinrich und Brun aus der zweiten. Sollten sie alle Könige werden wie vormals die Söhne der fränkischen Herrscher? Jeder neuerliche Teilungsversuch hätte das Reich sogleich wieder zersprengt, ja mehr noch: Die neue Struktur des Reichs, die von Herzogtümern und Herzogsgewalten bestimmt war, hätte eine Teilung gar nicht mehr zugelassen. Das Königtum, so die sich aufdrängende Lösung, musste an einen einzigen der Söhne übergehen. Heinrich I. musste versuchen, die Individualsukzession durchzusetzen. Er rief daher sein Volk zusammen und «bestimmte» (*de-*

signavit) 929 Otto zu seinem Nachfolger (Widukind I, 41). Die Heirat mit der englischen Königstochter Edgitha sollte ein Jahr später den herausgehobenen Rang des Nachfolgers untermauern. Auf einem Reichsumritt holte man die Huldigungen der Großen ein.

Die Vorgänge kann man wohl als sensationell bezeichnen, denn damit wurde ein völlig neuer Typus eines Herrschers im Reich geschaffen. Fortan sollte es den «Einherrscher» geben, in griechischer Bezeichnung: den «Monarchen». Die Unteilbarkeit des Königtums wurde geschaffen. Diese Wende brachte es mit sich, dass künftig die Alleinstellung des Monarchen in möglichst eindrucksvoller und vielfältiger Weise immer wieder demonstriert und zelebriert werden musste.

Das wichtigste Instrument dafür war die Königssalbung. Otto wurde daher zu Ostern 930 in Mainz nicht nur zum König gekrönt, sondern, anders als sein Vater, auch gesalbt. Dass Widukind auch für 936, als Otto in Aachen die Nachfolge seines Vaters in feierlichsten Formen antrat, von Salbung spricht, ist keineswegs ein Widerspruch. Die Wiederholung der Salbung ist auch in anderen Fällen überliefert. Die Salbung wurde nun so gedeutet, dass der König damit in eine besondere Beziehung zu Gott trat, genauso wie die Bischöfe, die durch ihre Salbung ebenfalls zu «Geweihten des Herrn» (*christi domini*) wurden. Sie alle erwarben damit eine geheiligte («sakrale») Aura. Auf diese Weise setzte sich Otto weit von seinen Brüdern ab, die sozusagen gewöhnliche Menschen blieben und denen der Auftrag Gottes fehlte. Nur Ottos jüngstem Bruder, Brun (gest. 965), gelang es, ebenfalls in den Kreis der «Geweihten Gottes» aufzusteigen, denn er wurde Erzbischof von Köln und ging Zeit seines Lebens eine enge Kooperation mit dem König ein, seinem *senior*, wie er ihn nannte. Für diese Verbindung wurde damals das Wort vom «königlichen Priestertum» (*regale sacerdotium*) gefunden (Ruotger, *Vita Brunonis*).

Von nun an, so lassen diese Vorgänge erkennen, konnte das Königtum nicht mehr wie ein Erbbesitz des Königshauses betrachtet werden, den man unter den Erben aufteilte. Das Königtum und damit das Reich mitsamt der Ausstattung für den König erlangten eine eigene, unabhängige Wertigkeit. Dies war ein erster Schritt hin zu einem transpersonalen Verständnis von Königtum, und es war eine wichtige Voraussetzung für die Dauerhaftigkeit des Reichs. Dieses Phänomen zeigt sich im übrigen auch in den anderen Nachfolgereichen, die im 10. Jahrhundert aus dem Karolingerreich hervorgegangen sind. Da diese neue Form der Monarchie nur mit Hilfe der Großen eines Reichs durchgesetzt werden konnte, zeichnet sich ab, dass deren Einfluss überall stieg.

Doch nicht alle Brüder Ottos gaben sich mit dem damals eingetretenen Zustand zufrieden. Thankmar, der sich vollständig zurückgesetzt sah, als er nicht einmal die Stellvertreterschaft des Königs in Sachsen erhielt, verbündete sich mit Herzog Eberhard von Franken, der sich von Otto ebenfalls ungerecht behandelt fühlte, gegen den König. Als sich auch noch die Söhne des 937 verstorbenen Herzogs Arnulf von Bayern den Empörern anschlossen, war die Stellung Ottos aufs höchste gefährdet. Nur unter Aufbietung aller Kräfte konnte Thankmar ein Jahr später in der Burgkirche der Eresburg in Sachsen gestellt werden, wo man ihn, nachdem er seine goldene, königliche Halskette auf dem Altar abgelegt hatte, sogleich mit einem Speer durchbohrte.

Dann wurde Ottos jüngerer Bruder, Heinrich, die treibende Kraft der Opposition. Auch er forderte sein Erbteil am Königtum. 939 formierte sich im thüringischen Saalfeld ein Kreis mächtiger Verschwörer, eine Schwurgemeinschaft, die sich beim großen Festmahl (*convivium*) in Treueiden verband. Auch Giselbert, der Herzog von Lothringen, stieß hinzu. Nur wenige blieben noch auf der Seite des Königs; Otto schien am Ende zu sein. Doch Gott ließ ihn nicht im Stich. Mit einem kleinen Heer zog er an den Rhein, und bei Birten, südlich von Xanten, setzte die Vorhut seiner Truppe, alles Elitekrieger, über den Strom. Auf der anderen Seite lauerten die Feinde, Heinrich und seine Anhänger. Es kam zu einem heftigen Gefecht, in dem die Männer Ottos mit dem Mut der Verzweiflung kämpften. Otto stand noch auf der anderen Seite und musste den Kampf aus der Ferne verfolgen. Da sei er vom Pferd gestiegen, so erfahren wir vom Chronisten Liutprand von Cremona (*Antapodosis* IV, 24), «und betete mit dem ganzen Heer unter Tränen vor den siegbringenden Nägeln, die einst die Hände unseres Herrn und Heilands Jesu Christi durchbohrt hatten und die nun in die Lanze des Königs eingefügt sind». Otto warf gleichsam die gesamte Sakralität seines Königtums in die Waagschale. Gott selbst musste sich nun entscheiden – für oder gegen seinen Stellvertreter auf Erden. Es war eine Art «Nagelprobe» für das neue Königtum. Ganz in diesem Sinne wurde das Ereignis in der späteren ottonischen Geschichtsschreibung ausgelegt: Infolge des Gebets hätten sich die Feinde zur Flucht gewandt, ja sie hätten nicht einmal gewusst, warum sie flohen. Auf diese Weise habe Gott allen denen, die es noch nicht verstanden hätten, gezeigt, «wie sehr er Dich (Otto) liebe» (*te quantum diligeret nescientibus indicaret*, *Antapodosis* IV, 26).

Damit war in den Augen Ottos und seiner Anhänger von Gott selbst die Wende eingeleitet worden. Doch erst, als mit Eberhard von Franken und Giselbert von Lothringen am 2. Oktober 939 zwei der Führungsleute – eher zufällig – in ein Gefecht verwickelt wurden und dabei umkamen, war das Schlimmste für Otto überstanden. Sein Bruder Heinrich, der sich immer noch nicht mit dem Ausschluss von der Königswürde anfreunden konnte, wurde 940 zum Herzog von Lothringen erhoben, später dann, 947, zum Herzog von Bayern. Dort konnte er eine königsähnliche Herrschaft entfalten und verfügte auf diese Weise doch noch über eine Art Teilkönigtum.

Diese Ereignisse erhellen, wie schmerzhaft und schwierig der Ablöseprozess von der alten, karolingischen Herrschaftsordnung war. Erst um die Mitte des 10. Jahrhunderts saß König Otto fest im Sattel. Nun konnte er sich den Entwicklungen widmen, die im Süden und Westen Europas abliefen und durchaus zu einer Gefahr für das neue ottonische Reich werden konnten. König Hugo von Italien (gest. 948) hatte durch geschickte Heiratspolitik versucht, sein Königreich mit dem von Burgund zu vereinigen. Doch sein Tod und der seines Sohns Lothar zwei

Jahre später (950) ließen ein Machtvakuum in diesen Regionen entstehen, das Berengar II. von Ivrea (gest. 966) zu nutzen suchte. So entschloss sich Otto 951 zu einem Unternehmen, das ihm anfangs das Königreich Italien einbrachte, am Ende dann sogar die Kaiserwürde.

Im Mittelpunkt der ganzen Aktion stand eine junge, 20jährige Frau – Adelheid (gest. 999) aus dem burgundischen Königshaus. Sie, die Witwe des verstorbenen Lothar und Königin von Italien, war von Berengar II., der selbst Ambitionen auf die Königswürde entwickelte, gefangengenommen und in der Burg von Garda am Gardasee eingesperrt worden.

Auch Otto, inzwischen 40 Jahre alt, war 946 Witwer geworden. Immer noch sei er höchst aktiv gewesen mit seinen blitzenden Augen im rötlichen Gesicht und mit dem niederwallenden Bart – so schildert ihn Widukind. Otto habe in seiner unermüdlichen Rastlosigkeit sogar im Schlaf gesprochen, habe über bewundernswerte Geistesgaben verfügt und im Alter gar noch Lesen gelernt (Widukind II, 36). Nun wurde er von Liebe zu Adelheid erfüllt, so darf man gewiss hinzufügen. Ihr zuliebe habe er später die romanische Sprache erlernt und seine Hofgesellschaft mit den Worten *bôn mân*, «guten Morgen» begrüßt. Adelheid sollte ihm den Zugang zur romanischen Welt und Kultur eröffnen sowie zu einem riesigen Besitz, der sich über ganz Oberitalien erstreckte. Hinzu kam ihr weites Beziehungsnetz, zu dem auch der Abt von Cluny in Burgund und seine Klöster in Frankreich und Norditalien gehörten.

Otto nahm Kontakt zu ihr auf und vereinbarte mit ihr die Heirat, «um mit ihr zugleich das Königreich Italien zu gewinnen» (Adalbert, *Fortsetzung der Chronik des Regino*). Im Jahre 951 zog er über die Alpen, nahm am 9. Oktober die Königsstadt Pavia ein und ließ sich wie einst Karl der Große zum «König der Franken und Langobarden» (*rex Francorum et Langobardorum*) ausrufen. Das Ausgreifen nach dem Süden hatte begonnen. Freilich rief das Vorgehen auch Empörung im eigenen Haus hervor. Ottos Sohn Liudolf – über seine Mutter Edgitha Spross des englischen Königshauses – sah durch die neue Heirat des Vaters seine Nachfolge im Königtum gefährdet. Ein künftiger Halbbruder, so war leicht vorherzusehen, würde ihn verdrängen können. Er entfachte daher einen gefährlichen Aufstand, der ihn am Ende selbst, obwohl er sich dem Vater wieder unterwarf, in den Untergang führte. Als er 957 mit 27 Jahren starb, setzte man ihm im Kloster St. Alban in Mainz einen Grabstein mit der aufschlussreichen Inschrift: «Halt an, Wanderer, deinen Schritt! Durch mich erkenne dich selbst: Was du bist, war ich einst, was ich bin, wirst du sein. Mir, Liudolf, genügte einst der ganze Erdkreis nicht. Jetzt reicht meinem Staub diese Grube». Vollständiger hätte sich Otto I. nicht behaupten können.

Aber noch eine andere Gefahr drohte ihm, als die Ungarn ihre Einfälle in das Reich wieder aufnahmen. Alle Kräfte mussten gebündelt werden. Am 10. August 955, dem Tag des heiligen Laurentius, gelang endlich der glänzende Sieg gegen das ungarische Heer vor Augsburg. Wieder war zuvor durch die Krieger Ottos der Segen Gottes durch Fasten und Beten erfleht worden. Mit der heiligen Lanze in der Hand soll der König dann selbst an der Spitze seiner Männer gegen die Ungarn losgestürmt sein (Widukind III, 46). Nach heftigen, hin und her wogenden Kämpfen konnten die Ungarn schließlich völlig vernichtet werden. Es war ein Sieg, wie er in den letzten zweihundert Jahren von keinem mehr errungen worden sei, so schwelgte der Chronist Widukind (III, 49). Dieser Sieg hat das Gefühl der großen, gemeinsamen Leistung der verschiedenen Stämme des Reichs und den Ruhm Ottos gewaltig gesteigert: «Ruhmreich durch den glänzenden Sieg wurde der König von seinem Heer als Vater des Vaterlands und als Kaiser begrüßt» (Widukind III, 49). Wie die Könige der Makkabäer im Alten Testament habe er das auserwählte Volk Gottes gerettet. Der Tagesheilige Laurentius stieg unter die Reichsheiligen auf, Hunderte von Kirchen wurden ihm geweiht, später sogar eine Bischofskirche in Merseburg für ihn errichtet, und der Siegestag wurde jedes Jahr aufs neue im ganzen Reich feierlich begangen.

Das Königreich Italien war die Pforte zum Kaisertum. Und so konnte man wie Abt Odilo von Cluny (994–1048), der Biograph

Adelheids, sogar auf die Idee kommen, die Königin selbst habe «den edlen König Otto in Rom zum Kaiser gemacht» (*Ottonem regem nobilem / Rome prefecit cesarem*, *Lebensbeschreibung der Kaiserin Adelheid*, cap. 3). In den *Quedlinburger Annalen* wird im Bericht zum Jahre 999 sogar die Ansicht vertreten, Kaiser Otto sei «der Teilhaber» (*consors*) Adelheids geworden. Immerhin ist es als ganz außergewöhnlich zu vermerken, dass Adelheid am 2. Februar 962 bei der Kaiserkrönung Ottos an seiner Seite stand und zur Kaiserin gekrönt wurde. Es war die erste Kaiserkrönung einer Frau im westlichen Europa.

Die Grundlagen für Ottos Kaisertum hatten mit seinen glänzenden kriegerischen Erfolgen und den neuen Handlungsspielräumen in der italisch-mediterranen Welt seit langem Gestalt gewonnen. Hinzu kam seine Politik im Osten, wo er mit Burg, Stadt und der Kirche von Magdeburg ein neues Zentrum an der Elbe errichtete und sich damit als besonderer Förderer der Mission in den slavischen Ländern profilierte. Doch um die Kaiserwürde zu erlangen, musste er vor allem den Bischof von Rom für sich gewinnen.

Dort übte seit 954 der junge, damals etwa 20jährige Octavian die Herrschaft aus, der sich ein Jahr später als Johannes XII. (955–963, gest. 964) auch auf den Papstthron setzte. Eine Reihe von kriegerischen Verwicklungen in Nord- und Süditalien und auch in der Stadt selbst brachte ihn in Bedrängnis, so dass er 960 Otto I. zu Hilfe rief. Als Gegenleistung bot er die Kaiserkrönung an. Man wird also davon ausgehen dürfen, dass der letzte Anstoß für die Erneuerung des Kaisertums in dieser Phase vom Papst ausging. Was hatte Johannes XII. zu diesem Angebot veranlasst? Das in der Forschung lange vorherrschende Bild dieses Papstes, das ihn als unberatenen Amtsinhaber von kindlicher Albernheit und mit ausschweifender Lebensführung zeigte, gilt heute als überwunden. Man weiß inzwischen, dass er über einen bestens geschulten Beraterkreis verfügte und Männer um sich hatte, die ausgezeichnet im römischen Kirchenrecht bewandert waren. Außerdem ist zu erkennen, dass zu dieser Zeit in der Stadt die Idee der Erneuerung der alten Größe Roms auflebte.

Rom als Ausgangspunkt der beiden Spitzen der Christenheit – diese Vorstellung könnte das Handeln des jungen Papstes geleitet haben. Wenn er einen Kaiser krönte, konnte er auch seine eigene Position erhöhen und seine Autorität und die Möglichkeiten der Einflussnahme über Rom hinaus stärken.

Die Ablehnung des päpstlichen Gesuchs und Vorschlags wäre für Otto gar nicht möglich gewesen. Rasch wurden die Vorbereitungen getroffen. Dazu gehörte auch, dass Ottos Kanzler, sein eigener Bruder Brun, noch vor dem Aufbruch ein neues Kaisersiegel anfertigen ließ. Es spiegelt den Bewusstseinswandel, der sich am Hof vollzogen hatte: Der Herrscher wurde nicht mehr als Krieger mit Schild und Lanze dargestellt, sondern im Schmuck der herrscherlichen Insignien, also mit Krone, Szepter und Reichsapfel (Globus). Zum ersten Mal im Mittelalter treffen wir hier auf eine Abbildung des Globus, der in der Antike die Weltherrschaft symbolisierte. Außerdem blickte der Herrscher nun frontal aus dem Bild, was der Erscheinung einen feierlichen und würdevollen Charakter verlieh. Der Kaiser sah dem Betrachter gleichsam streng in die Augen und zeigte sich in seiner Majestät.

Am 31. Januar 962 trafen Otto und seine Gemahlin Adelheid mit dem Heer vor Rom ein. Auf dem Monte Mario schlug man das Lager auf. Von dort aus sah Otto die Ewige Stadt vor sich liegen, umschlossen von der aurelianischen Mauer mit Hunderten von Türmen und Toren. Ihm war dabei nicht wohl, wie der spätere Chronist Thietmar zu wissen glaubte (lib. IV, cap. 32). Beim Einzug in die Stadt habe er seinem jungen Schwertträger Ansfried gesagt: «Wenn ich heute an der heiligen Schwelle der Apostel beten werde, dann halte du das Schwert über mein Haupt. Denn ich weiß wohl um die unseren Vorgängern oft sehr gefährliche Treue der Römer. Der kluge Mann muss künftigem Unheil vorbeugen, damit es ihn nicht unvorbereitet trifft. Du kannst später auf dem Monte Mario beten, soviel du willst.» Misstrauen leitete die Beteiligten auf beiden Seiten. So ließ der Papst den künftigen Kaiser vor der Zeremonie einen Eid schwören, der die Unantastbarkeit des Nachfolgers Petri und seiner

Besitzungen garantierte. Die Krieger Ottos führten ihrerseits beim Einzug in die Stadt ihre Waffen und sogar Wagen mit Kriegsgerät mit sich, «schreckenerregend» (*horribilis*) für die Römer.

Am 2. Februar 962, dem Tag Mariä Lichtmess, setzte der etwa achtundzwanzigjährige Papst dem inzwischen fünfzigjährigen Otto und der damals etwa dreißig Jahre alten Adelheid die Kaiserkrone aufs Haupt. Ob es sich damals schon um jene berühmte Krone handelte, die heute als Kaiserkrone in Wien aufbewahrt wird, ist umstritten und eher unwahrscheinlich. Die Konsequenzen der Krönung waren jedenfalls gewaltig, sowohl kurzfristig wie auch langfristig.

Zwölf Tage weilten der neue Kaiser und seine Gemahlin in Rom. Eine Reihe von Abmachungen wurde getroffen, darunter das sogenannte «*Pactum Ottonianum*» vom 13. Februar 962. Diese Vereinbarung wurde schriftlich dokumentiert in einer Urkunde, die man mit goldener Tinte auf purpurrotem Pergament – einen Meter lang und 40 Zentimeter breit – prunkvoll ausfertigte. Damit wurden dem Papst alle seine Besitzungen, die Städte, Dörfer, Ländereien und Rechte, bestätigt, vor allem die Stadt Rom mit der umliegenden Herrschaft (Dukat), das gesamte Herrschaftsgebiet (Exarchat) von Ravenna mit Städten in der Emilia, das Gebiet der «Pentapolis» von Rimini bis Ancona und die Inseln Korsika und Sardinien. Das alles sollte dem Gericht und der Gewalt des Papstes unterstehen. Aber, auch das wurde vereinbart, ein künftiger Papst müsse, bevor er die Weihe empfange, dem Kaiser den Treueid leisten.

Wer war nun damit Herr über Rom? Nach den Vorstellungen des Papstes jedenfalls sollte der Kaiser nur aus der Ferne darüber wachen, dass die päpstliche Herrschaft unangefochten bliebe. Doch Otto begann, wohl überraschend für den Papst, sich in Italien wohlzufühlen. Er nahm seine Kaiserwürde ernst und verbrachte von nun an bis zu seinem Tod 973 annähernd zehn Jahre in Italien. Aus dem Sachsenkönig und dem imperialen Ungarnsieger wurde der italische Kaiser Otto. Er setzte neue Grafen ein, baute neue Herrschaftsmittelpunkte auf – etwa am Monte

Voltraio gegenüber Volterra –, forderte Lehnsdienste, zog Abgaben und kirchliche Dienste («Servitien») ein und übte die Gerichtsbarkeit aus. In Ravenna, dem alten Zentrum byzantinischer Kaiserherrschaft, errichtete er sogar eine neue Pfalz.

Einen solchen Kaiser, der in Italien seine Herrschaft auch tatsächlich ausübte, hatte der Papst nicht gewollt. Daher legte er Otto ein Dokument vor, das beweisen sollte, dass er in Italien gar keine Rechte habe. Sein Diakon Johannes stellte zu diesem Zweck eine Prunkausfertigung der Konstantinischen Schenkung her. Diese war eine Fälschung aus der Zeit kurz vor oder nach 800 und enthielt die angeblichen Anordnungen Kaiser Konstantins des Großen (306–337) zugunsten des einstigen Bischofs von Rom, Silvesters I. (314–335). «Wir», so spricht Konstantin, «befehlen, dass der hochheilige Stuhl Petri mehr als unsere kaiserliche Gewalt und unser Thron verehrt wird, da wir ihm Macht, Ehre, Kraft und Ansehen verleihen, wie sie einem Kaiser zukommen». So lautet eine der Bestimmungen der gefälschten Schenkung. Und an anderer Stelle heißt es: «Dem Papst und allen seinen Nachfolgern übertragen wir von heute an unseren kaiserlichen Palast, den Lateran, außerdem die Krone unseres Hauptes, die Mitra und das kaiserliche Gewand, den Purpurmantel, die kaiserlichen Szepter und Siegel, den ganzen Aufzug kaiserlicher Majestät und den Glanz unserer Macht.» Und am Ende wird festgestellt: «Aus diesen Gründen haben wir unsere Regierung und den Herrschersitz nach dem Osten (Konstantinopel) verlegt. Denn wo der Kaiser des Himmels den Fürsten der Priester und das Haupt der christlichen Religion eingesetzt hat, da kann es nicht sein, dass der Kaiser dieser Welt seine Herrschaft ausübt.» (*Constitutum Constantini*, Sätze 11, 14 und 18). Diese Sätze wurden nun in die neue Prunkurkunde aufgenommen, welche dem Kaiser Otto als angebliches Original vorgelegt wurde. Doch der Diakon Johannes vertraute sich dem Kaiser an, der Schwindel flog auf, und Otto beschloss, künftig mit harter Hand in Rom durchzugreifen und für einen zuverlässigen Papst zu sorgen.

Das Kaisertum war damals fest etabliert – nur die Anerkennung aus Byzanz fehlte noch. Eine Delegation unter der Leitung Bischof Liutprands von Cremona (gest. ca. 970) reiste an den Hof des Basileus Nikephoros Phokas (936–969), um sich von diesem die Gleichrangigkeit des Sachsenkaisers bestätigen zu lassen. Außerdem sollte um eine byzantinische Prinzessin für eine Heirat mit dem jungen Sohn Ottos, Otto II. (gest. 983), geworben werden. Wieder mussten die Gesandten aus dem Westen die Geringschätzung erfahren, die ihnen am byzantinischen Hof entgegengebracht wurde. Er, so soll der Basileus angekündigt haben, würde demnächst nach Italien kommen und Otto samt seinen Kriegern vertreiben. In Byzanz beanspruchte man Italien nach wie vor als Bestandteil des eigenen Reichs. Die Verhandlungen verliefen daher schleppend. Erst nach dem Herrscherwechsel, der Johannes Tzimiskes (969–976) auf den Thron brachte, gelang es, mit Theophanu (gest. 991) eine weitläufige Verwandte des byzantinischen Kaisers als Braut zu erhalten. Die 13- oder 14-Jährige wurde am 14. April 972 im Petersdom in Rom mit Otto II. verheiratet. Das ottonische Haus war endlich auf der höchsten Stufe der weltlichen Herrschaftshierarchie angekommen.

Lebensordnungen in ottonischer Zeit

Das 10. Jahrhundert, in dem Sachsen zum Kernland des neuen Reichs wurde, brachte eine weitgehend schriftlose Kultur hervor. In dieser Gesellschaft wurden das Ritual und die symbolische Kommunikation noch wichtiger als im fränkischen Reich. Die Hierarchie der gesellschaftlichen Ordnung spiegelte sich bei jeder öffentlichen Zeremonie, und besonders umstritten war immer wieder die Sitzordnung. So war es eine Sensation, dass der Eichstätter Bischof Megingaud (gest. um 1015) sitzen blieb, als König Heinrich II. an ihm vorüberging. Andererseits reagierte Megingaud mit großer Empfindlichkeit, als ein königlicher Dienstmann auf dem Pferd auf ihn zuritt und dabei einen Falken auf dem Arm trug. Der Falke war ein Herren-Symbol.

Daher musste ein bischöflicher Diener dem königlichen Dienstmann den Vogel unter einem Vorwand wegnehmen, den Falken dann an den Fangleinen packen und ihn dem Dienstmann ins Gesicht schlagen. Damit war die Ordnung wieder hergestellt und der Dienstmann bekam wertvolle Eichstätter Pelze als Versöhnungsgeschenk. Auch Pelze galten als Symbol des Vorrangs. So erzählt Thietmar von Merseburg (lib. V, cap. 10), zur Zeit des Markgrafen Hodo von der sächsischen Ostmark (gest. 993) hätte es der Polenherzog Mieszko I. (gest. 992) nicht gewagt, in Pelzkleidung ein Haus zu betreten, wenn er wusste, dass sich Hodo darin befand. Schon gar nicht wäre es ihm erlaubt gewesen, sitzen zu bleiben, wenn sich der Markgraf vom Platz erhob.

Die große Bedeutung rituellen Verhaltens ist typisch für eine mündlich bestimmte (orale) Kultur. Dies lag allerdings nicht daran, dass es keine Bücher gegeben hätte, denn die Klöster und Domschulen waren voll von karolingischen *Codices*. Doch diese Texte wurden kaum mehr gelesen. Der geschulte Nachwuchs ging zurück, die Schicht der Gebildeten reduzierte sich auf einen kleinen Kreis von Prälaten. Auch der König musste sich auf ihr Wissen stützen und holte sie als Berater und Verfasser seiner Urkunden an den Hof. Nur die Geistlichen wussten, wie die Sakralität des Königs zu zelebrieren war, wie sich Kirche und König öffentlich zu präsentieren hatten, wie die königlichen Verlautbarungen abzufassen waren und welche rechtlichen Grundlagen für Entscheidungen beachtet werden mussten. Am Königshof und an den Höfen der Bischöfe bildeten sich Zirkel von «Kapellänen», die diese Aufgaben wahrnahmen.

Die königlichen Hofkapelläne nahmen dabei einen hohen Rang ein und stiegen nicht selten zu Bischöfen auf. Zwischen den Bischofskirchen und dem Königshof entwickelten sich vielfältige, enge Beziehungen. Sie bestanden auch darin, dass der König und sein Gefolge auf ihren Reisen durch das Reich an den Bischofssitzen Quartier nehmen konnten und versorgt werden mussten. Dafür revanchierte sich der König mit reichen Schenkungen von Ländereien, der Überlassung von «Grundholden» – von einer Grundherrschaft abhängiger Bauern – und der Übertragung von Rechten. So gingen Forst-, Zoll-, Münz- und Marktrechte des Königs und am Ende ganze Grafschaften in die Verwaltung der Kirchen über. Mehr und mehr entwickelte sich eine «ottonische Reichskirche», die weniger auf den Papst als auf den König und den Kaiser ausgerichtet war, die wichtige Funktionen in der Reichsverwaltung übernahm und die Interessen des Königs vertrat. Deshalb setzte der König im Akt der «Investitur», d. h. in einer Abfolge öffentlicher Inszenierungen, die Bischöfe mit dem Bischofsstab ein und brachte damit zum Ausdruck, dass er als «Stellvertreter Christi» (*vicarius Christi*) der Leiter von Welt und Kirche sei.

So vollzog sich eine Verkirchlichung des neuen Reichs, das sich im 10. Jahrhundert herausbildete. Im Herrscher sahen die Bischöfe ihren Herrn (*senior*), dem sie den Treueid leisteten. Gemeinsam leiteten sie, wie Thietmar von Merseburg feststellte, das Reich im Sinne der göttlichen Gebote. Ihr König war der Stellvertreter des himmlischen Königs und durfte daher auch dessen Autorität beanspruchen. Das Reich erscheint in dieser Ordnung als das «Haus Gottes» (*domus dei*), das dem König mit seinen Bischöfen treuhänderisch überantwortet wurde. Das Königtum des Alten Testaments stand dafür als Vorbild, und so sah man das Goldene Zeitalter, wie es unter König David geherrscht hatte, wieder erstehen. Unter Heinrich II. (1002–1024) erreichte diese Entwicklung ihren Höhepunkt. Der Autor der *Vita Bischof Godehards* von Hildesheim (gest. 1038), Wolfher, hat dies auf den Punkt gebracht mit den Worten, Heinrich II. habe «die heilige Kirche Gottes mit wachsamer Sorge und Weisheit ein Leben lang gelenkt, und zwar sowohl im Hinblick auf den Klerus wie auf das Volk» (S. 185).

Der König des 10. Jahrhunderts musste, wie es in den *Annalen von Quedlinburg* im Bericht zum Jahre 1000 treffend lautet, «herrschen, vergeben, schenken und belohnen» (*regendo, indulgendo, largiendo ac remunerando*). Er musste gefürchtet und geliebt werden. Doch konnte er nicht im modernen Sinne über «Untertanen» herrschen, zumal ihm alle modernen «staatlichen» Einrichtungen fehlten. Adlige und Bischöfe waren selbst

Herrschaftsträger, die der König nicht beiseite schieben konnte. Daher kam es darauf an, Instrumente und Vorstellungen zu entwickeln, durch die seine Autorität anerkannt wurde. Dann erst war es ihm möglich, seine Aufgaben erfolgreich wahrzunehmen: für Frieden im Reich zu sorgen und das Reich zusammenzuhalten. Mächtige Gegner mussten daher durch öffentliche Unterwerfung (*deditio*) die Autorität des Königs anerkennen. In solchen Fällen war es für den König häufig angebracht, keine harten Strafen anzuordnen – sie wurden dann nur gegen Helfer und Mitläufer des eigentlichen Widersachers verhängt. Vielmehr konnte er durch die Erweisung der königlichen Huld (*gratia*) aus Feinden wieder Freunde machen und so das Herrschaftssystem im Gleichgewicht halten. Aus diesem Grund rückte die Herrschertugend der «Barmherzigkeit» (*misericordia*, *clementia*) an die erste Stelle des königlichen Tugendkatalogs.

Diese Vorstellungen bildeten den übergeordneten Ordnungsrahmen des neuen Reichs. Das konkrete Leben der Menschen spielte sich freilich, nicht viel anders als in der fränkischen Zeit, in den Familienverbänden ab. Der Hausvater übte die Gewalt aus, er war der Herr über das Haus. Hier bestand kein Unterschied zwischen der Burg eines Adligen oder der Hütte eines Bauern. Auch die Frau stand unter dem Schutz des Mannes und unter seiner Gewalt. Abt Regino von Prüm war zu Beginn des 10. Jahrhunderts daher der Ansicht, dass der Gatte das Recht habe, seine Gattin umzubringen, wenn er sie in seinem Haus beim Ehebruch ertappt. Ein Jahrhundert später scheint sich hier ein gewisser Wandel vollzogen zu haben. Der Chronist Thietmar von Merseburg (gest. 1018) klagte jedenfalls darüber, dass der Brauch, Ehebrecherinnen nach altsächsischer Art zu verstümmeln, ganz abhanden gekommen sei. Auch die Steinigung gemäß dem Alten Testament oder die Enthauptung nach römischem Recht würden nicht mehr praktiziert (lib. 8, cap. 3). In seiner Zeit herrsche nur noch Zügellosigkeit und Sünde, und verheiratete Frauen scheuten sich nicht, zu Lebzeiten ihres Mannes Ehebruch zu begehen. Diese neue Mode komme so sehr in Übung, weil es keine richtigen Strafen mehr gebe und die Frauen übermütig würden. Hatte sich die Stellung der Frau im 10. Jahrhundert gebessert?

Vor allem in der Oberschicht waren durchaus einflussreiche Frauen vertreten. Von Adelheid – der Gemahlin Ottos I. – war schon die Rede. Sie trat als «Teilhaberin an der Herrschaft» (*consors regni*) auf, leitete das Kommunikationssystem am Hof und entschied, wer zum König vorgelassen wurde. Auch Mathilde, die Gemahlin König Heinrichs I., lenkte die Geschicke im Königshaus und machte sich für die Rechte ihres jüngeren Sohnes Heinrich stark. In Schwaben führte Hadwig (gest. 994), die Schwester Herzog Heinrichs («des Zänkers») von Bayern (gest. 995) und Gemahlin des Herzogs Burchard III. von Schwaben (gest. 973), nach dem Tod ihres Gemahls über 20 Jahre lang die Herzogsherrschaft (973–994). Der zwischenzeitlich vom König eingesetzte Herzog musste dies hinnehmen.

Doch auch in jedem anderen Haus spielte die Hausherrin eine gewichtige Rolle. Sie hatte die zweite Stelle in der Hausgemeinschaft inne. Nicht die Kindererziehung, nicht das Kochen, Nähen oder Waschen waren ihre Aufgaben, sondern die Verwaltung des Hauses. Sie übte die Aufsicht und Befehlsgewalt über die Mägde aus, die für die Instandhaltung des Hauses, für die Stallwirtschaft oder in der Herstellung von Textilien eingesetzt waren. Ebenso musste die Küche, von der die Familie und das Gesinde versorgt wurden, von der Hausherrin überwacht werden, manches Mal auch ganze Baukolonnen.

Dieses Funktionsspektrum, das die Hausherrin versah, mag auch die Erklärung dafür bieten, weshalb Priester, die ein Haus führten, auf eine Frau gar nicht verzichten konnten. Ohne eine Frau war eine «Hauswirtschaft» schwer zu organisieren. Es galt daher als durchaus sinnvoll und üblich, dass Priester heirateten. Allerdings gab man immer wieder Empfehlungen aus, dass Priester dann zu bestimmten Zeiten eine gewisse Zurückhaltung üben und sich des Verkehrs enthalten sollten (Rather von Verona, *Briefe*, ed. Weigle, Nr. 25). Doch im übrigen war die Frau eines Priesters in ihrem Stand keineswegs gemindert. Sie erscheint in den Quellen häufig als «Priesterin» (*presbyterissa*), die nach dem Tod ihres Mannes zu seinem Seelenheil Schenkungen an Klöster machte. Ohne Anstoß zu nehmen, wurden diese «Priesterinnen» dann ebenfalls in die Gebete der Mönche eingeschlossen.

Vom Altardienst waren sie allerdings streng ausgeschlossen. «Keine Frau soll an den Altar herantreten oder den Kelch des Herrn berühren», heißt es in einem Hirtenbrief Bischof Rathers von Verona (gest. 974). Nur die Reinigungsarbeiten sollten Frauen in der Kirche verrichten und die Böden sauberhalten. So entstand der Typus der «alten schwarzen Frau», der Witwe, die rund um die Uhr für das Gebäude der Kirche und ihre Geräte sorgte und die man in südlichen Ländern noch heute antrifft. Ebenso waren die Frauen angesehen, die sich dem Dienst Gottes in den Frauenstiften widmeten.

In Quellen vom Anfang des 11. Jahrhunderts ist zu erkennen, dass man begann, sich über die verheirateten Priester Gedanken zu machen. Papst Benedikt VIII. klagte 1022 auf einer Synode in Pavia, dass Geistliche öffentlich und mit großem Aufwand Umgang mit Frauen hätten. Dabei seien sie auch gar nicht «vorsichtig» (*caute*), sondern schlimmer als weltliche Ehebrecher. Noch schwieriger war das besitzrechtliche Problem: Durch das Erbrecht der Priestersöhne und auch der Priestertöchter drohte Kirchen oder Klöstern Besitz verlorenzugehen. Bei zehn oder mehr Kindern war der Besitz einer Kirche rasch aufgebraucht. Darüber wurde unter Bischöfen zwar viel geredet, aber man fand keine Lösung. Daher sah sich Kaiser Heinrich II. (1002–1024) veranlasst, hier ein Machtwort zu sprechen. Auf einer Synode in Goslar 1019 entschied er, dass das Wohl der kirchlichen oder klösterlichen Einrichtungen vor das Wohl der einzelnen, also der Priesterkinder, zu stellen sei. Die Kinder eines Priesters sollten demnach kein Erbrecht mehr haben. Diese Grundsatzentscheidung setzte sich freilich nur langsam durch.

Eine strengere Haltung wurde durch die Klosterreform gefördert, die um die Jahrtausendwende großen Aufschwung erfuhr. Ihre Anfänge reichen bis in die erste Hälfte des 10. Jahrhunderts zurück. 910 bildete sich in Cluny auf Veranlassung des

Herzogs Wilhelm von Aquitanien (gest. 918) ein neuartiges Modell klösterlicher Ordnung heraus, bei dem der Konvent freie Abtswahl erhielt und das Kloster dem Schutz des Papstes unterstellt wurde. Der herrscherliche Zugriff des Adels wurde auf diese Weise zurückgedrängt. Dieser Reformtypus konnte im ottonischen Reich allerdings noch nicht Fuß fassen.

Ganz anders verhielt es sich mit der Reform von Gorze in Lothringen (südlich von Metz). Als dort im Jahre 934 ein Kreis von Mönchen mit neuen Idealen das alte Kloster besiedelte, entstand jenes Reformzentrum, das im Reich besondere Wirkung entfaltete. Der Gorzer Lebensentwurf war ganz auf die Regel des hl. Benedikt von Nursia (um 480–547) ausgerichtet. Die Klosterherrschaft weltlicher Herrn blieb dabei durchaus anerkannt. Noch im selben Jahr wurde den Gorzer Mönchen das Kloster St. Maximin bei Trier anvertraut, kurze Zeit später das Moritzkloster in Magdeburg. Ottos Bruder, Erzbischof Brun von Köln, errichtete das Kloster St. Pantaleon in Köln mit Mönchen, die der Gorzer Lebensweise folgten. Von dort aus wiederum wurden St. Michael in Lüneburg, das Hauskloster Herzog Bernhards von Sachsen, und St. Michael in Hildesheim, das erste Männerkloster dieser Diözese, gegründet. Jedes Kloster, das aus der Gorzer Reform hervorging, unterstand einem eigenen Abt und war einem eigenen Klosterherrn zugeordnet. Unter Kaiser Heinrich II. (1002–1024) erreichte die Reform ihren Höhepunkt und prägte das kirchliche Leben im Reich in einem solchen Maße, dass man diesem Herrscher die Bezeichnung «Mönchskönig» zulegte.

So war die Herrschaftsbildung jener Epoche dadurch geprägt, dass sakrale Autorität und kirchliche sowie klösterliche Ordnungselemente im 10. und frühen 11. Jahrhundert ineinandergriffen und auf diese Weise tragfähige Grundlagen einer gesellschaftlichen Ordnung entstanden. Auf der anderen Seite gab es noch kaum schriftlich fixierte Vorgaben. Die Ordnung konstituierte sich und erlangte Gültigkeit durch den Vollzug von Ritualen und die Wirksamkeit von Symbolen. Dadurch war sie aber zugleich auch in ständiger Veränderung begriffen und in der Lage, rasch auf Änderungsprozesse zu reagieren. In der Forschung wird daher das alte Bild vom «statischen» Mittelalter immer mehr durch die Vorstellung einer «dynamischen» Gesellschaftsordnung ersetzt.

Das römische Kaisertum um die Jahrtausendwende

Die Rolle der sakralen Legitimation des Königs und auch der Einfluss, den Herrscherinnen in den politischen Entscheidungen entwickeln konnten, erhellt das Beispiel Kaiser Ottos III. (983–1002). Unter seiner Regierung wird überdies besonders deutlich, welche Kraft die Idee von der Fortsetzung des römischen Kaisertums entfaltete. Otto III. war gerade dreieinhalb Jahre alt, als er am 25. Dezember 983 in einem feierlichen Akt in Aachen zum künftigen Nachfolger auf dem Königsthron gekrönt und gesalbt wurde. Schon sieben Monate zuvor war er auf einem Hoftag in Verona von Fürsten aus den beiden Reichen nördlich und südlich der Alpen zum König gewählt worden. Die gemeinsame Wahl sollte signalisieren, dass man sich als neue Einheit im Kaisertum verstand.

Wenig später verbreitete sich die Kunde vom Tod Ottos II. im Reich: Der kleine König hatte seinen Vater verloren. Daraufhin überstürzten sich die Ereignisse. Aus der Nebenlinie des Königshauses, vertreten durch Herzog Heinrich (den Zänker) von Bayern (gest. 995), wurden Forderungen auf das Königtum erhoben, die darin gipfelten, dass sich Heinrich zu Ostern 984 in Quedlinburg bereits wie ein König empfangen ließ. Auch in Italien glaubten Kreise der Opposition die Gelegenheit gekommen, sich von der ottonischen Herrschaft zu befreien, und die Slaven im Osten suchten das christliche Joch abzuschütteln. Es war unübersehbar, wie sehr man eines handlungsfähigen Königtums bedurfte, um ein so labiles und filigranes Ordnungssystem wie das Reich um das Jahr 1000 im Gleichgewicht zu halten.

In dieser Situation, als der «Kindkönig» Otto III. angesichts der aufgeführten Probleme kaum eine Chance zu haben schien, nahmen zwei Frauen sein Schicksal in die Hand. Es war dies zum einen seine Mutter, Kaiserin Theophanu, die einst aus Byzanz an den ottonischen Hof gekommen war. Seinerzeit war sie mit ihrer Schwiegermutter, Adelheid, bald in einen heftigen Konflikt um die Vorrangstellung in der Hofgesellschaft geraten. Die junge Griechin setzte sich durch. Die etwa 40jährige Adelheid musste weichen und sich nach Pavia zurückziehen. Seither wurde zwischen beiden fast zehn Jahre lang ein ständiger Kleinkrieg ausgetragen. Aber gegen Ende des Jahres 983 änderte sich die Lage schlagartig. Theophanu hielt sich noch in Rom auf, wo ihr Gemahl, Otto II., in der Peterskirche seine letzte Ruhestätte gefunden hatte. Sogleich nahm sie gemeinsam mit ihrer ottonischen Schwägerin Mathilde, der Äbtissin von Quedlinburg, die sich bei ihr in Rom aufhielt, Kontakt zu ihrer Schwiegermutter auf und eilte noch um die Weihnachtszeit 983 zu ihr nach Pavia. Dort schmiedeten sie eine Koalition der kaiserlichen Frauen.

In den folgenden Monaten gingen sie klug und diplomatisch vor und bezogen einen der größten Gelehrten dieser Zeit, Gerbert von Aurillac (gest. 1003), damals Abt des Kloster Bobbio in Oberitalien und Vertrauter Theophanus, in ihre Beratungen und Pläne mit ein. Ihn schickten sie um die Jahreswende 983/984 mit dem Auftrag über die Alpen, Koalitionen für den kleinen König aufzubauen und diesen, der von Heinrich dem Zänker festgehalten wurde, in die Obhut seiner Mutter zu bringen. Im April konnten es die drei Frauen dann wagen, auch persönlich die Reise von Pavia in das Reich anzutreten, begleitet vom burgundischen Thronfolger Rudolf, dem Bruder Adelheids. Gerbert hatte zuvor den einflussreichsten Mann im Reich, Erzbischof Willigis von Mainz (975–1011), für das Unternehmen der Frauen gewinnen können. Für den Erzbischof war ausschlaggebend, dass er selbst dem kleinen Otto III. in Aachen die Salbung gespendet hatte. Damit war im Namen Gottes die Königswürde übertragen worden und konnte nicht mehr zurückgenommen werden – andernfalls hätte auch die Handlung des Mainzer Erzbischofs selbst ihren Wert verloren und wäre seine Autorität geschmälert worden. Es lag daher ganz in seinem Sinne, dass sich das «System» des sakralen Königtums behauptete.

In der Tat konnte Heinrich (der Zänker) im Juni 984 auf einer großen Reichsversammlung in Rohr bei Meiningen (Thüringen) dazu gebracht werden, auf seine Ambitionen zu verzichten. Ein Jahr später erfolgte in Frankfurt am Main die vollständige Aussöhnung: Heinrich (der Zänker) kniete vor dem nunmehr fünfjährigen Otto III. nieder, leistete mit gefalteten Händen den Treueid, wurde von diesem als Herzog von Bayern bestätigt und «unser allerliebster Bruder» (*dulcissimus frater noster*) genannt. Die kaiserlichen Frauen waren zufrieden. Durch ihre Sorge, so das Urteil der *Annalen von Quedlinburg*, seien das Reich und der junge König in Sicherheit gebracht worden.

In der Folgezeit wurde Otto III. von seiner Mutter (gest. 991) ganz in die Traditionen des byzantinisch-mediterranen Kaisertums eingeführt. Auf den Westen Europas, wo 987 mit Hugo Capet (gest. 996) erstmals ein Nichtkarolinger die Herrschaft im Westfrankenreich an sich brachte und damit die Grundlagen für den Aufstieg Frankreichs legte, achtete man kaum. Die Welt Ottos war bestimmt von der römisch-byzantinischen Kultur, sein Blick war nach Süden gerichtet. Die Gelehrsamkeit, das «auserlesene Auftreten» (*egregia conversatio*) seiner Mutter, ihr «erhabener Adel» (*inmensa nobilitas*) und die kaiserliche Aura, die sie umgab, müssen große Wirkung auf ihn ausgeübt haben. Häufig hielt er sich in den frühen Jahren seines Königtums in Aachen auf und erfuhr auch dort eine imperiale Prägung. So wuchs er zu einem hochgebildeten Herrscher heran, konnte nicht nur lesen und schreiben, sondern war auch in Theologie und Philosophie, in den antiken Werken und den heiligen Schriften, im Recht und in der Geschichte bewandert und beherrschte die lateinische und mit ziemlicher Sicherheit auch die griechische Sprache. Seine Gelehrsamkeit brachte ihm später die Bezeichnung *mirabilia mundi* ein, «Wunder der Welt».

994/995 übernahm er mehr und mehr die selbständige Herrschaft, schickte eine Gesandtschaft zur Brautwerbung nach Byzanz und zog 996 nach Italien. In Ravenna, der alten römisch-byzantinischen Kaiserstadt, machte er Station. Hier zeigte er sich als Herrscher über Italien und Vertreter eines imperialen

Anspruchs und hielt strenges Gericht über Grafen und Markgrafen. Seine weitere Aufmerksamkeit galt Rom. Der Papst, Johannes XV., vom römischen Stadtherrn Crescentius aus der Stadt vertrieben, hatte ihn um Hilfe gebeten. Als dieser bald darauf verstarb, setzte Otto III. auf den vakanten Papstthron seinen kaum fünfundzwanzigjährigen Vetter, Brun von Worms, aus der Familie der Salier – und mit ihm einen Urenkel Ottos des Großen. Von ihm, der sich Gregor V. nannte (gest. 999), wurde Otto III., noch nicht ganz 16 Jahre alt, am 21. Mai 996, am Tag Christi Himmelfahrt, in Rom zum Kaiser gekrönt.

Dort in Rom machte Otto III. die Bekanntschaft mit Adalbert aus dem böhmischen Geschlecht der Slavnikiden, dem Bischof von Prag, der von der böhmischen Herzogsfamilie der Přemysliden vertrieben worden war. Dessen asketische Lebensweise faszinierte den jungen Kaiser. «Knecht Gottes» und Geringster unter den Dienern Gottes zu sein, so hörte er von diesem, würde auch ihm die höchste Erfüllung verschaffen. Lebenslang verehrte Otto III. diesen Mann, der am 23. April 997 bei seinen Missionsversuchen unter den Pruzzen (Preußen) den Märtyrertod fand.

Ebenso großen Einfluss übte der Gelehrte Gerbert von Aurillac in Rom auf den frisch gekrönten Kaiser aus. Von seiner brillanten Rhetorik, seiner Bildung und seinem ganzen Auftreten war Otto III. hingerissen. Er berief ihn als Lehrmeister und politischen Ratgeber an seinen Hof, um dort «die sächsische Rohheit» (*Saxonica rusticitas*) zu vertreiben, wie er selbst äußerte. Gerbert kam den intellektuellen Bedürfnissen des Kaisers in hohem Maße nach und überschüttete ihn mit rühmender Aufmunterung und Selbstbestätigung. «Göttliche Majestät» nannte er ihn und versicherte ihm, er übertreffe die Griechen an Macht, gebiete den Römern kraft Erbrecht und überrage beide an Geist und Beredsamkeit. «Unser», so fügte er hinzu, «unser ist das römische Kaisertum!», zu dem Italien gehöre, «gesegnet mit Früchten», außerdem Gallien und Germanien, «gesegnet mit Kriegern», und auch die tapferen Länder der Slaven seien hinzuzuzählen. So wurde Otto III. in seinem Bewusstsein noch mehr als bisher imperial durchdrungen. Gerbert aber erhielt zum Dank die Erzbischofswürde von Ravenna und schließlich 999 das höchste Amt in der Kirche. Als Papst nannte er sich Silvester II. in Anknüpfung an Silvester I., der nach der kirchlichen Überlieferung mit dem ersten christlichen Kaiser, Konstantin dem Großen, die Grundlagen für das christlich-römische Reich geschaffen hatte.

In dieser Atmosphäre imperialer Hochstimmung wurde im Oktober 997 ein neues Kaisersiegel konzipiert. Der neue Siegelstempel zeigt den Kaiser majestätisch auf einem breiten Thron sitzend, mit erhobenen Armen ein Stabszepter und den mit einem Kreuz geschmückten Globus haltend, auf dem Haupt die Plattenkrone. Dieses Majestätssiegel wurde für die Zukunft bestimmend. Alle Nachfolger auf dem Herrscherthron sollten es fortan verwenden. Die Steigerung des imperialen Bewusstseins spiegelte sich auch im Herrschertitel. Otto der Große gab sich noch mit dem Wort *imperator* («Kaiser») zufrieden. Sein Sohn, Otto II., trug bereits den Titel *imperator Romanorum* («Kaiser der Römer»). Otto III. schmückte diesen nun weiter aus zur Bezeichnung *Romanorum imperator augustus* (erstmals in der *Urkunde* Nr. 198 vom 22. Mai 996), was soviel bedeutet wie «erhabener Kaiser der Römer».

Doch in Rom wollte man sich dem neuen Herrn nicht beugen. Empörung brandete hoch und wurde von Otto III. Anfang 998 mit brutaler Härte unterdrückt. Der römische Stadtpräfekt Crescentius wurde auf der Engelsburg geköpft; dann ließ der achtzehnjährige Kaiser dessen Leichnam von den Mauern hinabstürzen und schließlich an einem Kreuz auf dem Monte Mario aufhängen. Dem Gegenpapst Johannes XVI. riss man die päpstlichen Gewänder vom Leib, setzte ihn rücklings auf einen Esel, trieb ihn zum Gespött der Menschen nackt durch die Straßen Roms und verstümmelte ihn an Augen, Nase, Zunge und Ohren.

Unsagbarer Schrecken habe alle erfasst, so erfahren wir aus der *Chronik* des Thietmar von Merseburg (lib. IV, cap. 30). War dies der künftige Kaiser des Friedens? Um seine Autorität in

Abb. 2 Herrscherbildnis Kaiser Ottos III. aus dem Reichenauer Evangeliar, ca. 999, München, Bayerische Staatsbibliothek clm 4453

Rom noch tiefer zu verankern, ließ er auf dem altrömischen Palatin eine neue Pfalz errichten. Wie die römischen Kaiser verwendete er nun für seine Urkunden Bleisiegel (Bullen), auf denen die Devise «Erneuerung des römischen Kaisertums» (*Renovatio imperii Romanorum*) aufgebracht war. In seiner Umgebung wurden römisch-byzantinische Amtstitel eingeführt. Der Kanzler für Italien, Erzbischof Heribert von Köln (gest. 1021), hieß nun *Logothet* («Wortführer») oder *Archilogothet* («Erzwortführer»). Andere wurden *Magister palatii* («Palastvorsteher») genannt oder *Magister militum* («Befehlshaber»), *Praefectus navalis* («Flottenkommandant») oder *Patricius* («Stellvertreter des Herrschers»). Wenn nun künftig der *Protospatar* («Gerichtsvorsteher») vor dem Kaiser erschien, so musste er dessen Schultern küssen und sprechen: «Größter der Imperatoren, gekommen ist, den du gerufen hast.» Nach byzantinischem Vorbild führte Otto III. auch die Sitte wieder ein, als Kaiser ganz allein an einem halbkreisförmigen, erhöht aufgestellten Tisch zu speisen. Das gemeinsame Mahl im Kreis der Freunde und Genossen gab es nicht mehr.

Um die Jahrtausendwende schien somit das alte römische Reich des christlichen Südens und Westens wieder aufzuerstehen. Rom sollte wieder die Hauptstadt sein, wie Otto III. selbst den Römern versicherte. Als sie sich im Jahre 1001 erneut gegen ihn zu einem Aufstand erhoben, soll er ihnen zugerufen haben: «Seid ihr nicht meine Römer? Euretwegen habe ich mein Vaterland und meine Verwandten verlassen, aus Liebe zu Euch habe ich meine Sachsen und alle meine Deutschen, mein eigenes Blut gering geachtet …» (*Vita Bernwards von Hildesheim*, cap. 25). Das ostfränkische Reich der ersten ottonischen Herrscher war zu diesem Zeitpunkt in der Konzeption eines umfassenden römischen Reichs aufgegangen. Auch andere neu entstehende Reiche wie Polen und Ungarn fanden in diesem Gebäude ihren Platz. Mit der Zustimmung Ottos III. konnte daher Stephan (gest. 1038) zum ersten König Ungarns und der Polenfürst Bolesław Chrobry (gest. 1025) zum «Freund und Bundesgenossen des römischen Volks» (*populi Romani amicus et socius*) erhoben werden.

Dieser Prozess scheint beschleunigt worden zu sein durch ein gesteigertes Endzeitbewusstsein der politischen und kirchlichen Eliten im Hinblick auf die erste Jahrtausendwende. Mit dem römischen Kaisertum war auch eine endzeitliche Prophetie verbunden. Schon in der Spätantike kam im Christentum mit der Auslegung des Buchs Daniel im Alten Testament die Vorstellung auf, dass die gesamte Weltgeschichte in der Abfolge von vier Großreichen geordnet sei. Am Anfang habe das babylonische

Reich gestanden, das vom persischen Reich abgelöst worden sei. Diesem wiederum sei das griechische Reich Alexanders des Großen gefolgt. Das letzte aller Reiche, so hatten es die theologischen Gelehrten seither immer wieder dargelegt, sei das Römische Reich. Mit seinem Untergang müsse auch die Welt vergehen. Die weltliche Ordnung verband sich auf diese Weise stets mit einer heilsgeschichtlichen Ordnungsfigur, die den Großraum einer Glaubens- und Wertegemeinschaft absteckte. Um das Jahr 1000 war auf dieser Grundlage christlicher Tradition für Otto III. daher nur das römische Kaisertum als umfassender Ordnungsrahmen und als Auftrag denkbar. Das Reich nördlich der Alpen, das alte ostfränkische Reich, blieb dagegen noch namenlos. Allerdings setzte nach dem frühen Tod Ottos III. am 23. oder 24. Januar 1002 eine Entwicklung ein, die das Kaisertum stärker auf eben dieses Reich hin orientieren sollte, womit zugleich ein neues Stadium des historischen Prozesses auf dem langen Weg zu einem «deutschen Reich» begann.

3. Neuformierungen von Kaisertum, Königtum und Reich

Auf dem Wege nach «Canossa»

Die Herrschaft der salischen Könige und Kaiser, die ein ganzes Jahrhundert (1024–1125) umfasste, gilt gewöhnlich als ein Höhepunkt in der Entwicklung herrscherlicher Autorität. Aber auch die Demütigung und Herabstufung der königlichen Herrschaft durch die geistliche Gewalt verbindet man mit dieser Epoche – hierfür bildet der «Investiturstreit» den Schlüsselbegriff. In der Tat brachte dieses Jahrhundert einen großen Wandel in der Legitimation des Herrschers. Zugleich erlangte das Reich eine neue Größe und innere Festigkeit, die am Ende dieser Epoche Vorstellungen von einem «deutschen Reich» beförderten.

Gewisse Ansätze lassen sich bereits im frühen 11. Jahrhundert, noch vor den Saliern unter Kaiser Heinrich II. (1002–1024), erkennen. Er begann damit, das Reich nördlich der Alpen herrschaftlich stärker zu durchdringen und zu vereinheitlichen als die Könige zuvor. Um dies zu erreichen, durchreiste er nicht nur ausgewählte Regionen, sondern versuchte, das Reich in allen seinen Provinzen in Umritten zu besuchen und an Ort und Stelle seine Autorität zur Anerkennung zu bringen. Die Reichsbischöfe unterstützten ihn noch mehr als seine Vorgänger und stellten ihm ihre Bischofsstädte zur Verfügung, wenn er Stationen zur Verpflegung seiner Hofgefolgschaft benötigte. Mit großräumigen Gebetsverbrüderungen zielte er auf Vernetzungen von Adel und Kirche. Auch kam es während seiner Herrschaft zu ersten Ansätzen einer Vereinheitlichung des Rechts.

Aber in seinem Herrschaftsverständnis war für ein eigenständiges weltliches Reich kein Platz. So sehr er sich auf das Reich nördlich der Alpen konzentrierte und so sehr in seiner Devise «Erneuerung der Königsherrschaft der Franken» (*renovatio regni Francorum*) diese Verengung auf das alte ostfränkische Reich zum Ausdruck kam, so deutlich wird auf der anderen Seite, dass er es als ein «Reich Gottes» verstand. Dieses «Haus Gottes» (*domus dei*) hatte ihm seinem Verständnis nach Gott selbst übertragen, und er hatte es als «Verwalter» (*dispensator*) Gottes zu betreuen. Er sah sich dafür verantwortlich, dass in diesem Reich die Gebote Gottes zur Grundlage und zum Inhalt des Lebens aller Menschen würden. Sonst werde er, wie er selbst formulierte, «in die Folterkammer (des Jüngsten Gerichts) hinabgestoßen und bis zum letzten Glied gefoltert werden» (*Urkunde Heinrichs II.* Nr. 99). Damit er seinen, ihm von Gott erteilten Auftrag erfüllen könne, müsse ihm jedermann gehorchen, ganz so, wie es im *Römerbrief* 13, 1–2, heißt: Niemand dürfe gegen die Anordnungen des von Gott eingesetzten Herrschers handeln, wolle er nicht Gottes Ordnung verletzen und sich damit gegen Gott selbst versündigen.

Heinrich II. verstand infolgedessen die gerechte Herrschaft als Kampf gegen die Sünde und das Böse. Das erforderte ein unnachsichtiges Durchgreifen gegen jeden, der sich gegen ihn erhob. «Diesen», so brachte es der Chronist Thietmar von Merseburg auf den Punkt, «demütigte er und zwang alle, ihm mit gebeugtem Nacken Ehre zu erweisen» (Thietmar IV, 54). Er selbst sah sich als das Haupt, dem alle geringeren Glieder des Reichs unterworfen seien (*Urkunde Heinrichs II.* Nr. 277). Daraus leitete er sein Recht, ja seine Pflicht ab, dafür zu sorgen, dass kein hohes Amt im Reich ohne seine Zustimmung besetzt werden dürfe. Dies galt vor allem für die Besetzung von Bischofsstühlen. Das Mitbestimmungsrecht der Domkapitel wurde einfach übergangen oder außer Kraft gesetzt, so dass es ihm in den meisten Fällen gelang, ihm treu ergebene Männer, die ganz seine Linie vertraten, auf die Bischofsstühle zu bringen. Mit ihnen lenkte er das Reich oder besser das «Haus Gottes». Dabei ging er so weit, dass er auch die Kirchensynoden einberief und leitete und dass ganz allgemein kirchliche und weltliche Angelegenheiten gar nicht mehr auseinandergehalten wurden. Bezeichnend für diese Entwicklung ist die erste große, normativ wirkende Sammlung des kanonischen Rechts (*Decretum*), die von Bischof Burchard von Worms (1000–1025) angelegt wurde: eine Rechts- und Ordnungsgrundlage, die sowohl für die Kirche als auch für das Volk gelten sollte.

In diesem Sinne sah sich Heinrich II. als «Schöpfer der Gerechtigkeit» (*auctor iustitiae*). Dies war eine Gerechtigkeit, die weit abwich von den Vorstellungen der führenden Männer des weltlichen Adels. Immer wieder sah man sich in den berechtigten Ansprüchen vom König getäuscht und missachtet. Die Folge war eine unendliche Reihe von Fehden, die zum Teil jahrelang ausgetragen wurden. Ein typisches Beispiel ist der Kampf mit dem Markgrafen Heinrich von Schweinfurt, den der Herrscher mit geballter Kraft niederwarf und wie einen Kirchensünder bestrafte: Der Schweinfurter musste in seinem Kerker auf der Burg Giebichenstein im Erzbistum Magdeburg unter Kniebeugen den Psalter absingen. Auch die jahrelangen Kriege, die Heinrich II. mit dem polnischen Fürsten Bolesław Chrobry ausfocht, sind bezeichnend für sein Herrschaftsverständnis. Der Pole, der in diesen Jahren im Begriffe war, ein eigenes polnisches Reich zu begründen, sah keine Veranlassung, sich Heinrich II., wie von diesem gefordert, in Gehorsam zu unterwerfen. So war es ein Signum der polnischen Reichsgründung, dass sie im Widerstand gegen die Unterordnung unter einen König erfolgte, der sich als Stellvertreter des himmlischen Königs sah. Im Grunde beanspruchte Bolesław Chrobry denselben Rang und Auftrag auch für sich selbst.

Dieses Herrschaftskonzept Heinrichs II. wurde weniger von seinem unmittelbaren Nachfolger, dem Salier Konrad II. (1024–1039), weiterverfolgt als vielmehr von dessen Sohn, Heinrich III. (1039–1056). Was jedoch die imperiale Erhöhung des Herrschers betrifft, so gingen dafür bereits von dem ersten Salier starke Impulse aus. Sie erhielt unter ihm neuen Auftrieb – und man wird dabei den Einfluss, den seine, aus dem burgundischen Königshaus stammende, Gemahlin Gisela (gest. 1043) dabei ausübte, hoch veranschlagen dürfen. Aus ihrem Herrscherinnenschatz könnte die berühmte Adler-Pfauenfibel stammen, die wie eine Ankündigung des späteren Reichssymbols, des Adlers, wirkt. Noch war es ein Adler der Kunst, bevor es ein Adler der Macht und der Gewalt wurde.

Das Reich nördlich der Alpen wurde seither schrittweise durchdrungen von der Idee, der territoriale Kern des Kaisertums zu sein. Die Bezeichnung *imperium Romanum* für das Reich begann Einzug zu halten. Befördert wurde diese Entwicklung durch das intensive Bemühen Konrads II., die kaiserliche Würde möglichst rasch zu erlangen und den kaiserlichen Rang auf allen Ebenen zum Ausdruck zu bringen. Wie die Römer führte sich der Salier auf trojanische Herkunft zurück, so wird vom Hofhistoriographen Wipo in der Schrift *Die Taten Kaiser Konrads* überliefert. Sogleich nach seiner Erhebung nahm er mit Byzanz Verbindung auf, um eine Braut aus dem byzantinischen Kaiserhaus für seinen Sohn, Heinrich III., zu gewinnen. Nach seiner Kaiserkrönung im Jahre 1027 ließ Konrad II. neue Herrscherbullen entwerfen. Eine davon, erstmals überliefert aus dem Jahre 1033, zeigt ein Bild mit einer Umschrift, die für Jahrhunderte in Gebrauch bleiben sollte: In der Mitte sieht man eine stilisierte Ansicht von Rom mit der Beischrift *Aurea Roma* (Goldene Stadt

Abb. 3 Adler-Pfauenfibel [aus dem Schatz der Kaiserin Gisela?], 1. Hälfte 11. Jh., Landesmuseum Mainz

Rom). Darum herum läuft die Legende: «Rom, das Haupt der Welt, führt die Zügel des Erdkreises» (*Roma caput mundi regit orbis frena rotundi*). Alle seine Nachfolger haben auf ihren Bleibullen diese Formel übernommen und damit Kaisertum und Königtum programmatisch verschmolzen.

In Konrads Sohn, Heinrich III. (1039–1056), liefen alle diese Entwicklungslinien zusammen: die sakrale Legitimation, die Stellvertreterschaft des Königs aller Könige im Himmel sowie die imperiale Überhöhung und Repräsentation. Durch seine Ehe mit Agnes von Poitou konnte er das von seinem Vater 1032/1033 gewonnene Königreich Burgund noch fester an sich binden und sich als Herrscher dreier Reiche sehen. Entscheidend war jedoch, dass Heinrich III. den theokratischen – gottesherrscherlichen – Anteil seines Machtanspruchs in höchste Höhen steigerte. Er sah sich in einer Art «Christomimesis» (Nachahmung Christi) geradezu an die Stelle Jesu Christi selbst gerückt und strebte danach, mit dem Instrument der «Gnade» (*gratia*) sein Reich nach seinem Willen zu lenken. Dabei brachte er seine «neue Gnade» (*nova gratia*), wie Abt Bern von der Reichenau sie nannte, mit äußerster Strenge zur Anwendung. Vor allem duldete er keinen Widerspruch und keine Abweichung von seinen Entscheidungen. Man könnte geradezu von einer «gnadenlosen Gnadenpolitik» sprechen. Durch kollektive Bußaktionen wollte er seine Gefolgsleute und den Adel dazu bringen, die von ihm angeordneten Friedensgebote zu befolgen. Sein Konzept zielte darauf ab, den «ewigen Frieden» (*pax aeterna*) auf Erden zu erzwingen, ohne auf eine gerechte Lösung der vielen einzelnen Konflikte zu achten. Dies jedoch, so warfen ihm seine Kritiker vor, sei ein «Verderben bringender Frieden» (*pax perniciosa*), ja eine Sünde, denn den «ewigen Frieden» habe Christus allein für das Himmelreich in Aussicht gestellt. Wenn Heinrich III. ihn schon für das irdische Reich befehlen wolle, sei dies Gotteslästerung.

Der Adel sah sich jedenfalls zunehmend in seinen Rechtsinteressen beeinträchtigt, denn nach seinen «Spielregeln» konnten Friede und Gerechtigkeit nur durch Übereinkunft und Konsens erreicht werden, notfalls sogar durch Verschwörung. Vom Herrscher wurde erwartet, dass er in seiner Friedenstätigkeit Rücksicht auf die ganz unterschiedlichen und überlieferten Rechtsvorstellungen und auf die individuellen Rechte einzelner Personen, Gruppen und Institutionen nahm. Friede entstand, wenn sich Rechtsgenossen einigen konnten. Ein vom König befohlener Friede dagegen wurde als systemwidrig empfunden, denn er missachtete die Interessen der einzelnen.

So begann man, in Heinrich III. einen ungerechten Herrscher (*rex iniustus*) zu sehen. Aus der Mitte des 11. Jahrhunderts ist vom Chronisten Hermann von der Reichenau der bezeichnende Satz überliefert: «Zu jener Zeit murrten sowohl die Großen wie auch die Geringeren des Reichs gegen den Kaiser und klagten, er falle schon längst von der anfänglichen Gerechtigkeit, Friedensliebe, Barmherzigkeit, Gottesfurcht und den vielfältigen Tugenden, in denen er täglich hätte Fortschritte machen sollen, allmählich mehr und mehr ab zu Gewinnsucht und einer gewissen Vernachlässigung seiner Fürsorgepflicht und werde noch viel schlechter werden.»

Auch von Seiten der Kirche wurde erste Kritik laut. Als Heinrich III. 1046 zur Kaiserkrönung nach Rom zog, standen aufgrund verschiedener Machenschaften – zu denen auch die Sünde der «Simonie» (des Ämterkaufs) zählte – drei Päpste an der Spitze der Kirche. Durch Konzilsversammlungen in Sutri und in Rom ließ sie der Herrscher alle aus ihrem Amt entfernen und setzte mit dem Bamberger Bischof Suidger einen neuen Papst (Clemens II.) ein. Damit griff er – seinem Selbstverständnis entsprechend – mit unnachsichtiger Härte durch, um das für die Kirche so schädliche Papstschisma zu beenden. Überdies sollte für die bevorstehende Kaiserkrönung in Rom ein untadeliger Papst bereitstehen, um nicht das Kaisertum selbst in Misskredit zu bringen. Dieses Vorgehen wurde in manchen kirchlichen Kreisen jedoch als ungeheuerliche Anmaßung angesehen. Wie konnte sich ein König erdreisten, Päpste abzusetzen und einen neuen Papst zu bestimmen?

In diesen Diskussionen erlangte die gefälschte «Konstantinische Schenkung» zunehmend Bedeutung – war doch darin festgeschrieben, dass der päpstliche Stuhl vor allen Kirchen der Welt den Vorrang besitze. Außerdem sei dem Papst von Kaiser Konstantin im 4. Jahrhundert die ganze Fülle des kaiserlichen Rangs im weströmischen Reich übertragen worden, darunter der kaiserliche Lateranpalast und alle kaiserlichen Insignien (Ehrenzeichen) in Rom. Ein weltlicher Herrscher hatte aus dieser Perspektive in Rom gar keine Kompetenzen mehr. Hinzu trat erstmals das Argument, dass der Herrscher nur ein einfacher Laie sei und daher nicht das Recht habe, sich in kirchliche Angelegenheiten einzumischen. Als Heinrich III. sich damit rechtfertigte, auch er befinde sich wie die Bischöfe durch Königsweihe und Salbung in einer sakralen Stellung, habe – so heißt es in der *Lütticher Bischofsgeschichte* – Bischof Wazo von Lüttich (gest. 1048) geantwortet: «Das, was ihr Eure Weihe nennt, ist etwas völlig anderes und weit entfernt von der priesterlichen Weihe, denn durch Eure Weihe werdet ihr zum Töten bestimmt. Wir aber werden durch unsere Weihe mit der Hilfe Gottes dazu erhoben, zum Leben zu verhelfen. Um wie viel das Leben den Tod überragt, um so viel überragt ohne Zweifel unsere Weihe Eure Weihe!»

Sicher, das waren vereinzelte Stimmen um die Mitte des 11. Jahrhunderts, doch war im Grundton unüberhörbar, dass man sich in Kirchenkreisen Gedanken machte über die Sakralität des Herrschers. Man begann, seine «Weihe» von derjenigen der Geistlichen abzugrenzen und abzuwerten. Ein Prozess war in Gang gekommen, der nicht mehr aufzuhalten war. Er warf Fragen sehr grundsätzlicher Art auf, nämlich wie sich kirchliche und weltliche Ordnung zueinander verhalten, ob und wie sie sich voneinander abgrenzen sollten und welche Konsequenzen dies für die Ordnung des Reichs, vor allem für das Verhältnis zwischen dem Herrscher und den Fürsten hatte. Was um die Mitte des 11. Jahrhunderts erst im Keim erkennbar wird, sollte nur ein Vierteljahrhundert später, also nach nur einer Generation, bereits in einem großen, offenen Konflikt mit gewaltiger Sprengkraft eskalieren.

Einer der Protagonisten dieser Ereignisse war Heinrich IV. (1056–1106), Sohn und Nachfolger Heinrichs III., der ein halbes Jahrhundert die Herrschaft innehatte. Die Urteile über ihn gingen schon in seiner Zeit weit auseinander. Die einen lobten seine Freigebigkeit und seinen Einsatz für die Rechte des Reichs, die anderen warfen ihm Zügellosigkeit, Exzesse und sexuelle Ausschweifungen vor. Wie sein Vater habe auch der Sohn Widerspruch nicht geduldet: «Wer sich widerspenstig gegen ihn und seine Macht zu erheben wagte, den schlug er derart zu Boden, dass an dessen Nachkommen noch heute die Spuren der königlichen Strafe zu sehen sind» (*Vita Heinrici IV.* cap. 1).

Diese Härte und Grausamkeit legte er vor allem gegenüber dem sächsischen Adel und der einfachen Bevölkerung in Sachsen an den Tag. Dort, um den Harz herum, hatte er die königliche Präsenz durch die Anlage gewaltiger Höhenburgen verstärkt. Unter ihnen ragte die Harzburg besonders hervor. Von diesen Stützpunkten aus sollten die Ressourcen des Königs verwaltet und ausgeweitet und insbesondere der Silberbergbau (Rammelsberg bei Goslar) kontrolliert werden. Der harte Zugriff durch die Burgbesatzungen, ihre Forderungen und ihre Übergriffe auf die sächsischen Frauen wurden von den Sachsen als unerträgliche Unterdrückung ihrer Freiheit empfunden. Noch dazu bestanden diese Burgbesatzungen nicht aus einheimischen Rittern, sondern aus unfreien Dienstleuten, meist aus Schwaben, aus denen sich damals die neue königliche Kriegsmannschaft der Reichsministerialen herauszubilden begann. Heinrich IV. erschien den Sachsen daher immer mehr als Tyrann. Die Verbitterung mündete in Aufstände, bei denen die Sachsen von den Fürsten vor allem aus dem Südwesten des Reichs unterstützt wurden.

Im Juni 1075 kam es schließlich zur Schlacht bei Homburg an der Unstrut. Es war die größte und blutigste Schlacht, die bis dahin im Innern des Reichs geschlagen wurde. Dem Chronisten Lampert von Hersfeld zufolge waren noch niemals zuvor im Reich auf beiden Seiten so gewaltige, so tapfere und so kriegstüchtige Heere aufgebracht worden: «Was es im Reich an Bischöfen gab, was an Herzögen, was an Grafen, was an kirchlichen und weltlichen Würdenträgern, alle waren hier versammelt und alle hatten ihre Kraft und Macht auf diesen Krieg gerichtet» (*Annalen* zu 1075). Das Heer des Königs wurde von Herzog Rudolf von Schwaben («von Rheinfelden») angeführt, dem fähigsten Feldherrn dieser Tage. Am 9. Juni trafen die Heere aufeinander, und die Sachsen erlitten eine fürchterliche Niederlage. Sie seien abgeschlachtet worden wie Vieh, berichtet Lampert von Hersfeld. Ein Bürgerkrieg schlimmster Art hatte seinen vorläufigen Höhepunkt erreicht. Wie einst 841 in Fontenoy standen sich Brüder als Feinde gegenüber, Väter kämpften gegen ihre Söhne und alle bisherigen Bindungen verloren ihre Kraft.

Doch der blutige Sieg Heinrichs IV. brachte ihm nicht nur kein Ansehen, sondern riss im Gegenteil noch tiefere Gräben auf. Die Fürsten, an ihrer Spitze Herzog Welf IV. von Bayern und Herzog Rudolf von Schwaben, bemühten sich um Ausgleich. Die Frage wurde immer drängender, wie ein König der Wahrer von Frieden und Recht sein könne, wenn seine Herrschaftsführung in weiten Teilen des Reichs auf so heftige Ablehnung stieß. Der autokratische Herrschaftsstil des Königs lief der Vorstellung von einer Herrschaft in konsensualer Abstimmung mit den Fürsten entgegen. Sie selbst sahen sich zunehmend in der Verantwortung für das Wohl und den Frieden des Reichs, und viele von ihnen schlossen sich dem Urteil der Sachsen an, in Heinrich IV. einen Tyrannen zu sehen. In dieser Phase um 1075 treten Anzeichen einer schweren Erschütterung der Herrschaftsordnung im Reich offen zu Tage. Die Situation war aufs höchste angespannt.

Da schien für einen Moment der Impuls zu einer neuen Einigung von außen zu kommen. Die maßgebende Person war Papst Gregor VII. (1073–1085), der Heinrichs IV. großer Gegenspieler werden sollte. Schon um die Mitte des 11. Jahrhunderts hatte eine kirchliche Reformbewegung in Rom eingesetzt, die dahin strebte, die absolute Autorität und die universale Entscheidungsgewalt des römischen Papstes in der Kirche und in der Welt durchzusetzen. Die Gründe für diese Entwicklung lassen sich schwerlich auf einen Nenner bringen. Gewiss kamen Anstöße aus der Klosterreform von Cluny und aus einer verstärkten Christianisierung Europas seit der Jahrtausendwende. Doch dürfte entscheidend gewesen sein, dass sich die Vorstellung verbreitete, die christliche Gesellschaft müsse sich «funktional» organisieren, um dadurch ihre Leistung zu steigern. Daraus entstand die Überzeugung, dass es in der Gesellschaft verschiedene «Stände» gebe, die für die Wahrnehmung bestimmter «Funktionen» zuständig seien: Für die Ernährung der Menschen müssten die Bauern sorgen, für den Schutz und den Frieden die Ritter und für das Seelenheil der Menschen die Kleriker. Jede der drei Gruppen war demnach verpflichtet, ihren Aufgaben und Pflichten im Interesse der gesamten Gesellschaft möglichst gut nachzukommen und ihre Leistungen und ihre Effizienz gewissermaßen zu optimieren.

Dieses Umdenken im Hinblick auf die gesellschaftliche Ordnung markiert einen Wendepunkt im Mittelalter – und zwar im Sinne einer säkularen Grundlegung der gesellschaftlichen Ordnung. Die Deutung der Gesellschaft wurde damit erstmals nicht mehr aus der biblischen Heilsgeschichte abgeleitet. Diese Entwicklung führte zu einem gewaltigen Schub im Selbstwertgefühl des Klerus, denn er war für die Vermittlung des Seelenheils zuständig, hatte also die wichtigste Funktion im Denken dieser Zeit überhaupt zu erfüllen. Unter dem Gesichtspunkt des Funktionswertes stand der Klerus weit über allen anderen, denn er sorgte für das ewige Leben der Menschen, wie schon Bischof Wazo von Lüttich betont hatte. Die damit verbundene Verantwortung verlangte von den Priestern allerdings eine untadelige Lebensführung, damit sie ihrer «Funktion» möglichst vollkommen gerecht werden konnten. Deshalb sollten fortan der Zölibat für Priester überall durchgesetzt und der Erwerb kirchlicher Ämter durch Geld oder andere Leistungen, also die Simonie, unterbunden werden. Die Wahl des Papstes schließlich wurde durch das «Papstwahldekret» von 1059 geregelt, in dem allein den Kardinälen das Wahlrecht zugesprochen wurde. So suchten die Reformer den Einfluss des römischen Adels auszuschalten und die Einigkeit an der römischen Kurie zu stärken.

Alle diese Reformprogramme wurden von Rom aus mit immer größerem Nachdruck vertreten und bündelten sich in der Forderung nach absolutem Gehorsam aller Christen gegenüber dem Papst. Gregor VII. vertrat diesen Anspruch schon vor seiner Zeit als Papst mit besonderer Vehemenz. Sogar unter den eigenen Vertrauten war seine harsche Art gefürchtet. «Er fährt mich an mit verletzender Wucht wie wütender Nordwind», so schrieb einmal Petrus Damiani (gest. 1072), der zum engsten Kreis der Reformer gehörte. Gregor VII. war von der Überzeugung geleitet, nur er, der Papst, sei als Stellvertreter Christi und Nachfolger Petri befugt zu entscheiden, was im Sinne der göttlichen und kirchlichen Gebote gut oder böse sei. Nur er sah sich befähigt, die «Wahrheit» zu erkennen und damit festzulegen. Nur der Papst war in seinen Augen «unzweifelhaft heilig», dürfe «universal genannt werden», «neue Gesetze erlassen» und Bischöfe und sogar Kaiser absetzen, wie er es in seinem berühmten *Dictatus papae* vom 3. oder 4. März 1075 eintragen ließ. Verlautbarungen der päpstlichen Einsicht und Autorität dürfe kein menschliches Gericht als ungültig zurückweisen, so fügte er hinzu.

Mit König Heinrich IV. suchte er indes lange Zeit einvernehmlich auszukommen, aber die Besetzung des Erzbischofsstuhls in Mailand führte letztlich doch zu heftigen Spannungen. Gregor VII. verlangte, dass der König den päpstlichen Kandidaten anzuerkennen habe. Heinrich IV. dagegen bevorzugte im Interesse der Friedenswahrung in der Stadt Mailand eine andere Besetzung. Daher schrieb der Papst am 8. Dezember 1075 einen Brief an den König, in dem er absoluten Gehorsam von ihm verlangte. Sollte er sich nicht daran halten, drohe ihm das Schicksal von König Saul, der von Gott niedergeworfen wurde. Die drei päpstlichen Legaten, die den Brief überbrachten, dürften überdies unmissverständlich mit der Absetzung des Königs gedroht haben.

Heinrich IV., noch siegestrunken von seinem Erfolg über die Sachsen, war entschlossen, nun auch dem Papst Widerstand entgegenzusetzen. War nicht er der Stellvertreter Christi auf Erden? Handelte nicht er selbst im Auftrag Gottes? Wie konnte da der Papst von ihm absoluten Gehorsam fordern? Auch die Bischöfe des Reichs stellten sich auf seine Seite, denn auch sie waren schon seit geraumer Zeit empört über den Papst, der ihnen immer nur Vorschriften machte. In ihren Augen war der Bischof von Rom nicht berechtigt, ihnen in ihren eigenen Kirchen Anweisungen zu erteilen. Alle sahen sie sich als gleichrangige Nachfolger der Apostel, und unter diesen habe es keinen besonderen Anführer gegeben. So hatten sie sich schon vorher immer wieder gegen den neuen Befehlston aus Rom gewehrt, wie etwa Erzbischof Liemar von Bremen (gest. 1101). Er schrieb einen Brief an seinen Amtsbruder von Hildesheim, in dem es über Gregor VII. heißt: «Dieser gefährliche Mensch (*homo periculosus*) will den Bischöfen befehlen, was immer er will, so als wären sie seine Gutsverwalter, und wenn sie nicht alles erfüllen, werden sie nach Rom zitiert oder ohne gerichtliches Urteil des Amtes enthoben» (Erdmann/Fickermann, *Briefsammlungen* Nr. 15).

Da kam ihnen die Einladung Heinrichs IV. ganz gelegen, sich mit ihm am 24. Januar 1076 in Worms zu versammeln, um gemeinsam gegen die unverschämte Überheblichkeit des Papstes vorzugehen. Ja, damals taten sich die Bischöfe sogar ganz besonders hervor und verfassten als erste einen Absagebrief an Gregor VII. Dieser habe schändliche Neuerungen eingeführt, so warfen sie ihm vor. Er spiele sich mit unerhörter Aufgeblasenheit auf und breite die Flamme der Zwietracht in der Kirche aus. Daher kündigten sie ihm den Gehorsam auf. Darin folgte ihnen der König mit einem eigenen Brief, in dem er die Bischöfe, die «gleichsam als die süßesten Glieder mit ihm vereint» seien, in Schutz nahm. Am Ende forderte er Gregor VII. auf, vom Papstthron herabzusteigen.

Doch diese Geschlossenheit von König und Bischöfen war nicht von langer Dauer. Als der Papst vier Wochen später, am 22. Februar 1076, den Bann über die Bischöfe und den König aussprach, diesem das Königtum aberkannte und die Fürsten vom Treueid gegenüber dem König entband, zerfiel die Koalition bereits nach wenigen Monaten. Die Bischöfe erblickten nun doch im Papst ihre eigentliche Autorität (*auctoritas apostolica*) und wehrten sich nicht mehr gegen den hierarchischen Umbau der Kirche. Dies kam auch ihren eigenen Ambitionen entgegen, denn sie begannen in diesen Jahren, ihre Bistümer durch eine Pfarreien-, Kleriker- und Klosterreform stärker auf die eigene Amtsgewalt auszurichten. So war der König im Oktober 1076 schon von vielen Fürsten und Bischöfen verlassen, als diese sich in Trebur versammelten, um über Heinrich IV. ein Urteil zu fällen. Der Unmut über seine tyrannische und autokratische Regierungsweise verband sich nun mit der Empörung darüber, dass er sich gegen das Haupt der Kirche erhoben hatte.

In diesem Augenblick war der noch vor kurzem so selbstherrlich agierende, mit der Königsweihe versehene Stellvertreter Christi schlagartig herabgesunken – nicht nur zu einem gewöhnlichen Christen, der dem Papst zu gehorchen hatte, sondern in den Augen der Fürsten auch zu einem tyrannischen Zerstörer des Reichs, den abzusetzen sie sich berechtigt sahen. Man räumte ihm in Trebur noch eine Chance ein und verlangte von ihm, sich binnen Jahresfrist vom päpstlichen Bann zu lösen. Außerdem wollte man sich mit Papst Gregor VII. zu Anfang des Jahres 1077 treffen, um endgültig zu entscheiden, ob Heinrich IV. sein Königtum wiedererlangen dürfe. Dies zwang den gebannten Herrscher, mitten im eisigen Winter 1076/1077 unter härtesten Entbehrungen über die Alpen nach Canossa zu ziehen, um dort Gregor VII. abzufangen, noch bevor dieser mit den Fürsten zusammentreffen konnte. Mit dieser Strategie hatte Heinrich IV. Erfolg. Nach dreitägiger Buße vor den Toren Canossas – «in kläglichem Aufzug, barfüßig und in einem Wollhemd», wie es in einem päpstlichen Brief heißt (*Register Gregors VII.*, IV, 12) – erreichte er am 28. Januar 1077 die Wiederaufnahme in die Kirche. Dem Papst war nichts anderes übrig geblieben, als dem nach eigenem Bekunden bußfertigen Sünder sein apostolisches Erbarmen zuteil werden zu lassen und ihn vom Bann zu lösen. Aber war Heinrich damit wieder König? Und wenn ja, auf welcher Legitimationsgrundlage? Und wie gestaltete sich künftig das Verhältnis zu den Fürsten und zum Reich?

Abb. 4 König Heinrich IV. bittet kniefällig die Markgräfin Mathilde von Tuszien um Fürsprache in Canossa, Miniatur aus der Vita Mathildis des Donizo, ca. 1115, Rom, Biblioteca Vaticana

Neue Moral und Wahlkönigtum

Durfte man einen König absetzen? Der Papst hatte zusammen mit dem Bann, den er gegen Heinrich IV. aussprach, auch die Fürsten vom Treueid gelöst, den sie diesem einst geleistet hatten. Dieser Vorgang war geeignet, die Gemüter aufzuwühlen, denn wenn ein Eid auflösbar wurde, welche Sicherheit für Bündnistreue und Gefolgschaft konnte es dann noch geben? Konnte eine politische Ordnung dann überhaupt noch existieren?

In den Traktaten dieser Zeit wurde heftig darüber diskutiert. Ein Trierer Domscholaster, Wenrich, bestritt dem Papst 1080 das Recht zur Eideslösung, denn der Eid stehe unter dem Schutz Gottes. Wenn der Papst verkünde: «Ich löse alle vom Eid, den sie Heinrich geschworen haben», dann würde er den Menschen einen unerhörten Zwang auferlegen. «Ob wir wollen oder nicht, wir werden einfach gelöst», so klagte Wenrich. Dies aber vernichte die Würde und den Rang des Eides überhaupt, denn «etwas, wovon man so leicht dispensiert wird, ist nur von geringem Wert». Vor allem begründe der Papst sein Handeln mit fadenscheinigen Argumenten, denn er behaupte, Heinrich IV. sei böse, gottlos, meineidig und verbrecherisch (*perversus est, impius est, periurus est, scelestus est*). Doch in Wirklichkeit verteidige der König nur sein Königtum, das ihm rechtmäßig zustehe. Der Papst stelle also moralische Aspekte über die rechtlichen und argumentiere mit Gut und Böse.

Von päpstlicher Seite wurde dem im Grunde nicht widersprochen. Manegold von Lautenbach, ein berühmter Gelehrter dieser Zeit, bestätigte, dass einem bösen König, einem Tyrannen, die Gefolgschaft zu verweigern sei und der König aus seinem Amt verjagt werden müsse wie ein unfähiger Schweinehirt. Der Eid, den man einem bösen König geleistet habe, sei in Wirklichkeit ein Meineid, denn einen solchen Eid hätte man ja gar nicht schwören dürfen. In solchen Fällen löse sich der Eid also von selbst auf, weil er von vornherein ungültig gewesen sei. Mit dem

Instrument der Moral und mit der Autorität des Papstes wurde also für die Fürsten ein Weg geöffnet, um die absolute Vorrangstellung des Herrschers zu relativieren und sie einer Überprüfung unterziehen zu können. Dieser gedankliche Diskurs war heftig umkämpft, und keineswegs waren alle Fürsten bereit, sich dieser neuen Interpretation des Treueids anzuschließen. Doch die politische Elite verständigte sich in ihren Spitzen rasch auf die Gültigkeit der neuen moralischen Grundhaltung.

Ein augenfälliges Beispiel dafür liefert die Versöhnung zwischen Otto von Northeim (gest. 1083) und Welf IV. von Bayern (gest. 1101). Sie kamen als erbitterte Feinde zur Versammlung von Trebur, denn sie hatten seit 1070 jahrelang um das Herzogtum Bayern gestritten. Die Auseinandersetzung war dadurch verschärft worden, dass Welf IV. die Tochter Ottos, mit der er verlobt war, zu ihrem Vater zurückgeschickt hatte. Ein solches Verhalten zog normalerweise ewige Feindschaft nach sich. Aber jetzt, in Trebur, ging es um höhere Werte. In aller Öffentlichkeit gaben sie sich den Friedenskuss, woraufhin auch alle ihre Vasallen der zweiten und der dritten Ordnung auf beiden Seiten untereinander den Friedenskuss austauschten und sich unter Tränen vergaben, was sie einander zugefügt hatten. Dann schlug man die Lager in enger Nachbarschaft auf, um das große Vertrauen zu dokumentieren. Eine geradezu leidenschaftliche Friedenseinung sollte auf diese Weise demonstriert werden, denn die «guten Fürsten» nahmen nun die Sache und den Frieden des Reichs in die Hand.

Wenige Monate später machte sich unter den Fürsten jedoch Enttäuschung breit. Grund dafür waren die Vorgänge in Canossa. Ihrer Meinung nach hatte Papst Gregor VII. ihre gemeinsamen Abmachungen nicht eingehalten und seine Entscheidung im Alleingang getroffen. Sie wollten nicht einfach hinnehmen, dass Heinrich IV. wieder König sei. Schließlich versammelte sich eine politische Führungsgruppe am 13. März 1077 in Forchheim. Auch den Papst und den König lud man dorthin ein, obwohl man voraussehen konnte, dass keiner von ihnen käme. Die Versammlung von Forchheim kann man als eine Schicksalsveranstaltung des Reichs verstehen. Hier wollte man ein Urteil über den salischen Herrscher fällen. Erneut wurden dessen zahlreiche Vergehen vorgetragen, seine ungerechten Taten gegenüber Kirche und Reich. Schließlich erklärte man ihn für abgesetzt. Er sei des Königsamtes nicht würdig, denn er sei ein Tyrann, ein böser Herrscher. Zum ersten Mal im ostfränkisch-deutschen Reich wurde ein König von den Fürsten seines Amtes enthoben.

Am 15. März 1077 schritt man sodann zur Wahl eines neuen Königs. Sie fiel auf Rudolf von Rheinfelden, den Herzog von Schwaben. Der neue König gehörte zu den «Guten». Schon 1073 hatte ihm Gregor VII. versichert, er übertreffe alle übrigen Fürsten im Ausmaß seiner Zuneigung zum Papst. 1075 wurde er aufgefordert, nicht nachzulassen in seinem guten Beispiel für sein Volk, denn was gut und was böse sei, dass müsse von den Inhabern der Spitzenstellungen in den irdischen Würden vorgegeben werden (*Register Gregors VII.* II, 45). Er solle sich daher von allen Geistlichen fernhalten, die durch Simonie in ihr Amt gelangt seien oder die in Unzucht lebten, und notfalls mit Gewalt gegen sie einschreiten.

Rudolf also war ein besonderer Vertrauter des Papstes. Ihm wurde zugetraut, das Gute und das Böse voneinander unterscheiden zu können. Überdies trat er durch seine Förderung der Reformmönche besonders hervor. Mit seiner Gemahlin, Adelheid von Turin, führte er in seinem Hauskloster St. Blasien im Schwarzwald Mönche aus dem oberitalienischen Fruttuaria ein. Sie gehörten zum Reformkreis der Cluniazenser, und zwar in der besonders strengen Version der Lebensführung. Auch in anderen schwäbischen Niederlassungen siedelten sich damals, zwischen 1070 und 1080, Mönche der cluniazensischen Reformbewegung an, so in Hirsau und in Schaffhausen. Von dort aus entwickelten sie großen Einfluss auf die ganze Region. Unermüdlich predigten sie gegen die Laxheit der Sitten, gegen die Priesterehe und gegen die Simonie. Sie forderten die Christengemeinden sogar auf, ihre Priester zu verjagen, wenn diese mit einer Frau zusammenlebten. Von ihren Gedanken, ihren Predigten und ihrem Vorbild wurden die Menschen nachhaltig erfasst. Ganze Dörfer, so lesen wir, hätten sich ihnen angeschlossen und sich dem frommen Leben zugewandt.

In anderen Gegenden und Bistümern des Reichs waren es in klosterähnlicher Gemeinschaft lebende Geistliche, also Kanoniker, die sich in strenger Lebensweise zusammenschlossen. Man nannte sie Augustinerchorherren, weil sie der Regel des hl. Augustinus (354–430) folgten. In manchen Bistümern wie in Passau, Halberstadt und Salzburg, scharten sie sich um die Bischöfe und prägten das geistige Klima der ganzen Kirche. Eine andere Gruppe von Regularkanonikern sammelte sich um den (späteren Heiligen) Norbert von Xanten, zog mit ihm 1120 in die Neugründung von Prémontré und bildete schließlich den Orden der Prämonstratenser.

In diesem religiös-moralischen Milieu bewegte sich auch Rudolf von Rheinfelden, und so war er in Forchheim für die dort versammelten Fürsten der ideale Kandidat für das Königsamt. Er galt nicht nur als glänzender Kriegsführer, sondern entsprach auch dem Profil, das seine Wähler mit *iustitia* (Gerechtigkeit) und *pietas* (christlicher Lebensführung, Barmherzigkeit und Milde) von einem künftigen König verlangten. Von ihm konnte man erwarten, dass er ein «unermüdlicher Kämpfer für die heilige Kirche» (*indefessus propugnator sanctae aecclesiae*) sein würde. So wurde er am 26. März 1077 von Erzbischof Siegfried (gest. 1084) im Mainzer Dom zum König gesalbt und gekrönt.

Doch die Versammlung in Forchheim ging noch einen Schritt weiter. Man einigte sich auf eine Regelung, die es auch künftig ermöglichen sollte, gute und gerechte Könige im Sinne der neuen moralischen Bewegung einzusetzen. Künftig, so wurde festgelegt, sollte niemand mehr zum König erhoben werden, nur weil er der Sohn des Vorgängers sei. Nicht das dynastische Erbrecht (*hereditas*) des salischen Herrscherhauses sollte entscheiden, sondern die «freie Wahl» (*electio spontanea*) der Fürsten. Außerdem sollte ein König nicht der Herrscher der einzelnen (*singulorum*), sondern der «Herrscher der Gesamtheit» (*rex universorum*) sein. Die Idee von der Gesamtheit des Reichs leuchtete damit auf, die Vorstellung von der *universitas* derer, die das Reich ausmachen und die die Verantwortung für das Reich tragen. Für die Entscheidung der Fürsten sei künftig ausschlaggebend, ob ein Kandidat in ihren Augen als «würdig» (*dignus*) erscheine. Diese Vereinbarungen bedeuteten wahrlich eine Weichenstellung für die Zukunft des Reichs! Sie leiteten den Übergang zum Wahlkönigtum ein – während sich in Frankreich und in England im Gegensatz dazu die Erbmonarchie auszubilden begann. Der Vorgang zeigt zudem, dass die Fürsten auf dem Weg waren, sich als Interessens- und Handlungsgemeinschaft im Dienste des Reichs zu verstehen und für dieses Verantwortung zu übernehmen. Daher wollten sie künftig gemeinschaftlich entscheiden, wer für das Königsamt in Frage käme.

Freilich, nun gab es zwei Könige im Reich, denn Heinrich IV. dachte nicht daran, sein Königtum aufzugeben. Um sich der Hilfe der heiligen Maria, der Schutzpatronin seines Hauses, zu versichern, machte er dem Mariendom von Speyer, wo sich die Grablege der salischen Dynastie befand, große Schenkungen und begann, die bisherige Kirche seiner Vorfahren neu und großartig auszubauen. Schließlich kam es am 15. Oktober 1080 zur Entscheidungsschlacht. An der Weißen Elster, einem Fluss in Thüringen, hatten sich die beiden Heere aufgestellt, Rudolfs Heer in «unzählbarer Größe», wie der sächsische Chronist Bruno in seinem *Buch vom Sachsenkrieg* berichtet. Beim Voranstürmen hätten Rudolfs Krieger den Psalm 83 skandiert: «Gott, bleib nicht still, bleib nicht stumm! Sieh doch, deine Feinde toben, die dich hassen, sie erheben ihr Haupt. Gegen dein Volk ersinnen sie listige Pläne und halten Rat gegen die, die sich bei dir bergen. […] Lasse sie dahinwirbeln wie Staub, wie Spreu vor dem Wind! Wie das Feuer, das ganze Wälder verbrennt, wie die Flamme, die Berge versengt, so jage sie davon mit deinem Sturm und schrecke sie mit deinem Unwetter!» Die «Guten» wähnten sich als die Auserwählten des Herrn der Hilfe Gottes sicher.

Dann trafen sie aufeinander, «es begann das schreckliche Morden». Am Ende siegten die Gotteskrieger, aber ihrem Anführer, König Rudolf, wurde die rechte Hand – also die Schwurhand – abgeschlagen und eine tödliche Wunde im Unterleib zugefügt. Am nächsten Tag war er tot. Für seine Anhänger galt er nun als Märtyrer, denn Gott hatte ihrem König im Kampf für Gott das Martyrium geschenkt. Daher bestatteten sie ihn im Chor des Domes von Merseburg, wo sonst nur Heilige ruhen durften. Die künstlerisch großartige, noch heute erhaltene, einstmals vergoldete Bronzeplatte trägt die Inschrift: «König Rudolf, der für das Recht der Väter hinweggerafft wurde und der es verdient, beweint zu werden, liegt in diesem Grab. Kein König wäre ihm vergleichbar in Rat und Tat seit Karl (dem Großen), wenn er in Frieden hätte regieren können. Da, wo die Seinen siegten, sank er hin als heiliges Opfer des Krieges. Der Tod ward für ihn das Leben. Er fiel für die Kirche.» Sein Kampf und sein Tod waren eng verwoben mit der religiös-moralischen Idee des Kampfes für das Gute, für die Sache Gottes. Die Guten standen gegen die Bösen: Aus dieser moralischen Konstellation heraus entstanden die Anfänge eines Wahlkönigreichs, in dem sich, ganz anders als in anderen europäischen Reichen, am Ende sogar ein eigenes Kurfürstenkolleg etablieren sollte.

Ein «deutsches Reich» um 1100?

Die moralische Komponente bildete nur einen Aspekt der Entwicklung zu einem Reich neuer Art. Ein weiterer Impuls ging von Papst Gregor VII. aus. Für ihn, das universale Oberhaupt der gesamten Kirche, waren alle Reiche der westlichen Christenheit ihrem Rang nach gleichgestellt und alle gleichermaßen der päpstlichen Autorität untergeordnet. Durch seine Legaten ließ er in der westlichen Kirche unermüdlich die Ansicht verbreiten, dass der Papst im *orbis Romanus* die höchste Autorität darstelle. Auch Könige und sogar der Kaiser hätten sich dieser Autorität zu beugen. Damit wurde eine ganz neue Formel für einen europäischen Ordnungsrahmen ins Spiel gebracht: der *orbis Romanus*, der «römische Erdkreis». Das war der Raum, der durch die Autorität des Papstes definiert wurde und in dem alle, egal ob Bischöfe oder Fürsten, ob Könige oder Kaiser, dem Papst zu gehorchen hätten.

Christus habe die heilige Kirche und Petrus «über alle Reiche der Erde gesetzt», so schrieb er nach Irland (Cowdrey, *Epistolae Vagantes* Nr. 57). Alle Fürstentümer und Gewalten und alles Erhabene in der Welt seien ihm daher unterworfen. Dem König der Ungarn erteilte er Anweisungen für seine Herrschaftsführung und ermahnte ihn so, «wie er alle Könige und Fürsten als Söhne» ermahnte (*Register Gregors VII.* II, 63). Auch ließ er König Geza 1075 mitteilen, dass eigentlich der heilige Petrus über das Königreich Ungarn die Herrschaft besitze (ebd. II, 70). Daher dürfe sich dieser nicht zum Lehnsmann des deutschen Königs machen, denn dann werde er zum «Königlein» (*regulus*). Dem König der Dänen wiederum redete er ins Gewissen, seine Herrschaft so zu führen, dass er dereinst ruhig in das Antlitz des ewigen Königs und Richters blicken könne (ebd. II, 51).

Für Gregor VII. war auch der König des alten ostfränkischen Reichs, Heinrich IV., ein König wie alle anderen. In diesem Fall jedoch traf er auf ein ganz andersartiges, spezifisches Selbstverständnis. Dies kam schon darin zum Ausdruck, dass sich der Salier nicht nur *rex*, sondern auch *rex Romanorum*, «König der Römer», nannte – erstmals in einem Brief an Gregor VII. vom Spätsommer 1073. Damit wurde der Anspruch des Königs auf das Kaisertum betont. In deutlicher Gegenposition dazu verwandte Gregor VII. in seinen Briefen die Formel *regnum Teutonicorum* (Reich der Deutschen) oder *regnum Teutonicum* (deutsches Reich). Dies wurde an der Kurie in Rom bald die übliche Bezeichnung für das Reich nördlich der Alpen, und so konnte auch dieses Reich neben alle anderen gestellt werden. All das lief auf ein Konzept gleichgestellter europäischer Könige in einer Gemeinschaft der dem Papst zum Gehorsam Verpflichteten hinaus.

Doch auch bei den Bewohnern des Reichs waren erste Anzeichen dafür zu erkennen, dass sie das Wort *diutsch* nicht mehr nur im Sinne der Sprachzugehörigkeit verstanden, sondern auch in historische Zusammenhänge rückten. Man entwickelte sogar einen Mythos, eine Entstehungsgeschichte des Volkes der Deutschen, die gleichzeitig die Verbindung der «Deutschen» mit dem römischen Reich erklären konnte. Diese Geschichte ist erstmals im *Annolied* überliefert, das um 1080 von einem Siegburger Mönch zu Ehren Erzbischof Annos II. von Köln (gest. 1075) verfasst wurde. Hier wird berichtet, dass der römische Senat einstmals Caesar ausschickte, um «gegen die deutschen Länder zu kämpfen» (*vehtin wider diutsche lant*). Zehn Jahre habe sich Caesar bemüht, ohne die außergewöhnlich tapferen Männer besiegen zu können. Doch schließlich hätten sie sich ihm unterworfen: die Schwaben, die am Fuß der Berge wohnten, ein redegewandtes und tapferes Volk, die Bayern, die aus Armenien gekommen und gerne in den Kampf gezogen seien, die «wankelmütigen» Sachsen (*der Sahsin wankeli mût*) mit ihren scharfen Schwertern, *sahs* genannt, und die «tapferen» Franken, wie die Römer aus Troja stammend, die am Rhein siedelten. Als dann Caesar nach Rom zurückkehrte, sei er dort mit Undankbarkeit empfangen worden. Daraufhin ging er zurück «ins deutsche Land» (*ci diutischimo lante*) und verbündete sich mit den dortigen «vortrefflichen Helden» (*helit vili gût*). Alle strömten ihm zu und zogen mit ihm gegen Rom, wo die Herren Cato und Pompejus eiligst die Flucht ergriffen. Caesar errang einen glänzenden Sieg und errichtete seine Herrschaft, das Kaisertum. «Seitdem waren die deutschen Mannen in Rom lieb und wert» (*sidir wârin diutschi man ci Rôme lîf unti wertsam*).

Die Erzählung – gewissermaßen als aitiologische Sage – bietet eine Erklärung dafür, wie die verschiedenen Völker der Schwaben, Bayern, Sachsen und Franken im Rahmen von Caesars Kaiserreich zu einer neuen Gemeinschaft, einer «deutschen» Gemeinschaft verschmolzen. Die vier Völker haben sich nicht von sich aus zusammengefunden, sondern mit Hilfe Caesars. Sein Kaisertum, so ist diese Geschichte zu deuten, hat auch das «deutsche Land» hervorgebracht – noch nicht allerdings das «deutsche Reich», wie es von Gregor VII. bezeichnet wurde.

Es dauerte aber nicht mehr lange, bis auch eine deutsche Reichsvorstellung und ein deutsches Volksbewusstsein in den

Chroniken in Erscheinung traten. In der anonymen *Kaiserchronik* von 1112/1113 wird das «deutsche Königreich» (*regnum Teutonicum*) neben das «römische Kaiserreich» (*Romanum imperium*) gestellt. Der letzte salische Kaiser, Heinrich V. (1106–1125), sei der «Fürst», der das «römische Reich» regiere und dem nicht nur der ganze «römische Erdkreis», sondern auch der «deutsche Erdkreis» (*orbis Teutonicus*) Beifall zolle. Dieser Herrscher war in den Augen des Chronisten also König und Kaiser zugleich; in ihm waren beide Funktionen nebeneinander gestellt.

Unter Karl dem Großen, so ist in der Kaiserchronik weiterhin zu lesen, seien das «römische Reich» und das «deutsche Reich» vereinigt worden (*coniunctio regnorum*). Somit galt für den anonymen Verfasser schon das «fränkische Reich» (*regnum Francorum*) als ein «deutsches Reich», womit er Vorstellungen seiner Zeit in die fränkische Vergangenheit zurückspiegelte. Gleichzeitig erscheint durch die Übertragung des römischen Kaisertums (*translatio imperii Romani*) auf die Franken der König des fränkisch-deutschen Reichs immer schon als der einzige legitime Nachfolger der antiken Caesaren. Die Zeit Heinrichs V. erlangt damit für die Beantwortung der Frage nach der Zuordnung von Kaisertum und Königtum und für die Vorstellung von einem «deutschen Reich» besondere Bedeutung.

Mit dem Tod Rudolfs von Rheinfelden 1080 war keineswegs im Reich Ruhe eingekehrt. Mehrmals wurde Heinrich IV. von den Reformpäpsten mit dem Kirchenbann belegt, auch wenn dies nie wieder so dramatische Konsequenzen wie 1076/1077 zeitigen sollte. Die beiden Lager kämpften unversöhnlich weiter gegeneinander, und die Menschen um 1100 mussten inzwischen auf einen jahrzehntelangen Bürgerkrieg (*bellum civile, bellum intestinum*) zurückblicken. Die meisten Bewohner des Reichs kannten überhaupt nur Kriegszeiten. Inzwischen aber war eine neue Generation von Fürstensöhnen herangewachsen, die sich mit dieser Situation nicht mehr abfinden wollten und ihren Anteil an der Herrschaft im Reich forderten. Im alten Kaiser erblickten sie die Hauptursache dafür, dass sich der Konflikt nicht beilegen ließ. Er musste in ihren Augen endlich beseitigt werden. Daher scharten sie sich um den jungen, siebzehn- oder achtzehnjährigen Kaisersohn Heinrich V., überzeugten ihn davon, dass er nur mit ihnen künftiger Herrscher werden könne, und bereiteten mit ihm die Empörung gegen den Vater vor. 1105/1106 gelang es schließlich mit einer List, Heinrich IV. gefangen zu nehmen – und dieses listige, in den Augen des alten Vaters schändlich betrügerische Vorgehen erhellt sehr schön die neue Werteordnung im Reich.

Heinrich IV. hatte 1105 ein großes Heer am Niederrhein gesammelt. Auch der Sohn zog heran, und die beiden Heere trafen im Dezember 1105 bei Koblenz aufeinander, getrennt durch die Mosel. Nun, so heißt es, habe der Vater Boten ins Lager des Sohnes geschickt, um zu erfragen, welches die Bedingungen für einen Frieden seien (*rogans ea quae pacis sunt*). Daraufhin überquerte der Sohn den Fluss und begab sich ins Lager des Vaters. Dort spielten sich sodann bemerkenswerte Szenen ab. Der Kaiser selbst nämlich, Heinrich IV., warf sich dem jungen Rebellen zu Füßen (*se pedibus filii sui advolvit*): Dieser sei doch sein Sohn und von seinem Blut. Dann bat er ihn um Versöhnung. Nun warf sich auch der Sohn seinerseits vor dem Vater zu Boden (*at contra filius patris genibus advolutus*) und bot Frieden an. In der *Vita Heinrici IV.* heißt es an dieser Stelle: «Da schenkte der Vater den Worten und Tränen des Sohnes Glauben, fiel ihm um den Hals, weinte und küsste ihn, und gleich jenem Vater im Evangelium freute er sich, dass sein Sohn, der tot war, wieder zum Leben zurückgekehrt sei, dass er den, der verloren war, wiedergefunden habe.» Den ganzen Tag hätten sie über den Zustand der Kirche und über das Seelenheil des Vaters gesprochen.

Gemeinsam wollten sie nun nach Mainz ziehen und dort auf dem angesagten Hoftag in Einigkeit die Sache regeln – am besten nur mit geringer Begleitung, um keinen Argwohn zu erwecken. So entließ Heinrich IV. sein Heer, und am nächsten Tag traten sie die Reise an. Unterwegs, so die *Vita Heinrici IV.* weiter, musste man übernachten. Da habe sich der Sohn ganz gehorsam gezeigt. So konnte sich der Vater die ganze Nacht unsäglich an ihm erfreuen und sich mit ihm unterhalten, mit ihm scherzen, ihn umarmen und immer wieder küssen, «begierig, die lang vermissten Zärtlichkeiten nachzuholen.» Er habe ja nicht ahnen können, dass es die letzte Nacht der Freude für ihn sein sollte.

Dann ging die Reise weiter. Doch kurz vor Mainz, in Bingen, habe der Sohn dem Vater eingeredet, doch lieber noch ein paar Tage zu warten, bis er, der Sohn, die Fürsten in Mainz besänftigt habe. Der Vater solle sich auf die Burg Böckelheim an der Nahe begeben. Der Kaiser ließ sich darauf ein. Kaum war er dort angekommen, wurde freilich das Tor geschlossen und seinen Begleitern der Zutritt verwehrt. Der Kaiser war gefangen. Die Burg gehörte dem neuen Bischof Gebhard von Speyer (1105–1107), der zuvor Abt von Hirsau war und später von Heinrich IV. selbst als sein «Todfeind» (*mortalis noster inimicus*) bezeichnet wurde. Man kann sich ausmalen, dass von diesem Bischof strengste Kerkerhaft angeordnet wurde. Das alles geschah am Tag vor Weihnachten 1105. Streng bewacht saß der Kaiser in seinem Verließ, «ungewaschen und unrasiert», wie die *Hildesheimer Annalen* vermerken, und ohne an den heiligen Tagen an einer Messe teilnehmen zu dürfen.

Der Sohn eilte nun rasch nach Mainz, um dort mit den versammelten Fürsten die Geburt des Herrn zu feiern. Triumphierend sei er in Mainz eingezogen und habe sich damit gebrüstet, wie schlau er seinen Vater gefangengenommen hätte. In der *Vita Heinrici IV.* heißt es an dieser Stelle: «Da hallte der Hoftag von jubelndem Beifall wider, das Verbrechen nannten sie Gerechtigkeit, den Betrug Tugend.» Eine bemerkenswerte Reaktion der versammelten hohen geistlichen und weltlichen Fürsten!

Unterdessen wurde der Vater in der Burg Böckelheim dazu gezwungen, auf die Herrschaft und die Reichsinsignien (*insignia regni*) zu verzichten und sie auszuliefern: Krone, Szepter, Reichskreuz, Heilige Lanze und Reichsschwert. An der Jahreswende 1105/1106 wurde er dann in die Pfalz von Ingelheim gebracht, wo sich die Fürsten mit dem Sohn versammelt hatten. Ein weiteres Mal warf sich dort der Kaiser vor allen Anwesenden zu Boden (*omnium pedibus provolutus*) und verzichtete öffentlich auf die Königswürde. Von der Rede des Kaisers und seinem Geschick seien viele zu Seufzern und Tränen gerührt gewesen, so berichtet seine *Vita*. Nur den Sohn habe noch nicht einmal die Natur selbst zum Erbarmen bewegen können. Als der Vater ein letztes Mal dem Sohn zu Füßen fiel und ihn anflehte, doch «wenigstens das Naturrecht» (*saltem ius naturae*) ihm gegenüber zu beachten, da habe dieser weder sein Gesicht noch sein Herz dem Vater zugewandt. Nicht viel anders habe sich der anwesende päpstliche Legat verhalten. Als sich Heinrich IV. auch ihm zu Füßen warf und darum bat, ihn von der Exkommunikation zu lösen, habe ihm dieser die Lossprechung verweigert mit der Begründung, dies könne nur der Papst selbst tun.

Alle diese Vorgänge bestätigen, dass sich sowohl Heinrich V. als auch die versammelten Großen dem alten Kaiser gegenüber nicht mehr an die bisherigen Verhaltensregeln gebunden sahen. Heinrich IV. war längst zum Sinnbild des Bösen geworden. Seine kniefällige Bitte, deren Erfüllung in vergangenen Zeiten einem Herrscher von Gottes Gnaden niemals hätte ausgeschlagen werden dürfen, wurde übergangen. Ja sogar die Küsse der Versöhnung, die im Rahmen der Verhaltensregeln dieser Zeit einen hohen Rang einnahmen, konnten in heimtückischer Weise eingesetzt werden. Der moralische Wertekodex der neuen Gesellschaft der «Guten» machte es möglich, in solch betrügerischem Handeln eine gute Tat zu erblicken und kollektiv darüber zu jubeln.

Damit verbunden war die Überzeugung, dass ein Herrscher nur dann legitim sei, wenn er den Vorstellungen der Großen des Reichs entspreche. Dies belegt der sich anschließende Akt auf dem Mainzer Hoftag. Am 5. Januar 1106 wurde Heinrich V. von den versammelten Fürsten zum König gewählt, und zwar «zum zweiten Mal», wie der Chronist Ekkehard von Aura berichtet: *in regem iam secundo electus*. Der junge Nachfolger aus dem salischen Herrscherhaus war nämlich bereits im Jahre 1098 von seinem Vater zum Nachfolger bestimmt worden, wie das bei den Herrscherwechseln früherer Zeiten üblich war. Aber diese Art der Nachfolgeregelung stand einer erbrechtlichen Nachfolge sehr nahe, und ein Erbanspruch – das war schon 1077 auf dem

Fürstentag von Forchheim beschlossen worden – sollte bei einer Königserhebung keine Rolle mehr spielen. So wurde nun Heinrich V. im Jahre 1106 in korrekter Weise durch den Willen der Fürsten erhoben.

In diesem Sinne schrieben die Fürsten im Juli 1106 einen Brief an den alten Kaiser, in dem es heißt: Sie, die Söhne der Braut Christi, der Kirche (*Christi sponsę filii*), bekehrt durch den Heiligen Geist zur Einheit des Glaubens, hätten aus Eifer für Gott und aus Gehorsam gegenüber dem apostolischen Glauben ihn, den bisherigen Kaiser, das Haupt der Spaltungen, absetzen müssen und «einen rechtgläubigen König aus seinem eigenen Samen erwählt» (*catholicum nobis, licet ipsius de semine natum, regem elegimus*). Auf diese Weise wurde der kaiserliche Vater mit dem König des Baalskults, Ahab von Juda, in Beziehung gesetzt. Sein heidnischer Kult, so der analoge Gedanke weiter, werde nun von seinem eigenen Sohn ausgerottet, der somit die Rolle des guten Königs Hiskija übernahm. An dieser Stelle stoßen wir zum Kern der Ereignisse vor: Im Haus der Salier selbst wurde in der Wahrnehmung der Zeitgenossen zwischen Vater und Sohn ein heilsgeschichtlicher Kampf ausgefochten, ausgetragen zwischen den Guten und den Bösen. Dieser Kampf entschied auch, dass sich das Prinzip der Königswahl durch die Fürsten im eigenen Haus der salischen Dynastie durchsetzte. Das Jahr 1106 bedeutete daher so etwas wie den Paradigmenwechsel vom Geblüts- zum Wahlrecht. Daher konnte der Chronist Otto von Freising fünfzig Jahre später schon von einem «alten Recht» sprechen, wenn er anführte, «dass das Königtum sich nicht nach der Blutsverwandtschaft vererbt, sondern dass die Könige durch Wahl der Fürsten eingesetzt werden».

In der Folgezeit scharten sich die Bischöfe, Fürsten und Adligen eng um ihren neuen König, Heinrich V., und verstanden sich als «Aufgebot der Rechtgläubigen» (*exercitus orthodoxus*). Die Reichs- und Königspolitik der folgenden Jahre war vollständig bestimmt von diesem Enthusiasmus zur gemeinschaftlichen Verpflichtung für Glauben und Reich. Gemeinsam verteidigte man die Rechte des Reichs. Das bedeutete in diesen Jahren vor allem das Recht des Königs, Bischöfe einzusetzen. Seitdem im Reich der Ottonen und der frühen Salier die Bischöfe zu den wichtigsten Helfern des Königtums geworden waren, war die Bischofsinvestitur durch den «Stellvertreter Christi» (*vicarius Christi*) auf Erden für Generationen zu einem unumstrittenen Recht des Herrschers geworden. Gregor VII. war der erste Papst, der dem König diese Kompetenz absprach – als allgemeines Kirchengesetz offenbar 1078 verkündet. Der eigentliche «Investiturstreit» aber entzündete sich erst um 1100 unter Papst Paschalis II. (1099–1118), nachdem sich das Reformpapsttum in Rom nach vielen Niederlagen wieder erholt hatte.

Die Bischofsinvestitur wurde zum Maßstab für die Freiheit der Kirche vom Einfluss der Laien. Im Einsetzungsakt spiegelte sich die Ordnung der Kirche und der Welt. Solange der König als Stellvertreter Christi auf Erden galt und für das «Haus Gottes» in dessen Auftrag verantwortlich war, waren ihm auch die Bischöfe zugeordnet. Aber die Reformkirche Gregors VII. hatte König und Kaiser zu gewöhnlichen Laien degradiert, die dem Papst wie jeder andere Christ zu gehorchen hatten. Die sakrale Aura ist zwar auch künftig vom Herrscher nicht ganz gewichen, aber es war nur noch eine Sakralität im Rahmen seiner weltlichen Stellung (*in temporalibus*), nicht mehr innerhalb der Kirchenordnung (*in spiritualibus*).

Papst Paschalis II. war ganz von dem Bestreben erfüllt, die Bischöfe und ihre Kirchen vom König und von den Verstrickungen in die weltlichen Angelegenheiten zu trennen. Erst dann konnte in seinen Augen die reine, unverfälschte Kirche wieder hergestellt werden. Doch die geradezu enthusiastische neue Gemeinschaft, die sich im Reich zwischen Heinrich V. und den Bischöfen und Fürsten gebildet hatte, führte dazu, dass man sich jahrelang gegen diese Forderung des Papstes wehrte. Für kurze Zeit wurde auf diese Weise die Vorstellung von einer untrennbaren Einheit von Kirche und Welt nochmals belebt. Schließlich suchte Paschalis II. den König mit einem ungewöhnlichen Angebot zu gewinnen. Er bot ihm im Februar 1111 – kurz vor der vereinbarten Kaiserkrönung – an, die Bischöfe zu zwingen, alle ihre Besitzungen, Rechte und Einkünfte, «die dem Reich gehören» und «Regalien» genannt wurden, an den König zurückzugeben. Dafür müsse dann der künftige Kaiser auf die Investitur der Bischöfe verzichten. Dieser Vorschlag war revolutionär, und er hat den König offenbar fasziniert, auch wenn er beteuerte, er wisse nicht, wie er das seinen Bischöfen vermitteln sollte. Dennoch ging er auf das Angebot ein. Das Resultat war für den König verheerend, aber es beschleunigte andererseits einen Prozess, der das Reich zu einer eigenständigen Größe werden ließ.

Als die deutschen Bischöfe, die sich aus Anlass der Kaiserkrönung in der Peterskirche in Rom versammelt hatten, den Befehl des Papstes am 12. Februar 1111 vernahmen, kam es zu gewaltigen Tumulten. Vehement setzten sie sich zur Wehr und wollten nicht, wie sie riefen, die Kaiserkrone mit ihren Bischofsherrschaften bezahlen. Als dann Heinrich V. in dieser verworrenen Situation den Papst und die Kardinäle gefangen nahm und am 12. April 1111 die Bestätigung der königlichen Bischofsinvestitur erzwang, war das so enge Band zwischen ihm und den Bischöfen schlagartig zerrissen. Reihenweise fielen sie von ihm ab. Heinrich V. wurde nun selbst zum Inbegriff des Bösen, verachtet von weiten Teilen der römischen Kirche. Insbesondere aus dem Kloster Saint-Denis bei Paris kamen grobe Beschimpfungen. Dort war man damals soeben auf dem Wege, eine neue Ideologie der Sakralität des französischen Königs zu entwickeln, für welche die Fahne des heiligen Dionysius (später Oriflamme genannt) zum Symbol wurde. In dieser Konzeption übernahm der französische König als rechtgläubiger und «guter» König die Rolle des eigentlichen Beschützers von Papst und Kirche.

Gemeinsam mit Vertretern des Reformadels schwenkten viele der Bischöfe des Reichs, an ihrer Spitze der mächtige Erzbischof Adalbert I. von Mainz (1109–1137), nun ganz auf die Linie des Papstes um und forderten vom Kaiser den Verzicht auf die Bischofsinvestitur. In diesen Jahren, so kann man sehen, löste sich das «Reich» im Verständnis der Fürsten erneut vom Herrscher. Nach langjährigen Auseinandersetzungen gelang es ihnen, Heinrich V. auf dem Würzburger Hoftag von 1121 auf eine

Einigung festzulegen. Die Einleitung dieses Vertrags lautet: «Dies ist der Beschluss, zu dem die Fürsten überein gekommen sind hinsichtlich der Kontroversen zwischen dem Herrn Kaiser und dem Reich» (*Constitutiones* 1, Nr. 106). Dann folgen die Vorschriften, die das «Reich», vertreten durch die Fürsten, dem Kaiser setzten: Er müsse dem päpstlichen Stuhl gehorchen, den angerichteten Schaden wiedergutmachen und eine Regelung mit dem Papst wegen der Bischofsinvestitur finden. Der lateinische Begriff für Reich lautet *regnum*, und es ist deutlich zu erkennen, dass er an dieser Stelle nicht mehr wie noch zu Beginn des salischen Jahrhunderts mit «Königsherrschaft» übersetzt werden kann. Das *regnum* um 1120 hatte sich verselbständigt und war dem König gegenübergetreten. Dies kommt auch darin zum Ausdruck, dass sich die Fürsten zu einer Schwurvereinigung zusammenschlossen, um den Kaiser notfalls mit Gewalt zur Erfüllung der Abmachungen zu zwingen. Heinrich V. fügte sich der neuen Ordnung, denn, so bemerkte der Chronist Ekkehard von Aura, was hätte er gegen «so viele Häupter des Reichs» (*tot capita rei publice*) ausrichten können?

Nun war die Entwicklung also so weit vorangeschritten, dass sich die Fürsten als die «Häupter des Reichs» sehen konnten – eine geradezu atemberaubende Umkehr im Vergleich zu den Verhältnissen ein Jahrhundert zuvor. Das bedeutete freilich keineswegs, dass man auf den Herrscher verzichten konnte, ganz im Gegenteil, wie sich noch zeigen sollte. Aber das Reich war fortan eine eigene politische Größe geworden, definiert durch seine Herzogtümer, Markgrafschaften, Grafschaften, Städte, Märkte, Münzen, Zölle und Gerichte.

Hand in Hand mit dieser Entwicklung ging auch die Herauslösung des Reichs aus der Einheit mit der Kirche. Im Wormser Konkordat von 1122 fand man schließlich die Lösung, dass die kirchlichen Bestandteile des Bischofsamtes, die *spiritualia*, von den weltlichen Elementen, den *temporalia*, getrennt werden müssten. Der König dürfe einen neuen Bischof, der aus einer «freien Wahl» (*libera electio*) hervorgehen sollte, künftig nur noch mit den *temporalia* investieren. Darunter verstand man jetzt einen rein weltlichen Akt, der in lehnrechtlichen Formen vollzogen wurde und der Errichtung eines Lehnsverhältnisses gleichkam. Der Bischof trat damit in eine lehnrechtliche Beziehung zum König ein, die nichts mehr zu tun hatte mit einer Unterstellung unter den – der Vergangenheit angehörenden – «Stellvertreter Christi» im Herrscher. Erst die abschließende Weihe durch den zuständigen Erzbischof und zwei bischöfliche Amtskollegen, vollzogen als eine rein innerkirchliche Angelegenheit, machte aus dem «Gewählten» endlich einen vollgültigen Bischof.

Am Ende dieser Epoche bahnte sich in allen Bereichen der gesellschaftlichen und politischen Ordnung eine vielfältige Differenzierung an: Das Kaisertum war auf dem Wege, sich mit dem Königtum zu vereinen. Außerdem wurde es nun mit den «Deutschen» verknüpft. Ein neuer Mythos ließ die «Deutschen» schon bei der Entstehung des Kaisertums in der Zeit Caesars mitwirken. Daneben zeichnete sich gelegentlich auch bereits die Vorstellung von einem eigenständigen «deutschen Reich» ab, das als eigene Größe neben das «römische Reich» trat. Dennoch sollte der Begriff «deutsches Reich» in diesem Kontext nur in sehr eingeschränktem Maße Verwendung finden – die offizielle Bezeichnung «deutsches Reich» gab es im ganzen Mittelalter nicht. Die Selbstdeutung und auch das Selbstverständnis des mittelalterlichen Reichs leiteten sich auch jetzt noch in erster Linie aus dem römischen Kaisertum ab.

Flankiert wurde dieser Prozess der «Selbstfindung» im Reich von noch weit tiefer gehenden Differenzierungsprozessen. In ihnen ging es zum einen um das Verhältnis zwischen höchster geistlicher und weltlicher Gewalt, zum anderen um dasjenige zwischen Fürsten und König. Am Ende war das einstige «Haus Gottes» aufgeteilt in einen kirchlichen und einen weltlichen Bereich, genauso wie das Bischofsamt. Das «Haus Gottes» verengte sich auf die Kirche. Damit waren die Voraussetzungen dafür geschaffen, dass sich künftig die Grundlagen für ein eigenständiges «staatliches» Gebilde mit eigenen Gesetzen und Normen herausbilden konnten – für ein Reich also, das neben die Kirche treten konnte.

4. Das Heilige Reich

Friedrich Barbarossa und das Scheitern seiner Konzeption

Die tiefgreifenden Veränderungen in den Jahren und Jahrzehnten um 1100 führten dazu, dass die Entwicklung und die Vorstellungen von der Ordnung und vom Wesen des Reichs zunächst stagnierten. Man suchte nach Erklärungen, um die spürbare Zerrüttung in weiten Bereichen des gesellschaftlichen Miteinanders zu deuten. Die Idee keimte auf, dass die ganze Welt an ihr Ende gekommen sei. «Wir aber», so resümierte der Chronist Otto von Freising noch um die Mitte des 12. Jahrhunderts, «stehen am Ende der Zeiten, und wir lesen von den Kümmernissen der Sterblichen nicht nur in ihren Schriften, sondern verspüren sie infolge der Erfahrungen aus unserer Zeit am eigenen Leib» (*Chronik*, Vorwort). Das römische Reich – so die Wahrnehmung der Zeitgenossen – sei nun altersschwach und vergreist, verschmutzt und mannigfach beschädigt und stehe vor dem Untergang.

Der gelehrte Otto (gest. 1158) war nicht nur Bischof von Freising, sondern auch Angehöriger des Zisterzienserordens. 1098 bereits hatte sich eine kleine Gruppe von Reformern in Cîteaux – in der Region Burgund gelegen – zusammengefunden, um das strenge Klosterleben nach der Regel des hl. Benedikt zu erneuern und in den Wirrnissen der Zeit zu überstehen. Schon bald breitete sich diese Bewegung über die gesamte westliche Kirche aus, und auch im Reich entstanden seit den zwanziger Jahren des 12. Jahrhunderts zahlreiche Zisterziensergründungen. Eberbach im Rheingau, Schönau im Odenwald, Himmerod in der Eifel und Ebrach in Franken waren nur einige von ihnen. Um die Disziplin in den vielen Konventen ständig auf höchstem Niveau zu halten, wurden neue Kontrollinstanzen eingerichtet.

An erster Stelle stand in diesem Zusammenhang das Generalkapitel – die alljährliche Versammlung aller Zisterzienser-Äbte, um sich auszutauschen, neue Verordnungen zu beschließen und entgegenzunehmen, Verfehlungen zu ahnden und die Einheitlichkeit des Lebens in den klösterlichen Gemeinschaften zu gewährleisten. Auf der Grundlage dieser neuen Organisation entstand erstmals ein Mönchsorden im modernen Sinne.

Was Augustinerchorherren, Prämonstratenser und Zisterzienser vorlebten, erscheint im Rückblick als ein religiöser Aufbruch größten Ausmaßes, getragen von der Idee, dass das Ende der Welt heraufziehe, weil Kirche und weltliches Reich auseinandergefallen seien; so sei es Aufgabe der Menschen, sich auf den Jüngsten Tag vorzubereiten. Der Zisterzienser Bernhard von Clairvaux (gest. 1153) zog predigend durch das Land, und der Augustinerchorherr Gerhoch (gest. 1169) aus dem Reformstift Reichersberg am Inn verfasste umfangreiche Schriften über diese Gedanken. In diese Reihe der Geschichts- und Endzeittheologen (Symbolisten) gehörte auch Otto von Freising.

Die Forderungen der Kirchen- und Klosterreform übten in vielfältiger Weise Einfluss auf das politische Handeln dieser Zeit aus. Dies wird beispielsweise deutlich an der Erhebung des neuen Königs im Jahre 1125: Es sollte eine freie Wahl abgehalten werden, gestaltet und geregelt nach kirchenrechtlichem (kanonischem) Vorbild. Der große Reform-Erzbischof Konrad I. von Salzburg (1106–1147) engagierte sich mit großem Einsatz für dieses Ziel. Es ließ sich zwar dann doch nicht verwirklichen – der neue König, Lothar von Supplinburg, wurde letztlich von einer Wählergruppe tumultuarisch zum König ausgerufen –, doch galt der Neugewählte immerhin als Kandidat der Reformbischöfe. Mit etwa fünfzig Jahren war der neue Herrscher für damalige Verhältnisse schon ziemlich betagt, älter jedenfalls als sein Vorgänger, vor allem aber ein Mann, der sich als Parteigänger der Reform seit Jahren bewährt hatte.

Der Nachfolger Lothars von Supplinburg, der Staufer Konrad III. (1138–1152), gehörte ebenfalls noch der Generation an, die den Investiturstreit unter Heinrich V. erlebt und darin Position bezogen hatte. Auch seine Erhebung im Jahre 1138 wurde von Vertretern der Reformkirche, insbesondere von Erzbischof Albero von Trier (gest. 1152) gemeinsam mit dem päpstlichen Legaten Dietwin, dem Kardinaldiakon von S. Rufina (gest. 1151), betrieben. Die Epoche seiner Regierung, in die der zweite Kreuzzug (1147–1149) fiel, galt schon den Zeitgenossen als ausgesprochen unglücklich. Damals hätten «ziemlich traurige Zeiten» geherrscht (*tempora admodum tristia*), so das Urteil in der *Kölner Königschronik*. Überall tobte der Kriegslärm, und 1151 brach zudem eine fürchterliche Hungersnot aus.

Der entscheidende Generationswechsel und mit ihm auch der Wechsel im politischen Konzept erfolgte erst um die Mitte des 12. Jahrhunderts und ist mit dem Namen Friedrichs I. Barbarossa (1152–1190) verbunden. Mit der Königswahl von 1152 begann sich ein neues Reichsverständnis zu verbreiten, dessen Vertreter sich überzeugt in die Tradition des römischen Kaisertums stellten. Mit einer Gruppe junger Fürsten, zu der auch Heinrich der Löwe (gest. 1195) gehörte, verständigte sich der Staufer Friedrich – damals etwa im Alter von achtundzwanzig bis dreißig Jahren – offenbar noch vor seiner Erhebung darauf, der Position des weltlichen Herrschers wieder zu ihrem alten Ansehen verhelfen zu wollen. In Gestalt des Kaisertums sollte eine dem Rang des Papstes gleichwertige weltliche Autorität entstehen.

Zwar ist keine «Regierungserklärung» Barbarossas überliefert, in der er sein Programm dargelegt und erläutert hätte – dies wäre für die Zeit auch nicht zu erwarten –, aber seine eigenen Äußerungen und Handlungen und ebenso diejenigen seiner Anhänger lassen klare Konturen des Programms erkennen. Nur kurze Zeit nach seiner Erhebung wurde der Romzug für die Kaiserkrönung beschlossen. Keiner der mittelalterlichen Herrscher hatte es damit jemals so eilig gehabt. Auch mit dem Konstanzer Vertrag, den er 1153 mit Papst Eugen III. schloss, verfolgte er in erster Linie das Ziel, möglichst rasch das Kaisertum und damit in gewissem Sinne Gleichrangigkeit mit dem Papst zu erreichen. Der Vertragstext, an dem Bischof Eberhard II. von Bamberg (gest. 1172) großen Anteil hatte, enthält den Hinweis auf die

Zwei-Schwerter-Lehre. Sie besagte, dass Christus selbst die geistliche und die weltliche Macht gemeinsam für die Aufrechterhaltung der Ordnung in der Welt vorgesehen und deshalb – dem mittelalterlichen Verständnis zufolge – das eine Schwert dem Papst, das andere aber dem Kaiser zugewiesen habe. Dieses Deutungskonzept hatte einst Papst Gelasius I. (492–496) entwickelt, um sich gegen den Kaiser in Byzanz zu behaupten. Im 12. Jahrhundert wurde es – wie schon von Heinrich IV. – aufgegriffen, um diesmal die unabhängige Stellung des weltlichen Herrschers gegenüber dem Papst zu begründen. Im Sinne dieser gottgewollten Aufteilung sollten sich die beiden Spitzen in der Welt als Partner sehen. Die Verhandlungen mit der Kurie führten auch bald zum Erfolg. Am 18. Juni 1155 krönte Papst Hadrian IV. Friedrich I. in Rom zum Kaiser.

Indes war in Barbarossas Augen auch schon sein Königtum mit der imperialen Würde verbunden gewesen. In einem Brief, den er 1157 an die Großen des Reichs schrieb, betonte er diese Auffassung ausdrücklich. Bereits mit der Wahl durch die Fürsten, so heißt es da, habe er von Gott allein das Kaisertum empfangen (*per electionem principum a solo deo regnum et imperium nostrum sit*, *Urkunde Friedrichs I.* Nr. 186). Das bedeutete, Kaiserwürde und Kaisertum gingen nicht vom Papst aus, sondern wurden im Urteil der Fürsten begründet, durch welche Gott seinen Willen schon bei der Wahl des kaiserlichen Königs kundtat. Die Fürsten nahmen dieser Konzeption zufolge eine wichtige Rolle ein, denn sie allein vermittelten die Entscheidung Gottes, womit der Wahlgedanke erheblich gestärkt wurde.

Die Fürsten müssen dieses kaiserliche Programm von Anfang an mitgetragen haben. Wie sonst wäre es zu erklären, dass Welf VI. als Herzog von Spoleto, Markgraf von Tuszien und Fürst von Sardinien auftrat? Solche Ambitionen konnten nur unter der Voraussetzung eines imperialen Königtums sinnvoll sein. Spoleto lag doch im normannisch-päpstlichen Grenzgebiet, während sich Sardinien gar außerhalb der Reichshoheit befand und vom Papst beansprucht wurde. Der Wittelsbacher Graf Konrad von Dachau erscheint als Herzog von «Meranien», auch dies irgendwo außerhalb des «deutschen Reichs» gelegen, ohne dass man das Gebiet genauer identifizieren könnte. Als «deutscher» König konnte Friedrich Barbarossa über diese Territorien kaum verfügen. Dasselbe gilt im Grunde auch für Burgund, dessen Rektorat der neue König sogleich dem Herzog Berthold IV. von Zähringen übertrug. Eine Möglichkeit, diese Funktion auch auszuüben, existierte für den Zähringer vorerst nicht. In all diesen Fällen handelte es sich also um ehrgeizige Ziele. Die Fürsten ließen sich ganz offensichtlich in das Programm einer künftigen kaiserlichen Gewalt in Italien und Burgund einbinden, unterstützten gewissermaßen die Vision einer umfassenden Kaiserherrschaft.

So wird deutlich, dass Friedrich «Rotbart», der im 19. Jahrhundert als Vorkämpfer eines genuin *deutschen* Reichs gefeiert wurde, gerade dies nicht war. Sein Programm war durch und durch imperial ausgerichtet. In der Forschung wurde immer wieder darauf hingewiesen, dass diese kaiserliche Umformung des Königtums bereits unter Barbarossas Vorgänger, Konrad III., wichtige Impulse erfahren habe. In Briefen an den byzantinischen Basileus – seinen Amtskollegen im griechischsprachigen Osten – nannte er sich «Kaiser», obwohl ihm diese Würde niemals übertragen wurde. Diesen Vorlauf wird man für Friedrich I. gewiss zu berücksichtigen haben, zumal der Verfasser der Briefe und damalige «Chefideologe» am Hof, Abt Wibald von Stablo (gest. 1158), auch noch die Anfangszeit Barbarossas begleitete. Aber gleichwohl erlangte die Intensität, mit der die römische Kaiseridee propagiert und eingesetzt wurde, seit 1152 eine ganz neue Qualität.

Der wichtigste Helfer Barbarossas war in diesen Anfangsjahren der Kölner Erzbischof Rainald von Dassel (gest. 1167). Er übte – bereits in den Augen der Zeitgenossen – den größten Einfluss auf das Planen und Handeln des Staufers aus. Der kaiserliche Notar Burchard schrieb, Rainald sei «Anfang, Mitte und Ende der Ehre des Kaisers» gewesen. Der Chronist Otto Morena meinte gar zu erkennen, Rainald sei «von begierigstem Eifer erfüllt gewesen, die Ehre des Kaisers zu erhöhen» (*ad subliman-*

dam imperatoris honorem cupidissimus). Die «Ehre» des Kaisers und die des Reichs flossen bei Rainald ineinander, genauso wie bei Friedrich Barbarossa; so ist die «Ehre» ein wichtiger, wenn nicht der zentrale Begriff bei dem Versuch, das Wesen des Kaisertums Friedrichs I. zu begreifen.

Aber das «römische» Kaisertum allein genügte nicht, um ein Gleichgewicht im Verhältnis zur Institution der «heiligen Kirche» (*sancta ecclesia*) zu erlangen. Erst ein «heiliges Reich» vermochte mit ihr zu konkurrieren. Im Jahre 1157 erscheint folgerichtig erstmals der Begriff *sacrum imperium* in der kaiserlichen Kanzlei (*Urkunde Friedrichs I.* Nr. 163). In einem Brief an Bischof Otto von Freising teilte Barbarossa mit: «Weil wir durch göttliche Vorsehung und Milde die Leitung von Stadt [Rom] und Welt (*urbis et orbis*) in Händen haben, müssen wir hinsichtlich verschiedener Ereignisse und Vorgänge Sorge tragen für das heilige Reich und den göttlichen Staat» (*sacro imperio et divae rei publicae*). Deshalb sollten sich alle Bischöfe und Fürsten im folgenden Jahr mit ihren Rittern sammeln, um gegen die aufsässige Stadt Mailand, die dem Kaiser den Gehorsam verweigerte, zu ziehen und sie zu zerstören. Dieses Mandat erging auch an die anderen Großen des Reichs und erlangte weite Verbreitung. Damit war die Formel «heiliges Reich» in der Welt.

Es könnte verwundern, weshalb nicht in Analogie zur *sancta ecclesia* auch die Wendung *sanctum imperium* verwendet wurde. Der Unterschied ist fein, aber bedeutsam: *sanctus* bezeichnet etwas, was «geheiligt» worden ist, *sacer* aber ist der Ausdruck für etwas aus sich selbst heraus Heiliges; so war er schon im antiken Kaisertum gebraucht worden und wurde dann ebenso im byzantinischen Kaisertum verwendet. Wenn wir heute vom «heiligen Reich» sprechen, so geht diese feinsinnige Differenzierung der Wertigkeit des Reichs im Unterschied zur «heiligen Kirche» verloren. Nur in der lateinischen Formulierung *sacrum imperium* – bisweilen gesteigert zum Superlativ *sacratissimum imperium* – wird deutlich, dass darin eine verstärkte Unabhängigkeit des Reichs von der Kirche und die eigenständige Begründung seiner Heiligkeit angelegt waren.

Diese Unabhängigkeit des «heiligen Reichs» bei jeder Gelegenheit zu betonen und zu wahren – darauf wurde von Barbarossa und seinem Umfeld größter Wert gelegt. Bei seiner Kaiserkrönung 1155 erfuhr er, dass im päpstlichen Lateranpalast Bilder angebracht waren, auf denen Kaiser Lothar III. als Lehnsmann des Papstes dargestellt wurde. Barbarossa forderte die sofortige Entfernung der Bilder. Noch schlimmer kam es 1157. Eine päpstliche Gesandtschaft teilte dem Kaiser, der sich gerade auf einem Hoftag in Besançon aufhielt, mit, gerne habe ihm der Papst die Auszeichnung (*insigne*) der Kaiserwürde übertragen. Er würde sich überdies freuen, wenn er ihm «noch größere Benefizien» (*maiora beneficia*) zukommen lassen könnte. Als daraufhin von Rainald von Dassel das Wort *beneficia* als «Lehen» übersetzt wurde, brandete hohe Empörung am Kaiserhof auf. Es kam zu hitzigen Wortgefechten, bis einer der Kardinäle, möglicherweise der päpstliche Kanzler Roland Bandinelli, ausrief: «Von wem hat er denn das Kaisertum, wenn nicht vom Herrn Papst?!» Nur unter dem Schutz des Kaisers konnten sich die Legaten daraufhin in Sicherheit bringen.

In der Forschung wurde lange darüber diskutiert, ob der Papst mit *beneficium* wirklich Lehen gemeint habe oder nicht eher «Wohltat». Mit dieser Übersetzung versuchte man dann jedenfalls von Seiten der Kurie, sich zu rechtfertigen. Doch lassen sich in Rom starke Indizien dafür finden, dass die Päpste sich durchaus als Lehnsherren verstanden haben – und diese sind so eindeutig, dass am Sinn der Botschaft von Besançon kein Zweifel bestehen kann. Sogar der Reformkanoniker Gerhoch von Reichersberg (gest. 1169) mahnte die Päpste, sich doch nicht zu Lehnsherren der Kaiser aufschwingen zu wollen (*De investigatione Antichristi* I, S. 393).

Alle diese Vorgänge erklären, weshalb Barbarossa und seine Fürsten davon überzeugt waren, nun, von 1158 an, die kaiserliche Autorität in Italien und in Rom mit allem militärischem Einsatz auch durchsetzen zu müssen. Es kam zu einem geradezu martialischen Auftreten der «Deutschen» und ihrer Heere in der Lombardei und in Mittelitalien, verbunden mit dem Rückgriff auf antikes Kaiserrecht und dem Anspruch auf die Herrschaft über Rom. Im Jahre 1159 verschärfte sich die Situation, als es nach dem Tod Papst Hadrians IV. am 1. September zu einer Doppelwahl kam. Einer der Päpste, Alexander III. (1159–1181), war ausgerechnet ein Mitglied jener Legation gewesen, die den Standpunkt vertreten hatte, das Kaisertum sei als Lehen oder doch zumindest als Gnadenakt des Papstes zu verstehen.

So schien sich für Barbarossa eine Möglichkeit zu eröffnen, wie ein antiker Kaiser für die Einheit der Kirche zu sorgen und in dem ausgebrochenen Schisma als Schiedsrichter aufzutreten. Auf einer von ihm 1160 nach Pavia einberufenen Synode wurde entschieden, dass nicht Alexander III., sondern der kaiserfreundliche Viktor IV. (gest. 1164) Papst sein solle. Von nun an kam es darauf an, dass dieses Urteil auch durchgesetzt wurde, wollte Barbarossa seinem kaiserlichen Anspruch Anerkennung verschaffen. Als Alexander III. seinerseits dem Staufer das Kaisertum aberkannte und ihn noch im selben Jahr exkommunizierte, begann ein erbitterter Kampf zwischen Kaiser und Papst, der fast zwei Jahrzehnte dauerte.

Es war ein Kampf auch um das Ansehen des Kaisertums in Europa. In den übrigen Reichen der römischen Christenheit ergriff man bald Partei für Alexander III. Dieser warf dem Kaiser Streben nach der Weltherrschaft vor und versetzte damit die westlichen Monarchien in Schrecken. Der Staufer, so ließ Alexander III. verbreiten, habe nur um der Weltherrschaft willen das Schisma ausgelöst. Diese Stimmung wurde im Westen bereitwillig aufgenommen. Johann von Salisbury, der spätere Bischof von Chartres (gest. 1180), schrieb 1160 in einem Brief an einen englischen Freund die berühmten Worte: «Wer hat denn die Deutschen zu Richtern über die ‹Nationen› (*nationes*) bestellt? Wer hat diesen rohen und gewalttätigen Menschen die Befugnis erteilt, nach ihrem Belieben den Führer über die Häupter der Menschensöhne (d. h. den Papst) zu bestimmen?» Waren das erste Anzeichen für «nationale» Denkhorizonte, in die nun auch die «Deutschen» eingeordnet wurden?

Damals begann sich jedenfalls das Bild von den barbarischen, ungezügelten und plumpen Deutschen unter ihren Nachbarn zu formen. Die Kämpfe Barbarossas gegen die lombardischen Städte nährten auch in Italien den Abscheu vor der «deutschen Raserei», dem *furor teutonicus*. Der Begriff «deutsch» erhielt in Europa eine negative Konnotation. Odo von Deuil (gest. 1162) nannte die Repräsentanten dieses Namens «dumme Alemannen» (*stulti Alemanni*), und die Franzosen verabscheuten ihre Manieren. Die Wahrnehmung der Verantwortung für die Christenheit, die einst mit dem Kaisertum verbunden war, wurde fortan als anmaßender Versuch der Einmischung in die Nachbarreiche aufgefasst. Das Kaisertum wandelte sich in eine «deutsche» Herrschaftskategorie. Der König von Frankreich ging noch einen Schritt weiter und sah sich selbst als wahren Kaiser, weil nur er dem Papst ausreichenden Schutz gewähren könne. Außerdem sei der König von Frankreich, so ließ schon Ludwig VI. (1108–1137) verlauten, der eigentliche Nachfolger Karls des Großen.

Alle diese Vorwürfe und Reaktionen wurden vom Hof Barbarossas scharf zurückgewiesen. Rainald von Dassel brachte seinerseits das Argument vor, der König von Frankreich dürfe sich gar nicht in solche Fragen einmischen, weil er sich außerhalb des Imperiums befände. Nur im Rahmen der einen Kaiserherrschaft könnten Entscheidungen über die Gesamtkirche fallen. Die anderen Könige, diejenigen von Frankreich, England und Dänemark, seien nur Herrscher zweiter Kategorie, «Kleinkönige» (*reguli*) oder «Provinzkönige» (*reges provinciarum*).

Barbarossa suchte mit aller Gewalt den Erfolg. Den König von England, Heinrich II. (1154–1189), der mit Thomas Becket, dem Erzbischof von Canterbury (gest. 1170), und damit auch mit Papst Alexander III. in Konflikt geriet, konnte er für ein Bündnis gewinnen. Vor allem sollten die Fürsten des Reichs, die weltlichen wie die geistlichen, zum Kampf gegen den verhassten Papst gezwungen werden. Barbarossa bestellte sie deshalb 1165 auf einen Hoftag in Würzburg ein, der zu einem denkwürdigen Ereignis werden sollte. In einem einzigartigen Gewaltakt brachte er sie dazu, einen Eid darauf abzulegen, Alexander III. niemals als Papst anzuerkennen. Der Kaiser selbst ging dabei allen voran und leistete den Eid in eigener Person – eine gänzlich unübliche Handlung, denn ein König schwor in dieser Zeit sonst nie persönlich (*personaliter*), um die eigene Autorität nicht zu gefährden. Aber in diesem Fall sollte niemand mehr den Handlungsspielraum besitzen, sich doch noch anders zu entscheiden – auch Friedrich I. nicht. Der Kampf ging von nun an um Sein oder Nichtsein.

Um das Kaisertum noch enger mit dem «heiligen Reich» zu verknüpfen, folgte im selben Jahr 1165 die Heiligsprechung Karls des Großen und die Erhebung seiner Gebeine in Aachen. Als Begründung wurde vorgebracht, Karl habe unter Einsatz seines Lebens das Christentum verbreitet, als er gegen die Mauren in Spanien zog. Er wurde gleichsam zum ersten Kreuzfahrer erhoben, und Barbarossa ließ es sich nicht nehmen, die Überreste seines Vorgängers mit eigenen Händen in das neue Reliquiar zu legen. Durch diesen ebenso konkreten wie symbolisch hochaufgeladenen Akt brachte er sein Kaisertum in unmittelbare «Berührung» mit dem Begründer des mittelalterlichen Kaisertums. Das «heilige Reich» hatte nun auch seinen «heiligen Kaiser», und dem König von Frankreich wurde die Karlstradition entzogen.

Gleichzeitig gingen die Kämpfe in Italien gegen den Papst und die mit ihm verbündeten lombardischen Städte weiter. Doch je länger der Kampf andauerte, desto stärker formierte sich der Widerstand in der «Lega Lombarda», zu welcher sich die Städte zusammenschlossen. 1167 ging das Heer Barbarossas vor Rom an einer Seuche fast vollständig zugrunde. Auch Rainald von Dassel fiel ihr zum Opfer. Es wurde immer schwieriger für den Kaiser, die Kriege zu finanzieren. Am Ende musste er am 29. Mai 1176 bei Legnano durch das Heer der Mailänder und ihrer Verbündeten eine vernichtende Niederlage hinnehmen. Der Kaiser war am Ende.

Nun gab es keinen Ausweg mehr. Barbarossa musste sich Papst Alexander III. unterwerfen. Zwanzig Jahre Kampf und Krieg waren umsonst gewesen. Nach langwierigen und zähen

Verhandlungen war es schließlich so weit: Am 24. Juli 1177 erreichte Barbarossa den Markusplatz von Venedig, wo der Frieden geschlossen werden sollte. Mit einer Gondel legte er an. Vor der Markuskirche hatte sich eine riesige Menge von Menschen, nach einer venezianischen Quelle angeblich genau 8420 an der Zahl, versammelt. Italienische und deutsche Große sowie Gesandte aus Burgund, England, Frankreich, Spanien, Ungarn und Dalmatien waren gekommen. Vor dem Hauptportal der Markuskirche erhob sich auf einem Holzgerüst mit Stufen ein prächtig geschmückter, großer Thron des Papstes. Um ihn herum, in der Art einer Tribüne, befanden sich die Plätze der Patriarchen, der Kardinäle sowie der lombardischen Erzbischöfe und Bischöfe. Inmitten seiner Geistlichkeit thronte Papst Alexander III.

In dieses Szenario begab sich nun Barbarossa. Barfüßig schritt er von der Anlegestelle bis vor den Papst. Dort legte er vor aller Augen den Kaisermantel ab, entkleidete sich also symbolisch seiner kaiserlichen Würde. Dann warf er sich vor Alexander III. mit dem ganzen Körper auf den Boden und küsste zuerst dessen Füße, dann die Knie. Daraufhin hob ihn der Papst auf, küsste und segnete ihn. Sogleich wurde «von den Deutschen» das *Te Deum laudamus* angestimmt, «dass es bis zu den Sternen hinauf erschallte». Dann schritten beide, Papst und Kaiser, in die Markuskirche, wo Barbarossa erneut den Segen des Papstes empfing.

Doch damit war die Unterwerfung des Kaisers längst nicht beendet. Am folgenden Tage musste er dem Papst den Stratordienst leisten, das heißt, den Steigbügel halten, das Pferd ein Stück Weges am Zügel führen und den Weg zur Kirche freimachen. In der Kirche hatte er dann bei der Predigt sein Ohr demonstrativ in die Richtung des Papstes zu richten, um zu zeigen, dass er von nun an auf den Papst hören wolle. Auch nach der Messe musste er ihm wieder aufs Pferd helfen und dann das Pferd wie ein Stallknecht am Zügel führen. So ging es in den folgenden Tagen und Wochen weiter. Unter anderem war am 1. August 1177 von Barbarossa ein öffentliches Schuldbekenntnis im Palast des Patriarchen von Venedig abzulegen. «Jedermann soll sehen», so hatte Barbarossa zu sprechen, «dass auch die römische Würde uns nicht vor der menschlichen Schwäche bewahrt und dass die kaiserliche Majestät den Fehler der Verblendung nicht ausschließt.» Nur beim Papst, so war daraus zu folgern, befanden sich Wahrheit und Heiligkeit. Die «heilige Kirche» hatte das «heilige Reich» in die Schranken gewiesen. Bei der Abschlussfeier in der Nacht vom 14. zum 15. August, also in den Vigilien zum Fest Mariä Himmelfahrt, mussten alle, auch der Kaiser, eine brennende Kerze in der Hand halten und sie auf päpstlichen Wink hin auslöschen. So, wie die Kerzen verloschen, sollten auch die Seelen all derer ausgelöscht werden, die den neuen Frieden zu stören wagten.

Nach drei Wochen ging damit die Unterwerfung des Kaisers vor internationaler Kulisse zu Ende. Es war der größte Friedenskongress, den es bis dahin in der europäischen Geschichte des Mittelalters gegeben hatte. In seinem Zentrum stand die ständig wiederholte Inszenierung der Unterordnung des Kaisers unter die Autorität des Papstes. Buße und Unterwerfung Heinrichs IV. in Canossa 100 Jahre zuvor erscheinen demgegenüber geradezu als bescheidene Aktion. Nun, 1177, war entschieden, dass sich auch das Kaisertum der päpstlichen Autorität zu fügen hatte. «Der wahre Kaiser ist der Papst» (*Ipse est verus imperator*) – diese Feststellung in der sogenannten *Summa Parisiensis*, 1160/1170 verfasst, war bestätigt worden. Auch in Deutschland war dieser Grundsatz übernommen worden. In der 1169 entstandenen *Summa Coloniensis* heißt es, dass «der Papst über dem Kaiser» stehe und «in der Tat der wahre Kaiser sei». Nun hatte die Realität die Theorie eingeholt.

Immerhin erreichte der Kaiser in den Verhandlungen im Vorfeld von Venedig doch auch gewisse Zugeständnisse vom Papst. So durfte er die Güter der Markgräfin Mathilde von Tuszien (Toskana), um die jahrzehntelang gestritten worden war, nochmals für fünfzehn Jahre behalten. Auch die Streitfragen mit den lombardischen Städten sollten der Klärung in einem eigenen Friedensschluss vorbehalten bleiben. Aber all das waren im Grunde Details, fast Nebensächlichkeiten. In den wesentlichen Punkten dagegen, in der Frage nach dem Rang des Kaisertums sowie in der Durchsetzung seiner imperialen Ansprüche und seiner (Gegen-)Päpste, war Barbarossa vollkommen gescheitert.

Doch es war nicht nur Papst Alexander III., dem sich Barbarossa gefügig zeigen musste. Auch die Fürsten des Reichs machten ihm, der sich vergeblich dagegen zu wehren versuchte, klare Vorschriften, wie er sich dem Papst gegenüber zu verhalten habe. Vor allem brachten sie ihn dazu, einer tiefgreifenden Veränderung in der Mächteverteilung im Reich zuzustimmen. An ihrer Spitze stand der Erzbischof Philipp von Köln (1167–1191), der schon seit Jahren mit Herzog Heinrich dem Löwen um die Vormacht in Westfalen stritt. Der Welfe hatte den Fehler begangen, dass er sich im Jahr 1176 in Chiavenna dem Hilfegesuch Barbarossas verweigert und sich an dem letzten Italienzug des Staufers nicht beteiligt hatte. Ihm war die Niederwerfung der Slaven im Osten Sachsens wichtiger. Auch in Venedig fehlte er. Obwohl er sich all die Jahre zuvor als ein zuverlässiger Unterstützer der kaiserlichen Politik gezeigt und zeitweise gar mit Barbarossa im Reich und in Italien eine enge Aktionsgemeinschaft gebildet hatte, fiel er während der Verhandlungen von Venedig in Ungnade. Er war gleichsam das Opfer von Venedig.

Mit Barbarossas Hilfe hatte Heinrich der Löwe bis dahin im Reich eine gewaltige Machtposition errichten können. Neben dem Herzogtum Sachsen war ihm 1156 auch noch das Herzogtum Bayern zugesprochen worden – von dem allerdings die Ostmark als eigenes Herzogtum Österreich mit bestimmten Sonderrechten (*Privilegium minus*) abgetrennt und dem Babenberger Heinrich Jasomirgott (gest. 1177) übertragen worden war. Seither konnte Heinrich der Löwe seine Landesherrschaft unablässig ausweiten. Er kontrollierte die sächsischen Bischofssitze seines Einflussgebiets, griff in die slavischen Gebiete östlich der Elbe über und baute seine Pfalz Dankwarderode in Braunschweig so prächtig aus, dass sie den neu errichteten Kaiserpfalzen in Gelnhausen bei Frankfurt am Main, in Ingelheim nahe Mainz, in Wimpfen am Neckar, in Kaiserslautern oder in Hagenau im Elsaß in nichts nachstand. Der stolze Löwe aus Bronze im Hof seiner Pfalz zeugt noch heute von diesem königsgleichen

Bewusstsein. Vielfach erhoben sich in all den Jahren Proteste aus den Reihen der sächsischen Grafen, die sich von dem Welfen immer mehr eingeengt und unterdrückt sahen. Auch der benachbarte Erzbischof von Köln war mehrmals mit dem Löwen aneinandergeraten. Doch stets hatte der Kaiser seine schützende Hand über Heinrich gehalten.

Damit war es nun zu Ende. In Venedig verhängte Papst Alexander III. harte Sanktionen über den Welfenherzog. Der von diesem geförderte Bischof Gero von Halberstadt, der ihm umfangreiche Kirchenlehen überlassen hatte, wurde abgesetzt, und Heinrich musste die Lehen zurückgeben. Vor allem aber formierte sich eine Fürstengruppe unter der Leitung des Kölner Erzbischofs gegen ihn. Nach ihrer Rückkehr ins Reich fielen seine Gegner 1178 sogleich über ihn her und verwüsteten sein Land. Dieses Mal konnten sie mit der Billigung Barbarossas rechnen, der wegen der Vorkommnisse in Chiavenna tief in seiner Ehre gekränkt war – niemand durfte nach den überkommenen Regeln die Erfüllung einer Bitte, die der Kaiser kniefällig vorbrachte, verweigern.

Doch noch etwas anderes hatte der Löwe unterschätzt: In den zurückliegenden Jahren war im staufischen Reich das Lehnrecht verstärkt dazu eingesetzt worden, das Verhältnis der Fürsten zum Herrscher auf eine neue rechtliche Grundlage zu stellen. Im Sachsenspiegel aus der ersten Hälfte des 13. Jahrhunderts erscheint das Lehnrechtssystem voll entwickelt. Es war im 12. Jahrhundert Schritt um Schritt ausgebildet worden und diente dazu, die wechselseitigen Pflichten und Rechte der Lehnsherren und Vasallen immer genauer zu beschreiben und festzulegen. So waren nach und nach aus den alten, sehr pauschal definierten und durch Eid gefestigten Freundschaftsverhältnissen sehr differenzierte Lehnsbeziehungen entstanden, die einer klaren Rangabstufung von Lehnsherrn, Vasallen und Untervasallen folgten. Das Reich wurde also im 12. Jahrhundert lehnrechtlich durchstrukturiert und – entsprechend dem Wort *feudum* für Lehen – «feudalisiert». An der Spitze der somit entstehenden «Lehnspyramide» stand der Kaiser; auf ihn lief das ganze System zu, und er konnte erwarten, dass sich ein fürstlicher Lehnsmann nicht versagte, wenn der kaiserliche Lehnsherr in Not geriet.

Vielleicht wollte Barbarossa mit dem Vorgehen gegen den Löwen ein Exempel statuieren, um zu demonstrieren, dass man sich nicht ungestraft der Hilfe für den Lehnsherrn entzieht. Die Anklage wurde aber von den Fürsten wegen Verletzung ihrer Rechte erhoben, und so kam der Prozess gegen den Welfenherzog 1179 in Gang. Es scheint, als habe der Kaiser während des Prozesses versucht, seinem alten Kampfgefährten die Macht dann doch wieder – wenigstens zum Teil – durch einen Gnadenakt zu erhalten; und nach der althergebrachten Rechtsauffassung wäre der König zu Begnadigungen berechtigt gewesen. Das war offenbar die Ursache dafür, dass der Kölner Erzbischof eingriff. Alles deutet darauf hin, dass auf seine Veranlassung gegen den Löwen ein zweites, und zwar ein neuartiges lehnrechtliches Verfahren (*iure feodali*) eingeleitet wurde. Dessen Regeln wurden nicht mehr vom Kaiser und den volksrechtlichen Genossen – in diesem Falle waren das wegen der Herkunft des Angeklagten schwäbische Adlige –, sondern von den lehnrechtlichen Standesgenossen, also den hohen Reichsfürsten, bestimmt. Diese nahmen die Angelegenheit in die Hand und ließen dem Kaiser keine Möglichkeit mehr, den Prozess in seinem Sinne zu steuern. So wurden dem Welfen 1180 alle Reichslehen aberkannt – der Kaiser jedoch konnte nicht eines davon an sich ziehen. Vielmehr wurde das Herzogtum Sachsen zwischen dem Kölner Erzbischof Philipp (gest. 1191) und dem Grafen Bernhard von Anhalt (gest. 1202) aufgeteilt. Das Herzogtum Bayern hingegen erhielt der bayerische Pfalzgraf Otto von Wittelsbach (gest. 1183), und die abgetrennte Steiermark fiel als eigenes Herzogtum an den Markgrafen Ottokar IV. (gest. 1192).

Der Sturz Heinrichs des Löwen bedeutete, so gesehen, auch eine Niederlage des Kaisers. Zum ersten Mal in der Geschichte des Reichs diktierten die geschlossen auftretenden Lehnsfürsten die Verteilung der Machtbereiche. Unter den Großen des Reichs bildete sich fortan eine Sonderelite heraus – die Reichsfürsten, die unmittelbar vom Herrscher mit den höchsten Ämtern des Reichs belehnt wurden und in der neuen Lehnspyramide unter ihm den ersten Rang einnahmen. Innerhalb dieses Ranges kam den geistlichen Reichsfürsten eine den weltlichen Reichsfürsten gegenüber noch leicht erhöhte Stellung zu.

Venedig 1177 und der Sturz des Löwen 1180 erscheinen als Marksteine in der Entwicklung des Reichs. Die Autorität des alten Kaisertums, so wie sie von Barbarossa konzipiert worden war und wie er sie hatte wiederbeleben wollen, war für immer dahin. Allerdings wurden auch später noch Versuche unternommen, die «Heiligkeit» des Reichs wieder ins Bewusstsein zu rücken. Friedrich II. ließ 1215 in Aachen die Umbettung des heiligen Karl eindrucksvoll zelebrieren. Der neue, prächtig geschmückte Heiligenschrein war von einem Band umgeben, auf dem die Kaiser und Könige bis zu dem gegenwärtigen Herrscher dargestellt waren. Er symbolisierte damit selbst das Reich, das vom heiligen Karl, den der Schrein umhüllte, seinerseits in seiner Heiligkeit durchdrungen war.

Die Heiligkeit ging dem Reich auch in Zukunft nicht mehr verloren. Es kam sogar schon bald zur Zusammenfügung von «römisch» und «heilig» im neuen Titel «Heiliges Römisches Reich» (*sacrum Romanum imperium*). Diese Verbindung ist Ende des 12. Jahrhunderts erstmals nachweisbar und erscheint dann auch einige Male unter Friedrich II. in der ersten Hälfte des 13. Jahrhunderts. Aber erst unter König Wilhelm von Holland (1247–1256) wurde diese Fügung zur offiziell üblichen Bezeichnung. Damals befand sich das Reich in heftigen Turbulenzen. Einer der schwächsten Herrscher des Mittelalters, so kann man hierzu bemerken, legte sich und dem Reich die pompöse Bezeichnung zu, um damit wenigstens die Hülle der alten Autorität zu bewahren: ein Titel ohne Macht.

Der Niedergang aber hatte lange zuvor, und zwar bereits unter Friedrich I. Barbarossa, eingesetzt. Er konnte im letzten Jahrzehnt seiner Herrschaft das Reich in seiner Gesamtheit schon nicht mehr kontrollieren. Die mächtigsten Fürsten rückten vom Hof ab und widmeten sich intensiver Territorialpolitik.

Abb. 5 Kaiser Friedrich I. Barbarossa, thronend, umgeben von den Söhnen König Heinrich VI. und Herzog Friedrich V. von Schwaben, Miniatur aus der Welfenchronik, um 1180, Fulda, Hessische Landesbibliothek, Ms. D11

Vor allem der mittlerweile übermächtige Erzbischof Philipp von Köln und mit ihm der ganze niederrheinische Raum formierten sich mehr und mehr zum Hauptgegner Barbarossas. Nur mit Hilfe der zunehmend an Bedeutung gewinnenden Reichsministerialen, der ehemals unfreien Dienstleute, die sich als Krieger und Verwaltungsleute auszeichneten, war das Reich noch zu regieren.

Der dritte Kreuzzug verhalf dem angeschlagenen Kaiser allerdings nochmals zu altem Glanz. Im Jahre 1189, damals schon weit über 60 Jahre alt, setzte er sich an die Spitze des Kreuzfahrerheeres und machte sich auf, Jerusalem – die heilige Stadt der Christenheit – aus den Händen Saladins und der Muslime zu befreien. Zwar endete auch diese letzte Aktion des Staufers in einem dramatischen Misserfolg, denn er ertrank am 10. Juni 1190 im anatolischen Fluss Saleph (heute Göksu Neri), und seine Knochen, die man in die Stadt des Herrn im Heiligen Land bringen wollte, trafen dort nie ein. Doch ließ ihn der Kreuzzug in der Wahrnehmung der Zeitgenossen immerhin zum Heidenkämpfer aufsteigen und damit an die Seite Karls des Großen treten. Sein etwas geheimnisumwittertes Ende regte die Sagen- und Mythenbildung an, der er bis heute seinen Ruhm verdankt.

Mit dem Tod Barbarossas war das staufische Haus noch nicht am Ende. Zwei weitere Kaiser sollten noch folgen, Heinrich VI. (1190–1197) und Friedrich II. (1212–1250). Sie traten ihr Königtum freilich schon unter ganz anderen Voraussetzungen an, die eine neue Epoche mit sich brachte. Was sich um 1180 ankündigte und dann bald mit Macht ausbreitete, verlangte nach neuen Herrschaftskonzepten.

Die Anfänge einer «neuen Welt» um 1200

Welche Möglichkeiten standen einem Herrscher im Reich des ausgehenden 12. Jahrhunderts zur Verfügung, um Autorität zu entwickeln und durchzusetzen? Seine Fähigkeiten als Heerführer waren von großer Bedeutung, um seine Vasallen an sich zu binden. Auch musste er in der Lage sein, für Frieden zu sorgen. Eine Grundvoraussetzung für dies alles war, in der ganzen Erscheinung gebieterisch, eindrucksvoll und souverän zu wirken, wie dies über Barbarossa immer wieder berichtet wird. So schreibt der Chronist Acerbus Morena zum Jahre 1162 über den Kaiser: «Er war mittelgroß, von schöner Gestalt und besaß wohlgestaltete Glieder. Sein helles Gesicht war von rötlicher Farbe, sein Haar rötlich-gelb und gekräuselt. Sein Antlitz war heiter, und immer schien er lächeln zu wollen. Seine Zähne waren weiß, seine Hände sehr schön, sein Mund anmutig. Er war äußerst kriegerisch, zurückhaltend im Zorn, kühn und unerschrocken, flink und beredt, freigebig, aber nicht verschwenderisch, behutsam und vorausschauend im Rat, von schneller Auffassungsgabe und sehr weise, gegenüber Freunden und guten Menschen liebenswürdig und gütig, aber gegenüber den bösen schrecklich und unerbittlich. Er verehrte die Gerechtigkeit und liebte die Gesetze. [...] Seit langem war ihm kein Kaiser zu vergleichen.»

Stets musste der Herrscher seine Persönlichkeit einsetzen, um die Großen im Reich dafür zu gewinnen, ihm zu folgen. Auch sollte sein gesamter Hof Macht und Autorität ausstrahlen, denn er bildete den Mittelpunkt eines komplexen herrscherlichen Sozialgefüges. Allerdings gab es für den Hof noch keine Hauptstadt. Dieser befand sich dort, wo der Herrscher war – der Hof war gleichbedeutend mit der Präsenz beim Herrscher. Die Ratgeber, die Geistlichen der königlichen Kapelle und Kanzlei, die Notare und Verwaltungsleute, Adlige und mächtige Ministeriale und in der Regel die Familie – sie alle begleiteten den Herrscher auf seinen ständigen Reisen. Diesen Kreis an sich zu binden, war das eine, ihn gleichzeitig in Schach zu halten, das andere; es funktionierte durch den Einsatz von Belohnungen, mitunter aber auch nur mit energischem, notfalls brutalem Durchgreifen.

Freilich, auch die Pfalzen, in denen die großen Reichsversammlungen stattfanden, wurden, um dieses Ziel zu erreichen, umgestaltet und erhielten einen repräsentativen Charakter. So berichtet der Chronist Rahewin über die neu erbaute, zweigeschossige Pfalz in Kaiserslautern mit ihren ehemals prächtigen Säulen und Fenstern: Sie sei aus rotem Sandstein errichtet und von einer starken Mauer umringt gewesen, zudem umgeben von einem Fischteich so groß wie ein See, der alle Fische und Wasservögel enthielt, damit sich Augen und Gaumen ergötzten. Daneben habe ein Tierpark gelegen, in dem Hirsche und Rehe weideten, und alles sei von solcher Pracht gewesen, dass man es gar nicht schildern könne. In solchem Ambiente traf man sich zu Gesprächen und zu Festen und lauschte den hymnischen Liedern der Sänger. Im Kaiserhymnus des in Köln wirkenden, anonymen «Archipoeta» etwa heißt es:

«Kaiser unser, sei gegrüßt, Herrscher hier auf Erden!
Allen Guten ist dein Joch sanft und ohn' Beschwerden.
Doch wer aufbegehrt und klagt, dass es zu sehr schmerze,
Der hat einen starren Hals und ein eitles Herze.

Kaiser Friedrich, in der Welt bist du Herr der Herren,
Dass Posaunen dir des Feinds Burgen niederzerren.
Wir verneigen uns vor dir, Ameise wie Tiger,
Busch und Zeder Libanons beugen sich dem Sieger.

Alle Klugen wissen es, dass es Gott vollbrachte,
Über alle Könige dich zum König machte,
Dass das Schwert der Rache du wohlverdient bekommen
Für die Christen und den Schild für den Schutz genommen.
[...]
Handle, edler Kaiser, so, wie du handelst, weiter,
So, wie du gestiegen bist, steig' hinauf die Leiter!
Deinen Untertanen hilf, doch die Feinde schlage,
Stürz' dich auf sie, zwinge sie in die Niederlage!»

Solche Gesänge, die an altorientalische und in jedem Fall alttestamentliche Herrschertopik erinnern, bestätigten mit jeder Zeile die Würde der kaiserlichen Majestät. Der Prunk herrscherlicher Repräsentation und die Inszenierung von Herrschaft wurden noch wichtiger, als sich die höfische Kultur im Reich verbreitete. Mit einiger Verspätung begann sie, von Frankreich kommend, in den siebziger und achtziger Jahren auch das staufische Reich zu durchdringen. Das Mainzer Hoffest von 1184 spiegelte diesen ersten Aufschwung höfischer Lebensart im Reich wider. Am Pfingstfest strömten auf der Maaraue, gegenüber der Stadt Mainz, Scharen von Rittern, im Gefolge ihre Knechte und Dienstleute, zusammen – angeblich an die siebzigtausend Menschen, darunter auch Kleriker und Bürger aus anderen Städten, und mitten unter ihnen der Kaiser mit seinen Söhnen. Reiterspiele wurden ausgetragen, ein Festmahl veranstaltet, und die Herren zeigten sich in ihren neuartigen, enganliegenden Kleidern aus kostbaren Stoffen in bunten Farben. Auch den Pferden legte man farbige Decken um. Der frühere, schwere Rundschild der Ritter war ersetzt worden durch den modernen, leichten Dreieckschild, der die Farben des ritterlichen Wappens trug. An den Lanzen dürften sich erstmals die bunten Fähnlein befunden haben. So entstand allmählich jenes Bild, das für das Rittertum des 13. Jahrhunderts charakteristisch wurde und bis heute die Vorstellung von der ritterlichen Welt des Mittelalters bestimmt.

Wie auf den Hoffesten, so erlangte die Kleidung auch allgemein in der Gesellschaft dieser Zeit eine zunehmend wichtige Bedeutung. Die ritterliche Welt legte Wert darauf, sich im Erscheinungsbild Exklusivität zu sichern, und um grundsätzlich gesellschaftliche Distinktion durch das äußere Erscheinungsbild zu wahren, wurden erstmals Kleidervorschriften verbreitet: Bauern sollten fortan nur noch schwarze oder graue Gewänder aus grobem Tuch tragen dürfen. Mit Perlen, Silber und Gold geschmückte Kleider waren der adligen Gesellschaft vorbehalten. Wegen der neuartigen Anpassung an die Körperformen begann sich der Schnitt von Männerkleidern und Frauenkleidern stärker als zuvor auseinanderzuentwickeln. Es kam die Mode auf, das Oberteil der Frauengewänder eng zusammenzuschnüren, so dass die Minnesänger voller Bewunderung dichten konnten: «Ihr Kleid war wunderbar an ihren lieblichen Körper zugeschnitten», oder: «Die liebliche Frau hatte ein Hemd ganz eng an ihren Körper geschnürt». Neben der engen Taille und dem reichen Faltenwurf des Rocks kamen lange Hängeärmel auf. Auch die Schleppe bestimmte das Bild der höfischen Frauenkleidung. Der Chronist Salimbene von Parma berichtet, 1240 habe ein päpstlicher Legat die Frauen verschreckt mit der Verordnung, sie dürften nur noch Kleider tragen, die bis zur Erde reichten. Vorher hätten sie nämlich lange Schleppen auf dem Boden hinter sich hergezogen. Darauf zu verzichten, so Salimbene, sei den Frauen aber bitterer als der Tod gewesen.

Man zeigte Bein – an den «ritterlichen» oder gar «kaiserlichen» Beinen erwies sich in der späten Stauferzeit die männliche Schönheit. Zu diesem Zweck schlitzte man die Hosenbeine auf oder man trug gar keine Hosen. Wolfram von Eschenbach schrieb im Parzival über den jungen Gahmuret, dieser habe sein männliches Selbstbewusstsein dadurch demonstriert, dass er beim Reiten ein Bein vor sich auf das Pferd legte. Dabei habe er keine Hosen getragen, sondern nur zwei modische Stiefel über nackten Beinen, und dadurch großes Aufsehen erregt. Üblich wurde es auch, sich das Gesicht glatt zu rasieren. Bart zu tragen, wie in den Jahrhunderten zuvor, wurde nun als völlig antiquiert abgelehnt. Ein Bart, so hieß es, mache alt. Nur ältere Männer hatten einen Schnurrbart oder gar Vollbart. Die Haare trug man lang und gelockt. So konnte man sich auf den Ritterturnieren zeigen, die damals allenthalben ausgetragen wurden, obwohl die Kirche sie als Todsünde verdammte. Auf diesen Veranstaltungen spielten ganz besonders die Damen eine wichtige Rolle. Sie vergnügten sich damit, den Männern bei ihrem Kampfsport zuzuschauen und sie anzufeuern. Die Männer wiederum kämpften für ihre «edle Herrin», der sie in höfischer Liebe dienten.

Die höfische Liebe war wie der Kampf im Turnier eine Erprobung der Selbstzucht. Allerdings wird man sich die Realität kaum so züchtig vorstellen dürfen wie das Ideal. Als die junge Gemahlin Herzog Ludwigs II. von Bayern (1253–1294), Maria von Brabant, auf einem Turnier, das im Jahre 1256 ausgetragen wurde, einem Ritter schöne Augen machte, gab dies dem Gemahl offenbar schon Anlass zu weitergehenden Vermutungen. Er ließ seine Frau kurzerhand enthaupten – und erfreut sich seither des Beinamens «der Strenge». Der Vorgang wurde in der ritterlichen Welt allerdings mit Abscheu aufgenommen. Auf einem der folgenden

Turniere in Köln ließen daher, so berichtet der Chronist Matthias von Neuenburg, viele Ritter das Bild einer enthaupteten Frau auf ihren Schildern aufbringen, um auf diese Weise ihren Protest zu verdeutlichen. So sah sich der bayerische Herzog veranlasst, zur Sühne 1262/1263 das Zisterzienserkloster Fürstenfeldbruck – von *campus principis* (Gefilde des Fürsten) – zu stiften, um sein Fehlverhalten wieder gutzumachen.

Die beschriebenen neuen Formen der Prachtentfaltung, so kann man erahnen, hatten ihren Preis. Der Geldbedarf an den Höfen des Herrschers, der Fürsten, aber auch an einfachen Adelshöfen stieg rapide. Die Ausrüstung der Ritter wurde überaus kostspielig. Auch in den Ausbau der Machtbereiche wurde immer öfter finanziell investiert: Man kaufte Burgen und ganze Adelsherrschaften. Der Kölner Erzbischof Philipp etwa soll dafür die riesige Summe von vierzigtausend Mark aufgewendet haben.

Doch wie gelangte man an Geld? Der Einsatz von Pfändern (Verpfändungen) war eine Möglichkeit, das Leihen von Geld war eine andere. Um 1200 begannen die deutschen Fürsten damit, sich bei italienischen Geldverleihern in Asti, Chieri, Siena, Lucca oder Bologna zu verschulden. Techniken der Verrechnung und des Transfers – letztlich die Anfänge des Bankwesens – beschleunigten den Geldumlauf. Die neuen Finanziers, die meist italienischer Herkunft waren, nannte man Lombarden. In dem noch bis vor kurzem verwendeten Begriff «Lombardsatz» – der eine bestimmte Zinssatzregel im Wertpapiergeschäft bezeichnete – schimmern diese Ursprünge noch durch. Eine andere Gruppe bildeten die «Kawerschen», die Geldverleiher aus Cahors (Cahorsins). Mit Zinserträgen von zwanzig bis dreißig Prozent waren gute Geschäfte zu machen.

In Geldgeschäften erlangte auch das Papsttum eine zunehmend wichtigere Rolle, konnte doch die Kurie die Erlaubnis erteilen, dass ein Bischof, der ein Darlehen benötigte, als Sicherheit seine ganze Kirche samt ihren Gütern und Einkünften einbrachte. So wurde die hohe Geistlichkeit in die Lage versetzt, rasch Bargeld beschaffen zu können. Allerdings waren mit dieser

Erlaubnis in der Regel Auflagen verbunden, die den Bischöfen vom Papst gemacht wurden. Im Kampf gegen Kaiser Friedrich II. (1212–1250) konnte das Oberhaupt der Kirche auf diese Weise bedeutende Parteigänger gewinnen. Als der Kölner Erzbischof Konrad von Hochstaden (1238–1261) 1239 in Rom um die Vermittlung eines Darlehens bat, verschaffte ihm Papst Gregor IX. (1227–1241) überaus günstige Konditionen. Außerdem gestattete er ihm die Erhebung hoher kirchlicher Sondersteuern, um die entstandenen Schulden zu tilgen. Die Gegenleistung bestand darin, dass sich der Erzbischof, der bis dahin ein treuer Anhänger Friedrichs II. gewesen war, verpflichten musste, sich vom Staufer loszusagen. In der Tat wurde er dann der wichtigste Helfer des Papstes beim Sturz der staufischen Herrschaft in Deutschland. Im Bündnis mit dem Papst setzte er 1246/1247 die Wahl der Gegenkönige Heinrich Raspe und Wilhelm von Holland durch, betrieb nach 1247 in einzigartiger Machtfülle eine eigenständige Politik in Fragen der Königsherrschaft und stieg zur dominierenden Gestalt bei der Doppelwahl von 1257 auf.

Um zu Geld zu kommen, konnte man schließlich auch selbst Münzen prägen. So stieg im Jahrhundert der Staufer die Zahl der Münzstätten im Reich geradezu rasant: Um das Jahr 1140 gab es etwa fünfundzwanzig Münzstätten, bis 1197 waren es bereits zweihundertfünfzehn, und bis 1270 hatte sich die Zahl mit vierhundertsechsundfünfzig Münzstätten noch einmal mehr als verdoppelt. Davon befanden sich nur siebenunddreißig in der Hand des Königs. Hauptnutznießer waren also die geistlichen und weltlichen Fürsten. Für ihre Märkte und Städte ordneten sie den Münzzwang an, was bedeutete, dass im Handels- und Zahlungsverkehr nur mit der im jeweiligen Herrschaftsbereich geprägten Münze bezahlt werden durfte. Andere Münzen mussten erst umgetauscht werden, und die Tauschgebühr lag gewöhnlich bei zwanzig bis fünfundzwanzig Prozent. Ein beliebtes Mittel der Refinanzierung der Münzherren war die Münzverrufung: Nach bestimmten Zeitabständen, etwa nach einem Jahr, wurde die bisherige Prägung für wertlos erklärt. Die Münzen mussten in die neue Prägung umgetauscht werden. Auch dieser

Umtausch kostete wieder zwanzig bis fünfundzwanzig Prozent – eine lohnenswerte Angelegenheit also für die Münzherren.

Die staufischen Herrscher mussten sich dieser Entwicklung anpassen. Um 1180 begann Barbarossa damit, in seiner Stadt Schwäbisch Hall den «Heller» prägen zu lassen. Dieser galt als ausgesprochen schlechtes Geld, weil sein Silbergehalt weit unter dem anderer Münzen lag. Dennoch wurde ein hoher Umtauschwert vorgeschrieben, so dass ein großer Gewinn zu erzielen war. Über die staufischen Einflussgebiete erlangte der Heller weite Verbreitung und drängte die Münzen anderer Herren zurück. Dies gab im 13. Jahrhundert immer wieder Anlass für Konflikte zwischen dem König und den Fürsten. Papst Gregor IX. griff diese Entwicklung schließlich in seiner Propaganda gegen Kaiser Friedrich II. auf, indem er ihn als «neuen Münzfälscher» anprangerte.

Eine Steigerung der herrscherlichen Einkünfte ließ sich zudem durch die Gründung neuer Städte erzielen. Die Stauferzeit, insbesondere die erste Hälfte des 13. Jahrhunderts, darf als die Zeit der Städtegründungen bezeichnet werden. Um 1150 gab es im Raum zwischen Brügge und Wien, Schleswig und Genf knapp zweihundert Städte. Bis um 1200 ist die Zahl mit über fünfhundert Städten um mehr als das Doppelte angestiegen. Bis zur Mitte des 13. Jahrhunderts folgte nochmals eine Verdreifachung auf mehr als eintausendfünfhundert Städte. Damit existierte bereits mehr als ein Drittel aller unserer heutigen Städte.

Diese Städte, in ihrer Mehrzahl zwar klein, aber alle mit einer Befestigungsmauer umgeben, waren Stützpunkte der Territorialherrschaft. Mit ihren bürgerlichen Freiheiten konnten sie die bäuerlichen Hintersassen davon abhalten, in die Städte anderer Herren abzuwandern. Vor allem brachten die Städte als Produktionszentren und Märkte den Stadtherren enormen wirtschaftlichen Nutzen durch ein wachsendes Steueraufkommen. Mit der steigenden Bevölkerung wuchs der Konsum, und eine Arbeitsteilung, vor allem im Gewerbe, wurde erforderlich. Auf dieser Grundlage konnten die Kaufleute ihren Handel intensivieren und in großräumig organisierten Zusammenschlüssen Netzwerke mit Handelsstützpunkten aufbauen. Besondere Bedeutung erlangte dabei die «Hanse», die «Schar» der Fernhandelsleute, mit ihren Zentren in Köln und Lübeck, die sich um 1200 zu einer umfassenden Organisation im Ostseeraum über Gotland bis nach Novgorod ausweitete.

Nicht nur in den alten Bischofsstädten am Rhein oder an der Donau, sondern auch in den Gründungsstädten der Stauferzeit bildete sich bald eine soziale Differenzierung heraus. Die Leitung und Verwaltung lag in den älteren Städten beim Patriziat, oft in einer «Gilde» oder «Zeche» zusammengeschlossen. Dieses Patriziat setzte sich zumeist aus den Ministerialen der Stadtherren und aus reich gewordenen Kaufleuten zusammen. In Köln nannte man diese Führungsschicht «Richerzeche», das heißt, Vereinigung der Reichen und Mächtigen der Stadt.

In den mittleren und unteren Schichten organisierten sich die Handwerker in Zünften. Sie achteten darauf, dass die Zahl der Handwerksbetriebe nicht überhandnahm, damit jeder Betrieb sein Auskommen hatte. Auch die Qualitätsstandards wurden überwacht. So lagen in der mittelalterlichen Stadt auch die Anfänge der Handwerkerinnungen. Die ältesten Zünfte lassen sich in Worms, Würzburg und Köln nachweisen. In der ersten Hälfte des 13. Jahrhunderts wurden sie in Deutschland zur wichtigsten Organisationsform einer breiten städtischen Mittelschicht. Bis etwa 1250 war diese Durchgliederung weitgehend abgeschlossen.

Die adligen oder kirchlichen Stadtherren versuchten, bei dieser Entwicklung die Entscheidungsgewalt in der Hand zu behalten. Dabei ging es um das Recht, die Leitungs- und Verwaltungsinstanzen der Stadt, den Stadtrat und die Bürgermeister, zu bestimmen, ihre Einsetzung zu genehmigen und sie zu kontrollieren. In den meisten Fällen ist ihnen das im 13. Jahrhundert noch gelungen. Im großen Mainzer Reichsgesetz (Reichslandfrieden) von 1235 wurde sogar vorgeschrieben, dass die innere Organisation der Städte, das Stadtrecht und die kommunale Verwaltung nur mit Zustimmung der Stadtherren errichtet werden durften.

In dieser Phase der Stadtentwicklung im Reich wuchsen auch die jüdischen Gemeinden in die städtische Gemeinschaft hinein. In vielen Städten wie in Köln, Regensburg oder Worms beteiligten sie sich an der Verteidigung der Stadt und am Unterhalt der Stadtmauer. Sie verfügten über Erbrecht an Ländereien, Häusern, Gärten, Weinbergen und anderen Liegenschaften. Auch an der Münzprägung waren sie beteiligt – nicht selten als Silberlieferanten. Der Reichsministeriale mit dem Namen Kuno von Münzenberg beschäftigte um 1180 einen Juden als Münzmeister, und die Herzöge von Österreich setzten im 13. Jahrhundert Juden in ihrer Finanzverwaltung ein.

Städtische Produktion und städtischer Handel befeuerten die Geldwirtschaft gewaltig. So ist auch darin eine Quelle der «Monetarisierung» zu erkennen, eines nachgerade ungehemmten Umgangs mit Geld. Auch diese Entwicklung vollzog sich vor dem Hintergrund lebhaften kulturellen Wandels: In der höfischen wie in der städtischen Kultur wuchs die Orientierung am diesseitigen Leben, an der Weltfreude, an Minne und Mode, an Pracht und Prunk. Das Spiel mit der Sinnlichkeit prägte das Lebensgefühl. Man setzte sich über kirchliche Verbote hinweg und war bereit, sich vom religiösen Ernst der vergangenen Jahrzehnte zu lösen.

Doch die neue «Weltlichkeit» bildete nur die eine Seite der Epoche. Es entwickelte sich in der Art einer geistig-geistlichen Gegenbewegung gleichzeitig ein machtvoller Schub hin zu Formen und Entwürfen neuer Frömmigkeit. Dass beide Bewegungen in einem dialektischen Verhältnis zueinander standen, ist nicht verwunderlich, denn die «sündhafte» Diesseitsorientierung verlangte auch nach heilsträchtigen Auswegen für die Rettung der Seelen. In einer Zeit, in der die Freude und die Bindung an irdische Güter, an Prunkentfaltung und höfischer Lust immer stärker wurden, wuchs auch die Todesangst. Mit der Liebe zum Leben gedieh auch die Furcht vor dem Augenblick, in dem man aus dieser Welt scheiden und vor den ewigen Richter würde treten müssen.

Die neue Verbindung von Weltlichkeit und Frömmigkeit wurde theologisch vorbereitet von Joachim von Fiore (gest. 1202), dem Abt des kalabresischen Zisterzienserklosters S. Giovanni in Fiore. In seinen Schriften entwickelte er die Vorstellung, dass die Geschichte der Welt in drei Perioden ablaufe. Der Periode von Gott-Vater, symbolisiert durch das Alte Testament, sei die Periode von Gott-Sohn gefolgt, bestimmt durch das Neue Testament. An deren Ende aber stünde nicht zugleich auch das Ende der Welt, sondern es schließe sich noch eine weitere Periode an, nämlich diejenige des Heiligen Geistes, bestimmt vom Geist der Gnade. Das zweite Zeitalter befände sich nun zwar kurz vor dem Ende, und man müsse bald mit der Ankunft des ersten Antichristen, des Bösen schlechthin, rechnen. Dieser aber werde von einer Persönlichkeit der Kirche besiegt, und dann beginne auf der Welt die dritte Zeitepoche. Der reine und göttliche Geist werde fortan die Welt verjüngen und erneuern und die «geistlichen Menschen» sowie die Mönchsherrschaft hervorbringen.

Mit dieser «trinitarischen Geschichtstheologie» Joachims von Fiore waren um 1200 das Weltenende und die damit verbundenen Ängste fürs erste gemildert. Die Zukunftshoffnung erhielt neuen Auftrieb. Aber wie konnte man angesichts der weltzugewandten Grundstimmung sicher sein, nicht doch der ewigen Verdammnis zu verfallen? Die Teilnahme an einem Kreuzzug bot eine Möglichkeit. Damit war stets ein vollkommener Ablass aller Bußleistungen verbunden, und so findet die Kreuzzugsbewegung als Massenphänomen dieser Zeit darin eine ihrer Ursachen.

Aber nicht jeder konnte sich an einem Kreuzzug beteiligen. Einen Ausweg aus diesem Dilemma boten die neuen Ritterorden an, indem sie den Ablass für Sündenstrafen gegen Almosen bereithielten. Im 12. Jahrhundert waren mit den Templern, den Johannitern und zuletzt mit dem Deutschen Orden auf dem dritten Kreuzzug die wichtigsten der Ritterorden entstanden, die den Pilgerweg ins Heilige Land sicherten, Krankenpflege betrieben und den ständigen Heidenkampf auf sich nahmen. Damit, so die Vorstellung der Zeit, erwarben die Ordensmitglieder so große Anrechte am Gnadenschatz, den die Heiligen angehäuft hatten, dass sie diese gar nicht vollständig für sich verbrauchen konnten. Wer nun durch Geld- oder Sachwerte ihre Aktionen unterstützte, erlangte an dem Gnadenschatz Anteil in Form eines Ablasses von Sündenstrafen.

Doch auch all jenen, denen nicht genügend Geld für ausreichende Almosen zur Verfügung stand, wurde ein Weg zu einer letzten Rettung geöffnet: Schon seit der Mitte des 12. Jahrhunderts breitete sich in der Theologie und in der Volksfrömmigkeit die Überzeugung aus, dass es einen dritten Ort zwischen Paradies und Hölle gebe. Dies sei ein Ort der Läuterung, ein *Purgatorium*, wo die Seele von ihren Sünden rein gewaschen würde. Die Reinigungsstrafen, die die armen Seelen im Purgatorium zu erwarten hätten und mit denen man sich jetzt intensiver zu beschäftigen begann, bezogen sich vor allem auf eine Art Feuerstrafe, wie sie im ersten Brief des Apostels Paulus an die Korinther (3, 10–15) erwähnt wird. Alsbald wurde in mittelalterlichen Visionsberichten geschildert, wie die armen Seelen, die im Fegefeuer ihre Strafe abbüßten, den lebenden Verwandten oder Nahestehenden erschienen seien und darum gebeten hätten, für sie Fürbitte einzulegen. Außerdem erteilten sie dringende Ermahnungen an die Lebenden, sich zu züchtigen, um diesem schrecklichen Fegefeuer zu entgehen. Schon kleinste Verfehlungen würden dort geahndet, etwa vorlautes Lachen oder unmäßige Geschwätzigkeit. Sogar Heilige wie Bernhard von Clairvaux kamen nicht ungeschoren davon. Er soll an der unbefleckten Empfängnis Mariens gezweifelt haben und musste deshalb zumindest einmal kurz durchs Fegefeuer schreiten.

So schrecklich es auch war – die Phase des Fegefeuers verlängerte, ähnlich wie das dritte Zeitalter Joachims von Fiore, die Zeit vor dem Jüngsten Gericht. Sie verlängerte gleichsam das Leben und bot nochmals eine Chance für das Jenseits. Die Idee vom Fegefeuer ergriff die Menschen und erfasste die Kirche und ihre Theologen, die Mönche und die Kleriker, die Literatur und die Politik. Die Existenz des Fegefeuers wurde zur Gewissheit, ja zu einer Glaubens- und Kirchenwahrheit.

Am Ende dieser Entwicklung, ein Jahrhundert später, stand

die Beschreibung des Fegefeuers durch Dante Alighieri (1265–1321). Die beiden ersten Teile seiner *Divina Commedia*, das «Inferno» und das «Purgatorio», verfasste er zwischen 1302 und 1319. Darin wird geschildert, wie der Dichter und sein Führer Virgil – der antike Poet, der an sich zwar ein guter Mensch war, aber als Heide noch nicht des christlichen Heilsgeschehens hatte teilhaftig werden können – nach dem Aufenthalt in der Hölle endlich hinaustreten. Dort sehen sie die Sterne und gelangen zum Purgatorium. Der Ort des Fegefeuers liegt nicht unter, sondern auf dieser Erde, unter dem Sternenhimmel. Dieser Ort besteht aus sieben übereinander liegenden Gürteln, die sich zum Gipfel hin verjüngen. Auf dem Weg dorthin reinigt sich die Seele von ihren sieben Todsünden: Hochmut, Neid, Zorn, Trägheit, Geiz, Völlerei und Wollust. Auf dem Gipfel des Berges betreten Virgil und der Dichter das irdische Paradies, das schließlich hinüberführt zum ewigen Paradies – zu dem Virgil dann freilich keinen Zutritt mehr hat. Für den Christen aber lag eben darin das Tröstliche: Trotz der schrecklichen Pein, die man erleiden musste, bot das Fegefeuer am Ende die Sicherheit des Paradieses.

Aber konnte man sich damit begnügen? War das Fegefeuer der für einen Christenmenschen erstrebenswerte Weg, sich seine Aufnahme im ewigen Paradies zu sichern? Die dem christlichen Glauben angemessene Vorbereitung auf das Jenseits schien eher ein Leben nach dem Vorbild der Urkirche, der Kirche der Apostel, zu bieten. Sie forderte freilich Armut und den völligen Verzicht auf jedweden Besitz. Solche Gedanken fanden starken Widerhall in den Städten, dort, wo sich einerseits unermesslicher Reichtum anhäufte, andererseits aber auch immer mehr arme Menschen ohne Aussicht auf Linderung ihrer Notlage lebten. Die Prachtentfaltung auf der einen Seite ging damals wie heute mit zunehmender Armut auf der anderen Seite einher.

So entstand eine breite Bewegung, die sich für die Armen einsetzte und den Verzicht auf alles forderte, was über den unmittelbaren eigenen Mindestbedarf hinausging. Mit dem Überschuss sollte den Armen geholfen werden. Ja mehr noch: Nicht nur die Güter, sondern das ganze Leben sollte man mit den Armen teilen. In aufpeitschenden Predigten wurde diese Lebensform als diejenige dargestellt, die allein aus den Verstrickungen des Reichtums und des Gewinnstrebens herausführen könne. Einer, der einen besonders großen Anhang um sich sammeln konnte, war der Kaufmann Petrus Valdes aus Lyon, auf den die Bewegung der Waldenser zurückgeht. Eine andere Gruppe von Heilsuchenden, die der Humiliaten (von *humilis* – zu deutsch: demütig), entstand in den oberitalienischen Städten. Im Nordwesten des Reichs, in Lüttich und im Herzogtum Brabant, entwickelte sich eine ähnliche Bewegung unter den Frauen, die sich Beginen nannten. Die meisten dieser Gruppierungen gerieten rasch in Konflikt mit der Amtskirche und wurden nach kurzer Zeit als Häretiker – Abweichler vom rechten Glauben – verurteilt und bekämpft.

Eine Art Einzelkämpferin in dieser weit um sich greifenden Armutsbewegung war Elisabeth von Thüringen, Tochter des ungarischen Königs Andreas und dessen Gemahlin, Gertrud von Andechs. Mit 14 Jahren wurde sie 1221 mit dem jungen Landgrafen Ludwig IV. von Thüringen verheiratet, der 1227, als er in Otranto zum Kreuzzug aufbrechen wollte, starb. Elisabeth wandte sich immer stärker der religiösen Armutsbewegung zu und verfolgte das Ziel einer radikalen Nachfolge Christi in Selbsterniedrigung, Buße und Hinwendung zu den Armen. Mit ihrem Auftreten und Verhalten verstieß sie freilich gegen die höfischen Normen und die Forderungen des Hoflebens. So wurde sie schließlich durch ihren Schwager vom Hof der Landgrafen und von der Wartburg vertrieben. Doch mit der erstrittenen Abfindung konnte sie ein Armenspital in Marburg errichten, wo sie sich aufrieb im Dienst für die Notleidenden und Kranken und in einem Leben der Askese und Kontemplation. Schon nach kurzer Zeit, 1231, starb sie in tiefster Armut im Alter von 24 Jahren; ihr Schrein steht in der ihr geweihten Elisabeth-Kirche in Marburg und ist bis heute Ziel zahlreicher Wallfahrten.

Die größte Wirkung in der Armutsbewegung ging freilich von Franz von Assisi aus (gest. 1226). Er, der aus einer reichen Tuchhändlerfamilie stammte, beschloss 1208 im Alter von 26 oder 27 Jahren, sein Leben streng nach dem Evangelium und in äußerster Armut zu führen. Sein Grundanliegen war die Schaffung einer Friedensgesellschaft, so dass seine Armutsbewegung auch zur ersten großen Friedensbewegung des Mittelalters geriet. Der Frieden, so seine Idee, stelle sich von alleine ein, wenn jeder Mensch ganz persönlich für sich die Nachfolge Christi anstrebe, ohne dabei in ein Kloster einzutreten. Er forderte also die *Conversio* aller Menschen innerhalb ihres normalen Lebensumfelds. Allerdings dürfe niemand Eigenbesitz haben, denn aus Besitz entstünden immer wieder aufs neue Streit, Missgunst, Hader und Neid. Nur in der Armut könnten Standesgrenzen und damit auch die Ausgrenzung bestimmter Menschen überwunden werden. Nur in der Überwindung gesellschaftlicher Schranken aber sei Friede möglich.

Das hieß nicht, dass Franz von Assisi die ständische Ordnung der Zeit zu bekämpfen suchte. Die von ihm gepredigte neue Lebensform sollte sich durchaus jedem bestehenden Stand unterordnen, aber ihn damit gleichsam auch unterwandern. Würde sich sein Lebensentwurf durchsetzen, dann sollte sich die gesamte Ständegesellschaft von alleine auflösen. Gleichheit der Menschen sowie Frieden durch *Conversio* und Armut – ein idealistisches Konzept, das die Menschen angesichts des immer härteren Herrschaftsdrucks faszinierte.

Schon ein Jahr später, 1209, erlangte Franz von Assisi von Papst Innocenz III. (1198–1216) die Anerkennung der von ihm propagierten «evangelischen Lebensweise». Mit «evangelischer Lebensweise» war gemeint, dass seine Mitbrüder, die nach seinem Namen benannten Franziskaner, sich nicht wie die bisherigen Orden in Klöstern und Konventen abschlossen, sondern eine locker organisierte Bruderschaft in Besitz- und Heimatlosigkeit bilden sollten. Jeder hatte für sich den Auftrag, die Botschaft, also das Evangelium, zu predigen, sich mitten unter das Volk der wachsenden Städte zu mischen und die Menschen zur Bekehrung, zur Buße und zum Frieden zu bewegen. Deshalb sollten sie nicht eingeengt und an ein bestimmtes «Haus» gebunden sein.

So entstand die Konzeption von einem Orden «ohne Haus», das heißt, ohne die Ortsgebundenheit (*stabilitas loci*) der Brüder. Man brauchte weder einen Abt noch eine hierarchische Struktur. Franz von Assisi verlangte zwar Gehorsam gegenüber den Oberen, aber der «Obere» seinerseits musste vor allem Diener seiner Mitbrüder sein und war in seiner Autorität sehr eingeschränkt. Dieser Entwurf eines «Ordens» war für die damalige Zeit extrem ungewöhnlich, ja revolutionär. Es war eine radikale Abkehr vom bisherigen Ordenswesen, in dem zwar die Mönche keinen persönlichen Besitz hatten, aber die Klöster nicht selten durch Besitzschenkungen von Gläubigen sehr reich geworden waren. Die Franziskaner wollten dagegen «Bettelmönche» sein, die nur von Almosen lebten.

Gewisse Organisationsformen musste man aber gleichwohl entwickeln. So erarbeitete man eine Regel, die 1223 von Papst Honorius III. (1216–1227) bestätigt wurde. Auch konnte man nicht ganz «ohne Haus» auskommen, um angesichts des enormen Zulaufs feste Anlaufstellen in den Städten zu haben. In dieser Zeit war bereits die lebhafteste Verbreitung des Ordens über die ganze westliche Kirche im Gange. In Deutschland erschienen die Franziskaner erstmals 1221/1222. Dreißig Jahre später, um 1250, gab es im Reich bereits mehr als einhundert ihrer Niederlassungen, eingeteilt in Ordensprovinzen.

Neben den Franziskanern sind noch drei weitere Ordensbewegungen zu erwähnen, die sich in dieser Zeit herausbildeten und große Bedeutung erlangten: die Karmeliter, die Dominikaner und die Augustiner-Eremiten. Insbesondere der Orden des aus Kastilien stammenden Dominikus (gest. 1221) entfaltete große Wirkung. Er setzte sich zum Ziel, die regulären Priester besser auszubilden und vorzubereiten, um so ihre Seelsorgearbeit zu verbessern. Auch die von Amts wegen zuständigen Priester und sonstigen Kleriker sollten sich am Auftreten und an den Ideen der Armutsprediger ein Beispiel nehmen, sich mehr um das Seelenheil der Gläubigen bemühen und gegen die Irrlehren kämpfen.

Um dies zu erreichen, richteten die Dominikaner gut ausgestattete Schulen in den Städten ein. Jede Ordensniederlassung sollte ein konventsinternes Theologiestudium anbieten: monastische (klösterliche) Theologie mit pastoraler (seelsorgerischer) Zielsetzung und Ausbildung auf modernster Grundlage! In manchen Fällen wie in Köln, Oxford oder Montpellier wurden diese Schulen zur Keimzelle künftiger Universitäten. Berühmte Gelehrte wie Albertus Magnus (1200–1280) in Köln führten die Bildungsoffensive der Dominikaner auf einen hohen Stand. Andererseits entwickelte sich der Orden zu einer theologischen Eingreiftruppe der Amtskirche und unterstellte sich weitestgehend den Direktiven des Papstes. Honorius III. bestätigte den Dominikanern ihre Regel 1216 und 1217 in zwei Bullen, erlaubte ihnen die Predigt und vor allem das Studium, das in Ausnahmefällen sogar über das – den klösterlichen Alltag strukturierende – Stundengebet gestellt wurde.

Der Bildungselan des Ordens veranlasste viele Universitätsprofessoren, sich der Gemeinschaft der Dominikaner anzuschließen. Dies war im mittelalterlichen Reich vorerst die einzige Möglichkeit, die verfeinerte wissenschaftliche Methode der Scholastik und die durch die Schriften des Aristoteles neu entfachten theologischen, philosophischen und naturwissenschaftlichen Diskussionen auf hohem Niveau mitzugestalten. Während in dieser Zeit in Paris, Bologna, Salamanca, Toulouse und Neapel die «Gemeinschaften der Lehrenden und Lernenden» (*universitates magistrorum et scholarium*) sich bereits in den entstehenden Universitäten etablierten, blieb Deutschland im 13. Jahrhundert noch universitätsfrei. Erst 1348 entstand in Prag die erste Universität, die sich im Herrschaftsbereich des Kaisers befand, bevor dann diejenigen von Wien (1365) und Heidelberg (1386) folgten.

Der Aufschwung der Wissenschaften, der sich um 1200 mit großem Nachdruck ankündigte, war von der Überzeugung geleitet, dass der menschliche Geist fähig sei, die Wahrheit zu erkennen. Der Glaube an die Überlegenheit des Geistes griff um sich. Das helle, von den Lehren des wirkungsmächtigsten griechischen Philosophen, Aristoteles (384–322 v. Chr.), gespeiste

«Licht der Vernunft» schien sich durchzusetzen. So überraschend es klingen mag, doch genau in diesen Zusammenhang gehört auch die Entstehung der Inquisition. Dabei ging es um die «Notwendigkeit der Nachforschung» (*negotium inquisitionis*), wie es in einem Brief Papst Gregors IX. vom 21. August 1235 an den Provinzial-Prior des Dominikaner-Ordens in Frankreich heißt. Mit «nachforschen» (*inquirere*) war zunächst gemeint, die Wahrheit aufzudecken, wenn Verdachtsmomente vorlagen, dass ein Kleriker wegen seines verderbten Lebenswandels sein Amt nicht ordnungsgemäß ausübe. In diesem Sinne hielt Papst Innocenz III. auf dem Vierten Laterankonzil 1215 den versammelten Prälaten vor: «Jede Verderbnis im Volk geht in erster Linie vom Klerus aus!» Um hier Abhilfe zu schaffen, hatte Innocenz III. schon kurz nach seinem Amtsantritt (1198) angeordnet, dass man künftig nicht mehr erst auf eine Klage warten müsse, sondern dass «von Amts wegen» (*ex officio*) eine Untersuchung einzuleiten sei, wenn ein begründeter Verdacht vorliege. Die kirchlichen Gerichte konnten fortan von sich aus die Ausforschung eines Vergehens und das Aufspüren von Verfehlungen vornehmen (*inquirere*), um die Wahrheit zu ergründen – die Einführung dieses Prinzips birgt zugleich die geistigen Voraussetzungen unseres modernen gerichtlichen Verfahrenssystems, bei dem der Staatsanwalt die Untersuchung anordnet.

In der Folgezeit, im zweiten Viertel des 13. Jahrhunderts, wurde dieses zunächst rein innerkirchliche Disziplinarverfahren zum Ketzerprozess umgeformt. Auch in Glaubensfragen allgemein dachte man, mit diesem Verfahren besonders erfolgreich die Wahrheit aufspüren zu können. Die vielfältigen Aktivitäten der Armutsbewegung, vor allem aber die mächtige Bewegung der Katharer in Südfrankreich (Albigenser) ließen in der Amtskirche das vitale Bedürfnis entstehen, zu «klären», ob dies alles mit dem Gedanken der Rechtgläubigkeit und den Dogmen der Kirche zu vereinbaren sei. Allerdings wurde das Inquisitionsverfahren zu diesem Zweck viel willkürlicher angewandt als zuvor. Fragwürdige Denunziationen genügten, um ein Verfahren einzuleiten. Auf den guten Leumund der Informanten achtete man nicht mehr. Die Angeklagten, die kaum die Möglichkeit zur Verteidigung erhielten, sollten zu einem Geständnis gebracht werden und mussten schwören, «die Wahrheit zu sagen» (*de veritate dicenda*).

Um in diesen Prozessen größtmögliche «Sicherheit» zu erlangen, wurde die Anwendung der Folter gestattet – eine Bestimmung, die sich erstmals in den Gesetzen Kaiser Friedrichs II. für sein Königreich Sizilien findet. Ihnen folgte kurz darauf die päpstliche Gesetzgebung. Gleichzeitig wurde die Häresie dem Majestätsverbrechen gleichgestellt. Bis zur Mitte des 13. Jahrhunderts war die Vorschrift der Folter dann auch in die Rechtsbücher der Kirche eingegangen. Papst Innocenz IV. (1243–1254) erließ im Jahre 1252 die Bulle *Ad extirpanda*, mit der die Folter gegen beschuldigte Häretiker ausdrücklich gestattet wurde, um die Wahrheit an den Tag zu bringen. War die Schuld dann erwiesen, folgte die Verbrennung auf dem Scheiterhaufen, um die Seele zu reinigen. Während heute – zumindest in größeren Teilen der westlichen Welt – der Gedanke an Inquisition und die Anwendung der Folter Ablehnung, ja Entsetzen hervorrufen, galten sie den Juristen des angehenden 13. Jahrhunderts als großer Fortschritt im Dienste der Wahrheit.

In welchem Maße in der Vorstellung der Zeitgenossen die neue Wissenschaftlichkeit und die Wahrheitssuche mit dem Mittel des Inquisitionsverfahrens verquickt waren, zeigt sich daran, dass gerade der «Wissenschaftsorden» der Dominikaner 1231 besondere päpstliche Vollmachten zur Erfüllung des Auftrags erhielt, die Inquisition zu betreiben. Entscheidend war dabei, dass das Inquisitionsgericht von nun an nicht mehr dem Bischof vorbehalten war, sondern dass den Dominikanern inquisitorische Vollmachten mit dem Recht zur selbständigen Gerichtsausübung zugestanden wurden. Damit sollten sie künftig, wie es heißt, «die kleinen Füchse wegfangen» (*vulpes parvulas capere*), also die Ketzer ausrotten.

Auch im Reich hinterließ dieses Programm zur Ketzerbekämpfung Spuren. Dabei tat sich bemerkenswerter Weise ein Mann hervor, der gleichzeitig der Beichtvater und Berater der

Elisabeth von Thüringen war: Konrad von Marburg. In seine Hand hatte die spätere Heilige 1226 ein persönliches Gehorsamsgelöbnis abgelegt. Berüchtigt wurde Konrad freilich durch seine Häretikerjagd. Wie die Dominikaner, so erhielt auch er 1231 von Papst Gregor IX. das Recht zur selbständigen Gerichtsausübung im Inquisitionsverfahren. Allen denen, die ihn bei seinen Ketzerverfolgungen unterstützten, wurde ein dreijähriger Ablass zugesagt. In den folgenden zwei Jahren bis 1233 übte Konrad daraufhin ein Schreckensregiment aus – so entsetzlich, dass der Anteil der neben ihm wirkenden dominikanischen Inquisitoren in der Überlieferung gänzlich verblasste. Hunderte von Angeklagten endeten auf dem Scheiterhaufen. Ein Aufschrei ging durch das Land, und schließlich wurde Konrads Wüten durch seine Ermordung am 30. Juli 1233 beendet. «Mit Gottes Hilfe», so die Bemerkung in der *Wormser Bischofschronik*, «wurde Deutschland auf diese Weise von jenem ungeheuren und beispiellosen Ketzergericht befreit.» Für mehr als ein Jahrhundert gab es nun im Reich – mit Ausnahme von Österreich – keine Ketzerverfolgungen mehr. Erst Mitte des 14. Jahrhunderts traten in Deutschland wieder päpstliche Inquisitoren auf, und erst gegen Ende des Mittelalters nahm die Inquisition einen neuen Aufschwung, der im 16. und 17. Jahrhundert mit den weit ausgreifenden Hexenverfolgungen und Hexenverbrennungen seinen Höhepunkt erreichte.

Wie uns heute die Jahrzehnte um 1200 im Zeichen ganz neuer Kategorien des Denkens, Handelns und der Werteordnung zu stehen scheinen, so haben dies auch bereits die Zeitgenossen empfunden. Immer wieder finden wir in den Quellen den Kommentar, dass Ereignisse oder Einrichtungen als «völlig unerhört», «neuartig» und «noch nie dagewesen» angesehen wurden. Auch ist zu erkennen, dass das Reich in dieser Zeit auf allen Gebieten immer stärker jenen Einflüssen ausgesetzt war, die von der römischen Kirche und von den benachbarten Reichen ausgingen. Insofern könnte man von einer zunehmenden europäischen Vernetzung sprechen. Nur für das Kaisertum gilt dies nicht, denn ihm wurde seine europäische Dimension mehr und mehr bestritten. Das sollte sich auch in der Geschichte des letzten großen Kaisers des Mittelalters, Friedrichs II. (1212–1250), erweisen.

Heinrich VI. und Friedrich II.: Das Kaisertum löst sich vom Reich

Friedrich I. Barbarossa, der in so vielen Bereichen scheiterte, war immerhin in einer Hinsicht sehr erfolgreich: Er brachte die Ehe zwischen seinem Sohn und Nachfolger, Heinrich VI. (1190–1197), und der normannischen Prinzessin Konstanze auf den Weg. 1184 wurden die beiden – der damals neunzehnjährige Heinrich und die etwa dreißigjährige Konstanze – verlobt. Am 27. Januar 1186 feierte man in Mailand die Hochzeit, eine großartige Inszenierung herrscherlicher Pracht. Allein für den Transport von Konstanzes Mitgift waren 150 Pferde erforderlich. Die Trauung wurde mit einer kaiserlichen «Festkrönung» verbunden, indem der Erzbischof von Vienne dem Kaiser Friedrich in einer feierlichen, symbolischen Inszenierung die Kaiserkrone aufs Haupt setzte. Dann krönte der Patriarch von Aquileia dessen Sohn, Heinrich VI., zum König von Italien (*rex Italiae*). Ein deutscher Bischof schließlich verlieh Konstanze die Krone der römischen Königin. Der Chronist Radulf von Diceto überliefert überdies, dass Heinrich von jenem Tag an «Caesar» genannt worden sei (*Ymagines Historiarum*, SS 27, S. 274, Z. 42): Der Kaiser selbst hatte seinen Sohn in einem feierlichen Akt zum «Caesar» erhoben. So wurden in der Spätantike seit Kaiser Diokletian (284–306) die Unterregenten der römischen Kaiser, die später deren Nachfolge antraten, bezeichnet.

Mit dieser Heirat öffnete sich den staufischen Herrschern gewissermaßen ein neues Tor, das den Blick nach Süden auf die Welt und die Kultur des Mittelmeerraums freigab. Konstanze war die Tochter Rogers II. (1101/1112–1154), des normannischen Königs von Sizilien. Unter Entfaltung eines gewaltigen Prachtaufwands hatte sich dieser 1130 zum König über Sizilien (wozu auch Kalabrien gerechnet wurde), das Herzogtum Apulien und das Fürstentum Capua (*regnum Sicilie, ducatus Apulie, principatus Capue*) aufgeschwungen. Soweit dieses Reich zum festländischen Italien gehörte, war es überwiegend von einer griechischsprachigen, christlich-orthodoxen Bevölkerung bewohnt; nur in den nördlichen Regionen lebten Menschen, die das lateinische *Volgare* – die Frühform des Italienischen – sprachen. Auf Sizilien siedelten in den östlichen Küstenstädten ebenfalls Griechen; im übrigen war die Insel vor allem von muslimischen Arabern bevölkert. Entsprechend dominierten arabische und griechische Lebensformen und Verwaltungseinrichtungen in der Hauptstadt und am Hof in Palermo. So erklärt es sich, dass drei Viertel aller Urkunden Rogers II. in Griechisch verfasst sind. Für die Wirtschaftsverwaltung in Sizilien, die im «Diwan» (*doana*), einer Behörde nach arabischem Vorbild, zusammenlief, überwog dagegen noch lange die arabische Sprache.

Dieses Vielvölkerreich entwickelte keineswegs Harmonie in der politischen, religiösen und sozialen Vielfalt; ganz im Gegenteil, es blieb stets ein Pulverfass. Die Spannungen steigerten sich noch, als in der zweiten Hälfte des 12. Jahrhunderts der Anteil der lateinischen Bevölkerung wuchs. Nur mit äußerster Härte und Energie konnte dieses Reich vom Herrscher zusammengehalten werden. Das Gesetz musste mit aller «Strenge der Gerechtigkeit» (*rigor iustitiae*) zur Anwendung gebracht werden, um durch Abschreckung Ruhe zu schaffen und aufrecht zu erhalten. Toleranz, die man bei den normannischen Königen zu erkennen vermeint, war stets pragmatisch begründet.

Die Autorität des Herrschers wurde durch die Beachtung der aus der Antike übernommenen Rechtsfigur des «Majestätsverbrechens» noch erhöht. Wer sich in irgendeiner Weise gegen den Herrscher wandte, machte sich dieses Verbrechens (*reus maiestatis*) schuldig. 1140 erließ Roger II. auf einem Hoftag in Ariano (östlich von Benevent) eine Sammlung von Gesetzen («Assisen von Ariano»), in denen das Majestätsverbrechen definiert wurde: «Es ist ein Verbrechen an Gott, wenn die Urteile, Anweisungen, Taten und Entschlüsse des Königs kritisch diskutiert und Zweifel darüber geäußert werden, ob derjenige würdig sei, den der König auswählt oder bestimmt.» (Monti, Assise normanne, S. 320).

So entwickelte sich ein außerordentlich autokratisch bestimmtes Herrscherkonzept. Es beruhte auf der absoluten Unnahbarkeit des Königs, der sakralen Legitimation und der Gottunmittelbarkeit des Königtums – die zur selben Zeit im Reich nördlich der Alpen so vehement bekämpft wurden. Hinzu kam der Anspruch des Herrschers auf eine dynastische Nachfolgeregelung, auf Kirchenhoheit und auf vollständige Befehlsgewalt. Die reichen Schätze und Erträge Siziliens und Süditaliens gaben dem König die Mittel an die Hand, ein schlagkräftiges Kriegerheer und eine überlegene Mittelmeerflotte zu unterhalten.

Dieses Reich, so wurde im Heiratsvertrag von 1184 vereinbart, sollte im Wege des Erbrechts an Konstanze und damit an ihren Gemahl, Heinrich VI., übergehen – falls der regierende König, Wilhelm II. (1166/1171–1189), der Enkel Rogers II., kinderlos stürbe (*si regem ipsum absque liberis mori contingeret*). Auf diese Bestimmung legten die Barone des Königreichs Sizilien einen Eid ab (Richard von San Germano, *Chronik*, S. 6). Angesichts dessen, dass König Wilhelm II. damals 31 Jahre alt war, konnte man zwar damit rechnen, dass ihm noch Kinder geboren werden würden, aber es kam anders. Am 18. November 1189 starb er ohne Nachkommen. Der Erbfall war eingetreten.

Doch nun zeigte sich, dass die mächtigen Barone, vor allem Apuliens, keineswegs bereit waren, sich dem römischen König und künftigen Kaiser zu unterstellen. Schon zwanzig Tage nach dem Tod Wilhelms II., am 8. Dezember 1189, wählte man einen Gegenkönig, Tankred von Lecce, den etwa fünfundfünfzigjährigen Vetter des verstorbenen Normannenkönigs, der aus einer illegitimen Verbindung hervorgegangen war. Man habe, heißt es in den Quellen, sich damit vor der «deutschen Raserei» (*furor Teutonicus*) und der «deutschen Brutalität» (*Teutonica rabies*) schützen wollen. Doch wird man auch an die eigenen Machtinteressen gedacht haben. Rückendeckung holte man sich bei Papst Clemens III. (gest. 1191) in Rom, so dass Tankred am

18. Januar 1190 in Palermo gekrönt werden konnte. Der Papst sah sich seit langem als Lehnsherr des Königreichs Sizilien, aber noch nie zuvor hatte man sich am normannischen Hof um die päpstliche Zustimmung gekümmert. Außerdem hatte man den päpstlichen Anspruch, auf die Kirche in Süditalien und Sizilien Einfluss zu nehmen, stets abgewehrt. Nun rückte der Papst schlagartig in die Rolle des Schutzherrn. In der Tat wurde von nun an die Sizilien-Frage zu einem Dreh- und Angelpunkt der päpstlichen Politik, zumal Tankred im Konkordat von Gravina di Puglia dem Papst 1192 große Zugeständnisse machte. Eine Verbindung Siziliens mit dem nördlichen Reich des Kaisers (*unio regni ad imperium*) hätte dagegen Rom und den angehenden «Kirchenstaat» geographisch und politisch in die Zange genommen. Daher wurde künftig alles darangesetzt, die Vereinigung zu verhindern.

Die deutsche Seite reagierte mit großer Empörung. Unter Einsatz aller politischen, juristischen und militärischen Mittel wurde das Erbe eingefordert. Süditalien und Sizilien seien ohnehin alte Bestandteile des Römischen Reichs (*antiquum ius imperii*), so wurde argumentiert, und müssten endlich zum Kaisertum zurückkehren. Insbesondere pochte man auf das Erbrecht Konstanzes. Die Kämpfe wogten hin und her, und erst Tankreds Tod 1194 änderte die Lage. Außerdem war Richard Löwenherz (gest. 1199), der König von England, der sich auf dem dritten Kreuzzug bei den deutschen Rittern unbeliebt gemacht hatte, Heinrich VI. in die Hände gefallen. Mit dem enormen Lösegeld – etwa fünfunddreißig Tonnen Silber –, das 1194 für seine Freilassung gezahlt wurde, konnte der Staufer ein starkes Heer ausrüsten, mit dem er jeden Widerstand niederwarf. Am 25. Dezember 1194 empfing er im Dom von Palermo die Königskrone. Kurze Zeit später wurde die Familie Tankreds ausgelöscht und der sagenhafte Normannenschatz auf die Burg Trifels gebracht. Wieder einmal war es die kriegerische Überlegenheit, die jedes andere Argument zunichte machte.

In der Folgezeit war es das politische Ziel Heinrichs VI., das Königreich Sizilien mit dem Kaisertum zu verbinden. Doch wie sollte das gelingen, wenn im Reich nördlich der Alpen die Wahl des Königs und künftigen Kaisers in den Händen der Fürsten lag, in Sizilien aber das Erbrecht galt? Diese Frage verknüpfte sich mit einer Idee, die am staufischen Hof zunehmend Bedeutung erlangte. Dort hatte man in den achtziger Jahren des 12. Jahrhunderts die Vorstellung entwickelt, dass das Kaisertum fest mit dem staufischen Haus verbunden sei. Es war eine Art «Weltkaiseridee», die vor allem der kaiserliche Notar Gottfried von Viterbo in umfangreichen Schriften ausbreitete. Zu seinen Werken, die er Heinrich VI. widmete, gehörten das *Speculum regum* («Spiegel der Könige»), die *Memoria seculorum* («Erinnerung an die Jahrhunderte») und das *Pantheon*, eine Weltgeschichte. Diese Schriften, vor allem das *Pantheon*, wurden weit verbreitet und entfalteten propagandistische Wirkung.

Die bei Gottfried dargelegte «staufische Kaiseridee» beruhte auf der Vorstellung, dass die Stammväter der Franken und der Römer von Troja aus ihre Wanderung angetreten hätten und sich bei ihnen auch von Anfang an das Kaisertum befunden habe. Die verschiedenen Linien des ursprünglichen kaiserlichen Hauses hätten sich in Karl dem Großen vereinigt. Von diesem Zeitpunkt an hätte sich das Kaisertum in einer einzigen, immerwährenden kaiserlichen Sippe (*prosapia imperialis*) bis zu den Staufern fortvererbt. Nach dem Willen Gottes, des Herrn der Geschichte, war somit in der Weltordnung festgelegt, dass Stauferhaus und Kaisertum eine unauflösliche Einheit bildeten. Dieser Gedankengang war in seinem Kern revolutionär, denn er löste das Kaisertum vom Reich und verknüpfte es mit dem Staufergeschlecht. Diese «Weltkaiseridee» barg daher nicht nur für den Papst, sondern auch für die Fürsten höchste Gefahr. Heinrich VI. wurde von ihr offenbar stark beeinflusst, denn 1191 soll er die Bologneser Juristen Azo und Lotharius, die im römischen Recht bewandert waren, befragt haben, «ob er zu Recht der Herr der Welt sei» (*utrum de iure esset dominus mundi*, Miethke/Bühler, S. 75 f.).

Hinzu kam die lehnrechtliche Umgestaltung des Reichs, die bis zum Ende des 12. Jahrhunderts weit fortgeschritten war.

Dem Lehnrecht zufolge ging jede Belehnung und Übertragung von Rechten immer «von oben», vom Lehnsherrn, aus. Dadurch festigte sich die Überzeugung, dass dem obersten Lehnsherrn, dem König oder Kaiser, sein Amt von niemandem in dieser Welt verliehen oder übertragen werden könne, ohne dass er zum Lehnsmann herabsinken würde. Die Spitze der «Lehnspyramide» musste sich daher gleichsam aus sich selbst heraus fortsetzen.

Die Konsequenz dieser Vorgänge war zwingend. Nachdem Heinrich VI. am 26. Dezember 1194 ein Sohn, Friedrich II., geboren worden war, setzte er alles daran, die Nachfolgefrage grundsätzlich zu regeln. Auf dem Würzburger Hoftag im März 1196 unterbreitete er den Fürsten einen «neuen und unerhörten Beschluss» (*novum et inauditum decretum*, *Marbacher Annalen*): Sie sollten bestätigen, «dass im Römischen Reich, so wie in Frankreich oder in den übrigen Königtümern, die Könige nach Erbrecht einander folgen» (*ut in Romanum regnum, sicut in Francie vel ceteris regnis, iure hereditario reges sibi succederent*). Auch die Fürsten sollten ihrerseits die volle Erblichkeit ihrer Reichslehen in männlicher und weiblicher Linie, ja sogar in Seitenlinien, erhalten. Konnte es gelingen, eine Reichsverfassung mit einer dauerhaften monarchischen Spitze nach dem Vorbild der westlichen Monarchien zu etablieren? War damit auch die Frage nach der Verbindung zwischen dem Kaisertum und dem Königreich Sizilien gelöst? Das Reich war im Hinblick auf seine künftige Struktur an einem Scheideweg angekommen, und der Druck, der in dieser Situation auf die Fürsten ausgeübt wurde, dürfte beträchtlich gewesen sein.

Nach anfänglichem Schwanken formierte sich energischer fürstlicher Widerstand. «Das alte Recht» der freien Königswahl, wie es einst vom Chronisten Otto von Freising genannt worden war, wollten sie sich nicht nehmen lassen – am wenigsten Erzbischof Adolf I. von Köln (gest. 1220) und Landgraf Hermann I. von Thüringen (gest. 1217). Die Ausbildung der landesfürstlichen Herrschaften in ihren «Ländern» (*terrae*) war schon so weit vorangeschritten, dass sie sich als Hauptträger des Reichs empfanden. Das System der Herrschaft lief in ihrem Selbstverständnis auf sie als «einzige Fürsten» (*ad solum principem*) zu, wie es in der *Wittelsbacher Chronik* des Abtes Konrad von Scheyern heißt. Die Wahl des Königs und künftigen Kaisers als entscheidender Hebel für die Gestaltung der Reichspolitik sollte ihnen nicht entwunden werden.

So konnte sich Heinrich VI. mit dem «Erbreichsplan» nicht durchsetzen. Nur die Zustimmung zur Wahl seines kleinen, etwas mehr als einjährigen Sohnes – der sich in Foligno in Mittelitalien am Hof des Herzogs von Spoleto befand – als Nachfolger im Königtum war den Fürsten abzuringen. Dies wollten sie freilich im Sinne einer Einzelentscheidung verstanden wissen. Nur mühsam war damit das Grundsatzproblem überbrückt worden. Doch nach dem frühen Tod Heinrichs VI. am 28. September 1197 brach der Konflikt in der Sache selbst mit umso größerer Wucht wieder auf. Was nun folgte, war gewissermaßen die Bekräftigung der Ablehnung des Erbreichsplans und erscheint als endgültige Weichenstellung für die künftige Reichsordnung.

Die Spannungen in der Nachfolgefrage zeichneten sich rasch ab, und für den unmündigen Friedrich II. war abzusehen, dass er sich nicht würde durchsetzen können. Daher ließ sich Herzog Philipp von Schwaben, der Bruder Heinrichs VI., am 8. März 1198 im thüringischen Mühlhausen zum König wählen. Freilich, die mächtigsten der deutschen Fürsten, die drei rheinischen Erzbischöfe, waren nicht anwesend. Der Mainzer befand sich auf dem Kreuzzug, und derjenige von Köln, dem sich der Trierer zunächst anschloss, verfolgte konsequent seine Politik, die gegen eine staufische Nachfolge oder gar eine Erbfolge gerichtet war. Die Kölner Gruppe, stark beeinflusst von König Richard von England, wählte daher am 9. Juni 1198 in Köln den Welfen Otto IV. zum König. Damit gab es zwei Könige im Reich. Nach welchen Kriterien aber ließ sich beurteilen, wer von ihnen der rechtmäßige war?

Die entstandene Situation, so kann man im Nachhinein feststellen, kam den Vertretern des Wahlprinzips sehr entgegen und festigte nachhaltig ihre Position; ja, man darf geradezu von der

Geburtsstunde der Fürstengruppe sprechen, die sich in der Folgezeit durch ein Vorstimmrecht bei der Königswahl von den anderen Fürsten Schritt um Schritt absetzte. Das waren die Folgen, wenn man den Blick auf das Innere des Reichs richtet. Auf der anderen Seite ist zu erkennen, dass die deutsche Königserhebung von nun an für lange Zeit in hohem Maße von außen, d. h. vom Papsttum und den westeuropäischen Mächten, mitbestimmt, um nicht zu sagen, kontrolliert wurde.

Die jungen Könige, beide etwas über 20 Jahre alt, führten unterschiedliche Argumente für ihre Legitimation ins Feld. Otto IV., Sohn Heinrichs des Löwen, aufgewachsen am englischen Königshof und seit 1196 Graf von Poitou (das zu England gehörte), wurde am 12. Juli 1198 in Aachen, also am «richtigen Ort», von Erzbischof Adolf I. von Köln, dem «richtigen Koronator», zum König gekrönt. Die «richtigen» Insignien hingegen befanden sich bei Philipp, der am 8. September desselben Jahres in Mainz vom Erzbischof von Tarentaise gekrönt wurde – kein deutscher Bischof, so heißt es in der *Vita* Papst Innocenz' III., habe diese Rolle übernehmen wollen. Sogleich brachen Kämpfe zwischen beiden aus, Verwüstungszüge begannen und das Reich geriet wieder einmal an den Rand des Abgrunds. In seinen Versen hat Walther von der Vogelweide die Katastrophenstimmung dieser Jahre eingefangen: «Wehe dir, du deutsches Volk, wie steht's um deine Ordnung! Die Mücke gar hat ihren König, doch deine Pracht, sie geht dahin! Kehr' um, kehr' um, die Fürsten sind zu mächtig …!»

Die weitgehende Auflösung der politisch-moralischen Zuverlässigkeit ist das Signum dieser Jahre. Um Anhänger zu gewinnen, verteilten die Könige Reichsgüter und Königsrechte an die Fürsten. Die zahlreichen Bündnisse mit den Großen des Reichs wurden nun erstmals in schriftliche Form gegossen, um auf diese Weise das schwindende Vertrauen zu festigen. Damals hielt die Verschriftlichung Einzug ins gesamte politische Leben.

Im September 1202 verständigten sich König Otto IV. und Erzbischof Adolf von Köln vertraglich und stellten darüber eine Urkunde aus. In aller Sorgfalt traf man umfangreiche Sicherungsmaßnahmen für die Gültigkeit der Übereinkunft. So wurden auch die Kölner Prioren, das heißt, die Pröpste, Äbte, Dekane und Scholaster, in den Vorgang eingebunden – also das gesamte sogenannte Kölner «Priorenkolleg», das maßgebend die Kölner Hochstiftspolitik mitbestimmte. Diese Gruppe leistete einen Eid, dass sie den Kölner Erzbischof *bona fide*, also «mit wahrhaftiger und treuer Zuverlässigkeit», zur Wahrung beständiger und treuer Gefolgschaft gegenüber König Otto anhalten werde. Doch schon im Lauf des Jahres 1204 wechselte Adolf von Köln auf die Seite König Philipps. Auch dieser stellte ihm am 12. Januar 1205 über das neue Bündnis eine Urkunde aus. Wieder wurde ein eidlich begründeter Vertrag geschlossen, der gar die Stellung von Geiseln durch den Erzbischof vorsah.

Noch deutlicher wird die Neigung zu raschem Gesinnungswandel im Falle des Herzogs Ludwig I. von Bayern (gest. 1231). Er schloss mit dem Welfen Otto IV. am 20. März 1212 einen Vertrag «in fester Treue und ohne irgendeine hinterlistige Täuschung» (*bona fide et sine omni fraude*) auf ewige Zeiten (*omni tempore vite sue*), den die bayerischen Grafen und hohen Adligen eidlich bestätigten und der durch die Stellung von Geiseln unverletzlich gemacht werden sollte. Er bildete die Grundlage dafür, dass später die Rheinische Pfalzgrafschaft, die sich 1212 noch in welfischer Hand befand, an die Wittelsbacher fiel. Doch nur wenige Monate später waren alle Eide gebrochen, denn Ludwig sowie sein ganzer Anhang hatten sich auf die Seite Friedrichs II. geschlagen. Die Pfalzgrafschaft mit ihrem Mittelpunkt in Heidelberg wurde 1214 dennoch in den Besitz des Hauses Wittelsbach übernommen.

Das Mittelalter kannte zu allen Zeiten Listenreichtum als Instrument erfolgreichen politischen Taktierens. Diese Haltung, für die man eine Vielzahl von Beispielen anführen könnte, erreichte damals aber ganz neue Dimensionen. Erlangten damit die Interessen der Territorialpolitik den Vorrang gegenüber dem Wohl des Reichs und der Königsherrschaft? War dies der Wendepunkt in der Geschichte eines «deutschen Reichs» auf dem Weg zu einem «Reich der deutschen Fürsten» und ihrer Länder? Im Rückblick mag dies so scheinen, doch wurde im sich wandelnden Verständnis der Zeit das Wohl der Territorien auch als neuer Gradmesser für das Wohl des Reichs aufgefasst.

Gerieten die Fundamente der weltlichen Politik ins Wanken, so wuchs das Bedürfnis, im Ausgleich dafür eine zuverlässige Orientierung durch eine hohe, transzendental abgesicherte moralische Autorität zu erlangen – und diese bot allein die Person des Papstes. Um 1200 amtierte einer der fähigsten Päpste des Mittelalters, Innocenz III. (1198–1216). Verhältnismäßig jung, mit siebenunddreißig Jahren, war er in sein Amt gelangt und profilierte sich als ein Papst der Ordnung und der Rechtssystematik. Darüber hinaus vermochte er es, den Territorialbesitz der römischen Kirche in Italien auf den doppelten Umfang auszudehnen. In kürzester Zeit organisierte er eine gut funktionierende Finanzverwaltung für die päpstlichen Besitzungen, aber auch für die Abgaben der Bischofskirchen und lehnsabhängigen Reiche. Aus dem Königreich England, so klagte später der englische Chronist Matthew Paris, müsse man an den Papst mehr an Steuern abführen, als der König selbst einnehmen könne. Vor allem sah sich Innocenz III. als «Statthalter Christi» (*vicarius Christi*). Er sei, so habe er am Tag seiner Papstweihe gepredigt, «über das Haus Gottes gesetzt, damit meine Stellung alles überrage». Daher stehe er über allen Völkern und Königreichen. Zwar sei er geringer als Gott, aber größer als irgendein Mensch (*minor deo, sed maior homine*, Migne, PL 217, Sp. 657 f.).

Beide Könige, Philipp und Otto IV., zeigten ihm ihre Wahl an, um sich mit der päpstlichen Zustimmung einen Vorteil zu verschaffen. Die Wähler Philipps verwandten für ihre Wahlanzeige eine bemerkenswerte Formel (*Regestum Innocentii III*, Nr. 13): Sie hätten den Staufer «rechtmäßig und feierlich in das künftige Kaisertum des römischen Thrones gewählt» (*in imperaturam Romani solii rite et sollempniter elegimus*). Auch die Wahlanzeige der Gruppe um Otto IV. bediente sich einer entsprechenden Formel: Man habe diesen «auf den Thron der Kaiser gesetzt, der von Karl dem Großen in Aachen für diese Würde bestimmt worden ist» (*ipsumque in augustorum sede a Karolo Ma-*

gno apud Aquisgranum huic dignitati deputata locavimus). Wie in der staufischen Herrscheridee verschmolzen auch hier Königswürde und Kaiserwürde nachgerade zu einer Einheit.

Diese Formulierungen, die von den Fürsten gewählt wurden, waren gewiss nicht ohne Bedeutung für die Reaktionen des Papstes. Er wurde ausdrücklich einbezogen in eine Entscheidung, bei der es um das Kaisertum ging. Nach einer gewissen Bedenkpause verkündete Innocenz III. um den Jahreswechsel 1200/1201 schließlich seine Entscheidung für Otto IV. in seiner «Erörterung über die drei zum Kaisertum Gewählten» (*Deliberatio super facto imperii de tribus electis*, *Regestum Innocentii III*, Nr. 29). Seine Kompetenz, darüber eine Entscheidung zu treffen, begründete der Papst damit, «dass das Kaisertum von Anfang an und letztendlich» dem Apostolischen Stuhl zugeordnet sei. Es sei nämlich durch das Papsttum von den Griechen übertragen worden (*translatio imperii*), und außerdem werde der römische König vom Papst erst durch die Handauflegung zum Kaiser erhoben, «indem er von ihm gesegnet, gekrönt und mit dem Kaisertum investiert wird». Dann folgt die Beurteilung der drei «Gewählten»: Friedrich II. sei noch ein Kind, also nicht handlungsfähig, und könne nicht zum Kaiser erhoben werden. Aber die Kirche benötige und wolle einen Kaiser. Philipp von Schwaben habe sich meineidig verhalten, weil er Friedrich bereits als König anerkannt habe und sich nicht vom Papst vom Eid habe lösen lassen. Außerdem würde eine Erhebung Philipps den Eindruck entstehen lassen, das Reich werde ihm nicht durch Wahl übertragen, sondern stünde ihm durch Erbrecht zu. Diesem Missverständnis müsse man entgegenwirken. Otto dagegen sei der für das Königtum Geeignete und Würdige. Das Argument, die Mehrheit der Fürsten hätte sich für Philipp entschieden, sei nicht stichhaltig. Vielmehr komme es darauf an, dass ein König von denjenigen gewählt werde, «denen in erster Linie die Wahl des Kaisers zusteht» (*ad quos principaliter spectat imperatoris electio*).

Diese Verlautbarung bot eine Verknüpfung und Verdichtung aller bisherigen Entwicklungen und Positionen in der Frage der

Königswahl: Die freie Wahl, bei der kein Erbrecht eine Rolle spielen durfte, war als Grundprinzip bestätigt worden. Dass der «deutsche» König auch schon für das Kaisertum gewählt werde, stand dabei außer Frage. Hier stimmten fürstliche und päpstliche Anschauungen inzwischen vollständig überein. Auch die Auffassung, dass eine bestimmte Gruppe von Fürsten bei der Wahl anwesend sein müsse, denen das Recht *principaliter*, also mit eindeutigem Vorrang, zustehe, war im Ansatz schon von der Kölner Gruppe ausgesprochen worden. Nunmehr aber war dieser Anspruch mit päpstlicher Autorität formuliert worden und konnte als Grundlage für den Kreis einer künftigen Sondergruppe unter den Fürsten dienen – den späteren Kurfürsten.

Aber hatte der Papst überhaupt das Recht, eine Königswahl zu überprüfen und sich in dieser Frage zum Schiedsrichter aufzuschwingen? Mit diesem kritischen Gedanken konfrontierten ihn die Anhänger Philipps in einem Protestschreiben vom Januar 1202 (*Regestum Innocentii III* Nr. 61). Derjenige, der Gott diene, dürfe sich – so ihr Standpunkt – niemals in weltliche Geschäfte einlassen (*Deo militans minime se negotiis inplicaret secularibus*). Darauf wiederum antwortete Innocenz III. Ende März 1202 mit einem Brief, der wegen seines Anfangsworts *Venerabilem* («Den ehrwürdigen [Bruder]») unter dieser Bezeichnung geführt wird (*Regestum Innocentii III* Nr. 62). Er wolle, so beteuerte er, den Fürsten keineswegs das Wahlrecht streitig machen. Weil jedoch der von ihnen Gewählte auch der künftige Kaiser sei, müsse er, der Papst, seine Würdigkeit überprüfen, «da wir ihn salben, weihen und krönen». Andernfalls wäre der Papst gezwungen, auch einen Unwürdigen, Narren, Ketzer oder gar Heiden zum Kaiser zu krönen. Dieses Argument war schlagend. Hier musste jeder Protest verstummen.

Darüber hinaus wurde nun auch die «Übertragung» (*translatio*) des Kaisertums «von den Griechen» präzisiert: Der Papst habe es in der Person Karls des Großen den «Germanen» (*in Germanos*) gegeben. Dies wurde später in einem Kommentar des berühmten Rechtsgelehrten Heinrich von Segusia (Susa) – auch unter dem Namen Hostiensis bekannt – vor 1271 ausgelegt:

«Das heißt: auf die Deutschen» (*Id est: in Theutonicos*, Miethke/Bühler, S. 95). Die Stelle ist durchaus bemerkenswert, weil die Rede von den «Deutschen» in diesem Kontext nicht nur politisch konnotiert war, sondern damit offenbar auch antik-klassische Vorstellungen in historischer Perspektive von den «Germanen» auf die «Deutschen» übertragen wurden. Diese Verbindung blieb erhalten und erscheint etwa auch beim Kölner Domherrn Alexander von Roes im späten 13. Jahrhundert. Das römische Kaisertum sollte «am Ende der Zeiten auf die Germanen» übertragen werden (*Romanorum imperium in fine seculorum transferri oportuit Germanos*), notierte er in seiner Denkschrift *Memoriale* von 1281 (cap. 37). Allerdings, so fügte er hinzu, würde man in seiner Zeit weniger vom «Reich Germaniens oder Deutschlands oder der Römer, sondern im Volksmund vom Reich der Alemannen sprechen» (*regnum Alamannie vulgariter*, cap. 29), weil die Staufer mit Hilfe der Schwaben, der Bayern und der oberdeutschen Alemannen regiert hätten.

Über das Kaisertum, so könnte man formulieren, war das Papsttum in die deutsche Königswahl eingedrungen, denn die Wahl des Königs galt in dieser Zeit unstrittig zugleich als Wahl des künftigen Kaisers. Von nun an war das Recht des Papstes auf «Überprüfung» (*examinatio*) und damit auf «Zustimmung» (*approbatio*) oder «Ablehnung» (*reprobatio*) des von den Fürsten gewählten Kandidaten für lange Zeit festgelegt. Dieser Anspruch folgte nach der Argumentation Innocenz' III. unmittelbar aus der prospektiven Kaiserkrönung. Schon kurze Zeit später, unter Papst Innocenz IV. (1243–1254), hatte sich das Recht des Papstes zur Prüfung des Königs dann im Grunde vom Kaisertum gelöst. Ein deutscher König musste künftig in jedem Fall die *approbatio* durch den Papst einholen, um überhaupt eine rechtmäßige Königsherrschaft antreten zu können. Die aber war nur zu erlangen, wenn der Kandidat zuvor die geforderten Rechte der Kirche und dem Papst zugestanden und gesichert hatte.

In einer ungemein dichten Phase der Entwicklung des deutschen Königtums waren damit um 1200 die Ablehnung des Erbreichsplans durch die Fürsten und ihr Anspruch auf freie Wahl am Ende mit einem prinzipiellen Eingriffsrecht des Papstes zusammengeflossen. Indem die Fürsten das romfreie, erbrechtliche Kaisertum im staufischen Haus zu verhindern suchten, spielten sie dem Papst ungewollt die entscheidenden Argumente in die Hand. Nur die staufische Herrscheridee hätte dem Papst und seinem Selbstverständnis gefährlich werden können, nicht aber die wütenden Proteste der Reichsfürsten gegen die päpstliche Approbation.

Überdies konnte die kleine Gruppe der mächtigen Fürstenelite von diesen Vorgängen insofern profitieren, als nun der Weg zur Bildung und Abschichtung eines privilegierten Wählergremiums geöffnet war. Aus diesem Grund gab es von Beginn an ein enges Interessenbündnis einiger der mächtigsten Fürsten, unter ihnen der Erzbischof von Köln und der Landgraf von Thüringen, mit dem Papst. Schon eine Generation später, noch im Laufe der ersten Hälfte des 13. Jahrhunderts, hatte sich der Kreis der künftigen Königswähler herauskristallisiert – auch wenn der Begriff «Kurfürsten» (*principes electores*) erst seit 1298 verwendet wurde. Er bestand aus den drei rheinischen Erzbischöfen von Köln, Mainz und Trier, aus dem Pfalzgrafen bei Rhein, dem Herzog von Sachsen, dem Markgrafen von Brandenburg und, allerdings noch lange umstritten, dem König von Böhmen.

Dass sich Papst Innocenz III. für Otto IV. entschied, hatte auch ganz handfeste Gründe. Dieser hatte ihm schon im Rahmen seiner Wahlanzeige große Zugeständnisse gemacht. In den «Neußer Eiden» vom 8. Juni 1201 wurden diese schließlich vertraglich vereinbart. Otto IV. erkannte die Gebietsforderungen des Papstes in Mittelitalien an und versprach auch, die päpstliche Sizilienpolitik zu unterstützen, also die Vereinigung des Königreichs Sizilien mit dem Kaisertum zu verhindern. Die Dinge entwickelten sich allerdings ganz anders. Nachdem sich König Philipp im Reich durchzusetzen schien, schwenkte auch Innocenz III. auf seine Seite um. Eine neue Koalition zwischen den Staufern und dem Papst stand kurz bevor, als Philipp am 21. Juni 1208 einem Mordanschlag in der bischöflichen Pfalz in

Bamberg zum Opfer fiel. Für kurze Zeit ruhte nun die Hoffnung aller auf Otto IV., der seine Zusagen an den Papst am 22. März 1209 in Speyer wiederholte und am 4. Oktober 1209 sogar die Kaiserwürde erlangte.

Doch unmittelbar nach seiner Kaiserkrönung erklärte er alle seine Versprechungen, die er dem Papst für Italien gegeben hatte, für nichtig, denn ihnen hätte die Zustimmung der Fürsten gefehlt. Eine bemerkenswerte Argumentation! Sie dürfte nicht ganz aus der Luft gegriffen gewesen sein, denn in der Tat konnte Otto von sich aus nicht auf Reichsrechte verzichten. Ganz im Gegenteil, als Kaiser hatte er sie zu schützen oder wieder herzustellen. So schickte er sich 1210 an, von Rom aus mit seinem Heer nach Süden zu ziehen, um das Königreich Sizilien in Besitz zu nehmen. Papst Innocenz III. war entsetzt. In biblischer Anspielung verkündete er: «Es reut uns, diesen Menschen geschaffen zu haben.» Die Reichsfürsten suchte er aufzuwiegeln mit der Prophezeiung, Otto IV. würde auch sie knechten, wenn sie nun nicht gegen ihn handelten. Aber weder dieser Aufruf noch der Bann, den Innocenz III. gegen Otto IV. schleuderte, zeigten Wirkung. Mit einem Schlag drohte die Lage für den Papst aussichtslos zu werden. Alles schien verloren.

In dieser Situation gab es für ihn nur einen einzigen Ausweg: Er musste den jungen Staufer, Friedrich II., dessen Vormund er lange Jahre gewesen war, ins Spiel bringen. Friedrich, in Palermo aufgewachsen, hatte 1208 mit vierzehn Jahren die Volljährigkeit erreicht und das Königreich Sizilien übernommen. Auf das deutsche Königtum hatte schon seine Mutter, Konstanze, 1198 verzichtet. Dieser vollständige Politikwechsel ist Innocenz III. 1211 wahrlich nicht leicht gefallen, und er zögerte selbst in bedrängter Lage eine ganze Weile, ehe er diese Option wählte. Dann aber erteilte er der sich wieder formierenden staufischen Partei die Erlaubnis, «einen anderen zum Kaiser zu wählen». Erzbischof Siegfried II. von Mainz, König Ottokar I. von Böhmen, Landgraf Hermann I. von Thüringen, Markgraf Albrecht von Brandenburg und andere erhoben daraufhin im September 1211 in Nürnberg den jungen Staufer «zum künftigen

Kaiser» (*futurum imperatorem declararent*), wie es in der *Chronik von St. Peter zu Erfurt* heißt (S. 209). Diese Formel hatte, wie schon in der Wahlanzeige für König Philipp zu erkennen war, nichts Besonderes an sich, sondern entsprach dem fürstlichen – und auch dem päpstlichen – Verständnis von der Tragweite ihrer Wahl.

Damit begann eine der abenteuerlichsten Unternehmungen des gesamten Mittelalters. Ein sechzehnjähriger König, begleitet von einer eher bescheidenen Ritterschar, machte sich 1212 auf den Weg nach Norden, um die Kirche und den Papst zu retten. Zuvor, im Februar 1212, musste er noch durch Eid anerkennen, dass der Papst sein Lehnsherr sei (*Urkunde Friedrichs II.* Nr. 149), und seinen einjährigen Sohn, Heinrich, zum König von Sizilien krönen lassen. Auf diese Weise sollte die Verbindung der beiden Reiche verhindert werden. Dann trat er, ausgestattet mit einer beträchtlichen Geldsumme, die ihm der französische König, Philipp II. August (gest. 1223), verschafft hatte, seine Reise an. In Oberitalien war das «Kind von Apulien» (*chint von Pulle*, *Kaiserchronik*) ständig auf der Flucht vor den Nachstellungen der Guelfen, also der Anhänger der welfischen Partei in den lombardischen Städten, an deren Spitze die Städte Mailand, Piacenza, Brescia und Bologna standen. Mit Hilfe der reichstreuen Städte Cremona und Pavia und mit viel Glück schlug er sich jedoch durch, gelangte schließlich über den Septimerpaß nach Chur und erreichte Mitte September 1212 Konstanz.

Dort hatte man sich schon auf den Empfang Kaiser Ottos IV. eingestellt, der dem jungen Staufer entgegen ziehen wollte, um ihn abzufangen. Doch Erzbischof Berard von Palermo (gest. 1252), der den jungen König begleitete, verlas vor Konstanz im päpstlichen Auftrag die Bannbulle gegen den Welfen. So gelang es in letzter Sekunde, den Bischof von Konstanz umzustimmen, der daraufhin die Rheinbrücke sperren ließ und Otto IV. den Einzug in die Stadt verwehrte. Damit hatte die Stauferfraktion gewissermaßen das rettende Ufer erreicht, denn von nun an strömten dem jungen Friedrich die alten Gefolgschaften in Scharen zu. Auf dem ganzen Unternehmen, so war Friedrich II.

fortan überzeugt, ruhte der Segen Gottes. «In uns richtete der König der Könige die Wunder seiner Macht (*potencie sue miracula*) auf, als er [...] den Mächtigen [i. e. Otto IV.] stürzte und uns erhob», mit diesen Worten verlieh er seiner Ergriffenheit in einer Urkunde vom 2. April 1215 Ausdruck (*Urkunde Friedrichs II.* Nr. 289). Vier Jahre später, 1219, schrieb er an Papst Honorius III., er sei erfüllt vom Wirken Gottes, der ihn zum *regnum* und *imperium* seiner Vorfahren emporgehoben habe.

Der Umschwung erfasste weite Teile des Reichs, so dass Friedrich II. auf einer Fürstenversammlung in Frankfurt am 5. Dezember 1212 noch einmal zum König gewählt wurde – es war seine dritte Wahl. Am Sonntag darauf, dem 9. Dezember 1212, krönte ihn Erzbischof Siegfried II. von Mainz mit nachgebildeten Insignien im Dom von Mainz zum König. Im Überschwang der Dankbarkeit wiederholte Friedrich ein halbes Jahr später, am 12. Juli 1213, seinem «Schirmherrn und Wohltäter» (*protector et benefactor*) Innocenz III. in der «Goldbulle von Eger» alle die Zugeständnisse, die einst Otto IV. gemacht hatte (*Constitutiones* 2, Nr. 46–51). Dazu gehörte die Bestätigung des Besitzes der römischen Kirche, dem auch das Herzogtum Spoleto, die Mark Ancona, die Pentapolis (das Küstengebiet von Ancona bis Rimini), das Exarchat Ravenna und die «Mathildischen Güter» – einstmals im Besitz der Markgräfin Mathilde von Tuszien – zugerechnet wurden. Ausdrücklich wurde die Zustimmung der Fürsten vermerkt. Der Papst und der künftige Kaiser schwelgten in der Hochstimmung neuer Eintracht. Als dann ein Jahr später, am 27. Juli 1214, Otto IV. in der Schlacht bei Bouvines (östlich von Lille) eine vernichtende Niederlage gegen den König von Frankreich hinnehmen musste, schien das Königtum des jungen Staufers durch nichts mehr gefährdet zu sein. Von diesem Zeitpunkt an war er unumschränkt anerkannt.

Am 25. Juli 1215 erfolgte schließlich die großartige Inszenierung der neuen imperialen Königsmacht in Aachen. In der Pfalzkapelle Karls des Großen ließ sich Friedrich II. ein weiteres Mal krönen und weihen. Von hohem Symbolwert war dabei die anschließende Umbettung der Gebeine des heiligen Karl in den neuen, prächtigen, reich verzierten Silberschrein, den der junge Herrscher eigenhändig durch Hammerschläge verschloss (Reiner von Lüttich, *Annalen* S. 673). Wie Karl, so wollte auch Friedrich II. regieren – kraftvoll, ein Verteidiger der Kirche und des Glaubens in kaiserlicher Autorität. Daher nahm er in Aachen das Kreuz und gelobte einen Kreuzzug, der auf den Johannis-Tag des Jahres 1219 festgesetzt wurde.

Damit entsprach er dem Ideal eines guten Herrschers, denn der Kreuzzug gehörte um 1200 zum Pflichtenkanon eines Königs und künftigen Kaisers. Innocenz III. entwickelte in diesem Sinne die Forderung, dass es zu einem Kreuzzug keines besonderen Ereignisses bedürfe, sondern dass man sich auf einem ständigen Kreuzzug gegen die Ungläubigen zur Befreiung des Heiligen Landes befinde. Daher rief er auch unausgesetzt zum Kreuzzug auf. Als er am 19. April 1213 die Erzbischöfe, Bischöfe und Äbte zum Vierten Laterankonzil (1215) einlud, führte er zwei Gründe an, die «sein Herz zutiefst bewegen»: die Wiedereroberung des Heiligen Landes und die Reform der ganzen Kirche. «Beide sind von so großer Dringlichkeit, dass sie ohne schwere und große Gefahr nicht weiter übergangen oder aufgeschoben werden können.» Die Idee des «Kreuzzugs» wurde zu einem bestimmenden Faktor der Epoche und beeinflusste die päpstliche Politik in solchem Maße, dass Regeln der Vernunft und der Moral außer Kraft gesetzt wurden. Dies erklärt auch, weshalb Innocenz III. es hinnehmen konnte, dass das Kreuzfahrerheer am 12. April 1204 in völliger Abirrung von allen christlichen Verhaltensnormen die Stadt Byzanz eroberte und nach drei Tagen des Plünderns und Mordens schließlich in Besitz nahm.

Auch das Verhalten der Päpste gegenüber Friedrich II. wurde über viele Jahre hin vom Kreuzzugsthema bestimmt. Dies betraf bereits die Verhandlungen für die Kaiserkrönung, die 1215 einsetzten. Angesichts der Versprechungen des Staufers, bald einen Kreuzzug zu unternehmen, waren die Päpste zu großen Zugeständnissen bereit. So sagte Honorius III. (1216–1227) die Kaiserkrönung zu, obwohl schon frühzeitig, seit 1216, zu erkennen war, dass Friedrich II. auch die Erlangung der Königswürde von Sizilien wieder anstrebte und damit die von der Kurie bekämpfte Vereinigung von «Reich und Kaisertum» (*unio regni ad imperium*) drohte.

Das «deutsche» Königtum diente Friedrich II., so scheint es, von Beginn an als «Sprungbrett» für das Kaisertum. Dazu dürfte auch beigetragen haben, dass seine königliche Herrschaftspolitik sich gegen die Machtstellung und die Ansprüche der Fürsten im Reich kaum mehr ausbauen ließ. Zwar versuchte Friedrich II., über eine intensive Förderung der Städte in die Territorien der geistlichen Fürsten einzubrechen, aber er musste dabei empfindliche Rückschläge hinnehmen. Auf einem Hoftag in Ulm am 13. September 1218 setzten ihm die Bischöfe anhand eines konkreten Streitfalls klare Grenzen: In der Bischofsstadt Basel hätten allein der Bischof und seine Nachfolger das Recht, den Stadtrat zu genehmigen. Anderslautende königliche Erlasse seien zu kassieren (BFW 949; Huillard-Bréholles, Bd. 1, S. 558).

Aus solchen Erfahrungen zog der König seine Konsequenzen. Auf dem Hoftag in Frankfurt im April 1220 konnte er schließlich Entscheidungen in seinem Sinne herbeiführen, die als epochal zu bezeichnen sind. Hier, so möchte man geradezu formulieren, wurden die Weichen für das künftige Deutschland wie für das künftige Italien gestellt. Vordergründig ging es wieder einmal um die Festlegung des Aufbruchs zum Kreuzzug und um den Romzug, der dem Staufer die Kaiserkrönung eintragen sollte. In Anwesenheit eines päpstlichen Legaten wurde für die geistlichen Reichsfürsten ein Reichsgesetz (*Confoederatio cum principibus ecclesiasticis*) von erheblicher Tragweite erlassen (*Constitutiones* 2, Nr. 73). Es stärkte ihre Rechte als Territorialherren, denn es garantierte ihnen die längst beanspruchten und praktizierten «Regalienrechte», vor allem das Markt-, Münz- und Zollrecht und das Recht, Befestigungen zu errichten. Auch wenn Friedrich II. betonte, dass alle diese Rechte ihrem Wesen nach königlicher Natur seien, so versah er sie nun doch in der Hand der geistlichen Fürsten mit neuer, kollektiver Sicherheit.

Von großer Tragweite war zudem, dass bei diesem Vorgang

die «geistlichen Reichsfürsten» erstmals als eine rechtlich geschlossene Standesgruppe auftraten – eine entscheidende Etappe in der Entwicklung ständischer Repräsentation gegenüber dem Monarchen. Durch den Zusammenschluss konnten die Bischöfe ihre Forderungen durchsetzen und absichern. Damit zeichnete sich – in Weiterentwicklung des Auftretens der Fürsten beim Sturz Heinrichs des Löwen 1180 – eine Reichsordnung ab, bei der nicht so sehr einzelne Fürsten maßgeblich waren, sondern ihre standesmäßige Vereinigung das bestimmende Element darstellte. Es war gewissermaßen die Geburtsstunde einer künftigen «ständischen Ordnung» im Reich.

Von keiner geringeren Bedeutung war es, dass auf dem Frankfurter Hoftag am 23. April 1220 Friedrichs neunjähriger Sohn, Heinrich (VII.), zum römischen König gewählt wurde. Die Wahl des Sohnes zum Nachfolger war an sich nicht ungewöhnlich, wenn Könige zum Romzug aufbrachen. Im konkreten Fall freilich lagen die Dinge anders. Friedrich II. machte sich auf den Weg, um, wie er selbst auf dem Frankfurter Hoftag feierlich verkündete (*Constitutiones* 2, Nr. 71), nunmehr die Herrschaft in «ganz Italien» (*tota Ytalia*), damit auch in Sizilien, wahrzunehmen und dort für Ordnung und Eintracht zu sorgen. Er skizzierte somit ein Programm, das eine Schwerpunktverlagerung seiner Herrschaft bereits klar erkennen ließ. Kurz vor der Kaiserkrönung bekannte er im November 1220 sogar dem Papst gegenüber ganz offen, dass er von nun an, und zwar auf Dauer, die Herrschaft im Königreich Sizilien selbst ausüben werde (*Constitutiones* 2, Nr. 83). Diese Erklärung widersprach allen früheren Abmachungen. Nur widerwillig krönte ihn Honorius III. trotzdem am 22. November 1220 zum Kaiser, denn Friedrich versprach, er werde unverzüglich nach der Krönung zum Kreuzzug aufbrechen.

Die Kaiserkrönung wurde prächtig inszeniert. Wichtige Bestandteile des Krönungsornats sind bis heute erhalten geblieben. Dazu gehören die Handschuhe und vor allem der Krönungsmantel, der heute in Metz aufbewahrt wird. Seine Anfertigung zu Beginn des 13. Jahrhunderts in Palermo gilt als sehr wahr-

Abb. 6 Krönungsmantel Kaiser Friedrichs II., wohl aus palermitanischer Werkstatt, 1220 (?), Metz, Domschatz

scheinlich. Was an diesen Gewändern besonders auffällt, ist neben der kostbaren Ausführung mit Gold und Purpur die starke Hervorhebung des Adler-Symbols. Der Adler – uraltes Symbol der weltumspannenden Macht, mit dem bereits die antiken Kaiser ihre Weltherrschaftsidee zum Ausdruck gebracht hatten – dürfte schon unter Friedrich I. Barbarossa verwendet worden sein. Als Zeichen für das Reich war er jedenfalls im ausgehenden 12. Jahrhundert auf Schilden, Helmen, Pferdedecken oder Wimpeln angebracht und ist für die Zeit Heinrichs VI. etwa in den Darstellungen des «Buchs zu Ehren des Kaisers» (*Liber ad honorem Augusti*) des Petrus von Eboli (1195/1197) (Blatt 109 r) nachzuweisen: ein schwarzer Adler – dessen Fänge und Schnabel bisweilen rot eingefärbt wurden – auf goldenem Untergrund. Auf den kaiserlichen Krönungsmantel Friedrichs II. von 1220 wurden nun vier Adler in besonders auffälliger Gestaltung aufgebracht: Sie sind von einem «Nimbus» (Heiligenschein) umgeben und werden damit als «heilige Adler» bezeichnet. So wurde sonst nur der Adler des Evangelisten Johannes im Neuen Testament dargestellt. Man wird dies so interpretieren dürfen, dass die Adler Friedrichs II. auf das «heilige Reich» (*sacrum imperium*) verweisen sollten und damit in hohem Maße programmatisch aufgeladen waren. Sie markieren jedenfalls den Beginn eines fortan in großer Vielfalt anzutreffenden Gebrauchs des Adlersymbols an herrscherlichen Gebäuden und bei den Gegenständen königlich-kaiserlicher Repräsentation.

Friedrichs II. Kaiserkrönung im Jahre 1220 erscheint als markante Zäsur in der Geschichte des Reichs: Der Kaiser verließ Deutschland. Außer einem kurzen Aufenthalt in den Jahren 1235 bis 1237 hat er das Reich nördlich der Alpen drei Jahrzehnte lang nicht mehr betreten. Es gab nur noch einen Kaiser in der Ferne. Zwar musste sich Friedrich II. immer wieder mit Angelegenheiten der Reichsfürsten beschäftigen, aber dies war kein Regieren, sondern ein Reagieren. Sein Konzept sah vielmehr ein «Fürstenreich» vor, das sich im Ausgleich fürstlicher Interessen und in gleichzeitiger Anerkennung einer eher imaginären kaiserlichen Autorität in einem politischen Gleichgewicht halten sollte. Auch seinem Sohn, Heinrich (VII.), der seit 1228 die selbständige Herrschaft übernahm, setzte er enge Grenzen in seiner königlichen Machtentfaltung. Als sich dieser in einem Bündnis mit den Städten darüber hinwegzusetzen suchte, wurde er 1235 auf einem Hoftag in Worms abgesetzt und in Italien bis zu seinem Lebensende 1242 unter erbärmlichen Umständen eingekerkert.

Wie sich Friedrich II. die Ordnung im Reich vorstellte, zeigt sich an dem «Beschluss zu Gunsten der Fürsten» (*Statutum in favorem principum*, *Constitutiones* 2, Nr. 171 u. 304), zu dem die Fürsten seinen Sohn 1231 nötigten und den er selbst ein Jahr später bestätigte. Dieser Beschluss stellte ein umfangreiches

Paket von Herrschaftsprivilegien für die geistlichen und weltlichen Fürsten dar. In verschiedener Hinsicht wurden damals für die Zukunft wegweisende Grundsätze der Reichsverfassung festgeschrieben. So wurde beschlossen, dass ein Landesherr neue Gesetze erlassen dürfe, wenn auch mit Zustimmung der Landstände. Der König, so hieß es weiter, dürfe keine Städte, Burgen oder Münzprägestätten zum Nachteil der Fürsten errichten. Die fürstliche Gerichtsbarkeit dürfe nicht eingeschränkt werden. Die Städte sollten in ihrer Expansion zurückgedrängt werden, um die Leute der Fürsten nicht als «Pfahlbürger» abzuziehen – so bezeichnete man Landbewohner, die das Bürgerrecht einer Stadt erwarben, um sich der Untertanenpflichten gegenüber ihrem einstigen Grundherrn zu entledigen. Mit diesem Gesetz entstand erstmals eine einheitliche Rechtsordnung für die fürstlichen Territorien. Die verwirrende Vielfalt von Einzelrechten und Einzelprivilegien, welche die mittelalterliche Gesellschaft bis dahin geprägt hatte, wurde zu einer Grundsatzregelung zusammengefasst. Dies bedeutete auch einen ersten Schritt in die Richtung, das Recht zu vereinheitlichen und damit dessen Einhaltung kontrollierbar zu machen.

In noch höherem Maße gilt diese Feststellung für den «Mainzer Reichslandfrieden», der am 15. August 1235 in Anwesenheit des Kaisers auf einem Hoftag in Mainz verkündet wurde (*Constitutiones* 2, Nr. 196). Es war die erste umfassende Gesetzgebung, veröffentlicht nicht nur in lateinischer, sondern auch in deutscher Sprache. Sie enthielt neunundzwanzig Kapitel, die sich vornehmlich auf das Gerichtswesen, das Strafrecht und den Strafvollzug bezogen. Dabei ging es um die Ausübung und Respektierung hoheitlicher Gewalt und um deren Legitimierung. Fehde und Selbsthilfe sollten weitgehend ausgeschlossen werden, stattdessen sollten geistliche und weltliche Gerichte mit strenger Hand ihre Aufgaben erfüllen.

So gesehen, waren die «Reichsrechte» von 1220 und 1231/32 und insbesondere der Mainzer Reichslandfrieden von 1235 bedeutende Marksteine in einer neuen Verfassung des Reichs. In gewissem Sinne sind sie sogar vergleichbar mit der Magna Charta – jener Vereinbarung, die im Jahre 1215 in England zwischen dem König und den Baronen geschlossen wurde und die sich zu einer Art Grundgesetz für die staatliche Ordnung des Landes entwickeln sollte.

Solche Beobachtungen warnen davor, in dieser Phase der Reichsgeschichte zwischen 1220 und 1250 nur eine Zersplitterung der politischen Ordnung zu sehen. Vielmehr setzte sich damals die Vorstellung einer «Verfassung» durch, mit der sich Kaiser und Fürsten eine gemeinsame Handlungsgrundlage gaben. So sollte das Reichsganze auf neuer Basis wieder gefestigt werden. Damit korrespondiert die Formel in den Urkunden Friedrichs II. vom «einheitlichen Körper des Reichs» (*unicum corpus imperii*), in dem der Herrscher das Haupt und die Fürsten die Glieder darstellen. Für die Glieder konnte es demnach kein Heil geben, wenn nicht die Unversehrtheit des Haupts bewahrt würde (*nec vigere potest salus in membris nisi capitis integritas conservetur*; BFW Nr. 4195). Ebenso konnte das Haupt ohne die Glieder nicht existieren. So waren beide aufeinander angewiesen und die fürstliche Würde durch das Reich und das Kaisertum gewährleistet. Das Ordnungsgefüge, wie es für das spätmittelalterliche Reich kennzeichnend werden sollte, begann sich in Konturen abzuzeichnen.

Dieser neue Rahmen der Reichsordnung ermöglichte den geistlichen und weltlichen Territorialherrschaften, sich kraftvoll zu entfalten. Große Erfolge hatte dabei der Kölner Erzbischof. In einem planmäßigen Erwerb von Burgen gelang es ihm, seine landesherrschaftliche Stellung zu sichern und zu erweitern. Erzbischof Engelbert I. (1216–1225), von Friedrich II. als «Reichsverweser» (*gubernator regni*) eingesetzt, gewann die Burgen Thuron an der Mosel, Fürstenberg bei Bacharach, Schmidtburg bei Kirn, Vianden (heute in Luxemburg), Hamm, Neuerburg und Manderscheid, um nur einige zu nennen. Hinzu kamen zahlreiche Vogteirechte und Bündnisse mit Brabant und Namur. Gegen den Herzog von Limburg mussten allerdings jahrelange Kämpfe geführt werden. Alle Kräfte wurden in den Dienst der territorialen Interessen gestellt.

Die gleichen Beobachtungen gelten, um ein weiteres Beispiel herauszugreifen, für die Politik Herzog Ludwigs I. von Bayern (1183–1231). Der Gewinn der Rheinischen Pfalzgrafschaft 1214 ragt hier sicherlich heraus. Der Pfälzer Löwe, eingebracht von den welfischen Pfalzgrafen in Heidelberg, wurde zum bayerischen Löwen. Über den Anspruch, das Erbe von söhnelosen Grafen seines Herzogtums einziehen zu dürfen («Heimfallsrecht»), bemächtigte sich Ludwig I. darüber hinaus einer Reihe von Herrschaften im Herzogtum Bayern. Dazu zählten unter anderem die Herrschaften der Markgrafen von Cham-Vohburg (1204), der Grafen von Peilstein (1219) und der Grafen von Lebenau (1229). Später, 1242 ging mit dem Besitz der Grafen von Bogen auch deren Rautenwappen an die Wittelsbacher über. So entwickelte sich der Typus des «Landesfürsten», wie der Chronist Konrad von Scheyern ihn beschreibt: «Er wurde reicher als der Reiche, mächtiger als der Mächtige, und die Macht der Vornehmen dieses Landes blickte nur noch auf ihn, den alleinigen Fürsten» (*ad solum principem*, *Chronik*, cap. 21).

Kaiser Friedrich II. widmete sich seinerseits dem Aufbau einer hocheffizienten Königsherrschaft im Königreich Sizilien. Mit den Assisen (Rechtsanordnungen) von Capua (1220) und den Konstitutionen von Melfi (1231) stellte er sein Reich auf eine neue Grundlage. Das Corpus der Konstitutionen von Melfi, auch *Liber Augustalis* («Kaiserliches Buch») genannt, umfasste zweihundertundneunzehn Einzelgesetze, die nochmals um fünfundsechzig Novellen erweitert wurden. Das römisch-byzantinische Recht aus dem *Corpus iuris civilis* von Kaiser Justinian (527–565) floss ebenso ein wie jenes der normannischen Vorfahren. Dieses Gesetzeswerk war so gründlich ausgearbeitet, dass es in Neapel und in Sizilien bis zum Beginn des 19. Jahrhunderts in Geltung blieb. In der Einleitung nannte sich Friedrich II. «neuer König» (*novus rex*) und «Gesetzgeber» (*conditor legum*). Dann verwies er in Anspielung auf die philosophischen Positionen des Aristoteles darauf, dass die «Notwendigkeit der Natur es erforderlich mache» (*rerum necessitate cogente*), für den Frieden unter den Menschen Gesetze zu erlassen, um die Willkür der Verbrecher zu zügeln. Die staatliche Ordnung sollte nicht länger allein auf Gottes Gesetze, sondern auch auf die Vernunft und eine aus der Natur abzuleitende Sinnhaftigkeit gegründet sein. In dieser Konzeption lassen sich Parallelen zu den wissenschaftlichen Diskursen dieser Zeit erkennen, die nunmehr Eingang in das politische Handeln und Denken des Herrschers fanden.

Alle Rechte, die nicht in dieses neue Gesetzbuch aufgenommen worden waren, galten fortan als ungültig. Selbsthilfe, Privatjustiz oder Fehde wurden unter strengste Strafe gestellt. Die Justizbeamten mussten von sich aus bei Verdacht auf Rechtsübertretung Untersuchungen («Inquisitionen») einleiten. Das gesamte Rechtssystem wurde straff in Unter- und Oberbehörden (Justitiare) gegliedert. Für alle Untertanen wurden Bestimmungen erlassen, welche die allgemeine Sittlichkeit heben sollten. Auf Ehebruch, Kuppelei, Entführung, Gotteslästerung und Glücksspiele standen strenge Strafen. Besonders unerbittlich sollten Ketzer verfolgt werden. Diese wurden – wie bereits erwähnt – den Majestätsverbrechern gleichgestellt und dem Feuertod überantwortet. Religiöse Toleranz ist in diesen Gesetzen nicht anzutreffen.

Freilich, den Kreuzzug schob Friedrich II. angesichts dieser Aufgaben in der Organisation seiner Herrschaft immer weiter hinaus. Verzweifelt suchte Papst Honorius III. nach Wegen, den Kaiser endlich zum Aufbruch zu bewegen. So vermittelte er 1225 die Heirat mit Isabella von Brienne, der Erbtochter des Königs von Jerusalem. Damit konnte der Staufer auch das Königtum von Jerusalem für sich beanspruchen und mit einem Kreuzzug sein eigenes Königreich in Besitz nehmen. Als definitiv verbindliches Datum für den Beginn des Kreuzzugs wurde nun der 15. August 1227 festgesetzt. Als sich das Heer in brütender Sommerhitze in Brindisi einschiffte, brach eine Seuche aus. Wieder musste das Unternehmen abgebrochen werden. Die Geduld des Papstes – inzwischen hatte Gregor IX. (1227–1241) den päpstlichen Thron bestiegen – war erschöpft. Am 29. September 1227 wurde der Kirchenbann über den Staufer verhängt.

Die Auseinandersetzungen mit dem Papst nahmen kein Ende

mehr. Als der gebannte Kaiser 1228/1229 trotz päpstlichen Verbots doch noch ins Heilige Land segelte und dort mit dem Sultan Al-Kamil von Ägypten (gest. 1238) einen zehnjährigen Frieden aushandelte, der den Christen den Zugang zu den heiligen Stätten ermöglichte, und als er sich bei dieser Gelegenheit in der Grabeskirche in Jerusalem die Krone aufsetzte, erblickten der Papst, der Patriarch Gerold von Jerusalem und die Kreuzritter vom Templerorden darin einen unerträglichen Verrat an der Christenheit. Für sie hatte sich im Heiligen Land nichts verbessert. Nur mühsam konnte das tiefe Zerwürfnis überbrückt und von Friedrich II. im Jahre 1230 die Lösung vom Bann erreicht werden.

Aber der Frieden war nicht von Dauer. 1237 eröffnete Friedrich II. den Krieg gegen die lombardischen Städte und besetzte Oberitalien. Dies bedeutete für den Papst die nun auch vom Norden her drohende Einschnürung. Als Friedrich II. schließlich Rom selbst in die Hand zu bekommen suchte, um darin das Zentrum eines geeinten kaiserlichen Italiens zu errichten, war der Bruch nicht mehr zu heilen. Das unerbittliche, ja brutale Vorgehen des Staufers, der nach seinem Sieg bei Cortenuova (südöstlich von Bergamo) am 27. November 1237 die bedingungslose Unterwerfung Mailands befahl, ließ seine Gegner eng zusammenrücken. Bei Matthew Paris, dem englischen Chronisten dieser Zeit, heißt es an dieser Stelle bezeichnenderweise: «Von da an verlor der Kaiser die Gunst vieler, weil er ein unerbittlicher Tyrann geworden war.»

So sprach Papst Gregor IX. am 20. März 1239 zum zweiten Mal den Bann über den Kaiser aus, und dieses Mal konnte er sich nicht mehr daraus befreien. Es kam zu einem gnadenlosen Kampf, der auch unter Einsatz aller erdenklichen propagandistischen Mittel geführt wurde. Im Mai oder Juni 1239 verfasste Kardinal Rainer von Viterbo (gest. 1250) ein apokalyptisches Manifest gegen den Kaiser. Es hebt an mit den biblischen Worten: «Aus dem Meer steigt ein Tier voller Namen der Lästerung, das – mit den Tatzen des Bären und dem Rachen des Löwen wütend, am übrigen Leib von Panthers Gestalt – sein Maul öffnet zur Lästerung des göttlichen Namens ...» (*Geheime Offenbarung* 13,1 ff.). Von Seiten des Kaisers kam sogleich die Antwort: Der Papst selbst sei jenes Tier, von dem geschrieben stehe: «Es stieg ein anderes rotes Pferd aus dem Meer, und der auf ihm saß, nahm den Frieden von der Erde, auf dass die Lebenden einander würgten ...» (*Geheime Offenbarung* 6,4). Die Auseinandersetzungen hatten sich damit zu einem apokalyptischen «Endzeitkampf» gesteigert.

Am 25. Juni 1243 wurde mit Innocenz IV. (gest. 1254) ein neuer Papst gewählt. Er arbeitete, so wird man alle Anzeichen deuten dürfen, von Anfang an auf die Verurteilung des Kaisers hin. Die zunächst geführten Vermittlungsgespräche waren nur Scheinverhandlungen, um Zeit zu gewinnen. Für den Prozess gegen den Kaiser berief Innocenz IV. ein Konzil in Lyon ein, das am 26. Juni 1245 eröffnet wurde. Es kamen etwa einhundertfünfzig Bischöfe zusammen, weit weniger als 1215 auf dem Laterankonzil, an dem noch fast fünfhundert teilgenommen hatten. Deutsche und sizilianische Bischöfe fehlten in Lyon ganz. Der Verteidiger des Kaisers, der Großhofrichter Thaddäus von Sessa (gest. 1248), besaß von vornherein keine Chance. In den Augen des Papstes hätte sogar das Konzil selbst keine Möglichkeit gehabt, gegen ihn zu entscheiden. Wie Innocenz IV. später in einem selbstverfassten Kommentar schrieb, habe der Rahmen des Konzils nur der Feierlichkeit gedient. «Auch ohne Konzil würde der Urteilsspruch des Papstes zur Verurteilung des Kaisers genügen. [...] Nur er selbst besitzt die volle Gewalt» (*Ipse solus habet plenitudinem potestatis*, Miethke/Bühler, S. 111).

Diese *plenitudo potestatis* – die «ganze Fülle der Gewalt» – verlieh dem Papst alle Macht, den Kaiser abzusetzen (*deponit imperatorem*), weil dieser ständig die Verträge gebrochen und Meineide geschworen habe, weil er ein Gotteslästerer und Friedensbrecher sei und Ketzerei betrieben habe. Nach diesem Urteilsspruch entband er die Fürsten vom Treueid und forderte diejenigen, «denen in diesem Reich die Wahl des Kaisers (!) zusteht» (*quibus in eodem imperio imperatoris spectat electio*), auf, einen Nachfolger zu wählen (Miethke/Bühler, S. 108). Thaddäus von Sessa habe vor Schmerz ausgerufen: «Das ist der Tag des Zorns, des Unglücks, des Jammers!»

Dem «Körper» des Reichs war damit das Haupt genommen, auch wenn Friedrich II. und seine Söhne erbittert um die Herrscherwürde kämpften. Die Rechtsgelehrten hatten sie freilich nicht auf ihrer Seite. Nach deren Urteil stand dem Papst das Recht auf Prüfung und Absetzung des Kaisers zu. Nur die Unterwerfung – einst von seinem Großvater, Friedrich I. Barbarossa, in Venedig praktiziert – hätte Friedrich II. retten können. Aber daran verschwendete er keinen Gedanken. «Noch habe ich meine Krone nicht verloren und werde sie weder durch die Anfeindungen des Papstes noch durch den Beschluss der Kirchenversammlung ohne blutigen Kampf verlieren. Sollte sich der kümmerliche Übermut wirklich zu solcher Unverfrorenheit erdreisten, dass es ihm gelänge, mich, den höchsten unter den Fürsten, den keiner überragt, ja dem keiner auch nur nahekommt, vom Gipfel der kaiserlichen Macht herabzustürzen?» (Heinisch, *Briefe und Berichte*, S. 602).

Es brachen turbulente Zeiten an. Kämpfe wogten hin und her und gipfelten 1248 in einer vernichtenden Niederlage des kaiserlichen Heeres vor Parma. Der Kaiser, durchdrungen von steigendem Misstrauen gegenüber seiner Umgebung, handelte immer unkontrollierter. Seinen engsten Vertrauten, Petrus de Vinea, ließ er 1249 wegen angeblichen Verrats hinrichten. Andere wurden grausamen Foltern unterworfen. Friedrich sah sich jetzt als «Hammer der Welt» (*malleus mundi*), und seinen Kampf führte er nun gegen die gesamte Papstkirche, die er in den Zustand der Urkirche in Armut und Besitzlosigkeit zurückführen wollte: «Den Geistlichen ihre schädlichen Schätze wegzunehmen, das ist ein Werk der Liebe!» (Heinisch, *Briefe und Berichte*, S. 608). Damit konnte er die Sympathien der dem Armutsideal nacheifernden Franziskaner gewinnen, für die Friedrich II. plötzlich zum Reform- und Friedenskaiser wurde.

Die Auseinandersetzung mit dem Papst war jedoch zu einem Kampf auf Leben und Tod geworden. Es ging nun nicht mehr um irgendwelche Rechte oder Gebietsforderungen, nicht mehr um die Frage der Einsetzung der Bischöfe in Sizilien oder um den Termin des Kreuzzugs. Jetzt ging es für den Papst vielmehr darum, ob die Kirche als heilsvermittelnde Institution, wie sie sich bis dahin in Recht und Organisation ausgebildet hatte, überleben würde und den Menschen damit künftig überhaupt noch der Weg zum Heil offenstünde. Nur wenn man diese grundstürzende Gefährdung beachtet, in der sich die Kirche sah, findet man eine Erklärung dafür, dass es dem Papst damals nur noch um die vollkommene Vernichtung Friedrichs II. und des ganzen Geschlechts der Staufer gehen konnte. Kompromisse konnte es nicht mehr geben.

Am Ende stand der völlige Untergang des staufischen Hauses. Am 13. Dezember 1250, dreizehn Tage vor seinem 56. Geburtstag, starb Friedrich II. in dem kleinen Castel Fiorentino (nördlich von Foggia in Apulien), von dem heute so gut wie nichts mehr zu sehen ist. Sein Sohn Manfred teilte den Tod dem Halbbruder, Konrad IV., mit den Worten mit: «Untergegangen ist die Sonne der Welt, die über den Völkern geleuchtet hat, untergegangen die Sonne der Gerechtigkeit, der Hort des Friedens.»

Seine Söhne überlebten den Kaiser nicht lange. Konrad IV., dem der Vater eine besondere Rolle zugedacht hatte, starb am 21. Mai 1254, nur sechsundzwanzig Jahre alt. Er war im Februar 1237 in Wien von staufischen Anhängern auf Anordnung Friedrichs II. hin zum römischen König gewählt, aber niemals gekrönt worden. Sein Königtum war daher stets zweifelhaft. Dennoch suchte er nach Wegen, die staufische Präsenz in Deutschland zu behaupten. Die Heirat im September 1246 mit Elisabeth, der Tochter Herzog Ottos II. von Bayern und Pfalzgrafen bei Rhein (gest. 1253), brachte ihm eine wichtige Stärkung seiner Position. Doch nach dem Tod seines Vaters war Konrad IV. hin und her gerissen zwischen der deutschen Krone und der Krone des Königreichs Sizilien, die ihm durch das väterliche Testament ausdrücklich anvertraut worden war. Hinzu kam noch die Krone von Jerusalem, auch sie ererbt und mit der Verpflichtung verbunden, sie zu verteidigen. Dies alles, so gewinnt man den Eindruck, hat ihn überfordert.

Sein Halbbruder Manfred schlug sich tapfer in Italien. Aber als der Papst schließlich Karl von Anjou (gest. 1285) zur Hilfe herbeirief, unterlag Manfred dessen Heer in der Schlacht bei Benevent im Jahre 1266 und kam dabei ums Leben. Ein weiterer Halbbruder, Enzio, geriet in die Hände der Bologneser und blieb dort bis zu seinem Tod 1272 in Gefangenschaft. So war am Ende nur noch Friedrichs II. junger Enkel, der fünfzehnjährige Konradin, Sohn Konrads IV., am Leben. Er verließ 1268 seine schwäbische Heimat in Richtung Süden, um sich sein Erbe zu holen. In der Schlacht bei Tagliacozzo (etwa 100 Kilometer östlich von Rom) wurde er am 23. August desselben Jahres durch List besiegt und auf Befehl Karls von Anjou auf dem Marktplatz von Neapel enthauptet. Staufer zu sein, war in der Mitte des 13. Jahrhunderts zu einer Todsünde geworden. Unablässig forderte der Papst: «Rottet aus Namen und Leib, Samen und Spross dieses Babyloniers!» Für seine Anhänger aber, die «Ghibellinen» (abgeleitet vom salisch-staufischen Ortsnamen Waiblingen), blieb Friedrich II. der Friedenskaiser, über den sich bald die Legende verbreitete, er sei noch am Leben oder sei in den Ätna entrückt, um als Endkaiser wiederzukehren.

5. Die deutsche Nation

Der lange Weg zur Goldenen Bulle von 1356

Wann beginnt das späte Mittelalter? Diese Frage wird man aus jeweils unterschiedlichen Perspektiven je anders beantworten. Gewiss, das Leben und politische Handeln im 14. und 15. Jahrhundert erscheinen im Vergleich zum hohen Mittelalter so vollständig verändert, dass man das 13. Jahrhundert wohl als eine entscheidende Epoche des Übergangs ansehen muss. Wenn wir die politische Ordnung in den Blick nehmen, so wirkt der Weggang Friedrichs II. 1220 von Deutschland als wichtiger Schritt hin zu einer neuen Reichsordnung. Von diesem Zeitpunkt an gab es im Reich für lange Zeit keine unumschränkt anerkannte und damit handlungsfähige Königsgewalt mehr. Ja mehr noch: Das Kaisertum wurde zunächst zu einem konkurrierenden Faktor, der die Königsgewalt in Deutschland immer wieder außer Kraft setzte. Fürsten, die sich von König Heinrich (VII.) ungerecht behandelt sahen, reichten bei seinem Vater, dem Kaiser, Beschwerde ein und setzten damit königliche Beschlüsse außer Kraft. Mit dem Tod Friedrichs II. fiel das Kaisertum dann für über ein halbes Jahrhundert ganz aus. Es hatte sich dem Ordnungssystem in einem «deutschen Reich» so weit entzogen, dass man es für dessen Aufrechterhaltung offenbar gar nicht mehr für nötig erachtete.

Für viele Jahrzehnte tummelten sich nun die «kleinen Könige» im Reich. Schon Heinrich Raspe, den Landgrafen von Thüringen, mag man zu ihnen rechnen. Er wurde nach der Absetzung Friedrichs II. am 22. Mai 1246 unter der Leitung der Erzbischöfe von Mainz und Köln zum König der Römer gewählt – und zwar auf Befehl des Papstes. Innocenz IV. teilte den Fürsten mit, er «ermahne, bitte, fordere auf und befehle dringend» und verbinde dies mit einem Sündenerlass, dass der Landgraf zum römischen König und künftigen Kaiser gewählt werde, und zwar «einmütig und ohne irgendeine Verzögerung» (*unanimiter absque dilationis dispendio*, *Constitutiones* 2, Nr. 346). Die Wahl des römischen Königs war mithin vollends unter die Aufsicht des Papstes geraten.

Als Heinrich Raspe neun Monate später, am 16. Februar 1247, starb, folgte ihm Graf Wilhelm von Holland. Die drei rheinischen Erzbischöfe von Köln, Mainz und Trier sowie der Herzog von Brabant wählten ihn am 3. Oktober 1247. Papst Innocenz IV. zeigte sich hochzufrieden, war Wilhelm doch der Mann seiner Empfehlung. Aber der königliche Wirkradius blieb bescheiden, beschränkt auf den Niederrhein und Holland. Auch die päpstlichen Subsidien halfen nicht weiter, und Wilhelms Versicherung, er sei doch «durch den Papst bestätigt worden» (*per summum pontificem confirmati*, *Constitutiones* 2, Nr. 359), mutet im nachhinein eher hilflos an. Während seiner Regierung sahen sich die rheinischen Städte veranlasst, eine Selbsthilfeorganisation, den «Rheinischen Städtebund» von 1254, zu gründen. Mainz, Worms und Oppenheim standen an seiner Spitze, und bald gesellten sich weitere Städte und auch adlige Herren und Fürsten hinzu. Wichtigstes Ziel war der Schutz des Handelsverkehrs. Daher sollten 150 bewaffnete Schiffe die Sicherheit auf dem Rhein überwachen. Die Maßnahme zeigt, wie nun immer schmerzlicher eine den Frieden sichernde Autorität im Reich vermisst wurde. Freilich, die Interessen der Mitglieder des Rheinischen Städtebunds waren zu vielfältig, als dass er länger als zweieinhalb Jahre Bestand hätte haben können. Als Wilhelm von Holland am 28. Januar 1256 auf einem Feldzug von den Friesen erschlagen wurde, ging auch das Friedensbündnis schon seinem Ende entgegen.

Das Jahr 1257 brachte schließlich eine Doppelwahl, die das ganze Dilemma der politischen Ordnung im Reich weiter verschärfte. Die Kölner Partei wählte Graf Richard von Cornwall (gest. 1272), den Sohn des englischen Königs Johann Ohneland. Die Gegner Englands und Kölns entschieden sich für König

Alfons von Kastilien (gest. 1284), einen Enkel König Philipps von Schwaben. Beide gehörten sie zur europäischen Fürsten- und Königselite, waren hoch angesehen, und ihre Wahl zeugte von den Versuchen, das Königtum wieder zu stärken. Doch Alfons, der wegen seiner Gelehrsamkeit «der Weise» genannt wurde, war mit seinem eigenen Reich in Kastilien so beschäftigt, dass er sich Deutschland gar nicht widmen konnte. Richard dagegen suchte zunächst das Amt durchaus auszufüllen. Vor allem sein gewaltiger Reichtum verschaffte ihm Spielraum. Am Ende freilich wurde er in englische Konflikte hineingezogen und blieb so gleichfalls ohne Erfolg.

Man kann die Frage stellen, weshalb sich Kandidaten aus so entfernten Regionen für das Amt des römischen Königs zur Verfügung stellten. Haben wir es mit einer «Europäisierung» des Reichs und seiner politischen Elite zu tun? Es scheint doch eher so gewesen zu sein, dass sich jene Könige, die von außen kamen, Hoffnungen machten, von dieser Stellung aus das Kaisertum zu erlangen. Die gedankliche Verknüpfung von römisch-deutschem Königtum und römischem Kaisertum blieb jedenfalls erstaunlicher Weise erhalten. Zwar gab es von nun an lange keinen Kaiser mehr, aber dass er nur über die deutsche Herrschaft seine Würde hätte erlangen können, blieb allgemeine Überzeugung. So stellte der schon erwähnte Kölner Domherr Alexander von Roes in seiner Schrift «Beschreibung der Welt» (*Notitia seculi*) 1288 fest, der Heilige Geist habe es so geordnet, «dass bei den Römern das Papsttum, bei den Germanen [den Deutschen] aber das Kaisertum sei» (*quod apud Romanos sacerdotium et apud Germanos esset regnum* [= das höchste Herrscheramt], cap. 16) – zumal schon Karl der Große ein Deutscher (*Teutonicus*) gewesen sei (cap. 18). Die Spitze solcher Bemerkungen war gegen Frankreich gerichtet, denn dort waren immer lautere Stimmen vernehmbar, die den Abzug der Kaiserwürde von den Deutschen und ihre Übertragung auf die Franzosen propagierten.

Die Doppelwahl von 1257 mit ihrem so eigenartigen Ergebnis darf eine Besonderheit für sich beanspruchen: Erstmals vollzogen ausschließlich die Kurfürsten den Wahlakt, allerdings ohne klare Mehrheiten zu erlangen, denn die böhmische Stimme wurde zweimal vergeben. Dieses Problem wurde in der Folgezeit diskutiert. Daraus entstand der immer stärker werdende Wunsch, man müsse einen einhellig anerkannten Kandidaten zum König erheben. Dies wurde in der Tat am 1. Oktober 1273 erreicht: Graf Rudolf IV. von Habsburg, dessen Herrschaft im Aargau in der heutigen Schweiz und im südlichen Elsaß lag, wurde mit großer Mehrheit gewählt. Auch dieses Mal gab es im Vorfeld einen Wahlbefehl des Papstes. Gregor X. (1271–1276) nannte jedoch keinen Kandidaten. Es wird dadurch nicht einfacher, eine Erklärung dafür zu finden, weshalb die Entscheidung, noch dazu so einmütig, auf Rudolf fiel. Vielleicht lag es an seinem verhältnismäßig hohen Alter, denn mit fünfundfünfzig Jahren hatte man gewöhnlich keine hohe Lebenserwartung mehr. So mochte man in ihm vor allem eine Übergangslösung sehen.

Rudolf war ein König des Glücks und wohl auch des diplomatischen und militärischen Geschicks. Günstige Heiratsverbindungen zustande zu bringen, war ein zentrales Element seines herrscherlichen Konzepts. Am Ende hatte er durch den Einsatz seiner Töchter eine vollständige verwandtschaftliche Vernetzung der weltlichen Kurfürsten erreicht. Dazu zählten der Pfalzgraf bei Rhein, der Herzog von Sachsen-Wittenberg, der Markgraf von Brandenburg und König Wenzel II. von Böhmen (gest. 1305). Eine fünfte Tochter wurde Gemahlin des Herzogs von Niederbayern. So erwuchs aus dem Kreis der Kurfürsten eine Art königlicher Familienrat. Wie sehr Rudolfs Regierung von dessen Zustimmung abhängig war, beweisen die sogenannten «Willebriefe», die seinerzeit üblich wurden. Die urkundlichen Entscheidungen des Königs allein reichten nicht mehr aus; vielmehr musste ihnen eine Bestätigung der Kurfürsten beigelegt werden.

Freilich bedeuteten sie für den König gleichzeitig auch die Rückendeckung für seine Politik. Um sich einen gewissen Spielraum an materiellen Machtgrundlagen zu verschaffen, entwickelte er das Programm der Rückforderung («Revindikation») all der Reichsgüter, die seit 1245 verloren gegangen waren. Damit wollte er der «Ehre und Wiederherstellung des zusammengebrochenen Reichs» (*honor et reformatio collapsi status imperii*) dienen, wie er auf einem Hoftag in der Pfalz Hagenau im Februar 1274 verkündete (*Constitutiones* 3, Nr. 26). Man darf zwar den Erfolg dieser Aktion nicht zu hoch bewerten, aber immerhin war damit ein Zeichen gesetzt. Das Königtum war gleichsam wieder präsent. Die – vor allem in Schwaben, im Elsaß und in der Wetterau – zurückgewonnenen Güter fasste Rudolf in Landvogteien zusammen. Sie wurden unter die Obhut von Landvögten mit beamtenähnlichem Status gestellt.

Trotz aller Bemühungen, sich als erfolgreicher Herrscher zu etablieren und in seiner Selbstdarstellung an die Tradition der salischen und staufischen Kaiser anzuknüpfen, blieb er in den Augen der großen Dynasten doch ein kleiner König. Insbesondere König Ottokar II. von Böhmen (1253–1278) weigerte sich, den königlichen Vorrang Rudolfs anzuerkennen. Er hatte 1251 das Herzogtum Österreich an sich gebracht und dachte gar nicht daran, es König Rudolf zu überlassen. Durch ein fürstliches Schiedsgericht vom 21. November 1276 im Heerlager vor Wien wurde jedoch festgesetzt, dass Ottokar zwar Böhmen und Mähren behalten dürfe, auf die österreichischen Länder (Österreich, Steiermark, Kärnten, Krain) und auf das Egerland aber verzichten müsse (*Constitutiones* 3, Nr. 113).

Dies war für den Böhmenkönig das Signal, nunmehr den kleinen König durch einen Kriegszug zur Raison bringen zu müssen. Siegesgewiss sammelte Ottokar II. am 26. August 1278 ein gewaltiges Heer auf dem Marchfeld bei Dürnkrut (östlich von Wien). Über eintausend Panzerreiter standen ihm zur Verfügung. Der «arme» König zählte gerade einmal dreihundert dieser Schwerbewaffneten – aber der sechzigjährige Rudolf war ein erfahrener Heerführer. Er ließ eine kleine Gruppe von ein paar Dutzend Panzerreitern von der Flanke her auf die Feinde losstürmen, die von den Gegnern wegen des engen Sehschlitzes ihrer Topfhelme erst im letzten Augenblick erkannt wurden. Durch diese Kriegslist entstand völlige Verwirrung, ja Panik im Heer des Böhmenkönigs, der bald eingekesselt war, gefangengenommen und erschlagen wurde.

Dieser Sieg hatte weltgeschichtliche Bedeutung. Mit ihm war entschieden, dass die österreichischen Länder an das Haus Habsburg fielen. Damit waren gleichzeitig die Grundlagen für die künftige Entstehung einer Großdynastie im Südosten des Reichs, des Hauses Habsburg, geschaffen. Aber bis dahin war der Weg noch weit, und Rudolf selbst war es noch nicht einmal vergönnt, einem seiner Söhne die Nachfolge im Königtum zu sichern. Immerhin konnte er seinen Sohn Albrecht durch die Belehnung mit den österreichischen Ländern in den Reichsfürstenstand erheben und damit den neuen dynastischen Ansatz verfestigen.

Die Kaiserwürde zu erlangen, blieb ihm trotz vieler Versuche und mancher Hoffnungen verwehrt. Wie sehr er sich danach gesehnt hatte, zeigt sich an der Wahl seiner Grablege: Dafür bestimmte er den salischen Kaiserdom zu Speyer, und im Angesicht des Todes begab er sich eigens in diese Stadt, in der er am 15. Juli 1291 im ungewöhnlich hohen Alter von dreiundsiebzig Jahren verstarb. Das Relief mit seiner Figur auf einer Sandsteinplatte, das sich heute am Eingang zur Kaisergruft im Speyerer Dom befindet, zeigt portraithafte Züge, auch wenn Nase, Mund und Kinn ergänzt worden sind.

So anerkennend das Urteil über das Königtum Rudolfs schon unter Zeitgenossen auch ausfiel, eine dauerhafte Friedensordnung war mit seiner Herrschaft noch kaum geschaffen. Die Talgemeinden von Waldstätten, Uri, Schwyz und Nidwalden beispielsweise befürchteten nach dem Tod Rudolfs größte Gefahr für den Frieden. Deshalb schlossen sie sich am 1. August 1291 zu einem unbefristeten Friedensbund zusammen – eine Art Selbsthilfe angesichts der ständigen Konflikte mit anderen Talgemeinden. Ohne die regulierende habsburgische Autorität musste man genossenschaftliche Vorsorge treffen.

Die Anfänge der Schweizer Eidgenossenschaft stehen in der Tat zeitlich am Beginn einer Phase neuer Unruhen, denn Rudolfs Nachfolger scheiterten kläglich. Adolf von Nassau (1292–1298) war bloß Kreatur des Kölner Erzbischofs Siegfried von Westerburg (1274–1297). Durch den Andernacher Vertrag vom

27. April 1292 geriet der Kandidat für das Amt des Königs in vollständige Abhängigkeit von Köln. Die Reichsgewalt war damit im Grunde auf die Kurfürsten übergegangen. Als es der König dennoch wagte, seine Machtbasis zu erweitern, indem er Albrecht dem Entarteten (1256–1294, gest. 1315), dem wirtschaftlich ruinierten Landgrafen von Thüringen, seine Herrschaft abkaufte, schritt sogleich der Mainzer Erzbischof Gerhard von Eppstein (1289–1305) ein. Dieser sah sich durch die Thüringer Geschäfte Adolfs in seinen territorialpolitischen Interessen belästigt. Auf sein Betreiben hin wurde Adolf daher am 23. Juni 1298 in Mainz abgesetzt, wobei man sich an der Argumentationsstrategie und dem Vorgehen bei der Absetzung Kaiser Friedrichs II. auf dem Konzil von Lyon 1245 orientierte. Anschließend wählte man Albrecht von Habsburg, den Sohn Rudolfs, zum neuen König.

Die Absetzung Adolfs von Nassau in dieser Form macht deutlich, dass sich die geistlichen Kurfürsten dem päpstlichen Anspruch auf Approbation und Reprobation weitgehend angenähert hatten. Wie der Papst den Kaiser, so setzte der Mainzer Erzbischof den König ab, indem er seine Würdigkeit in Abrede stellte. Um die geistliche Exkommunikation ging es dabei gar nicht mehr, sie wurde überhaupt nicht erst erwogen. Freilich, eine rechtliche Grundlage für dieses Vorgehen gab es nicht. So kam es zwangsläufig zur Entscheidung im Kampf. In der Schlacht bei Göllheim in der Pfalz am 2. Juli 1298 verlor Adolf sein Leben.

Alle diese Vorgänge widersprachen in hohem Maße den Rechtstraditionen. Das Königtum Albrechts I. galt somit als rechtswidrig, wie Papst Bonifaz VIII. (1294–1303), ein brillanter Jurist, ausdrücklich feststellte. Er war außer sich über dessen Unverfrorenheit und verweigerte dem Habsburger jahrelang die Approbation. Außerdem entwickelte er um 1300 ein verbindliches Modell der Königserhebung: Solange der gewählte deutsche König vom Papst noch nicht approbiert sei, heiße er «König von Alemannien» (*rex Alamannie*) oder «Gewählter für die römische Königswürde» (*in regem Romanorum electus*). Der

Herrscherthron gelte in dieser Phase jedoch noch als vakant. Durch die päpstliche Approbation erst werde der eigentliche Rechtsakt vollzogen. Erst jetzt werde aus dem Elekten ein «Römischer König» (*rex Romanorum*) mit voller Herrschergewalt in Deutschland, Italien und Burgund.

Für den Anspruch auf das Königreich Italien war ursprünglich die Königskrönung in Pavia oder die Kaiserwürde erforderlich gewesen. Auch die burgundische Krone musste immer wieder durch eine eigene Krönung nachgewiesen werden – zum letzten Mal ließ sich Karl IV., obzwar schon zehn Jahre lang Kaiser, 1365 zum König von Burgund krönen. Im Laufe der Zeit war allerdings die Vorstellung entstanden, dass das Herrschaftsrecht über alle drei Reiche schon im römischen Königtum verankert sei. In diesem Sinne überschrieb der Gelehrte Lupold von Bebenburg (gest. 1363) in seinem Werk «Über die Rechte von Reich und Kaisertum» (*De iuribus regni et imperii*) das siebte Kapitel mit den Worten: «Dass der König der Römer nach einer Wahl, die einmütig oder von der Mehrheit der Fürsten vollzogen wurde, in Italien und den übrigen Provinzen des König- und Kaiserreichs dieselbe Amtsgewalt hat wie der Kaiser.» Diese Auffassung war nun also auch in die päpstliche Theorie übergegangen. Zum «römischen Kaiser», das blieb der feste Bezugspunkt im päpstlichen Rangsystem, konnte der «römische König» freilich erst mit der Kaiserkrönung durch den Papst aufsteigen. Aber davon war man in jenen Zeiten weit entfernt.

An dieses Grundschema hat man sich künftig an der Kurie gehalten. Nach langwierigen Verhandlungen erklärte sich Albrecht I. schließlich bereit, dem Papst am 17. Juli 1303 einen Treueid zu leisten, der sehr dem Amtseid päpstlicher Beamter nachgebildet war (*Constitutiones* 4, 1, Nr. 181; Miethke/Bühler, S. 131 f.): «Dem Vater und Herrn in Christus, dem Herrn Bonifaz […] entbiete ich, Albrecht, von Gottes Gnaden allzeit erhabener König der Römer, demütige Küsse für die gesegneten Füße. […] Ich unterwerfe mich ganz und gar und trete vor, um in jeder Weise schuldigen Dank zu bezeugen, soweit es der Zustand der menschlichen Unvollkommenheit zulässt. […] Das römische Kaisertum wurde in der Person des großen Karl durch den Apostolischen Stuhl von den Griechen auf die Germanen (Deutschen) übertragen [...]. Von ihm empfangen die Könige und Kaiser, die es gab und die es in aller Zukunft geben wird, die Gewalt des weltlichen Schwerts, die Bösen zu strafen und die Guten zu loben. [...] Ich schwöre, indem ich meine Hand auf die allerheiligsten Evangelien lege, dem heiligen Petrus und Euch und Euren Nachfolgern, die in kanonischer Sukzession an Eure Stelle treten werden, und der heiligen römischen und apostolischen Kirche Treue und Gehorsam.»

War man – wie in der Forschung erwogen wird – in König Albrechts Kanzlei gar nicht im Stande, das ganze Ausmaß solcher Formulierungen zu erfassen? Oder zeigt sich in der völligen Übernahme der kurialen Position die geschickte Strategie der königlichen Notare? Jedenfalls werden wir zur Kenntnis nehmen müssen, welch ein Unterschied zum Handeln des Königs Philipp IV. von Frankreich (1285–1314) bestand. Auch von ihm forderte Bonifaz VIII. vollen Gehorsam. In der Bulle *Unam sanctam* verkündete er, dass die Unterwerfung unter den Papst für jedes menschliche Wesen heilsnotwendig sei. Doch der französische Hof dachte gar nicht daran, sich diesem Anspruch zu beugen. Nach wechselseitigen Drohungen nahm schließlich eine kleine Truppe französischer Ritter am 7. September 1303 den Papst in seinem Palast in Anagni gefangen, plünderte die Räume und setzte Bonifaz derart unter Druck, dass er sich davon nicht mehr erholte. Man ließ ihn zwar wieder frei, aber schon drei Wochen später, am 11. Oktober 1303, starb er als gebrochener Mann in Rom.

Albrecht I., der sich in seinen letzten Jahren vor allem der Erweiterung der habsburgischen Besitzungen widmete, fiel am 1. Mai 1308 einem Mordanschlag seines Neffen Johann bei Rheinfelden zum Opfer. Dieser sah sich von seinem Onkel in seinen Erbansprüchen hingehalten, und überdies hatte sich auf verschiedenen Seiten großer Unmut wegen der schroffen Art des Königs angestaut. So hat man die Nachricht von der Ermordung Albrechts eher mit Genugtuung aufgenommen.

Sein Nachfolger wurde Graf Heinrich VII. von Luxemburg, ein Mann von etwa dreißig Jahren, der vor allem auf Betreiben seines Bruders, Erzbischof Balduins von Trier (1307–1354), am 27. November 1308 die Zustimmung der Kurfürsten – ohne Böhmen – erlangte. Auch mit der Kurie führte Balduin, der als der bedeutendste deutsche Staatsmann dieser Generation gilt, die erforderlichen Verhandlungen. Daher erhielt Heinrich am 26. Juli 1309 «nach Prüfung der Wahl und der Person» durch Papst Clemens V. die Approbation (*Constitutiones* 4, 1, Nr. 295). Daraufhin wurde der Luxemburger zum *rex Romanorum* und für würdig erklärt, «zum Kaiser erhöht zu werden» (*habilem et ydoneum ad promovendum in imperatorem*). Die größte Leistung vollbrachte er für sein eigenes Haus: Am 31. August 1310 gelang es ihm, das ledig gewordene Königreich Böhmen seinem vierzehnjährigen Sohn Johann als Lehen zu übertragen. Dieser reichspolitisch folgenreiche Akt wurde abgesichert durch die Heirat Johanns mit der neunzehnjährigen Prinzessin Elisabeth aus dem Haus der böhmischen Přemysliden. Wie der Gewinn Österreichs 1278 für die Habsburger eine Weichenstellung bedeutete, so auch die Übernahme Böhmens 1310 durch das Haus der Luxemburger.

Im übrigen war Heinrichs Herrschaft ganz davon ausgefüllt, im engen Zusammenwirken mit dem Papst die Kaiserwürde zu erlangen. Im September 1310 brach er unter Einsatz seiner bescheidenen Mittel nach Italien auf. Am 6. Januar 1311 gelang es ihm, im Dom von Mailand mit der «Eisernen Krone» der Lombarden, die eigens für diesen Zweck angefertigt worden war, gekrönt zu werden. In Ober- und Mittelitalien, das nach wie vor in zahlreiche Stadtherrschaften und Signorien zersplittert war, gab es durchaus Gruppierungen, die sich von einem neuen Kaiser Vorteile, vielleicht auch eine neue Friedensordnung erhofften. Der große Dichter Dante Alighieri (1265–1321) brachte dies in seiner «*Monarchia*» in pathetischen Worten zum Ausdruck. Noch weiter ging Abt Engelbert von Admont (gest. 1331) in seinem Werk «Über Anfang und Ende des Römischen Reichs» (*De ortu et fine Romani imperii*). In einer Verknüpfung von aristotelischer und scholastischer Wissenschaft betonte er das Recht und die Notwendigkeit der kaiserlichen Weltmonarchie. Von ihr sei gar der Bestand der Welt abhängig.

Aber die Realität sah anders aus. Gegen den unermesslichen Reichtum der Stadtherren und mächtigen Familien – wie etwa der Visconti in Mailand – blieben die Möglichkeiten Heinrichs bescheiden. Doch gelang es ihm trotz aller Schwierigkeiten, sich so lange in Italien zu halten, bis er am 29. Juni 1312, am Tag der Apostel Petrus und Paulus, in der Laterankirche zum Kaiser geweiht wurde – der Petersdom blieb ihm wegen des Widerstands der römischen Bürger verschlossen. Immerhin, nach zweiundneunzig Jahren hatte damit ein römischer König wieder die Kaiserkrone erlangt. Voller Stolz ließ er aller Welt verkünden, nun sei das Kaisertum wieder erstanden und alle Menschen seien ihm als oberstem Herrscher untertan. Erst, als er im folgenden Jahr nach Süditalien ziehen wollte, um dort an alte staufische Herrscherzeiten anzuknüpfen und den Kampf gegen König Robert von Neapel-Sizilien (1309–1343) aufzunehmen, reagierte der Papst empört. Doch schon am 24. August 1313 erlag Heinrich in Buonconvento südlich von Siena der Malaria. Im Dom von Pisa fand er sein Grab.

So hatte sich Kaiser Heinrich VII. fast bis zuletzt als gehorsamer Befolger päpstlicher Regeln und Vorgaben erwiesen – und auf diese Weise war ihm sogar die kaiserliche Würde zuteil geworden. Das ganze Auftreten des Luxemburgers wirkte freilich eher wie die Inszenierung eines großen Theaters mit päpstlicher Duldung – auch wenn Heinrich VII. von seiner imperialen Sendung gewiss zutiefst überzeugt war. Dieses Kaisertum besaß jedoch keine Kraft aus sich heraus. Viel wichtiger musste nunmehr eine Neubestimmung des Königtums und seiner Legitimation sein. In dieser Hinsicht setzte aber erst die Herrschaft Ludwigs des Bayern (1314–1347) entscheidende Akzente.

Ludwig, der Herzog von Oberbayern, unter dem München zur Hauptstadt ausgebaut wurde, war in den Augen des Papstes stets ein illegitimer König, denn er erlangte niemals die päpstliche Anerkennung. An der Kurie wurde er daher nur «der

Bayer» (*Bavarus*) genannt – eine herabwürdigend gemeinte Bezeichnung, die ihm als Beiname geblieben ist. Zuerst musste sich Ludwig – nach einer Doppelwahl am 19. und 20. Oktober 1314 vor den Toren Frankfurts – gegen seinen Rivalen, den Habsburger Friedrich den Schönen, durchsetzen. Nach jahrelangen Scharmützeln gelang ihm dies militärisch in der Schlacht bei Mühldorf am Inn am 28. September 1322. Damit waren die Habsburger für ein Jahrhundert vom Königtum verdrängt.

Dann begann der Kampf mit dem Papst. 1316 hatte Johannes XXII. (gest. 1334) den päpstlichen Thron bestiegen, welcher sich seit 1309 auf französischen Druck hin nicht mehr in Rom, sondern in Avignon befand. Johannes war bei seiner Wahl ein Greis von zweiundsiebzig Jahren, und man rechnete mit einer kurzen Übergangsphase. Aber man hatte sich getäuscht. Mit großer Zähigkeit und unerschütterlicher Beständigkeit, um nicht zu sagen Sturheit, regierte er achtzehn Jahre lang, nahm tiefgehende Zerrüttungen in Kirche und Gesellschaft hin und hielt dabei allen Proteststürmen stand.

Mit den Bettelmönchen, vor allem den Franziskanern, führte er einen heftigen Kampf um die Frage, welche Bedeutung die Armut Christi und der Apostel für die Geistlichkeit, insbesondere den Papst habe («Armutsstreit»). Die Vertreter der strengen Richtung der Franziskaner, die Terziarier – Laien, die neben Mönchen und Nonnen der Franziskaner deren «dritten Orden» bildeten –, forderten die vollständige Armut auch vom Papsttum. Dafür brachten sie das Argument vor, dass der Erlöser und die Apostel weder als einzelne noch in ihrer Gemeinschaft etwas besessen hätten. Der Papst werde selbst zum Ketzer, wenn er päpstliches Eigentum verteidige. Diese Angriffe verdammte Johannes XXII. als Glaubensirrtum und als Ketzerei in einer Bulle vom 12. November 1323, die er an die Tür der Kathedrale von Avignon anschlagen ließ. Mancher Bettelmönch, der sich der päpstlichen Entscheidung nicht fügte, endete auf dem Scheiterhaufen.

Zur gleichen Zeit ging Johannes XXII. auch gegen Ludwig den Bayern vor. Dieser hatte nach dem Sieg bei Mühldorf sein

Interesse Italien zugewandt. In den Städten und Regionen im nördlichen «Reichsitalien» waren durch den Papst in den Jahren zuvor päpstliche Vikare eingesetzt worden. Ludwig seinerseits forderte nun 1323, dass die früheren Reichsvikare wieder in ihre alte Stellung zurückgeführt werden müssten. Sogleich reagierte Johannes XXII. mit heftigen Protesten und suchte den König mit dem Argument auszuschalten, dass Ludwig von ihm gar keine Approbation erhalten habe. Prozesse gegen den «Bayern» wurden in Gang gesetzt. Am 23. März 1324 verhängte der Papst über ihn die Exkommunikation; kurz danach, am 11. Juli 1324, sprach er ihm das Recht ab, König zu sein. «Appellationen» des Königs (von Nürnberg, Frankfurt und Sachsenhausen), in denen er ein gerechtes Urteil durch ein Konzil forderte, wurden abgewiesen. Ebenso wurden alle Gefolgsleute und Anhänger Ludwigs exkommuniziert, und über alle Städte und Orte, die der König aufsuchte, wurde das Interdikt verhängt: Es durften keine Messen mehr gelesen, keine kirchlichen Begräbnisse durchgeführt und keine sonstigen gottesdienstlichen Handlungen vollzogen werden – für die Menschen dieser Zeit gleichbedeutend mit der Gefahr ewiger Verdammnis. Damit begann ein Zustand völliger Verwirrung und Unordnung im Reich, der über zwanzig Jahre andauern sollte, der Zorn und Hass gegen den Papst entfachte und dazu beitrug, dass die päpstliche Autorität schweren Schaden nahm.

Verschärfend kam hinzu, dass im Lauf des 13. Jahrhunderts die Päpste immer stärker in die Besetzung der Bischofsstühle eingegriffen hatten. Der Papst sah sich berechtigt, die «Versorgung» (*provisio*) eines Bistums mit einem Bischof vorzunehmen oder sich zumindest bestimmte Fälle zu reservieren (*reservatio*). Mit dem «Provisions-» oder «Reservationsrecht», das auch erhebliche Geldsummen in die Kasse der Kurie fließen ließ, konnte am Ende so gut wie jede Bischofswahl gelenkt und bestimmt werden. Auf diese Weise wurde das Wahlrecht der Domkapitel erheblich eingeschränkt, insbesondere, als die Päpste in den ersten Jahrzehnten des 14. Jahrhunderts ihr beanspruchtes Vorrecht noch energischer durchsetzten als zuvor. Das führte vielerorts zu großen Spannungen. Mitunter konnte der seitens des Papstes bestimmte Bischof seine Stadt gar nicht betreten, weil ihm von Klerus, Kirchenvogt und Bürgern energischer Widerstand entgegengesetzt wurde. Beispiele dafür sind Freising, Bamberg oder Eichstätt. Die hohe Geistlichkeit an den Bischofskirchen wehrte sich gegen die Eingriffe des Papstes und erblickte in König Ludwig ihren Partner und Beschützer. So entstanden an den Domkirchen beißende Spottgedichte gegen Johannes XXII. wie etwa jenes, das 1331 in Eichstätt verfasst wurde. Der Papst, so heißt es darin, sei ein Christenverfolger wie einst Kaiser Nero, er verbreite Zwietracht unter den Brüdern, verwüste die Herde Christi, trachte in schnöder Habgier nach Geld und Gewinn und müsse ein Raubtier, ja der Teufel selbst sein (Schlecht, S. 303 f.).

Damals begann eine Phase, in der sich die Gegner des Papstes, die aus ganz unterschiedlichen Richtungen kamen, um den König sammelten. Die meisten deutschen Bischofskirchen rückten an seine Seite, und eine Reihe führender Vertreter der Bettelorden und der Gelehrtenschar begab sich an seinen Hof nach München. Einer von ihnen war Marsilius von Padua (gest. 1342/43), ein Pariser Gelehrter, dessen berühmtes Hauptwerk, 1324 abgeschlossen, den Titel «Der Verteidiger des Friedens» (*Defensor pacis*) trägt. Anknüpfend an Aristoteles erklärte er die gesellschaftliche Ordnung als zwangsläufige Folge des menschlichen Überlebenskampfes. Die Not der Umstände zwinge die Menschen, sich Gesetze zu geben, um den Frieden zu gewährleisten. Allein die Gesamtheit der Bürger oder ihr wichtigerer Teil seien befugt, diese Gesetze zu erlassen. Die Kirche freilich habe sich unerlaubterweise politische Kompetenz angeeignet und sei daher für die Schäden verantwortlich, die gegenwärtig zu beklagen seien. Der Papst verkünde dreist und wider alle Vernunft vor aller Welt, er habe die Obergewalt gegenüber dem römischen Kaiser (*superioritas ad imperatorem Romanum*) inne, die in zwingender Rechtsprechung und Regierungsgewalt bestehe (Miethke/Bühler, S. 158–167, Zitat 161). Das Monopol der Zwangsgewalt liege jedoch allein bei der weltlichen Macht, und der Kirche sei keinerlei Zugriff auf die weltliche Ordnung erlaubt.

Mit scharfer Argumentation entwarf Marsilius damit das Modell einer Trennung von «Staat» und «Kirche», in der sich die Vertragstheorien der Neuzeit ankündigten. Seine Gedanken entfalteten weitreichende Wirkung und beeinflussten große Gelehrte wie Dietrich von Nieheim (gest. 1418) und Nikolaus von Kues (gest. 1464). Marsilius selbst, dessen Werk an der Kurie in Avignon verurteilt wurde, sah sich von der Inquisition bedroht und rettete sich 1326 nach München. In der Folgezeit wurde er Ludwigs Berater, Leibarzt und «Geistlicher Vikar» (*vicarius in spiritualibus*).

Zur gleichen Zeit befand sich auch der gelehrte Franziskanermönch Wilhelm von Ockham (gest. 1348), der an der Universität Oxford unterrichtet hatte, in München. Auch seine Schriften gründeten auf Aristoteles, auch er argumentierte von der Naturrechtslehre aus, auch er erklärte, der König und Kaiser sei von jeglicher Legitimierung durch den Papst unabhängig. In der Kirche selbst schrieb er die höchste Autorität dem Generalkonzil zu, an dem auch Frauen beteiligt sein sollten (Miethke/Bühler, S. 167–176). Wie Marsilius entzog er sich 1328 der Inquisition durch Flucht an den Hof Ludwigs, der sich damals in Italien befand.

Alle diese Entwicklungen und Konstellationen können erklären, weshalb sich in diesen Jahren um Ludwig starke Kräfte für die Definition eines unabhängigen Herrschers herausbildeten. Wie weit er selbst dabei zu gehen bereit war, zeigt seine Kaiserkrönung in Rom am 17. Januar 1328. Sie erfolgte ganz ohne Papst und ohne Kardinäle – die sich ja weitab in Avignon befanden – und wurde von Ludwig selbst später, am 18. April 1328, so geschildert, als sei er durch das römische Volk gekrönt worden (*cesareo diademate ac sceptro legitime susceptis per nostrum Romanum peculariem populum*, *Constitutiones* 6, 1, Nr. 436). In der Tat war er gemeinsam mit seiner Gemahlin am Krönungstag von römischen Würdenträgern und Abgeordneten der einzelnen Stadtviertel empfangen und eingeholt worden, die der Florentiner

Chronist Giovanni Villani (gest. 1348) als Vertreter des römischen Volks bezeichnete. Sie geleiteten ihn von der Kirche S. Maria Maggiore bis zum Petersdom. Dort wurde die Krönung selbst aber nicht – wie man in der Forschung lange gemeint hat – vom römischen Volkskapitän Sciarra Colonna (gest. 1329) vorgenommen, sondern von den Bischöfen von Castello (Venedig) und Aleria (auf Korsika). Angesichts der ganzen Inszenierung trug der Akt dennoch stark säkulare Züge. Man geht davon aus, dass Marsilius von Padua diese neue Konzeption der Begründung imperialer Würde maßgeblich beeinflusst hat. Sie war so revolutionär, dass Ludwig einige Monate später, zu Pfingsten 1328, dann sicherheitshalber die Kaiserkrönung von Papst Nikolaus V. nochmals wiederholen ließ. Dieser – ein Franziskanermönch, der ganz die kaiserliche Linie vertrat – war auf Ludwigs Anordnung hin als Gegenpapst gewählt worden, konnte sich aber nur kurze Zeit halten.

Weder das Modell einer Legitimation durch das römische Volk noch dasjenige einer Krönung durch einen Gegenpapst konnten am Ende mehr einbringen als den schieren Titel. Da half es auch nicht viel, dass Ludwig nach seiner Kaiserkrönung den Reichsfürsten, den Königen Europas und ihren Untertanen sowie dem Papst großartige Worte zukommen ließ: Von Gott sei er auf den kaiserlichen Gipfel geführt worden und Gott habe ihn über alle Menschen gestellt, um Schaden und Gefahren von der universalen Kirche abzuwenden (*Constitutiones* 6, 1, Nr. 437). In der Realität waren kaiserliche Macht und kaiserliche Rechte dagegen kaum noch zu erkennen, am ehesten noch in den fiskalischen Einkünften in Oberitalien. Für das Selbstverständnis Ludwigs und für sein Ansehen im Reich darf man den Kaisertitel aber nicht unterschätzen.

Was in Rom noch als eigenmächtige Aktion Ludwigs und seiner Anhänger erscheint, wurde zehn Jahre später zu einer Grundsatzerklärung des Reichs weiterentwickelt: Die ständigen Invektiven der Kurie in Avignon, zusätzlich aufgehetzt durch König Philipp VI. von Frankreich (1328–1350), gegen Kaiser Ludwig führten mehr und mehr zu einer Solidarisierung im

Reich. Als der Herrscher selbst am 18. Mai 1338 in Frankfurt eine Erklärung über die Unabhängigkeit des Kaisertums vom Papst (*Fidem catholicam*) erließ, in der das Wahlrecht allein den Kurfürsten (*principes electores*) zuerkannt wurde, war dies eine folgenreiche Weichenstellung für die Neubestimmung der Verfassung. Die Kurfürsten verständigten sich am 16. Juli 1338 in Rhens unter der Leitung Erzbischof Balduins von Trier darauf, dass sie selbst gleichsam eine treuhänderische Verantwortung für die Rechte und Besitzungen des Reichs besäßen (Miethke/Bühler, S. 147 f.). Vor allem habe derjenige, den sie wählten, ohne Nomination, Approbation, Konfirmation, Zustimmung oder Autorisierung des Apostolischen Stuhls das Recht, die Güter und Rechte des Reichs zu verwalten und den königlichen Titel anzunehmen. Eine päpstliche Erlaubnis brauche er dazu nicht (*nulla sedis apostolice super hoc licencia habita vel obtenta*). Auf einem Frankfurter Hoftag, in der Deutschordenskirche von Sachsenhausen, wiederholte Ludwig selbst am 6. August 1338 seine frühere Erklärung vom 18. Mai in der neuerlichen Proklamation *Licet iuris*: «Der von den Wählern des Reichs einstimmig oder mehrheitlich zum Kaiser oder König Gewählte ist sofort einzig aufgrund der Wahl als wahrer König und Kaiser der Römer anzuerkennen und zu bezeichnen. [...] Wir bestimmen [...], dass ihm alle Untertanen des Reichs gehorchen müssen, dass er die kaiserliche Verwaltung und Rechtsprechung und die vollkommene kaiserliche Gewalt innehat und dass von allen anerkannt und mit Gewissheit daran festgehalten wird, dass er sie innehat und ausübt» (Miethke/Bühler, S. 148–150).

Nun griff die allgemeine Euphorie über die neue Unabhängigkeit von Herrscher und Reich mit Macht um sich. Am 5. September 1338 versammelten sich der Kaiser, die Kurfürsten und eine große Anzahl der Fürsten, der hohen Geistlichkeit und des Adels, angeblich siebzehntausend Menschen, auf dem Platz vor dem Stift St. Castor in Koblenz. Der Ort gehörte zum Territorium des Erzbischofs von Trier, der also auch bei dieser Veranstaltung als entscheidender Akteur zu erkennen ist. Großartige, reich geschmückte Tribünen waren errichtet worden. Ludwig saß in prunkvoller Kleidung zwölf Fuß hoch über allen auf einem Thron, neben ihm der König Eduard III. von England, mit dem er in diesen Tagen ein Bündnis gegen Frankreich schloss. Der kaiserliche Schwertträger hielt das blanke Reichsschwert in die Höhe. Um den Kaiser hatten die Kurfürsten ihre Plätze eingenommen, und um das Podium herum gruppierten sich stehend die Bischöfe, Grafen und Adligen. Mit dieser eindrucksvollen Inszenierung wurde das gesamte Reich visualisiert und repräsentiert. Mit lauter Stimme (*sonora voce*) verlas sodann der Kaiser, auf den Tausende Augen gerichtet waren, die neuen Gesetze. An erster Stelle stand dabei die Bestätigung des Weistums von Rhens: Da er von der Mehrheit der Kurfürsten in Frankfurt, dem richtigen Ort, gewählt worden sei, sei er von da an rechtmäßiger König – und damit auch Inhaber aller Rechte des römischen Kaisertums, wie er seiner eigenen Interpretation gemäß hinzufügte. Die Zustimmung des Papstes oder von sonst jemandem habe er dafür nicht nötig, auch nicht für die Krönung und Weihe zum Kaiser (Stengel, *Nova Alamanniae* I, Nr. 556).

Um die neue Autorität zu verstärken, verkündete er im Einvernehmen mit den Kurfürsten ein zweites Gesetz: Jedermann im Heiligen Römischen Reich, welchen Standes auch immer, sei seiner Gewalt oder der seines Vikars unterstellt (*dicioni subditi sibi vel suo vicario*). Wer dies missachte, mache sich des Majestätsverbrechens (*crimen lese maiestatis*) schuldig. Das Reich hatte sich damit gleichsam neu konstituiert. In der Gesamtheit von Haupt und Gliedern, die aufeinander angewiesen waren, und in Ausrichtung auf den König, der unabhängig vom Papst zugleich die kaiserlichen Rechte beanspruchen durfte, entfaltete sich von nun an die neue ständische Reichsordnung.

Mit den Ereignissen von 1338 war der Wendepunkt in der Entwicklung der spätmittelalterlichen Reichsverfassung überschritten. In einer Grundsatzdiskussion stellte der Gelehrte Lupold von Bebenburg 1339 in seiner Schrift «Über die Rechte von Reich und Kaisertum» (*De iuribus regni et imperii*) alle Argumente nochmals zusammen. Es handelt sich wohl um den wichtigsten Text zur Politiktheorie, der im 14. Jahrhundert von einem Deutschen geschrieben wurde. Darin führte Lupold unter anderem aus, dass der römische Kaiser als deutscher König nicht schlechter gestellt werden dürfe als andere Könige in Europa. Auch diese dürften ohne päpstliche Prüfung wirken und regieren.

Das mit den Vorgängen von 1338 und 1339 erreichte neue Legitimationsgefüge war allerdings noch keineswegs gefestigt. Durch eine ungeschickte Territorialpolitik brachte Ludwig die Luxemburger, an ihrer Spitze Johann, König von Böhmen, und Erzbischof Balduin von Trier, gegen sich auf. Es war wie ein Rückfall in alte Strategien fürstlicher Politik, als die Unzufriedenen mit Papst Clemens VI. (1342–1352) in Verbindung traten. Dieser ergriff die Gelegenheit und sprach am 13. April 1346 über den «Bayern» die endgültige Verfluchung aus, von der sich Ludwig, der am 11. Oktober 1347 auf einer Hetzjagd einem Herzinfarkt erlag, nicht mehr befreien konnte.

Der neue König stand schon bereit, Karl IV. (1346–1378), der Sohn König Johanns von Böhmen. Auf Drängen des Papstes war er am 11. Juli 1346 von den drei rheinischen Erzbischöfen sowie der böhmischen und der sächsischen Stimme gewählt worden. Karl, 1316 in Prag geboren, stammte mütterlicherseits aus dem Haus der böhmischen Přemysliden und hatte ursprünglich den Namen des Böhmenheiligen Wenzel erhalten. Als Siebenjähriger kam er zur Erziehung an den Hof König Karls IV. von Frankreich (1322–1328), der sein Firmpate wurde und dessen Namen er nun annahm. Die französische Zeit sollte prägend für ihn und seine ganze Herrschaft werden. Er erlangte dort nicht nur Bildung auf hohem Niveau, sondern knüpfte auch Kontakte mit der politischen und geistlichen Elite Frankreichs. Auch Papst Clemens VI. kannte ihn aus seiner Zeit am französischen Hof und setzte alles daran, dass die Wahl 1346 auf ihn fiel. So war Karl IV. zunächst ein päpstlicher König oder ein «Pfaffenkönig», wie er verächtlich genannt wurde, zumal er auch wieder die päpstliche Approbation einholte.

Dies aber gehörte nur zu seiner anfänglichen Strategie der Durchsetzung. In der Folgezeit entwickelte er eine Politik der geschmeidigen Diplomatie, in der Frankreich und das Papsttum zwar stets Beachtung fanden, aber das Gleichgewicht aller Mächte doch weitgehend gewahrt blieb. Überdies verlagerte Karl IV. den Schwerpunkt seiner Königslandpolitik in den Osten des Reichs. In Böhmen übte er seit dem Tod seines Vaters 1346 die Königsherrschaft aus, die mit seiner Krönung 1347 auch rechtlich verankert wurde. Böhmen stand seither stets im Mittelpunkt seines politischen Interesses. Er vergrößerte die böhmische Krondomäne, die seine neue, aufwendig ausgestaltete Residenz in Prag umgab, und schuf mit dem Erwerb der «Nebenländer» (Mähren, Olmütz, Troppau, Schlesien, Oberlausitz, Niederlausitz) ein Herrschaftsgebilde, das unter dem Symbol der «Krone Böhmens» vereint wurde. Mit dieser böhmischen Politik geriet er verhältnismäßig wenig mit den Ambitionen der Fürsten in Konflikt. Nur mit seinem Ausgreifen in die Oberpfalz, die als Mitgift seiner kurpfälzischen Gemahlin galt, rief er den Unwillen der Wettiner, also der Landgrafen von Thüringen und Markgrafen von Meißen, hervor. Den von der wittelsbachischen Seite aufgebauten und am 30. Januar 1349 gewählten Gegenkönig Günther von Schwarzburg konnte Karl dagegen rasch überwinden.

Dieses nach allen Seiten umsichtige, aber doch effiziente Vorgehen verhalf Karl IV. nicht nur zu einer reibungslos verlaufenen Kaiserkrönung in Rom am 5. April 1355, sondern ermöglichte ihm auch die geschickte Weiterentwicklung des Verfassungskonzepts, das unter seinem Vorgänger angelegt worden war. Auf den Hoftagen von Nürnberg am 10. Januar 1356 und von Metz am 25. Dezember 1356 konnte deshalb die Neuordnung mit der Verkündung der «Goldenen Bulle» (benannt nach dem die Urkunde bestätigenden Goldsiegel) zu einem eindrucksvollen Abschluss gebracht werden. Im Kern entsprach die Regelung ganz dem Geist der Verlautbarungen von 1338. Andererseits ging sie aber auch weit darüber hinaus. Nun wurde der Ablauf der Königserhebung bis ins kleinste Detail geregelt, um somit gleichzeitig die gesamte Reichsordnung noch deutlicher zu vergegenwärtigen, ja um sie gleichsam zu schaffen. Außerdem wurden zahlreiche Bestimmungen erlassen, die den Zustand des Reichs und die Stellung der Kurfürsten in ganz grundsätzlicher Weise regelten. Dazu gehörten die Ausführungen über die gerechte Fehdeführung – die eine ordnungsgemäße Ansage erforderte – oder über den Status von «Pfahlbürgern», jenen Personen also, die, wie erwähnt, sich den Fürsten entzogen, indem sie das Recht benachbarter Städte annahmen, obwohl sie auf dem Land wohnen blieben. Um diese und andere Passagen wurde auf den Hoftagen wochenlang intensiv gerungen. Insbesondere der Kurfürst von Böhmen, also Kaiser Karl IV. selbst, verlangte als König Sonderrechte, die dann auch von den übrigen Kurfürsten beansprucht wurden.

In der Goldenen Bulle präsentierte sich das Reich als eine gegliederte Ranggesellschaft. Bei allen Bestimmungen wurden Vorrang und Reihenfolge beachtet: Die drei rheinischen Erzbischöfe genossen als Geistliche eine höhere Würde als die vier weltlichen Kurfürsten. Als König nahm der Kurfürst von Böhmen wiederum «nach Recht und Gebühr» den Vorrang unter seinen weltlichen Kollegen ein. Die Festlegung der Sitzordnung bei der Königswahl und auch bei allen sonstigen Hoftagen spielte eine wichtige Rolle. Der rechte Platz neben dem König oder dem Kaiser wurde dem Erzbischof von Mainz zugesprochen – außer bei Hoftagen innerhalb der Kölner Diözese sowie in Italien und «Gallien»; dort erhielt der Kölner, der Erzkanzler für Italien, diesen Ehrenplatz. Ansonsten saß der Erzbischof von Köln links vom König. Der Trierer Erzbischof durfte dem König gegenüber sitzen. In weiterer Linie waren schließlich rechts vom Herrscher die Plätze für die Kurfürsten von Böhmen und der Kurpfalz und links die Plätze derjenigen von Sachsen und Brandenburg vorgesehen. Durch die Ausübung der Hofämter (Truchsess, Mundschenk, Kämmerer und Marschall) durften die weltlichen Kurfürsten ihre Bereitschaft zum Dienst für König und Reich demonstrieren – ein ganz besonderes Vorrecht! Durch diesen «Dienst», vor allem beim Krönungsmahl, wurde man in der feierlichen Öffentlichkeit ausgezeichnet.

Großen Raum im neuen Gesetz nimmt der Wahlablauf ein.

Im einzelnen geht es um die Anreise der Kurfürsten in den nunmehr für alle Zukunft feststehenden Wahlort Frankfurt, um die Vorbereitungen – darunter die Anrufung des Heiligen Geistes und den Eid der einzelnen Kurfürsten «in der Landessprache», die Wahl ohne Hinterlist zu betreiben – und um die Durchführung der Wahl innerhalb von dreißig Tagen – andernfalls die Kurfürsten auf Wasser und Brot gesetzt würden. Die Reihenfolge der Stimmabgabe sollte mit dem Erzbischof von Trier beginnen und mit dem Mainzer Erzbischof enden, was diesem unter Umständen eine wahlentscheidende Position einräumte. Der von der Mehrheit Gewählte war gemäß der Goldenen Bulle fortan «römischer König und künftiger Kaiser» (*rex Romanorum in Cesarem promovendus*, cap. II, 2 und 3). Unmittelbar damit verbunden war auch der Beginn seiner Herrschaftsgewalt, denn der Neugewählte hatte «sogleich nach vollzogener Wahl» (*peracta statim electione*) den Kurfürsten ihre Rechte und Besitzungen zu bestätigen (cap. II, 4).

Um das Reichs- und Handlungsgefüge in der dargestellten Form zu verstetigen, wurde genau vorgeschrieben, wie die Nachfolge in den weltlichen Kurfürstentümern künftig ablaufen müsse. Vor allem sollten Erbteilungen ausgeschlossen werden, damit sich die Stimmenzahl der Kurfürsten nicht vermehrte. In der Regel sollte daher der Erstgeborene weltlichen Stands das Amt übernehmen, außer er wäre geisteskrank, schwachsinnig oder sonst mit einem ruchbaren oder merkwürdigen Gebrechen geschlagen. In solchen Fällen käme der Zweitgeborene an die Reihe. Wären keine Söhne mehr vorhanden, fiele das Erbe an den Sohn des Erstgeborenen, und so fort. Fehlten aber alle diese natürlichen Erben, dann könne der König das Kurfürstentum neu verleihen, allerdings nicht das Königreich Böhmen, wo das Recht, sich einen neuen König zu wählen, dem Adel zustand.

Besonders wichtig war die Bestimmung, dass Kurfürstentümer nicht mehr geteilt werden dürften (cap. 25). Damit sollte verhindert werden, «dass», wie es heißt, «durch Einsturz der Säulen das ganze Gebäude zertrümmert würde» (*ne columpnis ruentibus basis tocius edificii collidatur*). Diese Formulierung bringt unmissverständlich den Geist des Gesetzeswerks zum Ausdruck: Das Reich ist ein Gebäude, dessen Säulen aus den Kurfürstentümern bestehen. Es bleibt nur dann sicher bestehen, wenn auch ihre wichtigsten Stützen, die Territorien der Kurfürsten, unveränderlichen Bestand haben. An dieser Stelle wird sehr deutlich, wie der Bestand der Kurfürstentümer, die einhellige Wahl eines Königs und Kaisers sowie der Fortbestand des gesamten Reichs zu einer fortan unauflöslichen Einheit verschmolzen. In diesem Sinne wurde die Goldene Bulle zu einer Art Grundgesetz des spätmittelalterlichen Reichs.

Die Festlegung der Unteilbarkeit der Kurfürstentümer in der Goldenen Bulle hat auch die anderen Fürsten dazu animiert, ähnliche Rechte zu erlangen. Der habsburgische Herzog von Österreich und Steiermark, Rudolf IV. (1358–1365), verheiratet mit Katharina, einer Tochter Karls IV., fühlte sich ganz besonders zurückgesetzt und wehrte sich gegen die Degradierung, welche die Goldene Bulle für sein Haus bedeutete. Er ließ deshalb gefälschte Urkunden anfertigen – angeblich uralt und auf Caesar und Nero zurückgehend –, in denen den Habsburgern ähnliche Rechte wie den Kurfürsten attestiert wurden. In diesem Zusammenhang wurde auch das *Privilegium minus* («kleineres Privileg»), mit dem einst Kaiser Friedrich Barbarossa 1156 Österreich zu einem Herzogtum erhoben hatte, verfälscht und mit Ergänzungen versehen, so dass man bei dieser Urkunde heute vom *Privilegium maius* («größeres Privileg») spricht. Unter anderem eignete sich Rudolf IV. auf diese Weise den Titel «Erzherzog» an, um damit einen Ausgleich zum Kurfürstentitel zu schaffen. Obwohl die Fälschung noch im Mittelalter erkannt wurde, schmückten sich die Habsburger seither mit diesem erfundenen Titel und dem Erzherzogshut.

Trotz solcher Irritationen war mit der Goldenen Bulle ein durchaus bemerkenswertes Modell der Frühform einer «ständestaatlichen» Ordnung entstanden – das so ganz anders aussah als die aufsteigenden Monarchien zur selben Zeit in England und in Frankreich mit ihren durchorganisierten Verwaltungen und Hierarchien. Im deutschen «Römischen Reich» wurde das kollegiale Prinzip vorherrschend. Es benötigte den König zwar als «Haupt», verband ihn aber in untrennbarer Weise mit seinen «Gliedern», wie sich dies bereits im Mainzer Reichsgesetz von 1235 angedeutet hatte. In einem fein austarierten System sollten Einheit und Frieden garantiert werden. Um in diesem Sinne «die Vielfalt der Sitten, der Lebensweisen und der Sprachen» (*mores, vita et ydioma*) der Völker dieses Reichs angemessen berücksichtigen zu können, wurde in den Abschlussbestimmungen der Goldenen Bulle die Anordnung getroffen, dass die Kurfürsten künftig in den verschiedenen Sprachen und Zungen zu unterweisen seien. Ihre Söhne und Nachfolger, die «wohl die deutsche Sprache beherrschen dürften», sollten vom siebten Lebensjahr an in der lateinischen, der italienischen und der tschechischen Sprache unterrichtet werden (*a septimo etatis sue anno in gramatica, Italica ac Slavica lingwis instruantur*, cap. 31) – auch dies eine bemerkenswerte Maßnahme neuer Einheit und Einigkeit.

Der Papst freilich taucht im gesamten Gesetzeswerk der Goldenen Bulle nicht auf. Zwar war man in der Formulierung vorsichtig und nannte den gewählten König nur «den, der zum Kaiser zu erheben ist» (*in cesarem promovendus*), aber das Approbationsrecht des Papstes wurde ganz eindeutig übergangen. Der Gewählte befand sich sofort im Vollbesitz aller Herrschaftsgewalt – und dazu zählten inzwischen auch die kaiserlichen Rechte. Stillschweigend hatte man den Papst mit seinen Ansprüchen aus der neuen Reichsordnung ausgegliedert – ein fast unmerklicher Vorgang, der freilich einen epochalen Wandel markiert.

Ein letztes Mal pochte Papst Gregor XI. (1370–1378) auf das Recht der Approbation, als Karl IV. 1376 die Kurfürsten dazu bewegen konnte, seinen Sohn Wenzel bereits zu Lebzeiten des Vaters zum Nachfolger im Königtum zu wählen. Durch listige Diplomatie fand der Kaiser einen Ausweg: Als seine Boten noch unterwegs zum päpstlichen Hof waren, um die Erlaubnis einzuholen, wurde sein Sohn zum König gekrönt, und die Kurfürsten erhielten von ihm gemäß der Goldenen Bulle ihre Privilegien bestätigt. Der kleine zeitliche Vorsprung bewahrte die neue Ordnung.

Lebenswelten und «deutsche Länder» im späten Mittelalter

Die Regierungszeit Kaiser Karls IV. erscheint im Rückblick als hohe Zeit der mittelalterlichen Wissenschaften – denkt man doch etwa an die Anfänge der Prager Universität – sowie der Architektur und der Schönen Künste. Die Burg und der Veitsdom auf dem Hradschin in Prag geben noch heute eindrucksvoll Zeugnis von jener Epoche, und ihre «schönen Madonnen» entzücken noch immer das Auge des Betrachters. Wir müssen den Blick allerdings auch auf die Schattenseiten dieser Epoche richten, und hier zeigt sich in vielfacher Weise ein Bild des Schreckens, wie es sonst niemals im Mittelalter zu sehen war. Ein Erlebnis Karls aus dem Jahre 1338, das er in seiner *Autobiographie* festgehalten hat (cap. 10), könnte geradezu als ein böses Omen gedeutet werden. Eines Tages, so berichtet er, habe ihn ein Ritter bei Sonnenaufgang aus dem Schlaf gerissen und gerufen: «Herr, steht auf, der jüngste Tag bricht an, denn die ganze Welt ist voller Heuschrecken!» (*totus mundus plenus est locustis*). In der Tat, der ganze Himmel sei dunkel gewesen wie bei einem Schneetreiben, so dass man die Sonne nicht mehr habe sehen können. Karl, der sich auf ein Pferd schwang, wollte feststellen, wo sich das Ende des Heuschreckenschwarms befand, und er musste sieben Meilen weit reiten. «Sie vermehrten sich stark», so stellte er fest, «denn zwei von ihnen zeugten in einer Nacht mehr als zwanzig.»

Was Karl IV. hier beobachtete, bestätigen auch andere Quellen als Einfall riesiger Schwärme von Heuschrecken, die aus dem Osten kommend über Bayern und Schwaben bis in das Rheingebiet vordrangen; drei Jahre lang suchten sie immer wieder das Reich heim und richteten unermesslichen Schaden im Ackerbau an. Horrende Teuerungen und schreckliche Hungersnöte waren die Folge.

Weitaus verheerender wirkte sich allerdings ein Klimawandel in diesem Jahrhundert aus. Das spätere 12. und das 13. Jahrhundert, so hat die Klimaforschung herausgearbeitet, zeichneten sich durch milde Witterung aus. Auch noch die Jahre von 1270 bis 1310 brachten warme und trockene Sommer. Doch dann kündigte sich ein rascher Wechsel an. Die Winter wurden extrem kalt. Im Winter 1323 führte dies gar dazu, dass die Ostsee zufror und zu Fuß überquert werden konnte. Die Sommer wurden nasskalt, insbesondere jene der Jahre 1342 bis 1347. Zu Beginn dieser Periode, 1342, kam es zu den schlimmsten Hochwasserfluten und damit einhergehenden Überschwemmungen der letzten tausend Jahre. Dabei wurden die Brücken in Regensburg, Bamberg, Würzburg, Frankfurt, Dresden und Erfurt zerstört. Abermals war die ganze Ernte vernichtet. Dieser Zustand dauerte fort, bis 1347 der kälteste Sommer der letzten siebenhundert Jahre verzeichnet wurde. Dann wechselten warme und kühle Sommer einander ab, wobei die Schwankungsbreite sehr groß sein konnte. Immer wieder fielen Heuschreckenschwärme ein oder machten Hagelunwetter die Erträge aller Feldarbeit zunichte. Erdbeben kamen hinzu, die wiederholt von 1348 bis 1356 die Menschen in Angst und Schrecken versetzten. In Villach (Kärnten) stürzten infolge eines Erdbebens die Kirchen, Mauern und Türme ein und begruben fünftausend Menschen unter den Trümmern. Besonders schwere Schäden richtete die Flutkatastrophe an der deutschen Nord- und Ostseeküste im Jahr 1362 an, die sogenannte «Grote Mandränke» (Marcellusflut). Sie riss ganze Küstenlandschaften mit sich, ließ Dörfer und Städte untergehen und führte zu einer Reihe von Inselbildungen wie im Falle von Sylt und Föhr. Erst gegen Ende des 14. Jahrhunderts besserten sich die Wetterlagen wieder. Dieser kurze Blick in die Geschichte mag uns Heutige lehren, dass Klima und Wetter zu keiner Zeit Beständigkeit aufwiesen.

Die größte Katastrophe jener Epoche aber wurde nicht durch widrige Witterung verursacht, sondern durch eine mörderische Seuche – die Pest brach aus. Im Jahre 1346 war sie aus Zentralasien nach Westen gelangt, als die Mongolen den genuesischen Schwarzmeerhafen Caffa, das heutige Feodosia, auf der Halbinsel Krim belagerten. Als in ihrem eigenen Heer, der «Goldenen

Horde», die Pest wütete, schleuderten sie die Toten über die Mauern in die Stadt, so dass mit großer Wahrscheinlichkeit die Bewohner – unter ihnen Seeleute aus Genua – sich infizierten – vielleicht der älteste bekannte Fall biologischer Kriegsführung. Mit den Handelsschiffen gelangte die Pest, die man seit dem 16. Jahrhundert auch den «Schwarzen Tod» nannte, in die europäischen Häfen und Städte. Sie verbreitete sich bis 1352 wie ein Flächenbrand und sollte über Jahrzehnte und Jahrhunderte nicht mehr völlig aus Europa verschwinden. Sie forderte zahllose Opfer und erscheint als eine der größten demographischen Katastrophen Europas bis zum Zweiten Weltkrieg. Um 1300 lebten in Europa etwa dreiundsiebzig Millionen Menschen, um 1450 kann man noch mit ungefähr fünfzig Millionen rechnen. Für Deutschland darf man um 1300 von einer Einwohnerzahl von etwa elf Millionen Menschen ausgehen; um 1450 dürften es nurmehr sieben Millionen gewesen sein.

Längst weiß man heute, dass der Pesterreger durch Flöhe von Nagetieren auf Menschen übertragen wird und dass der Hauptüberträger der sogenannte Rattenfloh war. Jahrhunderte lang blieb die Ursache der Pest jedoch unbekannt. Infolge der schlechten hygienischen Verhältnisse, die vor allem in den mittelalterlichen Städten herrschten, konnte sich die hochansteckende Krankheit ungehemmt und in rasender Geschwindigkeit verbreiten. In manchen deutschen Städten wie in Münster oder Erfurt kam in nur zwei Jahren, 1349 und 1350, mehr als die Hälfte der Bevölkerung ums Leben. In Lübeck starben um die Mitte des Jahrhunderts fünfunddreißig Prozent der Ratsherren. In Straßburg, so berichtet der Chronist Fritsche Closener (gest. 1372/1396), habe man sechzehntausend Tote gezählt, aber wahrscheinlich, so vermutete er, seien es noch mehr gewesen (*Chronik*, S. 120 f.).

Diese Vorgänge sprengten jeden bisherigen Erfahrungsrahmen, und so gab es auch keine erprobten Reaktionsmuster im Angesicht des wütenden Todes. Die christlichen Begräbnisrituale brachen auf einen Schlag zusammen. Kirchliche Einzelbegräbnisse waren nicht mehr möglich, vielmehr wurden Massengräber angelegt; bis zu sechs Schichten hoch wurden die Leichen übereinander getürmt, wie Ausgrabungen in Lübeck gezeigt haben. Kein mitleidsvolles Klagen habe man mehr gehört, so hielt Giovanni Boccaccio in seiner Novellensammlung *Decamerone* die Auswirkungen der Pest um 1350 fest, keine bitteren Tränen der Hinterbliebenen flossen mehr. Priester und Totengräber seien kaum mehr zu bekommen gewesen und wenn, dann nur zu hohen Preisen. Die Menschen hätten kein Mitgefühl mehr aufgebracht, eher noch hätten sie sich in Gelächter, Witze und Galgenhumor geflüchtet.

Eine derartige Katastrophe erschütterte die sozialen Strukturen und führte vor allem in den Städten zu einem Elitenwechsel. Die Lebensmittelpreise stiegen sprunghaft an. Manche, die, wie Fritsche Closener es bezeichnete, «das große Sterben» (S. 120 f.) überlebten, sammelten nun plötzlich große Reichtümer an. Von allen Seiten fielen ihnen Erbschaften zu. Die Folgen, die in Italien und Deutschland gleichermaßen eintraten, schilderte der Florentiner Chronist Matteo Villani (gest. 1363): «Da die Leute nur noch wenige waren und Grund und Boden im Überfluss erbten, vergaßen sie die Vergangenheit [...] Das niedere Volk wollte nicht mehr in den alten Berufen arbeiten [...], da Männer und Frauen vom Überfluss überwältigt wurden, den man in allen Bereichen vorfand. Man verlangte nach teuren und köstlichen Speisen, und bei Hochzeiten kleideten sich die Frauen und Kinder niederer Stände in all die schönen und teuren Gewänder der Vornehmen, die umgekommen waren.» So kam es für ganze Generationen zu einer Neuverteilung von Besitz und Gütern.

Weitreichende Konsequenzen erwuchsen auch daraus, dass die entvölkerten Städte in der Folgezeit einen starken Sog auf die Landbevölkerung ausübten. Die infolge dessen einsetzende Abwanderung führte dazu, dass Tausende von Dörfern verlassen und zu «Wüstungen» wurden. Man schätzt, dass etwa ein Viertel der Siedlungen gänzlich aufgegeben wurde. Damit fielen auch die landwirtschaftlichen Erträge, insbesondere im Getreideanbau, erheblich zurück. Dieser Prozess wiederum hatte zur Folge, dass der Adel, dessen Stellung auf Landbesitz und Landwirtschaft gegründet war, verarmte. Die «Agrarkrise» erreichte auch größere Herren wie die Markgrafen von Hachberg im Breisgau, die in der zweiten Hälfte des 14. Jahrhunderts mit beträchtlichen ökonomischen Schwierigkeiten zu kämpfen hatten. Schwerer traf es freilich die kleineren Herren und Ritter. Ihre Verschuldung, Verarmung und damit einhergehende soziale Deklassierung nahmen solche Ausmaße an, dass manche von ihnen damit begannen, Fehden anzuzetteln, um sich auf diese Weise zusätzliche Einnahmen zu verschaffen. So entstand im späten Mittelalter das berüchtigte «Raubrittertum».

Auffällig ist überdies die Zunahme der Bauernaufstände, die offenbar in einen Zusammenhang zu stellen sind mit den krisenhaften Veränderungen des 14. Jahrhunderts, den klimatischen Schwankungen, den Erdbeben-, Überschwemmungs- und Sturmflutkatastrophen und schließlich den Epidemien. Ebenso wie in England und Frankreich erlebte Deutschland bäuerliche Erhebungen, die weite Räume erfassten. Unter ihnen zählen der Armlederaufstand (1336–1338) – von Franken bis in das Elsaß reichend und benannt nach dem Armschutz aus Leder –, die Kriege der Appenzeller Bauern (1377–1429) und die Bewegung um den «Pfeifer von Niklashausen», Hans Böhm (Behem) (gest. 1476), zu den bekanntesten.

Eine der Folgen, die jene von der Pestepidemie verursachten Umwälzungen auslösten, waren die unbeschreiblichen Judenpogrome um die Mitte des 14. Jahrhunderts. Sie werden von den Historikern als die bis dahin größte singuläre Massenmordaktion an der jüdischen Bevölkerung eingestuft, die später nur noch durch den Holocaust übertroffen werden sollte. Schon im späteren 13. und frühen 14. Jahrhundert hatte die Verfolgung der Juden in den Städten zugenommen, wobei die willkürliche Beschuldigung, sie würden Ritualmorde begehen, häufig eine Rolle spielte. So kam es zu Pogromen am Mittelrhein, als man den Juden den Tod des sechzehnjährigen Werner von Bacharach 1287 anlastete, und zu Verfolgungen wegen angeblichen jüdischen Ritualmords 1303 in den thüringischen Orten Weißensee, Gotha, Kölleda und Tennstedt. Immer wieder suchten Bürger, die Geld von Juden geliehen hatten, sich auf diese Weise ihrer Verpflichtung gewaltsam zu entledigen. Diese Entwicklung wurde von den Königen mitgetragen – von Ludwig dem Bayern ebenso wie später von Karl IV. Diese erteilten Fürsten und Städten das Privileg der Freiheit von den Schulden und suchten auch ihrerseits, jüdisches Vermögen für den Fiskus einzuziehen.

Die Pestepidemie trieb diese Entwicklung in extremer Weise voran, zumal sich rasch das Gerücht verbreitet hatte, die Juden seien für die Seuche verantwortlich. Sie hätten «die Brunnen und das Wasser vergiftet» (Fritsche Closener, S. 127). Deshalb, so forderten – wie auch in anderen Städten – die Bürger von Straßburg, solle man sie verbrennen. Das Jahr 1349 markiert für diese Ereignisse einen schrecklichen Höhepunkt: «In diesem Jahr wurden die Juden in Deutschland und in vielen anderen Ländern alle mit Frauen und Kindern durch Eisen und Feuer grausam und unmenschlich vernichtet», so schrieb der Dominikaner Heinrich von Herford (gest. 1370) (*Chronik*, S. 280). In Straßburg – wie auch in Basel, Köln, Mainz und anderswo – weigerte sich anfangs der Stadtrat und konnte einige Zeit Widerstand leisten. Diese Haltung wurde nicht so sehr durch Humanität verursacht, vielmehr befürchtete man, der Strom der jährlichen jüdischen Schutzgelder, die enorm hoch waren, würde künftig versiegen. Daraufhin zogen die Handwerker bewaffnet auf, setzten die bisherigen Stadtmeister ab und bestellten neue. Als diese sich dem Druck der Straße fügten, konnte der Bürgermob ungehindert vorgehen. Zweitausend Juden, so berichtet Fritsche Closener, wurden zwei Tage später gefangen und am Tag darauf, dem 14. Februar 1349, in Straßburg verbrannt. Nur die, die sich taufen ließen, seien freigekommen. «Was man den Juden schuldig war, das war nun alles wettgemacht, und alle Verpfändungen und Schuldbriefe, welche sich bei den Juden befanden, waren wieder zurückgegeben. Ihr Geld aber nahm der Rat und verteilte es anteilig unter die Handwerkszünfte. Das war das Gift, das die Juden tötete.»(Fritsche Closener, S. 130).

Von welch hochgradigen, religiös geprägten Wahnvorstellungen die Menschen dieser Zeit ergriffen wurden, verdeutlicht die Bewegung der Geißler («Flagellanten» – von dem lateinischen Wort *flagellum*, zu deutsch: die Peitsche). Scharenweise schlossen sich schwärmerische Laien zusammen, durchzogen das Land und suchten in Selbstkasteiung und Selbstbestrafung das Erbarmen Gottes wieder zu gewinnen. Schon früher hatte es immer wieder einmal solche «Geißlerfahrten» gegeben. Aber nunmehr, in der Pestzeit, kam es zu einem massenhaften Auftreten der Geißler. Dabei gab es regelrechte Aufnahmeriten: Dreiunddreißig und einen halben Tag lang musste man sich in einem Geißlerzug bewähren und sich täglich zweimal geißeln. Außerdem waren für jeden Tag vier Pfennige abzuliefern. Die Geißeln sind in der Chronik des Heinrich von Herford beschrieben: Eine Art Stock, an dessen Ende drei Stränge mit großen Knoten herabhingen. In diese Knoten waren spitze Eisenstücke eingenäht. «Mit solchen Geißeln schlugen sie sich auf den entblößten Oberkörper, so dass dieser sich blau verfärbte, entstellt anschwoll und das Blut nach unten lief und die benachbarten Wände der Kirche, worin sie sich geißelten, bespritzte.»

Fritsche Closener berichtet (S. 104–120), im Jahre 1349 seien zweihundert Geißler in ihren weißen Kapuzenmänteln nach Straßburg gekommen und in einer Art Prozession eingezogen. Dabei hätten sie Fahnen und Kerzen mit sich geführt, und die Glocken hätten geläutet. Dann seien sie aufs Feld hinausgezogen, hätten sich bis auf die Hosen ausgezogen, niedergekniet und ihre Sünden gebeichtet. Anschließend, so der Bericht weiter, sangen sie geistliche Lieder wie «Daz got dis große sterben wende» und peitschten sich aus. In der Stadt seien durch ihr Auftreten heftige Konflikte entstanden. Einerseits war man fasziniert von dem Schauspiel, und «wenn die Geißler sich geißelten, dann gab es den größten Zulauf und das größte Weinen, das man je erlebt hat». Andererseits eigneten sich die Geißler mit ihren Predigten unerlaubterweise priesterliche Kompetenzen an und verlangten überdies von den Bürgern Abgaben für Fahnen und Kerzen. Am Ende musste sogar der Bischof einschreiten und die nach Kirchenrecht illegalen Handlungen verbieten.

Die Geißler aber suchten die Städte auf, um möglichst große Wirkung zu erzielen. Dort trafen sie auf eine dichte Bevölkerung. Die Stadt mit der größten Einwohnerzahl dürfte Köln mit etwa fünfunddreißigtausend Menschen gewesen sein, dahinter kamen mit zwanzig- bis dreißigtausend Einwohnern Städte wie Nürnberg, Straßburg, Prag, Lübeck, Magdeburg, Wien und Augsburg. Hier, in einer relativ «verdichteten» Gesellschaft, stießen die Geißler auf die Bereitschaft, neue Ideen und Vorstellungen aller Art aufzunehmen. Das 14. Jahrhundert und die erste Hälfte des 15. Jahrhunderts dürfen ganz allgemein als Höhepunkt in der Entwicklung der mittelalterlichen Stadt gelten. In dieser Zeit bildete sich die Stadtverfassung heraus, die völlig neue Konzepte gesellschaftlicher und politischer Ordnung umsetzte.

Kennzeichnend dafür war zum einen der «Bürgerverband». Die städtische Ordnung war für die gesamte Gemeinde in gleicher Weise gültig – nur die Immunitäten der Klöster und geistlichen Stifte bildeten eine Ausnahme. Das bedeutete zum zweiten, dass die Verfassung der Stadt eine neue Qualität in der Kontrolle der Lebensordnung mit sich brachte. Durch Gesetze und Verordnungen sollten alle Lebensbereiche lückenlos erfasst und reguliert werden. Dieses Ziel zu erreichen, bedurfte es einer handlungsfähigen «Obrigkeit». Lange schon, bevor sich eine frühstaatliche «Obrigkeit» in den Landesherrschaften entwickelte, war sie in den Städten etabliert – gewissermaßen ein drittes Kennzeichen der Stadtverfassung. Insbesondere die wirtschaftlichen Abläufe sollten genau beaufsichtigt und ihre Korrektheit überwacht werden. So gab es in Köln eine begleitende Kontrolle des Weinhandels vom Verkäufer bis hin zum Endverbraucher. Dabei ging es in erster Linie um die Überwachung der ordnungsgemäßen Steuerentrichtung auf allen Stufen des Handels. Schon bei der Weinlieferung wurde die Menge in den Fässern überprüft. Der Transport zur Verkaufsstelle durfte nur von autorisierten Personen vorgenommen werden, um dort sogleich wieder vom «Akzisemeister», der für die Steuererhebung zuständig war, abgezeichnet zu werden.

Im städtischen Steuerwesen des 14. Jahrhunderts wurden die Grundlagen für die moderne Steuerverwaltung gelegt. Neben die Grundsteuer für die Hauseigentümer trat damals eine Vermögenssteuer. Sie wurde zwar in ihrer Höhe durch Selbsteinschätzung der Steuerschuldner bestimmt, aber die Steuerzahlung erfolgte öffentlich und unterlag daher der Kontrolle durch die Nachbarn. Schließlich bildete sich noch die Verbrauchssteuer heraus, die vor allem auf Bier und Wein erhoben wurde, das sogenannte «Ungeld». Da der Rat im Interesse des «gemeinen Nutzens» handelte, musste er im Sinne der Gerechtigkeit diese Steuern bei allen Bürgern der Stadt kompromisslos und ohne Ausnahme eintreiben. Dieses Modell der städtischen Obrigkeit war, anders als das der landesherrlichen, nicht personell, sondern institutionell verankert. Auch dies bedeutete einen wichtigen Schritt zu modernen Formen staatlicher Ordnung.

Die Führungselite in den Städten blieb allerdings auf bestimmte soziale Schichten der Wohlhabenden begrenzt, so dass regelrechte Oligarchien entstanden. Miteinander verflochten und nach außen zugleich abgeschirmt durch ein feinmaschiges Netz von Ehebündnissen und Verschwägerungen, entstand ein Patriziat, das sich gegen andere städtische Gruppen abgrenzte. So kam es immer wieder zu Machtkämpfen, wenn sich neue Gruppen wirtschaftlich erfolgreicher Aufsteiger bildeten, die an der Stadtregierung beteiligt sein wollten. Zur wirkungsvollen Interessenvertretung in diesen politischen Konflikten organisierte man sich in der Regel im Rahmen der Zünfte, in denen die Handwerksberufe jeweils zusammengeschlossen waren. In manchen Städten wurde im Verlauf solcher «Zunftaufstände» der alte Rat völlig entmachtet und durch einen neuen, von den Zünften bestimmten Rat ersetzt – so beispielsweise in den Städten Augsburg oder Köln. Anderswo konnten sich die alten Patrizierräte behaupten wie in Frankfurt am Main oder in Lübeck.

Allen Städten gemeinsam war der Drang, sich vom bisherigen Stadtherrn möglichst weit zu emanzipieren. Die Königsstädte lösten sich vom König und wurden zu «Reichsstädten». Bischofsstädte wiederum suchten sich dem bischöflichen Stadtherrn zu entziehen und erlangten den Status «Freier Städte». Und alle strebten sie danach, in dem Verfassungsgebilde des «Heiligen Römischen Reichs» einen unabhängigen Platz zu erlangen, gleichberechtigt neben den Kurfürsten und anderen Fürsten des Reichs. Die Städte wurden deshalb zu besonders aktiven Verteidigern des Reichsgedankens und brachten diese Haltung immer wieder symbolisch zum Ausdruck. Gerne bediente man sich dabei der alten Kaiser, die in der kollektiven Erinnerung an der Spitze standen: Karls des Großen, Ottos des Großen oder «Friedrichs» (der häufig für Barbarossa und Friedrich II. zugleich stand). Diese brachte man als Statuen oder Reliefs an Rathäusern und Marktplätzen an und fasste sie als Personifikationen des Reichs auf. Ganze Bildzyklen von Königen und Kurfürsten, Rolanden und Reichsadlern holten das Reich in die Stadt – ja mehr noch: Stadt und Reich wurden eins.

Die Stadt, so ist zu beobachten, begann sich selbst als Thema zu inszenieren. Bereits in der *Magdeburger Schöppenchronik* aus dem 14. Jahrhundert kündigte sich das neue Selbstbewusstsein an. Am Anfang dieser Stadtgeschichte erscheint kein Geringerer als Julius Caesar, der Namensgeber für alle Kaiser. Unermüdlich, so die Chronik, hätten dann die deutschen Könige und römischen Kaiser die Stadt mit Privilegien überhäuft. Bereits im 13. Jahrhundert war mit dem Magdeburger Reiter das erste freistehende Herrscherdenkmal in einer deutschen Stadt errichtet worden, und die Gestalt ist seit jeher mit Otto dem Großen identifiziert worden.

In Nürnberg führte Sigmund Meisterlin 1485 in seiner Chronik die Ursprünge der Stadt auf die Gründung durch den römischen Oberbefehlshaber Tiberius Nero im Jahre 12 vor Christus zurück. Von Beginn an habe sich Nürnberg als kaisertreue Stadt ausgezeichnet. Über all die Jahrhunderte hin hätten die Nürnberger Patrizier denselben Status besessen wie der Adel. Ganz entsprechend hatte schon Enea Silvio Piccolomini, der spätere Papst Pius II. (1458–1464), im Jahre 1453 in seiner Darstellung *Europa* das Selbstbewusstsein der Nürnberger charakterisiert (S. 231): «Die Nürnberger wollen nicht als Bayern und nicht als

Franken angesehen werden, sondern als irgendein drittes, eigenes Volk. Die edle Stadt, geschmückt mit großartigen öffentlichen und privaten Gebäuden, [...] hat fleißige Bewohner; alle nämlich sind entweder Handwerker oder Händler. Daraus haben jene viele Reichtümer und einen großen Namen in Deutschland.»

Wenn auch ein Vergleich mit den Städten Italiens oder der Champagne schwerfällt, so wird man doch auch für die großen deutschen Städte einen bemerkenswerten Aufstieg zu Reichtum und politischer Bedeutung feststellen dürfen. Vor allem Nürnberg entwickelte sich zu einer Handelsstadt, die durchaus im europäischen Rahmen Beachtung fand. Die Kaufmannsbücher und Kaufmannsbriefe seit 1350 zeugen von weiten Handelsbeziehungen und neuen Techniken der Verwaltung und Buchführung. Das sogenannte «Verlagswesen» steigerte die Erträge gewaltig. Es bestand darin, dass der Kaufmann als «Verleger» dem Handwerker Rohstoffe lieferte und dessen Erzeugnisse als Halb- und Fertigprodukte zu günstigen Preisen abnahm, sie zum nächsten Produzenten «verlegte» oder an Endkunden verkaufte. Dabei waren äußerst gewinnträchtige Handelsgeschäfte zu erzielen. Auf diese Weise wurden auch die Transporte optimiert: Auf dem einen Weg waren es die Rohstoffe oder Teilprodukte, auf dem anderen Weg dann die fertigen Waren, die auf Reisen gingen.

Die neue politische Rolle der Städte kam in den immer häufiger entstehenden Städtebünden zum Ausdruck. Als Kaiser Karl IV. für die Wahl seines Sohnes Wenzel 1376 den Kurfürsten hohe Geldsummen zu zahlen hatte, versuchte er, die Kosten in Form einer Sondersteuer auf die Reichsstädte abzuwälzen. Man rechnete sogar mit Verpfändungen. Daraufhin schlossen sich die schwäbischen Städte unter der Leitung Ulms zu einer Interessengemeinschaft zusammen. Die Zahl der Mitglieder stieg bis 1385 auf vierzig an. 1381 hatte man sich bereits mit dem Rheinischen Städtebund vereinigt. Solche Städtebünde waren zeitweise gut organisiert. Sie fällten ihre Entscheidungen im Wege des Mehrheitsbeschlusses und setzten Gremien als Schiedsinstanzen ein. Mit vereinten Truppen zogen sie in Kriege gegen fürstliche Heere – so im ersten Städtekrieg von 1388/1389, später im zweiten Städtekrieg von 1449/1450 und in zahlreichen kleineren und größeren Konflikten.

In den großen kriegerischen Auseinandersetzungen mit den Fürsten mussten die Städte allerdings ihre Grenzen erkennen – stets siegten am Ende die Fürsten. Dies lag nicht zuletzt daran, dass auch die fürstlichen Herrschaften immer stärker zentralisiert wurden. Nicht wenigen Fürsten gelang es, ihre Territorien im späten Mittelalter straff durchzuorganisieren und frühe Formen effizienter «Staatlichkeit» zu schaffen. In Bayern, um ein Beispiel herauszugreifen und etwas näher zu betrachten, war das Land schon im Laufe des 13. Jahrhunderts in «Ämter», später in «Landgerichte» eingeteilt worden, in denen vom Landesfürsten bestellte Pfleger oder Richter mit der Ausübung der Gerichtsbarkeit betraut waren. Als oberster Stellvertreter des Herzogs amtierte ein «Viztum» (*vicedominus generalis*). Daneben entstanden die «Kastenämter», die für die Verwaltung der Abgaben – meist Naturaleinkünfte – zu sorgen hatten. Für den Aufbau einer frühstaatlichen Verwaltung bedurften die Fürsten in steigendem Maße der materiellen Mittel, die sie aus der Ausbeutung der Wirtschaft für den Fiskus zu ziehen suchten. So stand auch in Bayern der «Fiskalismus» am Anfang der fürstlichen Wirtschaftspolitik, gekennzeichnet von ständigen Steuererhebungen aller Art.

1329 wurde das wittelsbachische Territorium in zwei Hälften geteilt. Der sogenannte «Hausvertrag von Pavia» sprach die Rheinische Pfalzgrafschaft mit dem Mittelpunkt in Heidelberg sowie die «Oberpfalz» der «Rudolfinischen Linie» der Wittelsbacher zu – Rudolf (gest. 1319) war der Bruder Ludwigs des Bayern. Oberbayern mit dem Zentrum München blieb in der Hand Ludwigs des Bayern, der sich darum bemühte, auch Niederbayern mit Landshut als Mittelpunkt unter seine Herrschaft zu bringen, was ihm 1341 schließlich gelang. Weitere Erfolge verzeichnete Ludwig zudem mit seiner weit ausgreifenden «Hausmachtpolitik». 1323 belehnte er seinen ältesten Sohn Ludwig V. («den Brandenburger») mit der Markgrafschaft Brandenburg. Dieser erhielt durch die – rechtlich und moralisch auf zweifelhafte Weise geschlossene – Ehe mit Margarete Maultasch (gest. 1369), der Erbtochter Herzog Heinrichs von Kärnten, noch die Grafschaft Tirol hinzu. Ludwigs des Bayern eigene Ehe mit Margarete von Holland verschaffte dem Haus Wittelsbach 1345 schließlich die Grafschaft von Holland-Hennegau. Zwar konnte dieser Besitzkomplex nach seinem Tod in diesem Umfang nicht lange erhalten werden, aber die zugrundeliegende Politik lässt die künftige Entwicklung deutlich erkennen. Nicht nur die Fürsten erweiterten ihre Territorien, sondern auch der König war gezwungen, auf dieselbe Art seine Machtgrundlagen auszubauen, denn das alte Königs- und Reichsgut war längst bis auf kleine Reste zusammengeschmolzen. Das «Hausmachtkönigtum» führte dazu, dass sich der Kreis der königsfähigen Häuser auf die mächtigsten Fürsten beschränkte: die Luxemburger, die Wittelsbacher und die Habsburger.

Die sich auf diese Weise «verdichtenden» Landesherrschaften kristallisierten sich im späten Mittelalter als eigene Rechtskreise heraus. Im 14. Jahrhundert wurde im Zuge dieser Entwicklung für das Land Oberbayern erstmals ein eigenes, geschriebenes Landrecht erlassen. Um 1335 konzipiert, wurde es am 6. Januar 1346 in der endgültigen Version vom oberbayerischen Herzogshaus in München in Kraft gesetzt: «Wir gebieten bei unserer Huld allen unseren Richtern und Amtleuten in unserem Land zu Bayern, überall in den Städten und Märkten und auf dem Lande, dass sie die Rechte genauso einhalten sollen bei ihrem Eid, den sie uns oder unserem Viztum darauf geleistet haben, und dass sie nach diesem Rechtsbuch Wort für Wort und in jedem Rechtsfall Armen und Reichen gegenüber in gleicher Weise richten sollen.» Sämtliche Bereiche des öffentlichen wie auch des privaten Lebens wurden in diesem Gesetzeswerk behandelt: der Instanzenweg bei Gericht, das Ehe- und Erbrecht, die Besitzkonflikte, der Friedensbruch, das Lehnrecht und die Pfandschaften, aber auch Notzucht, Beleidigung, Raufereien, Holz- und Jagdfrevel und Regeln der Tierhaltung. Jeder Richter, so heißt es darin ausdrücklich, dürfe über die betreffenden Fälle nur noch nach den Bestimmungen dieses Buchs urteilen.

Das «Oberbayerische Landrecht» steht – zusammen mit dem Versuch König Albrechts I. um 1298, ein «Österreichisches Landrecht» zu erlassen – an der Spitze dieser Entwicklung. Im 15. Jahrhundert kam dann eine ganze Reihe weiterer Landes- und Gerichtsordnungen hinzu – 1446 in Thüringen, 1455 in Hessen-Kassel, in der Pfalz um 1480, in Sachsen 1482 und in Tirol 1487, um nur einige zu nennen. Mit diesen Rechtsbüchern, jeweils verfasst in der Landessprache, wurde das Rechtswesen auf ganz neue Grundlagen gestellt – ein geradezu revolutionär anmutender Vorgang, durch den die frühere Rechtsfindung im Schöffengericht fortan vom Prinzip der Rechtssetzung und dem darauf beruhenden Richterurteil abgelöst wurde. Durch die damit verbundene Einschränkung der Gerichtsgemeinde, in der vormals der Angeklagte stets unter seinesgleichen seine Richter gefunden hatte, wurde die Stellung der «Obrigkeit» ganz erheblich gestärkt. Deutlich treten hier die Parallelen zur Entwicklung in der Stadt hervor. Die Rechtssprechung wurde gewissermaßen «verstaatlicht». Vorläufer dieser Entwicklung waren die Landfriedensgebote der Fürsten gewesen, die bereits darauf hingewirkt hatten, dass das Rechtswesen zu einem Monopol der Landesherren wurde.

Ihr Vorrecht im Land ließen sich die Fürsten zunehmend von ihren Rechtsberatern, den gelehrten Räten, absichern. Diese waren im römischen Recht bewandert, in dem sie von adligen und ständischen Freiheitsprivilegien nichts fanden. Dennoch gelang es auch den Landständen, ihre Interessen in den großen, neuen Territorien zu behaupten. Sie vertraten das «Land» gleichsam von unten her und stärkten ihre Position durch ihr nun immer wichtiger werdendes Steuerbewilligungsrecht – ohne Steuern nämlich war kein Fürstenstaat mehr überlebensfähig. Insofern entwickelten sich die Stände zu Trägern der neuen Ordnung zum «gemeinen Wohl». Bisweilen schlossen sie sich auch in Bünden zusammen – etwa 1466 zum Böcklerbund und 1489 zum Löwlerbund in Niederbayern –, um ihren Forderungen Nachdruck zu verleihen.

Was jedoch die neuen Fürstenreiche vor allem zusammenhielt, war das Fürstenhaus selbst. Im 14. Jahrhundert entwickelte sich die Vorstellung vom «Haus», das sich gleichsam über das gesamte Territorium spannte. Die Länder der Wittelsbacher etwa wurden nun vereint gedacht im «Haus Bayern», so wie es auch zu einem «Haus Österreich» kam. Dieses «Hausdenken» wirkte selbst dann weiter, als Bayern 1349 und 1353 erneut aufgeteilt worden war, und zwar in die Herzogtümer Oberbayern, Landshut-Niederbayern und Straubing-Holland. 1392 erfolgte nochmals eine Teilung, bei welcher auch um Ingolstadt ein eigenes Herzogtum entstand. Die Idee der dynastischen Einheit ging dennoch nicht verloren und wurde in den einzelnen wittelsbachischen Familien literarisch, bildlich und zeremoniell immer wieder in das Bewusstsein gerückt.

Zu welchen Auswüchsen das dynastische Denken, das mit der Weiterführung des Hauses den Weiterbestand des Territoriums verband, führen konnte, zeigt das traurige Schicksal der Augsburger Bürgerstochter Agnes Bernauer: Der einzige Sohn des Münchener Herzogs Ernst (gest. 1438), Albrecht III., hatte sich 1432 aus Liebe zu Agnes heimlich mit ihr vermählt. Diese Mesalliance hätte das Ende der Dynastie bedeutet. So lockte der Vater den Sohn 1435 auf eine Jagd nach Landshut, während in Straubing, dem Aufenthaltsort des jungen Paares, Agnes ergriffen und hingerichtet wurde, indem man sie gefesselt von einer Brücke in die Donau warf. Nach kurzer Trauer fügte sich der Sohn und heiratete standesgemäß. Der Fortbestand der Münchener Linie, die kurz nach 1500 ganz Bayern wieder vereinen und damit die Grundlage für das moderne Bayern schaffen sollte, war gerettet – wenn auch auf barbarische Art und Weise.

Die neuen Ordnungen in den Städten und Landesherrschaften mit ihren normierenden und damit integrativ wirkenden Regelungen und Gesetzen veränderten auch die Wahrnehmung des Reichs. In den schriftlichen Verordnungen, im Rechtswesen, in den Handelsorganisationen und in der Literatur nahm die deutsche Sprache zudem einen immer größeren Raum ein. Auch die königliche Kanzlei ging dazu über, Urkunden in deutscher Sprache auszufertigen. Es war Konrad IV., der 1240 erstmals eine *diutsche* Königsurkunde ausstellte. Schon der Mainzer Reichslandfrieden von 1235 war nicht nur in Latein, sondern auch in *diutsch* abgefasst worden, um «in allen deutschen Reichen» (*uber alle diutschiu rich*) verstanden zu werden; auch die Goldene Bulle von 1356 wurde übersetzt. Die deutsche Sprache stieg gleichsam zur Sprache der Herrschenden auf: So konnte Alexander von Roes in seiner «Beschreibung der Welt» (*Noticia seculi*, cap. 18) behaupten, Karl der Große sei Deutscher gewesen, weil er als Muttersprache deutsch gesprochen habe (*teutonica*), und Lupold von Bebenburg wollte das schon für Karl Martell feststellen (cap. 7). Auf diese Weise konnte die deutsche Sprache bis zu einem gewissen Grad ein wirksamer Faktor der rechtlichen und politischen Zusammengehörigkeit werden – allerdings nie im Sinne der Ausschließlichkeit; noch 1556 stellte Kaiser Karl V. fest, dass Cambrai zum Reich gehöre, auch wenn dort nicht deutsch gesprochen werde.

Die Entwicklung ging auch nicht dahin, dass man das gesamte Reich offiziell in ein «deutsches» umbenannt hätte. Man sah vielmehr im Reich die Vereinigung der «deutschen Länder», die im Begriffe waren, sich zu «frühstaatlichen» Gebilden zu entwickeln. Die Chronisten und Dichter sprachen in diesem Sinne von *dütsche lant* (Jakob Twinger von Königshofen), von *teutscher land* oder von *teutschland* (Sebastian Brant, *Eyn Chronik über Teutschland*). In der *Koelhoffschen Chronik* von 1499 treffen wir auf die Wendungen *in duitschen landen*, *in Duitschland*, *durch gantz Duitschland*, *alle Duitschlant*. In den Reformverhandlungen der Kurfürsten um die Mitte des 15. Jahrhunderts finden sich die Formulierungen *deutsches gezunge*, nicht selten in der Zusammensetzung *heiliges Reich und Teutsche gezunge*, gleichbedeutend mit *reich und deutschen landen*. Das Wort *gezunge* war in allen diesen Fällen nichts anderes als die Übersetzung der lateinischen Bezeichnung *natio* und damit des Fremdworts «Nation». Beide Begriffe, *gezunge* und *natio*, wurden synonym verwendet.

So wurde «deutsch» zu einer immer stärker verbindenden Gemeinsamkeit, die schließlich über die Sprache hinausreichte. Der *natio*-Begriff wurde allmählich auch politisch aufgeladen.

Genau dies spiegelt sich im Ungetüm des endgültigen Reichstitels. In den siebziger Jahren des 15. Jahrhunderts, ganz am Ende des Mittelalters, wurde der Bezeichnung «Heiliges Römisches Reich» das Anhängsel «deutscher Nation» hinzugefügt. In der wörtlichen Übersetzung bedeutete es nicht mehr als «deutscher Zunge», aber von der Sinngebung her war damit durchaus schon eine politische Konnotation verknüpft.

Reformen in Kirche und Reich des 15. Jahrhunderts

Das letzte Jahrhundert des Mittelalters war eine Zeit, in der unablässig Reformforderungen erhoben und Reformmodelle entwickelt wurden. Es darf als durchaus bemerkenswert gelten, dass ein ganzes Zeitalter sich selbst in dem Bewusstsein wahrnahm, reformbedürftig zu sein, und deshalb intensiv nach Wegen der Erneuerung und nach Lösungen zur Überwindung der Probleme suchte. Dies ist auch ein deutliches Anzeichen dafür, dass sich die neuen Kräfte in Gestalt der Städte und Territorien trotz der Goldenen Bulle noch längst nicht im «Regelsystem» der neuen Reichsordnung eingependelt hatten. Andere Ursachen des Reformstrebens lagen allerdings nicht im Reich begründet, auch wenn sie sich in extremer Weise auf das Reich auswirkten.

Die Meinung, dass tiefgreifende Reformen vonnöten seien, keimte bereits im ausgehenden 14. Jahrhundert. Die Nachfolger Karls IV. erwiesen sich als unfähig oder ärmlich. König Wenzel (gest. 1419), der nach dem Tod seines Vaters am 20. November 1378 im Alter von achtzehn Jahren das Königtum übernommen hatte und sich auch auf die Krondomäne in Böhmen stützen konnte, versagte weitgehend – oder scheiterte an den Kräften, die von den mächtigen Territorialherren entfaltet wurden. Die Kurfürsten bestimmten in ihrem Sinne die Regierung, und die alten Rivalen, die Habsburger und die Wittelsbacher, suchten jede Gelegenheit der Königsschwäche zu nutzen. Sogar in der eigenen Familie stieß Wenzel auf Widerstände, bei denen sich vor allem sein Neffe, Jobst von Mähren (gest. 1411), hervortat.

Daher blieben seine Aktivitäten, die er 1389 mit dem umfassenden Reichslandfrieden von Eger zu entfalten hoffte, wirkungslos.

So konnte die Vorstellung von «Wenzel dem Faulen» entstehen. Sein Bild verdüsterte sich weiter, als er 1393 den Mord an Dr. Johann Nepomuk anordnete. Dieser, Generalvikar des Prager Erzbischofs, verweigerte die Zustimmung zur Gründung eines neuen, von Wenzel geplanten Bistums in Nordböhmen. Unter persönlicher Beteiligung ließ der König den Kirchenmann foltern und den halbtoten Nepomuk von der Karlsbrücke in die Moldau werfen. Letztlich beschlossen die vier rheinischen Kurfürsten, dass sein Königtum beendet werden müsse. Am 20. August 1400 erklärten sie ihn für einen *unnüczen versümelichen unachtbaren entgleder und unwerdigen hanthaber des heiligen Romischen richs* (*Reichstagsakten* 3, Nr. 204) und damit als abgesetzt. Am folgenden Tag wählten sie auf dem Königsstuhl in Rhens einen aus ihrer Mitte, den Rheinischen Pfalzgrafen Ruprecht III., zum neuen römischen König.

Der Wittelsbacher Ruprecht von der Pfalz (1400–1410), der beim Amtsantritt achtundvierzig Jahre alt war, hatte sich als Landesherr in der Verwaltung und im Ausbau seines Territoriums durchaus bewährt und schien geeignet, das Königtum wieder zu stärken. Seine Schwäche freilich bestand in seinen allzu bescheidenen finanziellen Möglichkeiten. So konnte er nur ein kleines Heer aufbieten, als er 1401 nach Italien zog. Er wollte den Herzog Gian Galeazzo Visconti von Mailand (gest. 1402), der die Interessen des Reichs so gut wie nicht mehr vertrat und ein ober- und mittelitalienisches Königtum anstrebte, zum Gehorsam zwingen. Dieser freilich verfügte über unvergleichlich größere Mittel. Allein seine ordentlichen Steuereinnahmen betrugen jährlich 1,2 Millionen Gulden. Dazu kam eine weitere Million im Wege außerordentlicher Erhebungen. Ruprecht konnte aus seinen Hausgütern hingegen lediglich mit einer Summe von fünfzig- bis sechzigtausend Gulden jährlich rechnen. Hinzu kamen noch etwa fünfundzwanzigtausend Gulden aus Reichsgut, vor allem aus den Reichsstädten. Besonders augenfällig werden die gewaltigen Unterschiede bei einem Vergleich der Mitgiftsummen für die jeweiligen Töchter. Als Gian Galeazzos Tochter Valentina 1380 die Ehe mit dem Bruder des französischen Königs, Ludwig von Orléans, einging, brachte sie die Summe von vierhundertfünfzigtausend Gulden mit. König Ruprecht konnte seiner Tochter Elisabeth, als sie 1406 den Herzog Friedrich von Österreich heiratete, dagegen nur vierzigtausend Gulden in die Ehe mitgeben.

Das «Unternehmen Visconti» war daher von vornherein zum Scheitern verurteilt. Noch ärmer als zuvor musste Ruprecht 1402 den Kriegszug abbrechen. Spottlieder begleiteten ihn bei der Heimkehr: *O, o, der Göckelmann* (Possenreißer) *ist kumen, hat eine lere Taschen praht, das hab' wir wohl vernumen* (Nürnberger Jahrbücher, S. 138). Bis 1409 dauerte es, bis Ruprecht seine Schulden aus dem Mailand-Krieg abbezahlt hatte.

Ruprechts Königtum war gekennzeichnet von «kleinen Verhältnissen», aber immerhin gelang es ihm, die Königskanzlei leistungsfähiger zu machen, indem er eine konsequente Registratur einrichtete und ein Reichslehnsbuch in Auftrag gab. Auch die Effizienz des Hofgerichts suchte er zu erhöhen und schuf dafür Einrichtungen, die im späten 15. Jahrhundert schließlich das Kammergericht hervorbrachten. Ganz allgemein gesprochen, war Ruprecht erfüllt von dem Gedanken, als König für die Rechtswahrung sorgen zu müssen. Insofern erscheint seine kurze Regierungszeit keineswegs als Niedergang. Nicht zu Unrecht würdigt die Umschrift auf der Grabplatte des am 18. Mai 1410 gestorbenen und in der Heiliggeistkirche in Heidelberg bestatteten Wittelsbachers ihn als Freund des Friedens und der Frömmigkeit, der für die Gerechtigkeit viel gelitten habe.

Dann waren wieder die Luxemburger am Zuge. Mit Sigmund, der 1387 bereits die Krone von Ungarn erlangt hatte, setzte sich 1410/1411 ein weiterer Sohn Karls IV. im Kampf um die Königskrone durch. Sein Rivale kam aus dem eigenen Haus – Jobst von Mähren, sein Vetter, der jedoch schon am 18. Januar 1411 plötzlich starb. Daraufhin vollzog man in Frankfurt am 21. Juli 1411 eine förmliche Neuwahl, aus der Sigmund endlich unumstritten als König hervorging.

Den Namen Sigmund hatte er nach dem heiligen Sigismund erhalten, dem Burgunderkönig (516–523), der einst im Kampf gegen die Merowinger den Märtyrertod gefunden hatte. Karl IV. hatte ihn als Heiligen gewissermaßen in seinen geistlichen Hofstaat aufgenommen und für seine Verehrung gesorgt. Der heilige Sigismund entwickelte sich seither zum Volksheiligen in Böhmen, dargestellt mit Krone, Szepter und Reichsapfel. Als heiliger König aus dem Westen trat er neben den heiligen König Wenzel von Böhmen – zwei königliche Schutzpatrone, die das luxemburgische Imperium religiös-ideologisch verklammern sollten. Mit dem Namen sollte auch der Segen des heiligen Sigismund auf den 1368 geborenen Sohn Karls IV. übergehen.

König Sigmunds Herrschaftszeit wurde von einer Reihe wegweisender politischer Ereignisse in Europa bestimmt. Schon als ungarischer König war er in eine weitausgreifende Diplomatie einbezogen, deren Horizont von Frankreich bis Polen und Ungarn reichte. Ein gefährlicher Krisenherd bildete sich im Osten Ungarns heraus, als die türkische Expansion seit den siebziger Jahren des 14. Jahrhunderts immer weiter voranschritt. Das osmanische Reich kämpfte für die Ausbreitung des Islam und strebte das Erbe der byzantinischen «Weltmacht» an. 1385 fiel Sofia, 1386 Nisch, 1387 Saloniki, 1388 folgte ein verheerender Einfall der Truppen des Sultans in Bulgarien. 1389 wurden die Serben auf dem Amselfeld vernichtend geschlagen; dies war die leidvolle Geburtsstunde jenes serbischen Nationalbewusstseins, demzufolge das dort vergossene Blut den Kosovo auf immer zu geheiligtem Boden des serbischen Volks werden ließ.

Immer wieder richtete das Byzantinische Reich Hilfsappelle an den Westen, und auch Ungarn sah sich bedroht. In Herzog Philipp dem Kühnen von Burgund (1363–1404), der sich zu einem glühenden Verfechter eines Kreuzzugs zur Abwehr der Türken und zur Wiedereroberung des Heiligen Landes entwickelte, fand Sigmund einen Verbündeten. 1396 zog Philipps Sohn und späterer Nachfolger, Johann Ohnefurcht (1404–1419), mit einem Aufgebot französisch-burgundischer und ungarischer Ritter gegen die Türken und konnte die Stadt Nikopolis, das heutige bulgarische Nikopol am rechten Donauufer, einnehmen. Schon wenig später, Ende September 1396, gelang jedoch dem herbeigeeilten osmanischen Sultan Bayezid I. die Rückeroberung und eine totale Vernichtung des christlichen Heeres. Noch auf dem Schlachtfeld wurden Tausende der gefangenen Burgunder, Franzosen und Ungarn geköpft. Die Kunde davon ließ im Westen tiefe Resignation aufkommen mit der Folge, dass hinfort kein «Kreuzzug» dieser Art mehr zustande kam. Das Scheitern von 1396 lastete man vor allem Sigmund an, der sich rechtzeitig davongemacht hatte und mit venezianischen Schiffen Richtung Konstantinopel entkam.

Trotz dieser wenig ruhmvollen Erinnerung der Zeitgenossen an Sigmund hat der letzte König aus dem Haus der Luxemburger in der jüngeren Forschung eine günstige Beurteilung erfahren. Er gilt als hervorragender und erfolgreicher Diplomat mit ausgezeichneten Sprachkenntnissen (Deutsch, Tschechisch, Lateinisch, Französisch, Slavisch, Italienisch und Ungarisch), aber auch als schlagfertig, witzig, wagemutig, impulsiv, als Abenteurer und zielstrebiger Interessenspolitiker, als Freund und Mäzen der Künste und nicht zuletzt als körperlich attraktiver Ritter, der den Turniersport und den Glanz höfischer Feste liebte. Stets war er geschmackvoll gekleidet, trug gewelltes, halblanges und gut gekämmtes sowie sorgfältig zugeschnittenes Haar. Der mäßig gestutzte, kräftige Vollbart war zweigeteilt und bedeckte fast die ganze Brust. So entsprach Sigmunds Erscheinung durchaus dem Herrscherideal seiner Zeit.

Seine besondere Leistung sieht man darin, dass er entscheidend dazu beitragen konnte, das «Große Abendländische Schisma», die größte Kirchenspaltung des Mittelalters, zu beenden. Die Ursachen dieser Kirchenspaltung reichten weit zurück. Anfang des 14. Jahrhunderts war Papst Clemens V. (1305–1314), ein Franzose, nicht nach Rom gezogen, sondern hatte seine Residenz in Avignon eingerichtet. Von da an dauerte das «päpstliche Exil» in Avignon über 70 Jahre fort, trotz mancher Versuche, vor allem unter Papst Urban V. (1362–1370), die Kurie wieder nach Rom zurückzuführen. Immer stärker breitete sich in der Christenheit die Überzeugung aus, dass die Kirche wieder eine untadelige, religiös-moralisch anerkannte Leitung benötige, die ihren Sitz in Rom haben müsse. In der Tat kam es im Jahre 1378 in Rom zur Wahl Urbans VI. (1378–1389), der in der Stadt des heiligen Petrus sogleich ein strenges Reformprogramm für die Kirche «an Haupt und Gliedern» (*reformatio in capite et membris*) anordnete. Insbesondere sollten die Bedeutung des päpstlichen Amtes und die Stellung seiner Person stärker respektiert werden. Dies entsprach freilich nicht den Vorstellungen der französischen Kardinäle, die Rom wieder verließen und einige Monate später mit Clemens VII. (1378–1394) einen anderen Papst wählten. Mit ihm kehrten sie nach Avignon zurück und bezogen dort erneut den Papstpalast.

Wer von den beiden war nun der legitime Papst? Clemens VII. konnte Frankreich, Kastilien, Aragón und Navarra für sich gewinnen. Urban VI. schlossen sich das römische Reich, England und die meisten Mächtigen Italiens an. Es bildeten sich zwei Kurien heraus und alles war gedoppelt: die Päpste, die Kardinäle, das päpstliche Gericht und auch die Glaubensentscheidungen. Welche Sakramente waren in einer solchen Situation noch gültig? Konnte man diese Frage den Päpsten überlassen? Wer sonst besaß das Recht, über Päpste zu urteilen? Seit Jahrhunderten galt der Satz «Das höchste Amt in der Kirche darf von niemandem gerichtet werden» (*Prima sedes a nemine iudicatur*). Dennoch – mussten nun nicht die hohen kirchlichen Amtsträger und die Mächtigen in der Welt einschreiten, um den Untergang der Kirche zu verhindern? Manchem kam das Schisma nicht ungelegen, denn es erlaubte ein ständiges Lavieren zum eigenen Vorteil. In Florenz vertrat man noch 1408 die Ansicht, dass es für die Stadt am Arno eigentlich das beste sei, wenn es zwölf Päpste nebeneinander gäbe. Für die Mehrheit in der Christenheit aber war der Zustand unerträglich. Der Wille zur Überwindung des Schismas wuchs weiter, als das Doppelpapsttum mit Bonifaz IX. (1389–1404) in Rom und Benedikt XIII. (1394–1423) in Avignon fortgeführt wurde.

Nun setzte eine intensive Diskussion darüber ein, welcher

Weg zur Lösung des Problems führen könne. Keiner der Päpste war in der Lage, sich militärisch durchzusetzen, so dass der «Weg der Fakten» (*via facti*) nicht erfolgversprechend war. Auch die Überlegungen an der Pariser Universität, ob die Christenheit sich nicht einfach kollektiv von beiden Päpsten abwenden und damit den «Weg des Verlassens» (*via cessionis*) beschreiten könnte, schienen kaum Aussicht auf Verwirklichung zu haben. Zwar hatte man 1398 zwischen England, Frankreich und Kastilien schon fast eine Einigung in diesem Sinne erreicht, aber dann änderte sich die Politik Frankreichs wieder und der Plan war gescheitert. So blieb am Ende nur der «Weg über ein Konzil» (*via concilii*).

Die Frage, ob ein allgemeines Konzil eine mögliche Korrektivinstanz gegenüber dem Papsttum darstellen könne, wurde schon im späten 12. und frühen 13. Jahrhundert unter den Gelehrten des kanonischen Rechts theoretisch durchgespielt. Der berühmte Dekretist und Dekretalist Johannes Teutonicus (gest. 1245) kam zu dem Ergebnis, dass «die Synode, wenn sie über Glaubenswahrheiten handelt, über dem Papst steht» (*de fide agit et tunc synodus maior est papa*). Darauf konnte die Diskussion um 1400 und in den folgenden Jahrzehnten aufbauen. Hinzu kam die Lehre von der Kirche als einer Korporation. Ihr zufolge konnten Haupt und Glieder nur gemeinsam die Träger der gesamten kirchlichen Autorität sein. Nur gemeinsam schienen sie befähigt, die Kirche und ihre Wahrheit zu vertreten. Aus dieser Grundidee ließ sich auch die Überzeugung ableiten, dass im Notfall ein allgemeines Konzil sogar über dem Papst stehen müsse, wenn dieser der Häresie verfalle oder ein Papstschisma entstünde.

Diese Lehre vom Notstand der Kirche wurde erstmals derart zugespitzt von Konrad von Gelnhausen (gest. 1390) formuliert, einem der großen gelehrten Theologen des späten Mittelalters. Konrad, der um 1320 in Gelnhausen geboren wurde, lehrte an der Universität Paris und als Doktor der Rechte in Bologna und war schließlich Professor und erster Kanzler der Universität Heidelberg. Bahnbrechend wurden seine 1379 und 1380 verfassten Traktate «Kurze Abhandlung» (*Epistola brevis*) und «Abhandlung über die Eintracht» (*Epistola concordiae*). Zur gleichen Zeit entwickelte ein anderer Gelehrter, Heinrich von Langenstein (gest. 1397), an der Universität in Paris dieselben Theorien in seinen Werken «Abhandlung über den Frieden» (*Epistola pacis*, 1379) und «Abhandlung über das Friedenskonzil» (*Epistola concilii pacis*, 1381). In beiden Werken werden in scholastisch-dialektischer Weise die Argumente und Gegenargumente behandelt und am Ende das Ergebnis präsentiert, dass das Schisma nur durch ein allgemeines Konzil, dem auch Könige und Fürsten angehören, beendet werden könne.

So erhielt die «konziliare Idee» um 1400 kräftigen Auftrieb. Die Überzeugung festigte sich, dass die höchste kirchliche Autorität von den Vertretern der Christengemeinden gebildet werde, denn «was alle angeht, soll auch von allen gemeinsam gebilligt werden» (*quod omnes tangit, ab omnibus debet communiter approbari*). Derart gerüstet, kam in der Tat 1409 in Pisa ein Konzil zustande, eine Versammlung von vierundzwanzig Kardinälen und über achtzig Bischöfen, ganz ohne Einberufung durch einen Papst. Da es sich hauptsächlich um italienische Bischöfe handelte, gliederte man das Konzil für die Abstimmungen erstmals in «Nationen» (französisch, italienisch, deutsch, englisch, provenzalisch), um der italienischen Überzahl entgegenzuwirken. Dieses Nationenmodell wurde auch auf den künftigen Konzilien beibehalten.

Schließlich wurden die beiden Päpste, die in Rom und Avignon residierten, für abgesetzt erklärt und mit Alexander V. ein neuer Papst gewählt, dem nach seinem frühen Tod 1410 Johannes XXIII. (1410–1415, gest. 1419) nachfolgte. Die Aktion schien anfangs ein großer Erfolg der konziliaren Idee zu sein, aber sie schlug rasch in einen völligen Misserfolg um. Die Könige und viele Bischöfe folgten dem Urteil nicht. Nun gab es drei Päpste zugleich in der Christenheit.

Die Wende kam mit König Sigmund. Er war ein begeisterter Anhänger der konziliaren Idee und führte sogleich mit Johannes XXIII. und den Mächtigen Europas Verhandlungen über die

Einberufung eines neuen Konzils. In meisterhafter Diplomatie verschaffte er sich die Zustimmung sämtlicher Herrscher und Reiche der westlichen Kirche und brachte es zuwege, dass am 5. November 1414 das allgemeine Konzil in Konstanz eröffnet wurde.

Die «ganze Welt», so kann man es wohl beschreiben, versammelte sich in der Stadt am Bodensee. In diesem Sinne wurde das Ereignis bereits von dem Augenzeugen Ulrich von Richental in seiner Chronik des Konstanzer Konzils beschrieben. Im Einzug der verschiedenen Nationen, so führte er in breiten Schilderungen aus, habe man einen Überblick über die gesamte Christenheit gewinnen können. Sie seien aus allen drei Erdteilen gekommen, aus Asien, Afrika und Europa, und aus allen Reichen und Bistümern des christlichen Erdkreises. Er notierte neunundzwanzig Kardinäle, etwa dreihundert Bischöfe und Prälaten, mehrere hundert Universitätslehrer sowie Fürsten und Gesandte der europäischen Königreiche. Insgesamt waren mehrere Tausende von Menschen versammelt, deren Unterbringung und Verpflegung über vier Jahre hin eine große logistische Leistung bedeutete. Zusätzlich waren immer wieder Prozessionen oder öffentliche Inszenierungen zu organisieren, zu denen die Menschen herbeiströmten. Eines der glanzvollsten Ereignisse war die Belehnung des Nürnberger Burggrafen Friedrich VI. aus dem Haus Hohenzollern mit der Mark Brandenburg durch König Sigmund im Jahre 1417. Sie schuf die Grundlage für den späteren Aufstieg Preußens.

Das Konstanzer Konzil, das bis 1418 tagte, setzte sich die Wiederherstellung der Einheit und die Reform der Kirche zum Ziel. Um jeden Zweifel an seiner Entscheidungshoheit aus der Welt zu schaffen, wurde am 6. April 1415 das Dekret mit den Eingangsworten «Diese heilige Synode» (*Haec sancta* [*synodus*]) verabschiedet (Wohlmuth, S. 409). Durch diesen Konzilsbeschluss wurde verkündet und für die gesamte Kirche festgelegt, dass dieses «heilige Konzil» von Konstanz eine höhere Gewalt besitze als der Papst, weil es seine Gewalt unmittelbar von Jesus Christus herleite. Jedermann, auch der Papst, sei in Sachen der Einheit und des

Glaubens der Kirche dem Konzil zu Gehorsam verpflichtet. Ein wahrlich sensationeller Beschluss! Durch ihn wurde die Idee des korporativen Ordnungs- und Entscheidungsprinzips auch im grundsätzlichen Sinne weiter verstärkt. Dass man dieses Entscheidungsprinzip über das Konstanzer Konzil hinaus festschreiben wollte, bezeugt ein weiterer Konzilsbeschluss: das Dekret *Frequens* vom 9. Oktober 1417 (Wohlmuth, S. 438 f.). Demnach sollte das nächste Konzil nach fünf, dann nach sieben und anschließend alle zehn Jahre zusammengerufen werden.

Aus der korporativen Einung des Konstanzer Konzils entwickelte sich allerdings auch ein Absolutheitsanspruch, der keine Gnade zuließ. Papst Johannes XXIII., der die Entwicklung schon geahnt hatte und sein Heil in der Flucht suchte, wurde abgesetzt, gefangen genommen und in Heidelberg eingekerkert. Dort habe er, wie im «Buch der Päpste» (*Liber pontificalis*) vermerkt wurde, bis zu seinem Lebensende ein schreckliches Dasein fristen müssen – unter lauter Deutschen, mit denen er sich nur durch Zeichen habe verständigen können, weil von diesen Barbaren in der Hauptstadt der Pfalz niemand italienisch verstanden habe. Auch die beiden anderen Päpste verloren ihr Amt, so dass am 11. November 1417 mit Martin V. (gest. 1431) endlich ein allgemein anerkannter Papst gewählt werden konnte. Neben den Kardinälen gaben dabei je sechs Deputierte der fünf Nationen (Deutsche, Italiener, Franzosen, Engländer und Spanier) ihre Stimme ab, so dass diese Papstwahl geradezu demonstrativ durch das Konzil erfolgte.

Noch gnadenloser als mit den bisherigen Päpsten ging die Synode in Konstanz mit Johannes Hus um. Neben der Einheitsfrage (*causa unionis*) und der Kirchenreform im allgemeinen (*causa reformationis*) galt es auch, die Glaubensfrage (*causa fidei*) zu lösen. Diese bezog sich vor allem auf die Lehren des Johannes Hus. Der bedeutende Reformer, 1371 in Husinec in Südböhmen geboren, hatte an der Universität Prag studiert und war von den Schriften des Engländers John Wyclif (gest. 1384) beeinflusst worden. Darin fand er, dass die bestehende hierarchische Ordnung der Kirche abzulehnen sei. Vielmehr sollte sich eine «Gemeinschaft der Auserwählten» bilden, die in apostolischer Armut durch Predigt und Verkündigung der Heiligen Schrift das Volk zu bekehren habe. Johannes Hus entwickelte diese Gedanken weiter und verlangte einschneidende Reformen in der Kirche. Ohne dass er es gezielt betrieb, verbanden sich mit seinen Forderungen zu Beginn des 15. Jahrhunderts tschechisch-nationale Strömungen, die zur Radikalisierung dieser Reformbewegung beitrugen. Sie fand starke Verbündete im Adel und sogar in der Person König Wenzels.

Als Johannes Hus auch den päpstlichen Ablasshandel anprangerte und schließlich die Lehre vom notwendigen Ungehorsam der Christen entwickelte, sah man die Glaubenseinheit in weiten Kreisen der kirchlichen Hierarchie ernsthaft bedroht. Daher lud man ihn vor das Konstanzer Konzil, damit er sich einem Verhör stelle. Als ihm König Sigmund freies Geleit zusicherte, erschien er in Konstanz, weigerte sich aber, seine Lehre zu widerrufen. Damit war er als hartnäckiger, unbelehrbarer Ketzer überführt und musste gemäß den kirchlichen Gesetzen zum Tod durch das Feuer verurteilt werden. Möglicherweise hätte man Johannes Hus unter anderen Umständen Auswege bereitgestellt. Gerade das Konstanzer Konzil aber durfte sich solche Interpretationen des Kirchenrechts nicht erlauben, denn es musste – um seine Integrität unter Beweis zu stellen – in allen seinen Handlungen ein Höchstmaß an kirchenrechtlicher Korrektheit an den Tag legen. Ein Geleitbrief des Königs zählte da wenig.

So wurde Johannes Hus am 6. Juli 1415 in Konstanz als Ketzer verbrannt und seine Asche in den Rhein gestreut. Sein Tod löste in Böhmen die hussitische Volksbewegung aus, gespeist aus religiösen, sozialen und nationalen Motiven. Johannes Hus wurde durch seinen Märtyrertod zum Nationalheros des tschechischen Volks. Die Folgen der Ereignisse waren gewaltig. Der Adel vereinigte sich im Hussitenbund, dem sich auch die Stadt Prag anschloss. In einem gemeinsamen Religionsdokument («Vier Prager Artikel») verlangte man die freie Predigt, die Armut der Kirche und die Bestrafung von Todsünden; zum gemeinsamen Kernanliegen erhob der Bund die Forderung nach dem Laienkelch. Ihn setzten sie sogar als Symbol auf ihre Fahnen. Hinter diesem «Artikel» verbarg sich die Auffassung, dass auch die Laien wie die Priester das Abendmahl unter beiderlei Gestalten – Brot und Wein – zu sich nehmen können. Die exklusive Rolle der Priester sollte dadurch aufgebrochen werden, ja mehr noch: Über die liturgische Gleichstellung in der heiligen Handlung konnte die Distanz zwischen Priestern und Laien – und damit das hierarchische Prinzip in der Kirche – gänzlich aufgehoben werden.

Ebenso wie die Autorität der Priesterkirche bekämpfte man die «deutsche» Herrschaft mit so großem Einsatz, dass es bis zum Jahre 1436 in Böhmen keinen anerkannten Herrscher mehr gab. Zwar konnte sich Sigmund in einem Kriegszug, der mit päpstlicher Unterstützung als «Kreuzzug» deklariert wurde, bis nach Prag durchschlagen und sich am 28. Juli 1420 auf dem Hradschin – der Prager Königsburg – vom Erzbischof der Stadt zum König von Böhmen krönen lassen, aber schon bald wurde er wieder vertrieben. Im Juli 1421 wurde er gar von einem böhmischen Landtag abgesetzt. Vor allem die radikale Gruppe unter den Hussiten, die Taboriten (benannt nach ihrer Stadt und Festung Tabor südlich von Prag), errang unter der Führung des Jan Žižka von Trocnov große Siege. Die gut ausgerüsteten, taktisch mit Wagenburgen und technisch mit Feuerwaffen kämpfenden hussitischen Truppen eroberten zahlreiche böhmische Städte, darunter Prachatitz am 11. November 1420. Dann drangen sie nach Österreich, Bayern, Franken, Sachsen, Schlesien und Brandenburg vor. Mehrfach wurden Reichsheere geschlagen. Verhandlungen, die König Sigmund daraufhin anstrebte, scheiterten.

Schließlich gelangte man zu der Ansicht, dass die Hussitenfrage nur durch ein neues Konzil zu lösen sei. Dieses wurde am 23. Juli 1431 in Basel eröffnet. Konstanz noch übertreffend, kamen ungefähr dreieinhalbtausend Konzilsväter zusammen. Auch andere Fragen galt es zu klären, insbesondere die Unionsverhandlungen mit der griechisch-orthodoxen Kirche und zahlreiche Aspekte der Kirchenreform – und wieder wollte sich das

Konzil als höchstes Entscheidungsgremium in der Kirche präsentieren. Dieses Mal aber kam es zu einem im Ergebnis richtungsweisenden Machtkampf mit dem Papst um seinen Anspruch auf die höchste Stellung (Primat) in der Kirche.

Die Vorbereitungen für das Konzil in Basel fielen mit dem Amtsbeginn eines neuen Papstes, Eugens IV. (1431–1447), zusammen. Er war am 3. März 1431 gewählt worden und suchte zunächst einmal das Zustandekommen des Konzils zu verhindern. Die Entscheidungsgewalt in der Kirche sollte wieder vollständig auf den Papst übergehen, der sich inzwischen in Rom mit seiner Kurie neu etabliert hatte. Dies war für das Konzil das Signal, eigene Zuständigkeit und Autorität zu demonstrieren und sich mit besonderem Eifer der Aufgabe anzunehmen, die ganze Kirche in einer umfassenden Reform umzugestalten. In schier endlosen Sitzungen, anfangs unter der Leitung des Kardinals Giuliano Cesarini (gest. 1444), wurden die Diskussionen und Debatten über das Konkubinat, über die würdige Abhaltung der Gottesdienste, über die Papstwahl und die Zusammensetzung des Kardinalskollegiums geführt. Zeitweise ging man sogar so weit, die Suspension – die einstweilige Amtsenthebung – des Papstes zu fordern. Mit der Zeit jedoch erkannten die Kardinäle, dass die angestrebte Schwächung der päpstlichen Autorität auch ihre eigene Stellung gefährden würde – der Vorrang des Kardinalskollegiums in der Kirche war ja durch die Ausrichtung auf die Spitze der Kirche begründet. Daher verließen sie 1434 das Konzil – ein epochaler Schritt in der Konzilsgeschichte.

Die Rest-Synode wurde durch das Ausscheiden der Kardinäle angestachelt, nur noch radikalere Beschlüsse zu fassen. Dazu gehörte, dass man am 16. Mai 1439 das Konstanzer Dekret *Haec sancta*, mit dem damals die Überordnung des Konzils über den Papst bestimmt worden war, zum Kirchendogma erhob. Die Unterordnung des Papstes unter das Konzil erlangte damit den Rang einer Glaubenswahrheit der katholischen Kirche, ein wahrlich bemerkenswertes Ergebnis! Das Konzil von Basel verwirklichte – wie kein anderes Konzil es jemals getan hat – den egalitären Konziliarismus, also die Idee einer höchsten Repräsentation der Kirche durch die Versammlung gleichrangiger Konzilsteilnehmer.

Damit war allerdings auch der Zenit überschritten. Die Kardinäle waren längst zur alten Handlungs- und Interessengemeinschaft mit dem Papst zurückgekehrt. Dieser hatte mittlerweile ein eigenes Konzil nach Ferrara und Florenz einberufen und dort wichtige Sachfragen bereits selbst einer Lösung zugeführt, darunter die Verhandlungen mit der Ostkirche. Die Herrscher Europas suchten zudem in der Kirche einen Partner, mit dem sie verlässliche Abkommen vereinbaren konnten. Dieser bot sich ihnen nicht in der Institution eines in seinen Entscheidungen und Beschlüssen letztlich unberechenbaren Konzils, sondern allein in der Person des Papstes. So schloss König Friedrich III. (1440–1493) am 17. Februar 1448 mit Papst Nikolaus V. (1447–1455), der Eugen IV. nachgefolgt war, das Wiener Konkordat, in dem das Verhältnis der Reichskirche zum Papst geregelt wurde. Das Basler Konzil dagegen schrumpfte immer mehr, zog sich 1448 nach Lausanne zurück und löste sich schließlich am 25. April 1449 auf. Die erforderlichen Reformen in der Reichskirche sollten fortan von einem päpstlichen Legaten durchgeführt werden, von Nikolaus von Kues (gest. 1455), der damit im Auftrag der wieder hergestellten päpstlichen Autorität handelte.

In einem Punkt allerdings hatte sich das Basler Konzil in der Tat um ein rasches Ergebnis bemüht: in der böhmischen Frage. Sigmund, der am 31. Mai 1433 die Kaiserkrönung in Rom erlangt hatte, fand sich im Oktober des Jahres persönlich in Basel ein, um eine Lösung des Konflikts mit den Hussiten zustande zu bringen. In den sogenannten «Prager Kompaktaten» vom 30. November 1433 wurde – neben anderen Zugeständnissen – den Laien erlaubt, bei der Feier des Abendmahls in der heiligen Messe auch aus dem Kelch zu trinken. Dies darf man als einen geradezu sensationellen Vorgang auffassen: Zum ersten Mal in der Geschichte der Kirche wurde auf einem allgemeinen Konzil ein religiöser Dissens nicht von vornherein als Häresie behandelt. Auf einem Iglauer Landtag am 5. Juli 1436 kam es schließlich zur Verkündung der Vereinbarung.

Damit war die Grundlage geschaffen, dass Sigmund endlich im Herbst 1436 als Kaiser und als anerkannter König von Böhmen in Prag einziehen konnte. Seinen Triumph überlebte er freilich nicht lange. Auf dem Weg nach Ungarn starb er am 9. Dezember 1437 in Znaim. Seine letzte Ruhestätte im Dom des ungarischen Großwardein (Nagyvárad), des heutigen rumänischen Oradea, hatte er noch zu Lebzeiten vorbereiten lassen. Dort war schon Maria, seine erste, aus dem ungarischen Königshaus stammende Gemahlin, bestattet worden – ein Indiz dafür, dass Sigmund eine neue Grablege für sein Haus anlegte, und ein eindrucksvolles Bekenntnis dazu, wie wichtig ihm das ungarische Königtum in seiner Herrschaftskonzeption gewesen ist. Mit Sigmund erlosch die männliche Linie der Luxemburger.

Mit seinen Nachfolgern begann die Zeit der habsburgischen Kaiser. Dem nur kurz regierenden Albrecht II. (1438–1439), den noch Sigmund als seinen Schwiegersohn für die Nachfolge aufgebaut hatte, folgte dessen Vetter Friedrich III. (1440–1493). Dieser, der damalige Senior des Hauses Habsburg, der als mittelgroß, breitschultrig, kräftig, blondhaarig und mit ausgeprägter Nase beschrieben wird, durchmaß mit seiner Herrschaft ein halbes Jahrhundert. Sein Temperament dürfte sich von dem Sigmunds sehr unterschieden haben, galt er doch als eher ruhig, bedächtig, fast verschlossen und grüblerisch, aber auch als beständig und hartnäckig in der Verfolgung seiner Vorhaben. Möglicherweise hat ihm seine Mutter, die masowische Herzogstochter Cimburga, in dieser Hinsicht manches mitgegeben – zumindest die robuste Konstitution. Von ihr berichten Zeitgenossen, *daz sy ain huefnagel mit dem dawm in ein feuchtein prett gancz eindruckt und zeprach ain haselnuzz zwischen zwain vingern.*

Friedrichs III. Ziele waren vorrangig auf die Stärkung der habsburgischen Hausmacht gerichtet. In der Tat gelang ihm die Wiedervereinigung der Länder des «Hauses Österreich» – nur die Schweizer Eidgenossenschaft bot ihm die Stirn. Überdies konnte er für sein Haus große Teile der luxemburgischen Hinterlassenschaft an sich bringen und die Anwartschaft auf das ungarische Königreich erwerben. Von besonderer Tragweite sollte die Eheverbindung seines Sohnes, Maximilians I. (1493–1519), mit Maria, der Erbtochter Herzog Karls des Kühnen von Burgund (1465–1477), werden. Es ging dabei um einen mächtigen und reichen Territorialstaat, den Karl der Kühne sogar schon zu einem Königreich Burgund erhöhen wollte. Der nie ganz untergegangene Gedanke eines Mittelreichs zwischen Frankreich und Deutschland, wie es im 9. Jahrhundert bestanden hatte, lebte wieder auf. Im Jahre 1475 kam schließlich der Ehevertrag zustande. Doch erst nach Karls Tod konnte die Ehe am 21. April 1477 geschlossen werden; am 19. August 1477 folgte in Brügge die Vermählung. Diese Verbindung bedeutete den entscheidenden Schritt zum Aufstieg des Hauses Habsburg zur europäischen Großmacht.

In Friedrichs III. Projekten spielte auch das Kaisertum eine wichtige Rolle, denn es verhalf ihm zu dem erforderlichen Rang, um im Konzert der europäischen Mächte Beachtung zu finden. Der Habsburger arbeitete daher, sobald er zum König gekrönt worden war, konsequent daran, die Kaiserwürde zu erlangen. So lag es in der Logik dieser Zielsetzung, dass er sich 1445 gegen das Basler Konzil und für den Papst entschieden hatte, und so konnte er am 19. März 1452 seine Pläne schließlich verwirklichen: Zusammen mit seiner Gemahlin, Eleonore von Portugal, empfing er von Papst Nikolaus V. in Rom die Kaiserkrone. Es war die erste Kaiserkrönung eines Habsburgers, und es sollte die letzte sein, die in mittelalterlicher Tradition in Rom und durch den Papst vollzogen wurde.

Seine kaiserliche Würde setzte Friedrich III. ganz gezielt für die Überhöhung seiner Herrscherstellung in seinen Territorien ein. Der Hof in der Neustädter Burg in Wien wurde repräsentativ ausgebaut, und die kaiserliche Machtvollkommenheit demonstrativ zur Schau gestellt. Zur Mehrung der kaiserlichen Majestät und ihrer Unantastbarkeit wurde der Tatbestand des Majestätsverbrechens immer weiter ausgedehnt. Friedrichs III. Devise «a e i o u» eignet sich gut, dieses neue Bewusstsein von der besonderen Größe und Majestät des Hauses zu fassen, falls die Deutung, die erst im 17. Jahrhundert überliefert wird, zutrifft: *Al(le)s erdreich ist Osterrich underthan*, in lateinischer Version: *Austriae est imperare orbi universo*. Die mit einer Schlinge versehenen Buchstaben ließ er – gewissermaßen als Motto seiner Herrschaft – an Bauten und an persönlichen Gegenständen anbringen. Eine andere Deutung schlug ein Witzbold des 15. Jahrhunderts vor, indem er an der Wiener Burg über die dort prangenden Vokalzeichen schrieb: *Aller erst ist Osterreich uerdorben*.

Im zentralen Bereich des Heiligen Römischen Reichs dagegen drohte die kaiserliche Präsenz zu verkümmern. Zwischen 1444 und 1471, fast drei Jahrzehnte lang, ist Friedrich III. außerhalb der österreichischen Länder überhaupt nicht mehr in das Reich, dessen König er war, gekommen. Der Herrscher hatte sich gleichsam nach außen entfernt und führte im Hinblick auf das Reich ein «Randkönigtum». Daher rückte nun das Problem immer mehr in den Vordergrund, wie sich die Reichseinheit und ein funktionierendes Reichsgefüge aufrechterhalten oder einrichten ließen. Bereits in einer Flugschrift von 1439, die sich als angebliche «Reformation» Kaiser Sigmunds (*Reformatio Sigismundi*) ausgab, wurde ein wohlausgewogenes Gleichgewicht zwischen den Ständen und dem König gefordert. Hinzu traten Gedanken einer klaren Unterscheidung von kirchlicher und geistlicher Sphäre, die auch eine Säkularisierung der Kirchenbesitzungen vorsah. Auch die ständische Unfreiheit sollte aufgehoben werden, da sie den Gesetzen Gottes und der christlichen Lehre widerspräche – war Christus doch auf die Welt gekommen, um die Menschheit aus der irdischen Knechtschaft zu erlösen. Vor allem aber sollten der niedere Adel und das Bürgertum eine größere Beteiligung an der Durchsetzung der Reformen erhalten, da die bisherigen Häupter versagt hätten. Auch aus der Anfangszeit Friedrichs III. stammen erste Versuche einer Reformpolitik, als dieser am 14. August 1442 auf einem Reichstag in Frankfurt eine «Reformation» erließ. Sie blieb freilich wirkungslos wie auch später folgende Reformschriften.

Erst in den achtziger Jahren des 15. Jahrhunderts, nachdem

die Handlungsmacht im Reich immer unüberschaubarer geworden war, ging man entschlossener an die Umformung der Reichsverfassung heran. Entscheidend war dabei, dass sich nun neben den Kurfürsten auch die übrigen Fürsten fest etablierten und sogar die Städte regelmäßig daran teilnahmen, wenn auch noch lange ohne selbständiges Stimmgewicht. Vielfach wurden sie gar vom Stimmrecht ausgeschlossen. Ihre Ladung aber sollte nicht mehr von der Willkür des Kaisers abhängen.

In der Zeit Kaiser Maximilians I. (1493–1519), des Sohnes und Nachfolgers Friedrichs III., setzte sich der Mainzer Erzbischof Berthold von Henneberg (1484–1504), der Erzkanzler des Reichs, an die Spitze der Reformbewegung. Er übernahm die Sprecherrolle für die Stände, worin erste Grundlagen für eine Selbstorganisation des Reichstags erkennbar werden. Außerdem suchten die Stände in geheimen Beratungen ihrer Kurien – ohne die bisher üblichen Einzelverhandlungen mit dem Herrscher – sich in ihrer ständischen Geschlossenheit zu festigen. Dabei spielte auch die Frage, inwieweit ein Reichstagsbeschluss für die nicht erschienenen Stände verbindlichen Charakter habe, eine wichtige Rolle. Gemeinsames Ziel dieser politischen Manöver war es, die vielfältigen Kräfte der Fürsten und Städte zu bündeln und dem Herrscher in einer korporativen Vertretung der Reichsstände gegenüberzutreten.

Unter diesen Umständen kam es 1495 zum Reichstag in Worms, auf dem Maximilian I. finanzielle Hilfe für den Krieg gegen Frankreich im Kampf um Burgund erbitten musste. Daher war er auch gezwungen, die von diesem Reichstag verabschiedeten Gesetze vom 7. August 1495 hinzunehmen. Es wurde ein «Ewiger Landfrieden» beschlossen, der die bewaffnete Selbsthilfe im Wege der Fehde beseitigen sollte. Eine Kammergerichtsordnung sollte den Gerichtsgang regeln, und das Kammergericht wurde als Appellationsinstanz gegenüber den territorialen Gerichten anerkannt. Erstmals war damit ein oberstes Reichsgericht geschaffen worden, eine von der Person des Kaisers abgelöste Zentralbehörde des Reichs, die den Frieden garantieren sollte. Die Stände bewilligten überdies die Einführung des «Gemeinen Pfennigs», eine vier Jahre lang von allen Reichsuntertanen, Männern und Frauen, ab dem fünfzehnten Lebensjahr zu leistende Steuer.

Der Dualismus zwischen Kaiser und Reich war damit institutionalisiert worden – auch wenn die Reformen von Worms noch kaum in die Realität umgesetzt werden konnten. Diese beschriebene Entwicklung in der zweiten Hälfte des 15. Jahrhunderts aber verstärkte erneut die Vorstellung von der Reichsgemeinschaft in einem Körper, also die «Körpermetapher». Sie ließ sich vorzugsweise im Bild des Reichsadlers visualisieren. Die Rolle der Kurfürsten als bisherige Träger des Systems wurde dabei auf die verschiedenen Reichsstände übertragen. Der Reichsadler, der seit Sigmunds Kaiserkrönung 1433 offiziell als doppelköpfiger Adler im Reichswappen verwendet wurde, konnte in der Doppelung des Hauptes den Dualismus von König und Reich sinnfällig widerspiegeln. Wie schon zur Zeit Kaiser Friedrichs II. waren auch jetzt die Köpfe der Adler meist mit einem Nimbus umgeben, womit weiterhin die Heiligkeit des Reichs zum Ausdruck gebracht wurde. 1510 entstand der Holzschnitt *Das hailig Römisch reich mit seinen gelidern* von Hans Burgkmair, der die neue politische Wirklichkeit abzubilden suchte: in Vierergruppen («Quaternionen») wurden unterhalb der Kurfürsten auf den Schwingen des Adlers jeweils die Herzöge, die Vikare, die Markgrafen, die Landgrafen, die Burggrafen, die Grafen, die Edelfreien, die Ritter, die Städte, die Dörfer, die Bauern und die Burgen aufgeführt. Alle Stände und Gruppen waren vereint. In ähnlicher Weise entstand eine ganze Reihe weiterer Bildnisse des «Quaternionenadlers» als einer Metapher, in der sich das «Heilige Römische Reich deutscher Nation» in der Ordnung des ausgehenden Mittelalters wiedererkennen konnte.

Sind wir damit am Ende des Mittelalters angelangt? Um 1500 einen Abschluss zu setzen – dafür finden sich je nach der gewählten Perspektive Argumente und Gegenargumente, die in der Forschung schon viele Male diskutiert wurden. Das spätere 15. Jahrhundert, so ist freilich zu erkennen, steht für Ausklang und Neuansätze zugleich: Die neuen politischen Ordnungen

Abb. 7 Doppelköpfiger Adler mit Nennung der Reichsstände auf den Schwingen [Quaternionen-Adler] von Hans Burgkmair, 1510

mit ihren frühstaatlichen oder städtischen Ordnungsstrukturen begannen sich damals zu verfestigen, die Bevölkerungszahl befand sich wieder im Anstieg, die Wirtschaft begann zu florieren. 1490 nahm die erste ständige Postlinie Innsbruck-Mecheln ihren Betrieb auf, eingerichtet von Janetto de Tassis. Das Berg- und Hüttenwesen wurde in großem Maße modernisiert, in Augsburg begann der Aufbau eines Weltfinanzzentrums durch die Fugger, und auf den Meeren ging man auf Entdeckungsfahrten. Die Zeit war geradezu von einer Aufbruchstimmung getragen. Im europäischen Rahmen wird man in diesem Zusammenhang auch auf das Ende des Hundertjährigen Krieges zwischen England und Frankreich 1453 zu verweisen haben, mit dem für die Franzosen eine neue Ära und der Aufstieg zur europäischen Vormacht einsetzte.

Die größte Bedeutung für den Aufbruch einer neuen Zeit kommt wohl dem Buchdruck mit beweglichen Lettern zu, der von dem Mainzer Bürger Johannes Gensfleisch, genannt Gutenberg (vor 1400–1468), erfunden wurde. Zwischen 1452 und 1454 druckte er eine zweiundvierzigzeilige Bibel in einer Auflage von einhundertachtzig bis zweihundert Exemplaren, von der noch achtundvierzig vollständig oder fragmentarisch erhalten sind. Damit wurde es möglich, Informationen jeder Art rascher, preiswerter und in großer Anzahl herzustellen und zu verbreiten. Man hatte gewissermaßen den «printing turn» der Geschichte erreicht, von dem aus die Welt sich bis in unsere Tage geistig und politisch grundlegend verändern sollte.

Gutenberg erhielt auch Aufträge wie jenen zur Herstellung von Ablassbriefen vom 22. Oktober 1454 anlässlich des Aufrufs zum Krieg gegen die Türken. Ein Ereignis, das ein Jahr zuvor, 1453, eingetreten war, stand in direktem Zusammenhang damit und erscheint gleichsam als Chiffre für das Ende des Mittelalters: Der osmanisch-türkische Sultan Mehmed II. hatte am 2. April 1453 begonnen, die Stadt Konstantinopel (Byzanz) am Bosporus zu belagern. Es war die Stadt Konstantins des Großen, in der bis zu diesem Zeitpunkt das römische Kaisertum in Verbindung mit dem oströmischen Reich ohne Unterbrechung fortbestanden hatte – auch wenn das Imperium unter den Schlägen der muslimischen Eroberer und infolge der Schwächungen, die es durch die westlichen Nachbarn, vor allem die Mittelmeermetropole Venedig, erlitten hatte, längst immer kleiner geworden war. Verzweifelt hatte sich die Bevölkerung gegen die türkische Eroberung gewehrt. Ihre Hilferufe aber blieben im Westen weitgehend ungehört. Nach zweimonatigem Beschuss fiel schließlich die Stadt am 29. Mai 1453. Die Osmanen plünderten sie drei Tage lang, die Zahl der Toten wird mit etwa viertausend angegeben. Die byzantinische Führungselite wurde größtenteils hingerichtet, Tausende, vor allem die Frauen, in die Sklaverei verschleppt. Am 15. August 1461 fiel mit Trapezunt schließlich die letzte der griechischen Städte. Das altehrwürdige byzantinische Imperium, das Jahrhunderte lang als politische und geistig-kulturelle Bezugsgröße im Osten den Werdegang des «römischen Reichs» im Zentrum Europas stark geprägt hatte, war erloschen.

Der Fall Konstantinopels verbreitete zwar Schrecken unter den Christen und führte zu hektischen Maßnahmen im Westen, der «Türkengefahr» zu begegnen, aber es blieb bei durchweg unzureichenden, immer wieder halbherzigen Unternehmungen, die kaum Unterstützung fanden. Wie die Herrscher in anderen westlichen Reichen waren auch die deutschen Herzöge, Fürsten und Städte mit sich selbst und der neuen Dynamik einer heraufziehenden Epoche beschäftigt. Das Christentum als Werte-, Handlungs- und Verteidigungsgemeinschaft erwies sich in dieser Situation nicht mehr als handlungsfähig. Vor allem der Kaiser war schon längst nicht mehr in der Lage, seine ehedem heiligste Pflicht, die Christenheit zu beschützen, wahrzunehmen. So gesehen, signalisiert der Untergang von Byzanz gleichsam auch den Ausgang des Mittelalters – ohne dass die Menschen im Reich diese Zusammenhänge sonderlich wahrgenommen hätten.

Schlussgedanken: «Deutsche» Werte zum Ausklang des Mittelalters

In der etwas sperrigen Bezeichnung «Heiliges Römisches Reich deutscher Nation», die in der vollständigen Version erst am Ende des Mittelalters zum offiziellen Reichstitel wurde, scheinen noch einmal die Stationen einer tausendjährigen Geschichte auf. Sie aktualisierten sich historisch in der Reihenfolge «römisch», «heilig», «deutsch». Zum Ausklang des Mittelalters also trat schließlich das «deutsche» Element in den Vordergrund. Die Abgrenzungen der europäischen «Nationen» (*nationes*) untereinander auf den Konzilien, im Handelsverkehr und in den politischen sowie wissenschaftlichen Kontakten haben gewiss dazu beigetragen, dass sich immer nachdrücklicher die Frage nach den spezifischen «deutschen» Eigenarten und Besonderheiten stellte. Auch spielte in dieser Entwicklung die zunehmend antirömische Stimmung eine Rolle, die in Deutschland um 1500 alle Stände erfasste und sie sozusagen aus der Ablehnung heraus zu einer «nationalen» Interessengemeinschaft vereinte. Über Jahrzehnte hin hatte man sich in Beschwerdeschriften (*Gravamina nationis Germaniae*) über die Ausbeutung der «Nation» durch die Kurie beklagt.

Besondere Bedeutung im Hinblick auf die Ausbildung eines «deutschen» Bewusstseins kam freilich den Humanisten im ausgehenden 15. und beginnenden 16. Jahrhundert zu. Sie vertraten eine Bewegung, deren Leitgedanke es war, durch den Rückgriff auf antike Vorbilder Bildung und Wissenschaften zur Blüte zu bringen. Zugleich sollte daraus auch ein neues Lebens- und Ordnungsmodell für die Gesellschaft hervorgehen. Für die deutschen Humanisten bedeutete es eine Sensation, als ihr italienischer Kollege Enea Silvio Piccolomini im Winter 1457/1458 auf eine Handschrift der *Germania* (*De origine, situ, moribus ac populis Germaniae*) des römischen Autors Publius Cornelius Tacitus (gest. 120) aufmerksam wurde. Die Bedeutung dieses Werks für die Herausbildung einer «deutschen» Identität um 1500 kann gar nicht hoch genug veranschlagt werden. Im Jahre 1472 wurde es erstmals in Venedig gedruckt, bevor dann der deutsche Humanist Conrad Celtis (gest. 1508) im Jahre 1498 eine kommentierte Ausgabe für den deutschen Markt besorgte.

Das Werk löste bei den Gelehrten in Deutschland große Begeisterung aus. Damit lag erstmals, ausgestattet mit jener antiken Autorität, die man aus tiefster Überzeugung zur Richtschnur gemacht und zum Maßstab erhoben hatte, ein Wertekodex «deutscher» Sitten und Vorzüge vor. Bei Tacitus fand man, dass die «Germanen» – die man längst mit den «Deutschen» gleichsetzte – einen gemeinsamen Urahn, Mannus, besäßen und sich daher als eine Blutsgemeinschaft zu verstehen hätten. Niemals hätten sich jene mit anderen Völkern vermischt. Ihre besonderen Eigenschaften bestünden in Mut und Stärke, Sittsamkeit und Rechtschaffenheit, Treue und Familiensinn.

Darauf konnten die deutschen Humanisten aufbauen. So wird gar im *Buch der hundert Kapitel* (*Oberrheinischer Revolutionär*), entstanden um 1500 im Elsaß, den Deutschen eine besondere Rolle im Heilsplan Gottes zugeschrieben. Ihre Sprache sei Ausdruck der kollektiven Erhabenheit aller Deutschen, denn Deutsch sei die Ursprache der Menschheit. *Adam ist ein tuscher man gewesen*, so meinte der Autor zu wissen. Die Deutschen würden vielfach immer noch Alemannen genannt, weil vor dem Turmbau zu Babel «alle Männer» deutsch gesprochen hätten. Da aber die deutsche Sprache die erste gewesen sei, müsse sie auch die letzte sein. Vor dem Ende der Zeiten werde daher die lateinische Sprache vernichtet und die deutsche wieder an den ihr gebührenden Platz gesetzt. In der ganzen Welt werde man dann deutsch sprechen, zumal Latein ohnehin die Sprache der Sklaven sei. Die übelsten Lateiner aber hätten sich in Rom versammelt, und von dort komme ununterbrochen das Übel in die Welt. Allen Welschen – sinngemäß allen Romanen – könne man nur mit größter Verachtung und Feindschaft begegnen.

Diesem Urteil entsprach in auffälliger Weise die Propaganda, die vom Hof Kaiser Maximilians I. um 1500 ausging. Seine Kanzlei produzierte in großer Zahl Mandate an die Reichsstände. Darin stilisierte sich der Kaiser als Vertreter der deutschen Nation. Für einen Triumphzug, den er plante, sollte eine deutsche Frau das *Reich Germanie* darstellen – mit blondem offenem Haar und einer Krone auf dem Haupt, in den ausgebreiteten Armen Schwert und Szepter haltend, zu ihren Füßen der Reichsapfel. Die Dame *Germanie* (*Germanisch fraw*), so sollte damit zum Ausdruck gebracht werden, sitze an der Stelle des Kaisers, in entsprechendem Ornat und mit denselben Herrschaftsinsignien. In den kaiserlichen Mandaten wetterte Maximilian überdies gegen die Franzosen, die er als «Erbfeind» bezeichnete, weil sie sich die linksrheinischen Gebiete aneignen wollten. In der Einladungsschrift zum Reichstag nach Worms 1508 ist die Rede von *unser aller Erbfeind*. Der Erbfeind in der christlichen Tradition aber war der Teufel. So wurde damals diese christliche Denkfigur auf die politische Bühne übertragen. Auch die Türken wurden in solche wirkungsmächtigen, weil auf uralten Vorstellungsmustern aufbauenden Bilder einbezogen. Maximilians «Deutschland-Entwurf» brachte durch diese sinnfällige Konkretisierung von Identität und Alterität ganz offiziell den nationalen Impuls in das Verständnis vom Reich.

In eine ähnliche Richtung entwickelten sich dann im 16. Jahrhundert auch die Bestrebungen unter den nachgerade nationalistisch gesinnten Vertretern des Humanismus. Sie forderten einen «Wettkampf der Nationen». Darin sollte sich erweisen, dass die Deutschen und die deutsche Nation allen anderen überlegen seien. Vor allem seien sie die einzigen in der Weltgeschichte, die nur aus dem Glaubenseifer heraus sich um die Welt gekümmert hätten. Alle anderen Imperien, so der Humanist Heinrich Bebel (gest. 1518) in einer Rede vor Kaiser Maximilian, seien reine Gewaltreiche gewesen (*Oratio*, S. 97). Allein bei den Deutschen sei dem Kaisertum Dauer beschieden. «Die Unsrigen nämlich», so führte er aus, «haben alle Beschwernisse, alle Gefahren, überhaupt jeden Kriegszug auf sich genommen für Gott, für den Glauben, um die christliche Religion zu stärken.» Selbst das Klima begann man in den Dienst der nationalen Sache zu stellen. So meinte der Humanist Jakob Wimpfeling (gest. 1528): «Deutschland steht allen voran wegen des wohltuenden Wehens der Winde, der Menge an breiten Flüssen und warmen Quellen, der angenehmen Nutzbarkeit von Forsten und Bergwäldern, des Mangels an grausamen und wilden Tieren, der großen Fruchtbarkeit des Bodens. Nichts von dem, was das Leben braucht, hat Gott Deutschland versagt: Reichtümer, Weiden, Seen, Feldfrüchte, Weinberge und Weine verschiedener Art, [...] Wolle, Leinen, Kleidung, Rinder, Pferde, Metalle: Gold, Silber, Kupfer, Eisen. Nicht nur die Berge, sondern auch die Flüsse Rhein und Donau sorgen dafür, dass Deutschland weder dem Paktolos noch dem Tajo nachsteht. Weit ab liegt es dagegen vom Meer, das Plato den Lehrmeister der Unredlichkeit nennt» (*Epitoma*, S. 171). Und Heinrich Bebel glaubte, noch hinzufügen zu müssen: «Es gibt kein Land der Welt, das so volkreich wäre, wo so viel Mut und Kraft wachse, was ja auch die fernsten Völker wissen. [...] Welches Volk hat seine Landesgrenzen so weit in alle Erdenwinkel ausgedehnt wie das unsere?» (*Quae est demum gens alia, quae suos fines adeo longe lateque in omnes mundi angulos protulerit, ut nostra? Oratio*, S. 97).

Eine derartige Offensive humanistisch-nationalen Überschwangs mag uns heute – die wir den weiteren Gang der Geschichten kennen – fast unglaublich anmuten und dürfte eher verstörend wirken. Damals aber war sie ein letztes, untrügliches Zeichen dafür, dass das Reich – und mit ihm auch die Deutschen – sich aufmachten, in die Epoche der Neuzeit einzutreten.

Anhang

Die fränkischen und deutschen Herrscher des Mittelalters

Merowinger

Chlodio	König ca. 425, † ca. 455
Merowech	König ca. 455
Childerich I.	König ca. 457/58, † 482
Chlodwig I.	König 482, † 511
Theuderich I.	König 511, † 533
Theudebert I.	König 534, † 547
Chlodomer	König 511, † 524
Childebert I.	König 511, † 558
Chlothar I.	König 511, Kg. im ganzen Frankenreich 558, † 560/61
Charibert I.	König 561, † 567
Guntram	König 561, † 592 (593?)
Sigibert I.	König 561, † 575
Childebert II.	König 575, † 596
Theudebert II.	König 596, † 612
Theuderich II.	König 596, † 613
Sigibert II.	König 613, † 613
Chilperich I.	König 561, † 584
Chlothar II.	König 584, Kg. im ganzen Frankenreich 613, † 629
Dagobert I.	König 623, Kg. im ganzen Frankenreich 629, † 638 (639?)
Charibert II.	König 629, † 632
Sigibert III.	König 633/634, † 656
Dagobert II.	König 656–661, 676, † 679
Chlodwig II.	König 638/39, † 657
Chlothar III.	König 657, † 673
Childerich II.	König 662, Kg. im ganzen Frankenreich 673, † 675
Theuderich III.	König 673, Kg. im ganzen Frankenreich 679, † 691
Chlodwig III.	König 691, † 694
Childebert III.	König 695, † 711
Dagobert III.	König 711, † 715/716
Chilperich II.	König 716, † 721
Chlothar IV.	König 717/718, † 719
Theuderich IV.	König 721, † 737
Childerich III.	König 743–751, † 754

Karolinger

Pippin der Jüngere	König 751, † 768
Karlmann	König 768, † 771
Karl der Große	König 768, Kaiser 800, † 814
Ludwig der Fromme	König von Aquitanien 781, Mitkaiser 813 (selbständig seit 814), † 840

Ostfränkische Karolinger

Ludwig der Deutsche	König 817, † 876
Karlmann	König 876, † 880
Ludwig der Jüngere	König 876, † 882
Karl III. der Dicke	König 876, Kaiser 881, gestürzt 887, † 888
Arnulf von Kärnten	König 887, Kaiser 896, †899
Zwentibold von Lothringen	König 895, † 900
Ludwig das Kind	König 900, † 911

Konradiner

Konrad I.	König 911, † 918

Ottonen

Heinrich I.	König 919, † 936
Otto I.	König 936, Kaiser 962, † 973
Otto II.	Mitkönig 961, Mitkaiser 967 (selbständig seit 973), † 983
Otto III.	König 983, Kaiser 996, † 1002
Heinrich II.	König 1002, Kaiser 1014, † 1024

Salier

Konrad II.	König 1024, Kaiser 1027, † 1039
Heinrich III.	König 1039, Kaiser 1046, † 1056
Heinrich IV.	König 1056, Kaiser 1084, † 1106
Konrad (Sohn Heinrichs IV.)	Mitkönig 1087, abgesetzt 1098, † 1101
Heinrich V.	König 1106, Kaiser 1111, † 1125

Gegenkönige

Rudolf von Rheinfelden	König 1077, † 1080
Hermann von Salm	König 1081, † 1088

von Supplinburg

Lothar III.	König 1125, Kaiser 1133, † 1137

Staufer

Konrad III.	Gegenkönig 1127, König 1138, † 1152
Friedrich I. Barbarossa	König 1152, Kaiser 1155, † 1190
Heinrich VI.	König 1190, Kaiser 1191, † 1197
Philipp von Schwaben	König 1198, † 1208

Welfe

Otto IV. König 1198, Kaiser 1209, † 1218

Staufer

Friedrich II.	König 1212, Kaiser 1220, † 1250
Heinrich (VII.)	König 1220, abgesetzt 1235, † 1242
Konrad IV.	König 1237, † 1254

Gegenkönige

Heinrich Raspe	König 1246, † 1247
Wilhelm von Holland	König 1247, † 1256

Könige des Interregnums

Alfons X. von Kastilien	König 1257, verzichtet 1275, † 1284
Richard von Cornwall	König 1257, † 1272

Habsburger

Rudolf I. von Habsburg König 1273, † 1291

von Nassau

Adolf von Nassau König 1292, † 1298

Habsburger

Albrecht I. König 1298, † 1308

Luxemburger

Heinrich VII. König 1308, Kaiser 1312, † 1313

Wittelsbacher

Ludwig IV. der Bayer König 1314, Kaiser 1328, † 1347

Habsburger

Friedrich der Schöne König 1314, † 1330

Luxemburger

Karl IV. König 1346, Kaiser 1355, † 1378

Gegenkönig
Günther von Schwarzburg König 1349, † 1349

Luxemburger
Wenzel IV. König 1378, abgesetzt 1400, † 1419

Wittelsbacher
Ruprecht von der Pfalz König 1400, † 1410

Luxemburger

Sigmund	König 1410, Kaiser 1433, † 1437
Jobst von Mähren	König 1410, † 1411

Habsburger

Albrecht II.	König 1438, † 1439
Friedrich III.	König 1440, Kaiser 1452, † 1493
Maximilian I.	König 1493, Kaiser 1493, † 1519

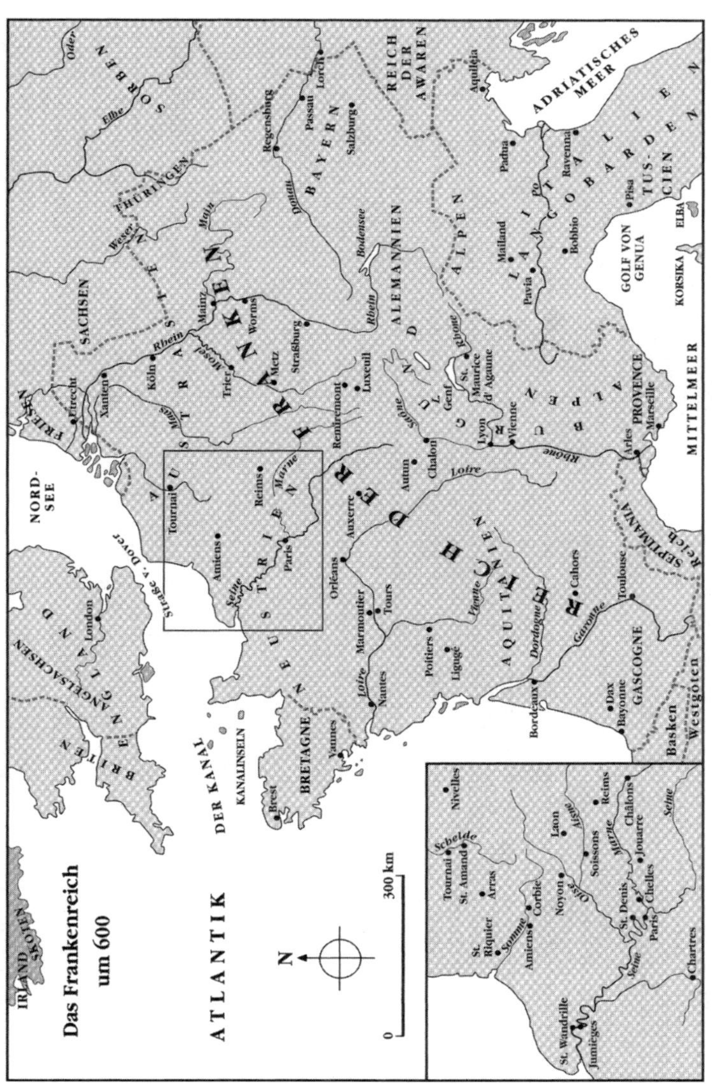

Karte 1 Das Frankenreich um 600

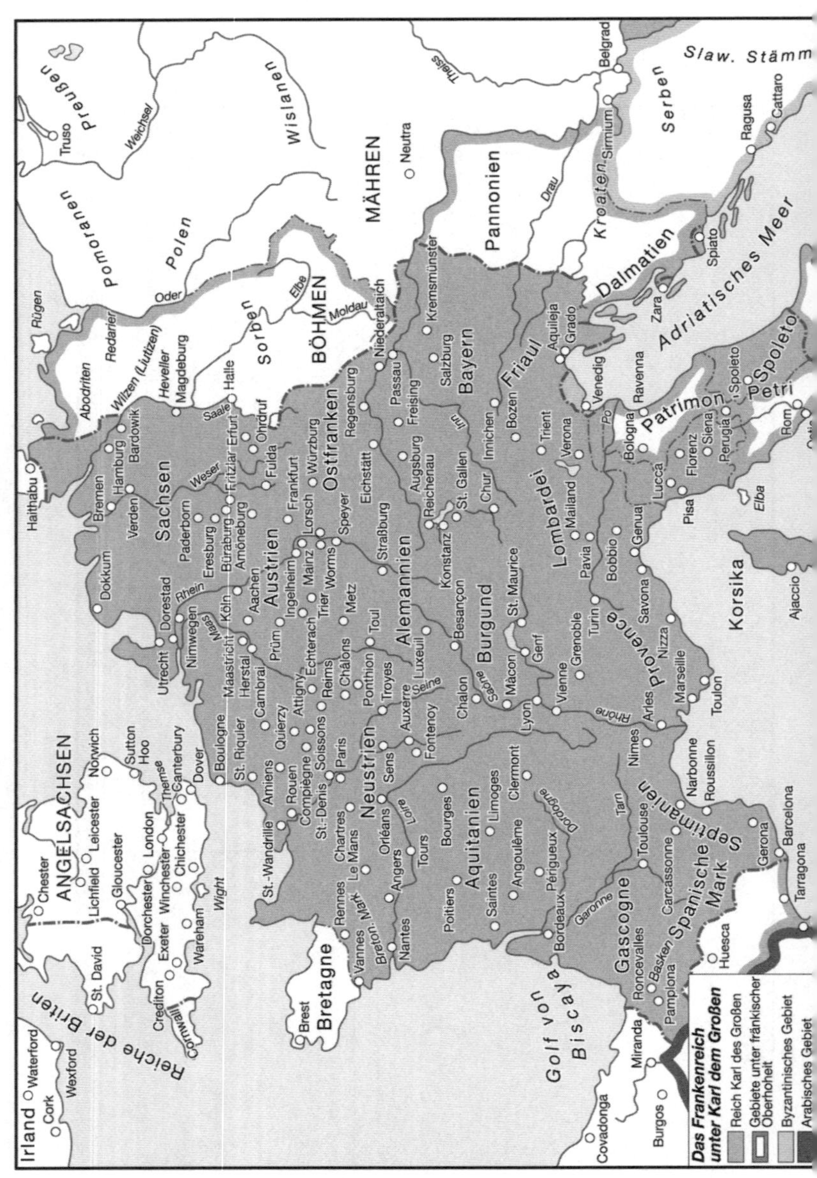

Karte 2 Das Reich Karls des Großen

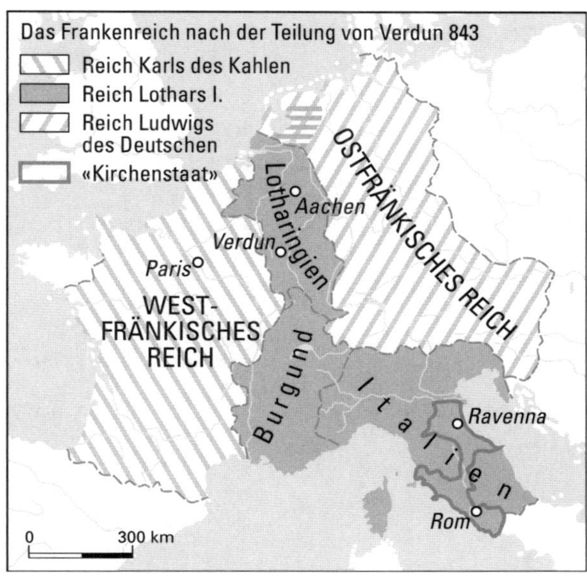

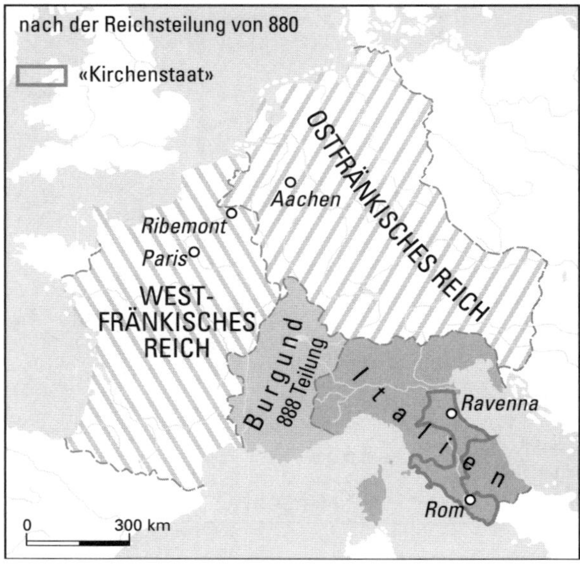

Karte 3 Die Reichsteilungen von Verdun und Ribemont

Karte 4 Das Reich Ottos des Großen

Karte 5 Kirchenprovinzen und Bistümer im salischen Reich

Karte 6 Das staufische Reich

Karte 7 Italien in der Stauferzeit

Karte 8 Das Reich um die Mitte des 14. Jahrhunderts

Stammtafel der Merowinger

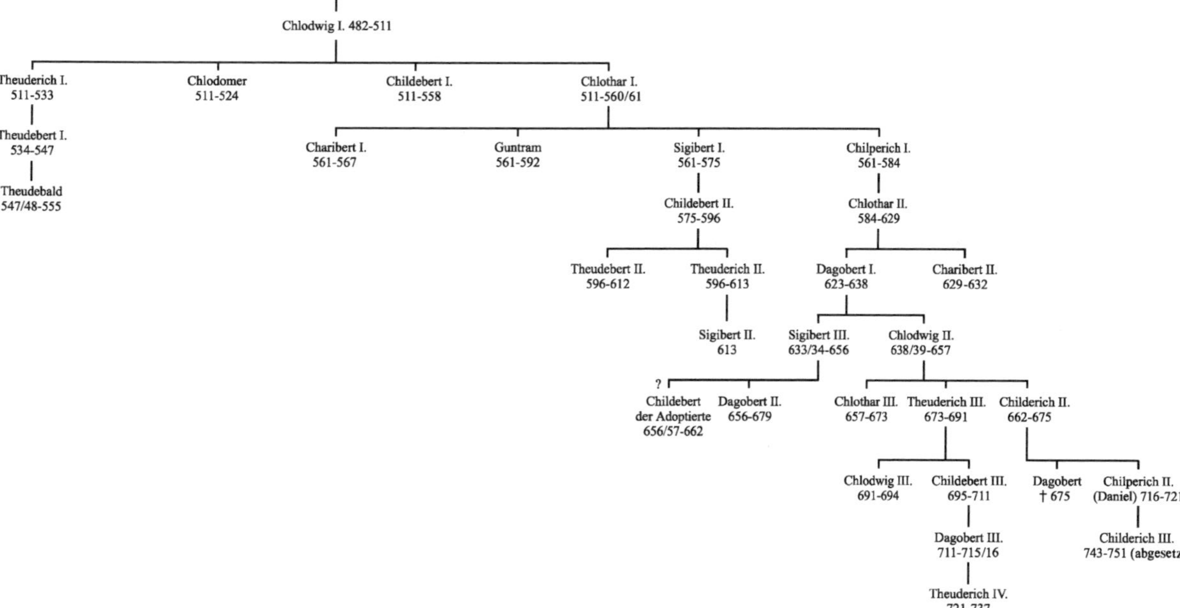

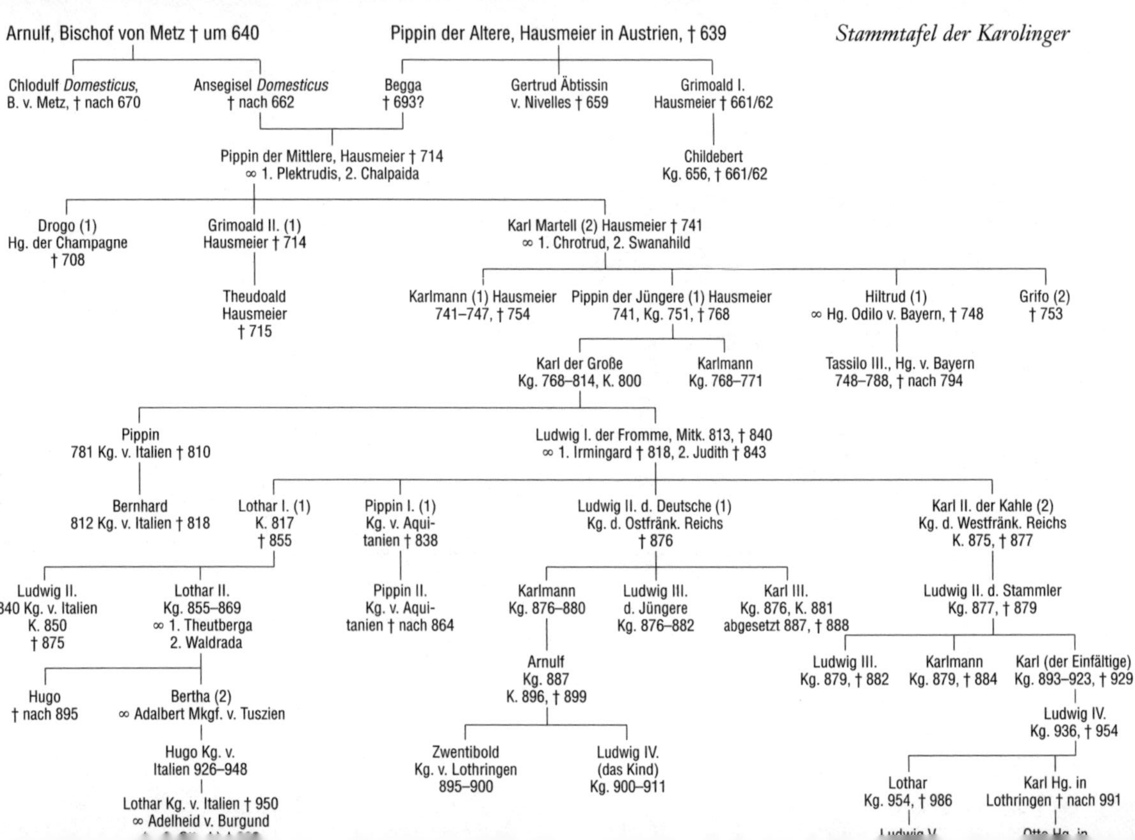
Arnulf, Bischof von Metz † um 640
Pippin der Altere, Hausmeier in Austrien, † 639
Stammtafel der Karolinger
Chlodulf Domesticus, B. v. Metz, † nach 670
Ansegisel Domesticus † nach 662
Begga † 693?
Gertrud Äbtissin v. Nivelles † 659
Grimoald I. Hausmeier † 661/62
Pippin der Mittlere, Hausmeier † 714
∞ 1. Plektrudis, 2. Chalpaida
Childebert Kg. 656, † 661/62
Drogo (1) Hg. der Champagne † 708
Grimoald II. (1) Hausmeier † 714
Karl Martell (2) Hausmeier † 741
∞ 1. Chrotrud, 2. Swanahild
Theudoald Hausmeier † 715
Karlmann (1) Hausmeier 741–747, † 754
Pippin der Jüngere (1) Hausmeier 741, Kg. 751, † 768
Hiltrud (1) ∞ Hg. Odilo v. Bayern, † 748
Grifo (2) † 753
Karl der Große Kg. 768–814, K. 800
Karlmann Kg. 768–771
Tassilo III., Hg. v. Bayern 748–788, † nach 794
Pippin 781 Kg. v. Italien † 810
Ludwig I. der Fromme, Mitk. 813, † 840
∞ 1. Irmingard † 818, 2. Judith † 843
Bernhard 812 Kg. v. Italien † 818
Lothar I. (1) K. 817 † 855
Pippin I. (1) Kg. v. Aquitanien † 838
Ludwig II. d. Deutsche (1) Kg. d. Ostfränk. Reichs † 876
Karl II. der Kahle (2) Kg. d. Westfränk. Reichs K. 875, † 877
Ludwig II. 840 Kg. v. Italien K. 850 † 875
Lothar II. Kg. 855–869 ∞ 1. Theutberga 2. Waldrada
Pippin II. Kg. v. Aquitanien † nach 864
Karlmann Kg. 876–880
Ludwig III. d. Jüngere Kg. 876–882
Karl III. Kg. 876, K. 881 abgesetzt 887, † 888
Ludwig II. d. Stammler Kg. 877, † 879
Hugo † nach 895
Bertha (2) ∞ Adalbert Mkgf. v. Tuszien
Arnulf Kg. 887 K. 896, † 899
Ludwig III. Kg. 879, † 882
Karlmann Kg. 879, † 884
Karl (der Einfältige) Kg. 893–923, † 929
Ludwig IV. Kg. 936, † 954
Hugo Kg. v. Italien 926–948
Zwentibold Kg. v. Lothringen 895–900
Ludwig IV. (das Kind) Kg. 900–911
Lothar Kg. v. Italien † 950 ∞ Adelheid v. Burgund
Lothar Kg. 954, † 986
Karl Hg. in Lothringen † nach 991

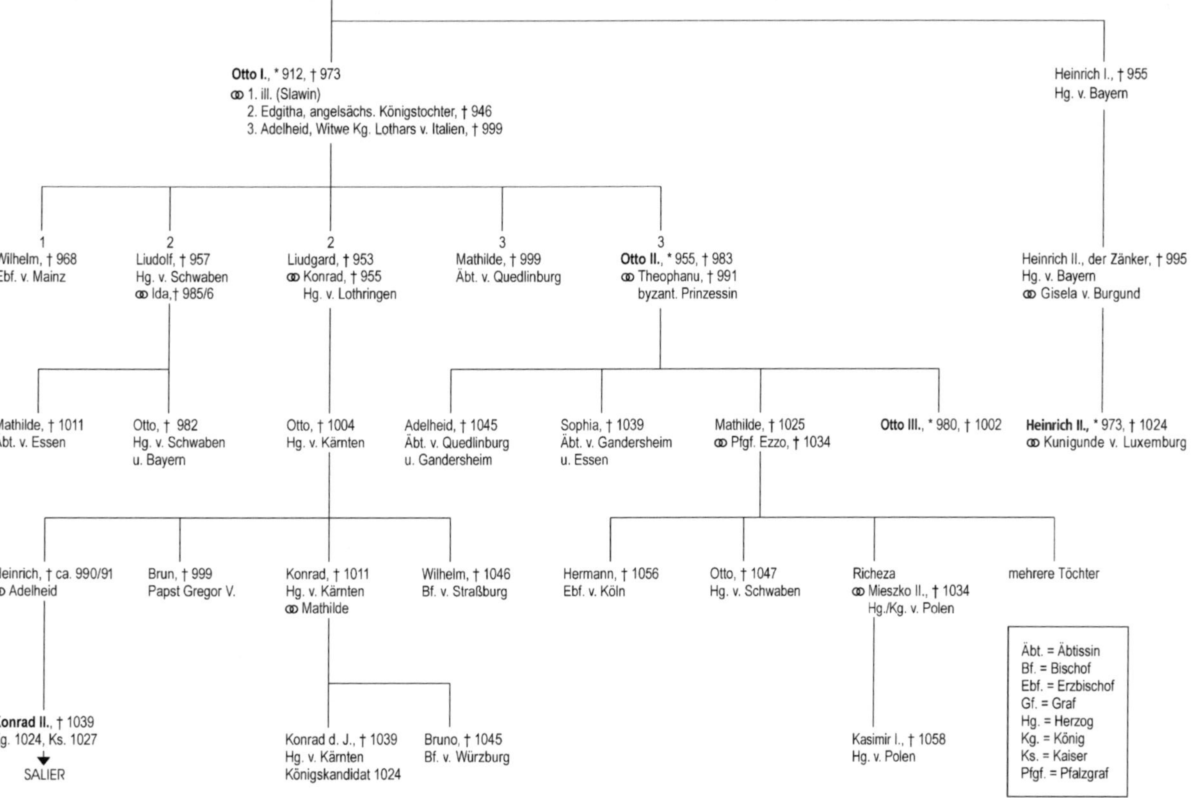

Otto I., * 912, † 973
⚭ 1. ill. (Slawin)
2. Edgitha, angelsächs. Königstochter, † 946
3. Adelheid, Witwe Kg. Lothars v. Italien, † 999
Heinrich I., † 955
Hg. v. Bayern
1
Wilhelm, † 968
Ebf. v. Mainz
2
Liudolf, † 957
Hg. v. Schwaben
⚭ Ida, † 985/6
2
Liudgard, † 953
⚭ Konrad, † 955
Hg. v. Lothringen
3
Mathilde, † 999
Äbt. v. Quedlinburg
3
Otto II., * 955, † 983
⚭ Theophanu, † 991
byzant. Prinzessin
Heinrich II., der Zänker, † 995
Hg. v. Bayern
⚭ Gisela v. Burgund
Mathilde, † 1011
Äbt. v. Essen
Otto, † 982
Hg. v. Schwaben
u. Bayern
Otto, † 1004
Hg. v. Kärnten
Adelheid, † 1045
Äbt. v. Quedlinburg
u. Gandersheim
Sophia, † 1039
Äbt. v. Gandersheim
u. Essen
Mathilde, † 1025
⚭ Pfgf. Ezzo, † 1034
Otto III., * 980, † 1002
Heinrich II., * 973, † 1024
⚭ Kunigunde v. Luxemburg
Heinrich, † ca. 990/91
⚭ Adelheid
Brun, † 999
Papst Gregor V.
Konrad, † 1011
Hg. v. Kärnten
⚭ Mathilde
Wilhelm, † 1046
Bf. v. Straßburg
Hermann, † 1056
Ebf. v. Köln
Otto, † 1047
Hg. v. Schwaben
Richeza
⚭ Mieszko II., † 1034
Hg./Kg. v. Polen
mehrere Töchter
Konrad II., † 1039
Kg. 1024, Ks. 1027
SALIER
Konrad d. J., † 1039
Hg. v. Kärnten
Königskandidat 1024
Bruno, † 1045
Bf. v. Würzburg
Kasimir I., † 1058
Hg. v. Polen
Äbt. = Äbtissin
Bf. = Bischof
Ebf. = Erzbischof
Gf. = Graf
Hg. = Herzog
Kg. = König
Ks. = Kaiser
Pfgf. = Pfalzgraf

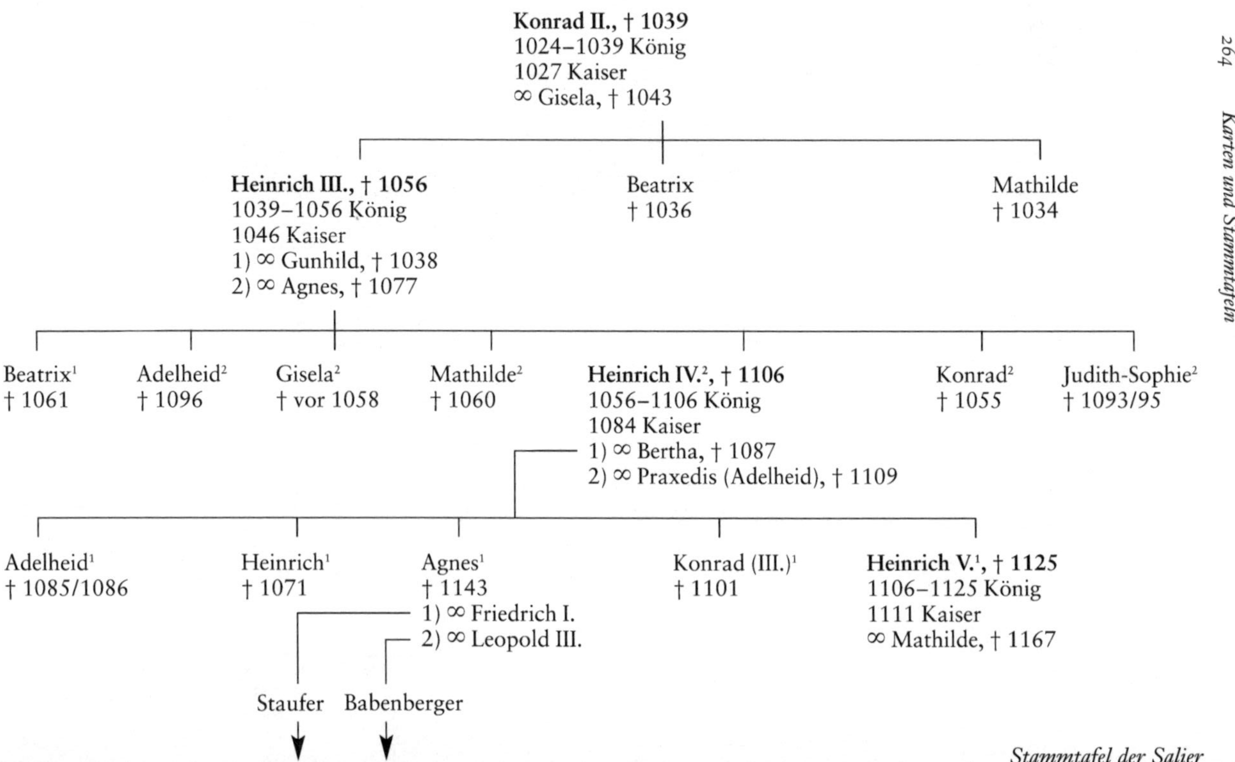

Stammtafel der Salier

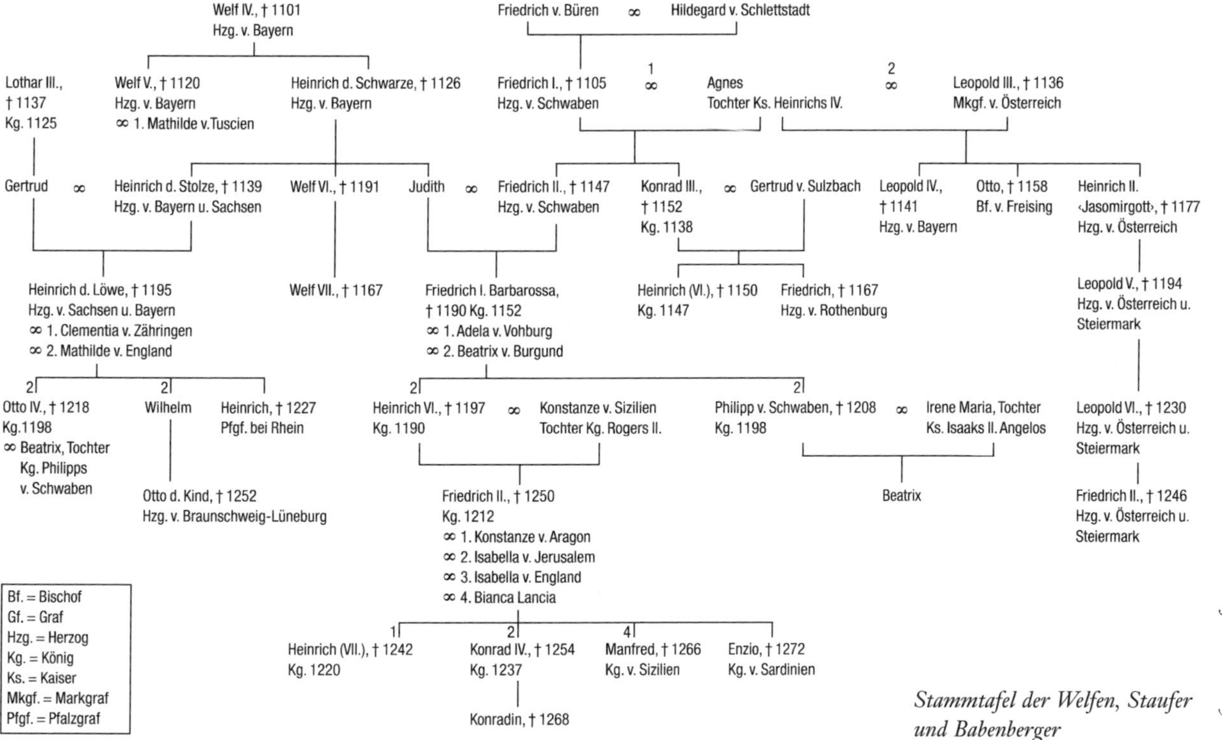

Stammtafel der Welfen, Staufer und Babenberger

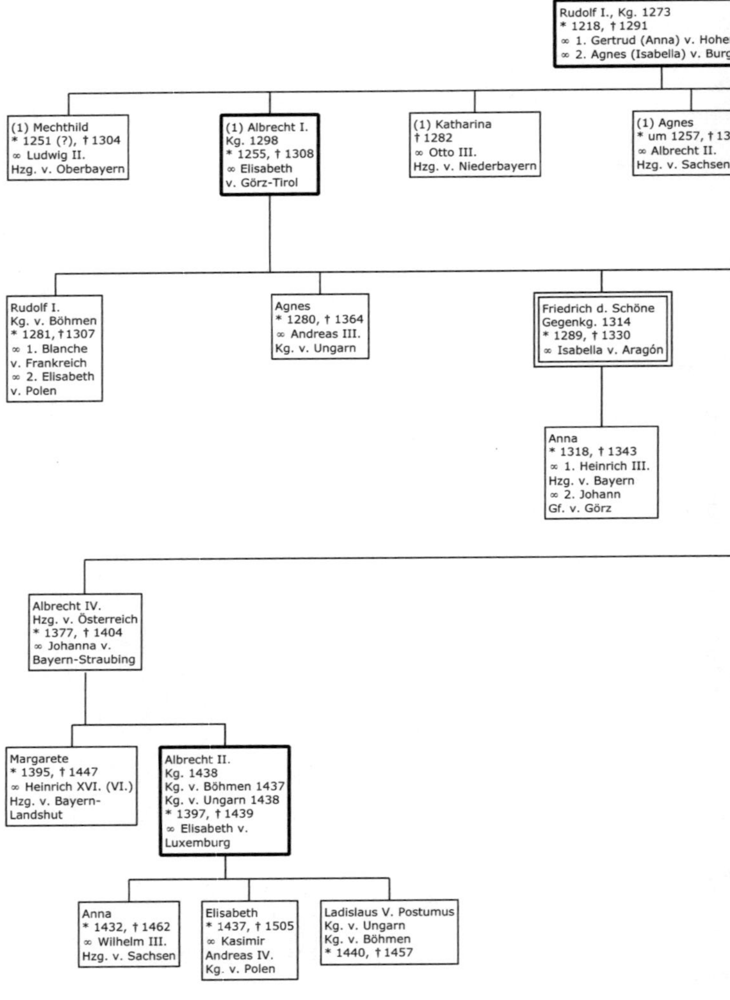

Stammtafel der Habsburger

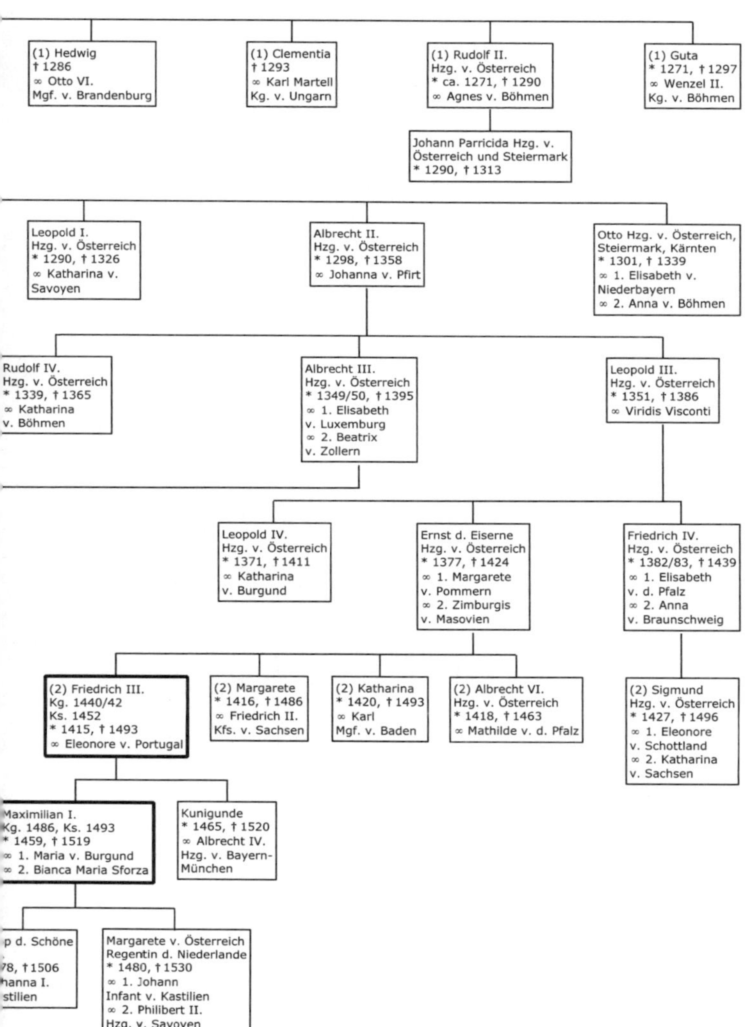

(1) Hedwig
† 1286
∞ Otto VI.
Mgf. v. Brandenburg
(1) Clementia
† 1293
∞ Karl Martell
Kg. v. Ungarn
(1) Rudolf II.
Hzg. v. Österreich
* ca. 1271, † 1290
∞ Agnes v. Böhmen
(1) Guta
* 1271, † 1297
∞ Wenzel II.
Kg. v. Böhmen
Johann Parricida Hzg. v. Österreich und Steiermark
* 1290, † 1313
Leopold I.
Hzg. v. Österreich
* 1290, † 1326
∞ Katharina v. Savoyen
Albrecht II.
Hzg. v. Österreich
* 1298, † 1358
∞ Johanna v. Pfirt
Otto Hzg. v. Österreich, Steiermark, Kärnten
* 1301, † 1339
∞ 1. Elisabeth v. Niederbayern
∞ 2. Anna v. Böhmen
Rudolf IV.
Hzg. v. Österreich
* 1339, † 1365
∞ Katharina v. Böhmen
Albrecht III.
Hzg. v. Österreich
* 1349/50, † 1395
∞ 1. Elisabeth v. Luxemburg
∞ 2. Beatrix v. Zollern
Leopold III.
Hzg. v. Österreich
* 1351, † 1386
∞ Viridis Visconti
Leopold IV.
Hzg. v. Österreich
* 1371, † 1411
∞ Katharina v. Burgund
Ernst d. Eiserne
Hzg. v. Österreich
* 1377, † 1424
∞ 1. Margarete v. Pommern
∞ 2. Zimburgis v. Masovien
Friedrich IV.
Hzg. v. Österreich
* 1382/83, † 1439
∞ 1. Elisabeth v. d. Pfalz
∞ 2. Anna v. Braunschweig
(2) Friedrich III.
Kg. 1440/42
Ks. 1452
* 1415, † 1493
∞ Eleonore v. Portugal
(2) Margarete
* 1416, † 1486
∞ Friedrich II.
Kfs. v. Sachsen
(2) Katharina
* 1420, † 1493
∞ Karl
Mgf. v. Baden
(2) Albrecht VI.
Hzg. v. Österreich
* 1418, † 1463
∞ Mathilde v. d. Pfalz
(2) Sigmund
Hzg. v. Österreich
* 1427, † 1496
∞ 1. Eleonore v. Schottland
∞ 2. Katharina v. Sachsen
Maximilian I.
Kg. 1486, Ks. 1493
* 1459, † 1519
∞ 1. Maria v. Burgund
∞ 2. Bianca Maria Sforza
Kunigunde
* 1465, † 1520
∞ Albrecht IV.
Hzg. v. Bayern-München
p d. Schöne
78, † 1506
hanna I.
stilien
Margarete v. Österreich
Regentin d. Niederlande
* 1480, † 1530
∞ 1. Johann Infant v. Kastilien
∞ 2. Philibert II.
Hzg. v. Savoyen

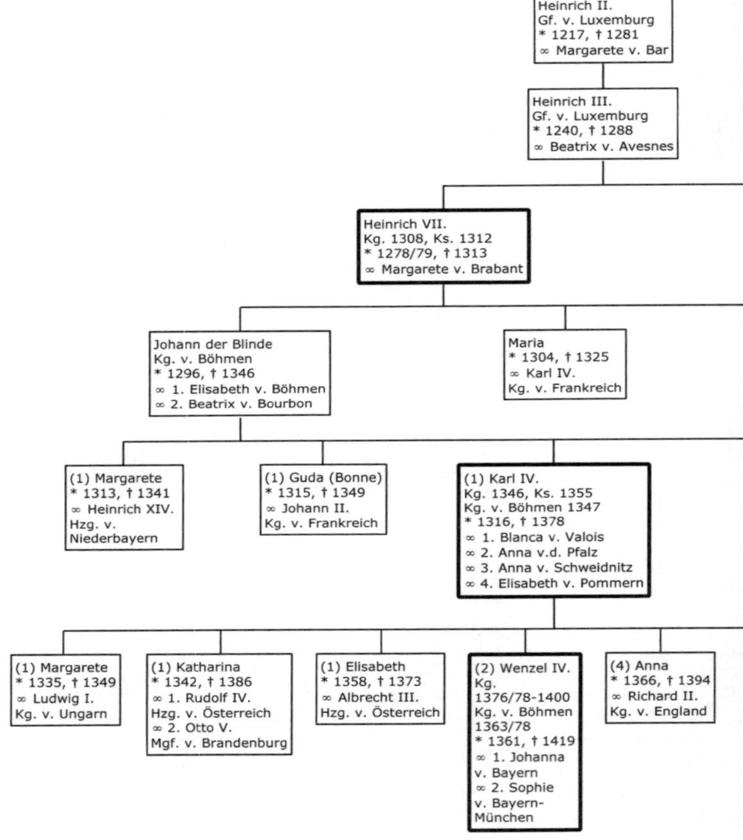

Stammtafel der Luxemburger

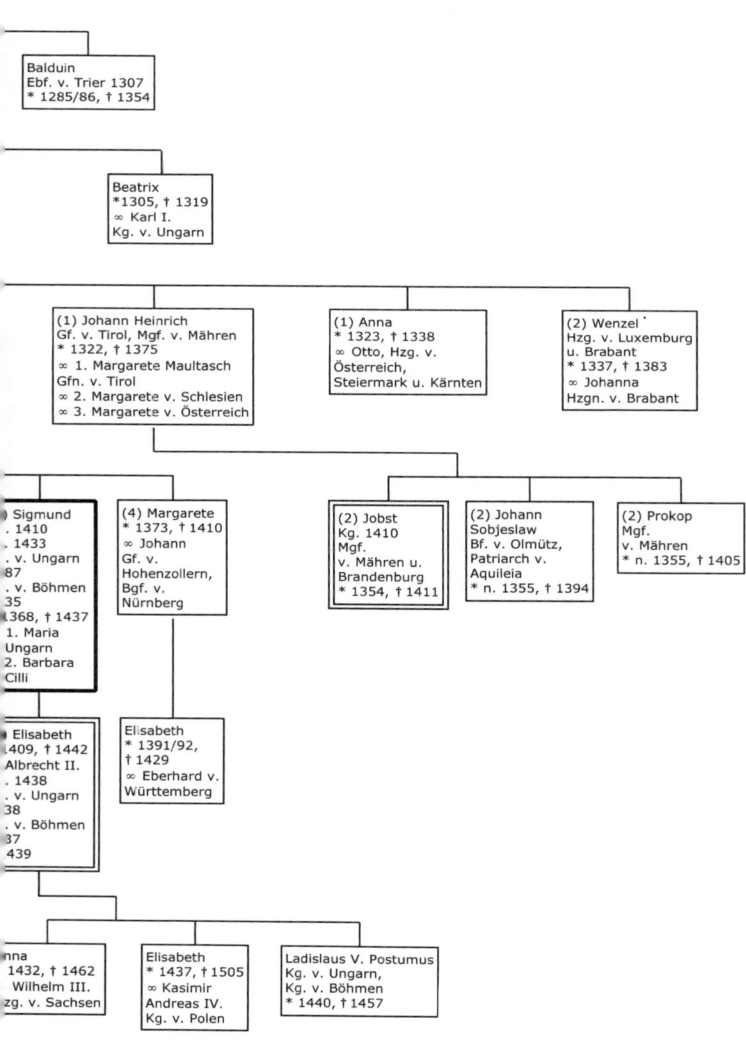
Balduin
Ebf. v. Trier 1307
* 1285/86, † 1354
Beatrix
*1305, † 1319
∞ Karl I.
Kg. v. Ungarn
(1) Johann Heinrich
Gf. v. Tirol, Mgf. v. Mähren
* 1322, † 1375
∞ 1. Margarete Maultasch
Gfn. v. Tirol
∞ 2. Margarete v. Schlesien
∞ 3. Margarete v. Österreich
(1) Anna
* 1323, † 1338
∞ Otto, Hzg. v.
Österreich,
Steiermark u. Kärnten
(2) Wenzel
Hzg. v. Luxemburg
u. Brabant
* 1337, † 1383
∞ Johanna
Hzgn. v. Brabant
Sigmund
. 1410
. 1433
. v. Ungarn
87
. v. Böhmen
35
368, † 1437
1. Maria
Ungarn
2. Barbara
Cilli
(4) Margarete
* 1373, † 1410
∞ Johann
Gf. v.
Hohenzollern,
Bgf. v.
Nürnberg
(2) Jobst
Kg. 1410
Mgf.
v. Mähren u.
Brandenburg
* 1354, † 1411
(2) Johann
Sobjeslaw
Bf. v. Olmütz,
Patriarch v.
Aquileia
* n. 1355, † 1394
(2) Prokop
Mgf.
v. Mähren
* n. 1355, † 1405
Elisabeth
409, † 1442
Albrecht II.
. 1438
. v. Ungarn
38
. v. Böhmen
37
439
Elisabeth
* 1391/92,
† 1429
∞ Eberhard v.
Württemberg
nna
1432, † 1462
Wilhelm III.
zg. v. Sachsen
Elisabeth
* 1437, † 1505
∞ Kasimir
Andreas IV.
Kg. v. Polen
Ladislaus V. Postumus
Kg. v. Ungarn,
Kg. v. Böhmen
* 1440, † 1457

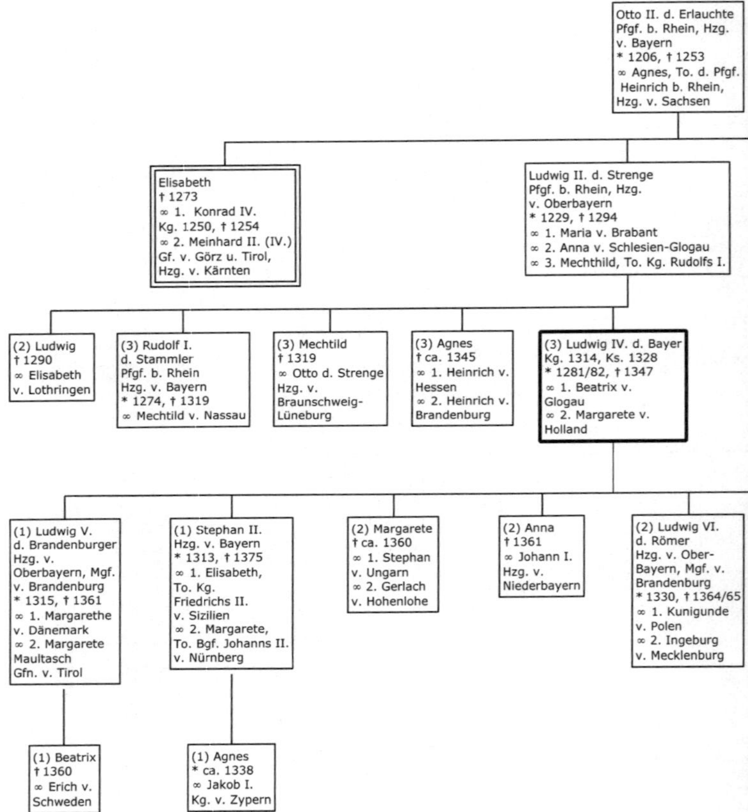

Stammtafel der Wittelsbacher

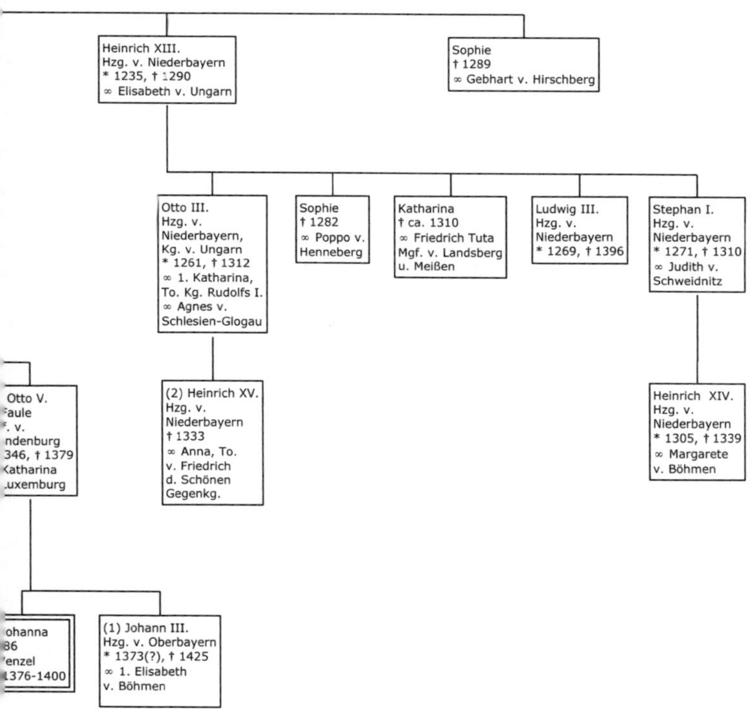
Heinrich XIII.
Hzg. v. Niederbayern
* 1235, † 1290
∞ Elisabeth v. Ungarn
Sophie
† 1289
∞ Gebhart v. Hirschberg
Otto III.
Hzg. v.
Niederbayern,
Kg. v. Ungarn
* 1261, † 1312
∞ 1. Katharina,
To. Kg. Rudolfs I.
∞ Agnes v.
Schlesien-Glogau
Sophie
† 1282
∞ Poppo v.
Henneberg
Katharina
† ca. 1310
∞ Friedrich Tuta
Mgf. v. Landsberg
u. Meißen
Ludwig III.
Hzg. v.
Niederbayern
* 1269, † 1396
Stephan I.
Hzg. v.
Niederbayern
* 1271, † 1310
∞ Judith v.
Schweidnitz
Otto V.
346, † 1379
(2) Heinrich XV.
Hzg. v.
Niederbayern
† 1333
∞ Anna, To.
v. Friedrich
d. Schönen
Gegenkg.
Heinrich XIV.
Hzg. v.
Niederbayern
* 1305, † 1339
∞ Margarete
v. Böhmen
376-1400
(1) Johann III.
Hzg. v. Oberbayern
* 1373(?), † 1425
∞ 1. Elisabeth
v. Böhmen

Quellenverzeichnis

(Verzeichnet sind nur die im Text erwähnten Quellen)

Absagebrief der Bischöfe vom 24. Januar 1076, in: Die Briefe Heinrichs IV., hg. von Carl Erdmann (MGH Deutsches Mittelalter 1), Leipzig 1937, Anhang A, S. 65–68.

Admonitio generalis, hg. von Alfred Boretius, in: MGH Leges. Capitularia regum Francorum 1, Hannover 1883, ND 1984, S. 52–62.

Aegidius Romanus, De Regimine principum libri III, hg. von Hieronymus Samaritanius, Rom 1607, ND Aalen 1967 (Auszüge mit Übersetzung bei M. Kaufmann u. a. in: Bibliothek der katholischen Pädagogik 15, Freiburg i. Br. 1904, S. 1–63).

Alexander von Roes: Die Schriften des Alexander von Roes und des Engelbert von Admont, Teil 1: Alexander von Roes, Schriften, hg. von Herbert Grundmann/Hermann Heimpel (MGH Staatsschriften des späteren Mittelalters 1), Stuttgart 1958, ND 1985.

Angilbert, Rhythmus de pugna Fontanetica, hg. von Ernst Müller, in: Nithardi Historiarum libri IIII (MGH Scriptores rerum Germanicarum [44]), Hannover 1907, ND 1965, S. 52 f. (auch hg. von Ernst Dümmler, in: MGH Antiquitates. Poetae Latini aevi Carolini 2, Berlin 1884, ND 1999, S. 137–141).

Annales Marbacenses qui dicuntur, hg. von Hermann Bloch (MGH Scriptores rerum Germanicarum [9]), Hannover 1907, ND 1979. Neuausgabe: Die Chronik Ottos von St. Blasien und die Marbacher Annalen, hg. und übersetzt von Franz-Josef Schmale (Ausgewählte Quellen zur deutschen Geschichte des Mittelalters 18a), Darmstadt 1998.

Annales Fuldenses sive Annales regni Francorum orientalis, hg. von Friedrich Kurze (MGH Scriptores rerum Germanicarum [7]) Hannover 1891, ND 1993.

Annales Hildesheimenses, hg. von Georg Waitz (MGH Scriptores rerum Germanicarum [8]), Hannover 1878, ND 1990.

Annales Laureshamenses, hg. von Georg Heinrich Pertz, in: MGH Scriptores 1, Hannover 1826, ND 1976, S. 22–39.

Die Annales Quedlinburgenses, hg. von Martina Giese (MGH Scriptores rerum Germanicarum 72), Hannover 2004.

Annales regni Francorum inde ab a. 741 usque ad a. 829, qui dicuntur Annales Laurissenses maiores et Einhardi, hg. von Friedrich Kurze (MGH Scriptores rerum Germanicarum [6]), Hannover 1895, ND 1950.

Annales de Saint-Bertin, hg. von Félix Grat/Jeanne Vielliard/Suzanne Clémencet (Publications de la Société de l'Histoire de France 470), Paris 1964.

Das Annolied, hg. von Martin Opitz und bearb. von Walther Bulst (Editiones Heidelbergenses 2), 3. Aufl. Heidelberg 1974.

Das Annolied, hg. von Eberhard Nellmann, Stuttgart 1975.

Anselm von Lüttich, Gesta episcoporum Leodiensium, hg. von Rudolf Köpke, in: MGH Scriptores 7, Hannover 1846, ND Stuttgart 1995, S. 210–234.

Die Gedichte des Archipoeta, hg. von Heinrich Krefeld/Heinrich Watenphul, Heidelberg 1958.

Die Lieder des Archipoeta. Lateinisch und deutsch, hg. von Karl Langosch (Reclam 8942), Stuttgart 1965.

Astronomus, Vita Hludowici imperatoris, hg. und übers. von Ernst Tremp (MGH Scriptores rerum Germanicarum 64), Hannover 1995.

Autobiographie Karls IV. siehe Karl IV.

Heinrich Bebel, Oratio ad Augustissimum atque Sacratissimum Romanorum Regem Maximilianum, in: Schardius Redivivus sive Rerum Germanicarum Scriptores varii olim a Domino Simone Schardio in quatuor tomos collecti, Bd. 1, Gießen 1673, S. 95–104.

Benediktregel siehe Regula Benedicti.

Giovanni Boccaccio, Decameron, 2 Bde., hg. von Vittore Branca, 7. Aufl. Turin 1999.

Böhme, Walther (Hg.): Die deutsche Königserhebung im 10.–12. Jahrhundert, 2 Hefte (Historische Texte/Mittelalter 14 u. 15), Göttingen 1970.

BFW = Johann Friedrich Böhmer/Julius Ficker, Die Regesten des Kaiserreiches unter Philipp, Otto IV., Friedrich II., Heinrich (VII.), Conrad IV., Heinrich Raspe, Wilhelm und Richard, 1 Abt., Innsbruck 1881.

Bonifaz VIII., Unam Sanctam, in: Corpus iuris Canonici, Bd. 2: Decretalium collectiones, hg. von Emil Friedberg, Leipzig 1879–1881, ND Graz 1959, Sp. 1245 f.

Die Briefe Heinrichs IV., hg. von Carl Erdmann (MGH Deutsches Mittelalter 1), Leipzig 1937.

Die Briefe des Abtes Bern von Reichenau, hg. von Franz-Josef Schmale (Veröffentlichungen der Kommission für geschichtliche Landeskunde in Baden-Württemberg, Reihe A: Quellen 6), Stuttgart 1961.

Die Briefe des Petrus Damiani, 4 Bde., hg. von Kurt Reindel (MGH Die Briefe der deutschen Kaiserzeit 4), München 1983–1993.

Die Briefe des Bischofs Rather von Verona, hg. von Fritz Weigle (MGH Die Briefe der deutschen Kaiserzeit 1), Weimar 1949.

Briefsammlungen der Zeit Heinrichs IV., hg. von Carl Erdmann/Norbert Fickermann (MGH Die Briefe der deutschen Kaiserzeit 5), Weimar 1950, ND München 1981.

Brunos Buch vom Sachsenkrieg: Brunonis de bello Saxonico liber, hg. von Wilhelm Wattenbach (MGH Scriptores rerum Germanicarum [15]), Hannover 1880, ND 1997.

Das Buch der hundert Kapitel und der vierzig Statuten des sog. Oberrheinischen Revolutionärs, hg. von Annelore Franke, Berlin (Ost) 1967.

Burchard von Worms, Decretorum libri XX, Neuausgabe der Editio princeps (Köln 1548), hg. von Gérard Fransen/Theo Kölzer, Aalen 1992.

Capitulatio de partibus Saxoniae, hg. von Alfred Boretius, in: MGH Leges. Capitularia regum Francorum 1, Hannover 1883, ND 1976, S. 68–70.

Chronicon Wormatiense. Saeculi XIII., in: Monumenta Wormatiensia. Annalen und Chroniken, hg. von Heinrich Boos (Quellen zur Geschichte der Stadt Worms, Bd. 3), Berlin 1893, S. 165–305.

Die Chronik des Abtes Konrad von Scheyern (1206–1225) über die Gründung des Klosters Scheyern und die Anfänge des Hauses Wittelsbach, in dt. Übers. mit einem Faksimile-Abdr. und der von Philipp Jaffé besorgten Edition, hg. von Pankraz Fried, Weißenhorn 1980.

Das Constitutum Constantini, hg. von Horst Fuhrmann (MGH Fontes iuris Germanici antiqui 10), Hannover 1968, ND 1984.

Constitutiones et acta publica imperatorum et regum inde ab a. DCCCXI usque ad a. MCXCVII (911–1197), hg. von Ludwig Weiland (MGH Constitutiones 1), Hannover 1893, ND 2003:
Nr. 106, Principum de restituenda pace consilium Wirceburgense
Nr. 107/108, Pax Wormatiensis cum Calixto II.

Constitutiones et acta publica imperatorum et regum inde ab a. MCXCVIII usque ad a. MCCLXXII (1198–1272), hg. von Ludwig Weiland (MGH Constitutiones 2), Hannover 1896, ND 1963:
Nr. 48, Die Goldbulle von Eger
Nr. 71, Promulgatio legati a latere in Italia
Nr. 73, Confoederatio cum principibus ecclesiasticis
Nr. 83, Coronatio Romana. Instructio Legatorum
Nr. 171, Constitutio in favorem principum
Nr. 196, Constitutio Pacis
Nr. 346, Epistula ad archiepiscopos et alios principes Teutoniae
Nr. 359, Sententia de feudis post coronationem requirendis
Nr. 395, Electio per Massilienses facta
Nr. 304, Statutum in favorem principum

Constitutiones et acta publica imperatorum et regum inde ab a. MCCLXXIII usque ad a. MCCXCVIII (1273–1298), hg. von Jakob Schwalm (MGH Constitutiones 3), Hannover 1904, ND 1980:
Nr. 26, Sententia de feudis imperii non alienandis
Nr. 113, Tractatus cum Ottokaro rege Bohemiae: Arbitrium principum

Constitutiones et acta publica imperatorum et regum inde ab a. MCCXCVIII usque ad a. MCCCXIII (1298–1313), Teil 1, hg. von Jakob Schwalm (MGH Constitutiones 4), Hannover 1906, ND 1981:
Nr. 181, Tractatus finales cum Bonifacio VIII. Papa: Promissio prior
Nr. 295, Legatio ad Clementem V. papam: Pronuntiatio pontificis

Constitutiones et acta publica imperatorum et regum, Teil 1: Inde ab a. MCCCXXV usque ad a. MCCCXXX (1325–1330), hg. von Jakob Schwalm (MGH Constitutiones 6,1), Hannover 1914–1927, ND 1982:

Nr. 436, Constitutiones contra papam: Publicatio depositionis a papatu prior

Nr. 437, Constitutiones contra papam: Publicatio depositionis a papatu altera

Cowdrey, Herbert E. J. (Hg.): The Epistolae vagantes (Oxford medieval texts), Oxford 1972.

Cronica S. Petri Erfordensis moderna a. 1072–1335, in: Monumenta Erphesfurtensia. Saec. XII. XIII. XIV., hg. von Oswald Holder-Egger (MGH Scriptores rerum Germanicarum [42]), Hannover/Leipzig 1899, S. 117–369.

Dante Alighieri, La Commedia, hg. von Giorgio Petrocchi (Le opere di Dante Alighieri 7), 2. Aufl. Florenz 1994.

Dante Alighieri, Monarchia, hg. und übers. von Peter Shaw (Cambridge medieval classics 4), Cambridge 1995.

Deutsche Reichstagsakten ab König Wenzel, Bd. 3: Deutsche Reichstagsakten unter König Wenzel, Abt. 3: 1397–1400, hg. von Julius L. F. Weizäcker, München 1877, ND 1956.

Deutschenspiegel und Augsburger Sachsenspiegel, hg. von Karl August Eckhart/Alfred Hübner (MGH Fontes iuris Germanici antiqui. Nova Series 3), Hannover 1933.

Eickels, Klaus van/Brüsch Tania (Hgg.): Kaiser Friedrich II. Leben und Persönlichkeit in Quellen des Mittelalters, Düsseldorf/Zürich 2000.

Ekkehard von Aura: Frutolfs und Ekkehards Chroniken und die Anonyme Kaiserchronik, hg. von Franz-Josef Schmale/Irene Schmale-Ott (Ausgewählte Quellen zur deutschen Geschichte des Mittelalters 15), Darmstadt 1972.

Enea Silvio Piccolomini, Europa, hg. von Günter Frank/Paul Metzger, übersetzt von Albrecht Hartmann, Heidelberg/Ubstadt-Weiher/Basel 2005.

Engelbert von Admont, De ortu et fine Romani imperii, hg. von Kaspar Bruschius, Basel 1553.

Flodoard von Reims: Les annales de Flodoard, hg. von Philippe Lauer (Collection de textes pour servir a l'étude et a l'enseignement de l'histoire 39), Paris 1906.

Flodoardus Remensis, Historia Remensis Ecclesiae, hg. von Martina Stratmann (MGH Scriptores 36), Hannover 1998.

Francesco Petrarca, Über den Fürsten, hg. von Michael Wien, Heidelberg 2005.

Fredegarii et aliorum Chronica. Vitae sanctorum, hg. von Bruno Krusch (MGH Scriptores rerum Merovingicarum 2), Hannover 1888, ND 1984.

Fritsche Closener, Chronik, hg. von Carl Hegel, in: Die Chroniken der oberrheinischen Städte. Straßburg, Bd. 1 (Die Chroniken der deutschen Städte vom 14. bis ins 16. Jahrhundert 8), Leipzig 1870, ND Göttingen 1961, S. 15–151.

Gerhoh von Reichersberg, De investigatione Antichristi liber I, hg. von Ernst Sackur, in: MGH Libelli de lite imperatorum et pontificum 3, Hannover 1897, S. 304–395.

Giovanni Villani, Cronica, hg. von F. GHERARDI DRAGOMANNI, 4 Bde., Florenz 1844/1845.

Die Goldene Bulle Kaiser Karls IV. vom Jahre 1356, bearb. von WOLFGANG D. FRITZ (MGH Fontes iuris Germanici antiqui 11), Weimar 1972.

Gottfried von Viterbo, Speculum regum, hg. von GEORG WAITZ, in: MGH Scriptores 22, Hannover 1872, S. 21–93.

Gottfried von Viterbo, Memoria seculorum, hg. von GEORG WAITZ, in: MGH Scriptores 22, Hannover 1872, S. 94–106.

Gottfried von Viterbo, Pantheon, hg. von GEORG WAITZ, in: MGH Scriptores 22, Hannover 1872, S. 107–307.

Gregor VII., Dictatus papae, in: Das Register Gregors VII., hg. von ERICH CASPAR (MGH Epistolae Selectae 2,1), 3. Aufl. Berlin 1920–1923, ND 1990, S. 201–203.

Gregor IX., Ascendit de mari bestia blasphemie plena nominibus, in: MGH Epistulae saeculi XIII e regestis pontificum Romanorum selectae 1, hg. von KARL RODENBERG, Berlin 1883, ND 2001, Nr. 750.

Gregorii Turonensis Opera, Libri historiarum X, hg. von BRUNO KRUSCH/WILHELM LEVISON (MGH Scriptores rerum Merovingicarum 1, Teil 1), Hannover 1937–1951, ND 1992.

HEINISCH, KLAUS (Hg.): Kaiser Friedrich II. in Briefen und Berichten seiner Zeit, Darmstadt 1968 («Briefe und Berichte»).

HEINISCH, KLAUS (Hg.): Kaiser Friedrich II. Sein Leben in zeitgenössischen Berichten, 3. Aufl. München 1988.

Haec sancta: Dekret vom 6. April 1415, in: Conciliorum oecumenicorum decreta. Dekrete der ökumenischen Konzilien, Bd. 2: Konzilien des Mittelalters vom ersten Laterankonzil (1123) bis zum fünften Laterankonzil (1512–1517), hg. von JOSEF WOHLMUTH, Paderborn/München/Wien u. a. 2000, S. 409 f.

Heinrich von Herford, Liber de rebus memorabilioribus sive chronicon Henrici de Hervordia, hg. von AUGUST POTTHAST, Göttingen 1859.

Heinrich von Langenstein: KREUZER, GEORG: Heinrich von Langenstein. Studien zur Biographie und zu den Schismatraktaten unter besonderer Berücksichtigung der Epistola pacis und der Epistola concilii pacis, Paderborn 1987.

Heinrich von Segusia (Hostiensis), Summa aurea una cum summariis et adnotationibus Nicolai Superantii, Lyon 1537, ND Turin 1965.

Heinrich von Segusia (Hostiensis), In primum (secundum, tertium, quartum, quintum) decretalium librum commentaria, Venedig 1581, ND Turin 1965.

HERGEMÖLLER, ULRICH (Hg.): Quellen zur Verfassungsgeschichte der deutschen Stadt im Mittelalter (Ausgewählte Quellen zur deutschen Geschichte des Mittelalters 34), Darmstadt 2000.

Hermann von Reichenau, Chronik, hg. von GEORG HEINRICH PERTZ, in: MGH Scriptores 5, Hannover 1844, ND 1985, S. 74–133.

Hinkmar von Reims, De ordine palatii, hg. und übersetzt von THOMAS GROSS/RUDOLF SCHIEFFER (MGH Fontes iuris Germanici antiqui 3), Hannover 1980.

Hugo von Flavigny, Chronicon Virdunense seu Flaviniacense, hg. von GEORG

Heinrich Pertz, in: MGH Scriptores 8, Hannover 1848, ND 1992, S. 285–502.

Huillard-Bréholles, Jean Louis Alphonse (Hg.): Historia diplomatica Friderici Secundi, 12 Bde., Paris 1852–61, ND Turin 1963.

Innocenz III., Sermo II.: In consecrando pontificis maximi, in: Migne, Patrologia latina 217, Paris 1889, Sp. 653–660.

Innocenz III.: Regestum Innocentii III papae super negotio Romani imperii, hg. von Friedrich Kempf (Miscellanea historiae pontificiae 12), Rom 1947 (RNI).

Innocenz III.: The Gesta Innocentii III. Text, Introduction and Commentary, hg. von David Richard Gress-Wright (Bryn Mawr College 1981), Ann Arbor 1994.

Innocenz IV., Ad extirpanda, in: Sacrorum conciliorum nova et amplissima collectio, Bd. 23: Anni 1225–1268, hg. von Giovanni D. Mansi, Paris 1903, ND Graz 1961, S. 569–575.

Jakob Twinger von Königshofen, Chronik, hg. von Carl Hegel, in: Die Chroniken der oberrheinischen Städte. Straßburg, Bd. 1 (Chroniken der deutschen Städte vom 14. bis ins 16. Jahrhundert 8), Leipzig 1870, ND Göttingen 1961, S. 230–498, und Bd. 2 (Die Chroniken der deutschen Städte vom 14. bis ins 16. Jahrhundert 9), Leipzig 1871, ND Göttingen 1961.

Jakob Wimpfeling, Epitoma Germanicarum Rerum, in: Schardius Redivivus sive Rerum Germanicarum Scriptores varii olim a Domino Simone Schardio in quatuor tomos collecti, Bd. 1, Gießen 1673, S. 170–199.

Janssen, Johannes (Hg.): Frankfurts Reichscorrespondenz von 1376–1519, Bd. 2, Freiburg i. Br. 1866.

Jasper, Detlev: Das Papstwahldekret von 1059. Überlieferung und Textgestalt, hg. von Detlev Jasper (Beiträge zur Geschichte und Quellenkunde des Mittelalters 12), Sigmaringen 1986.

Joachim von Fiore: Abbot Joachim of Fiore, Liber de concordia noui ac veteris testamenti, hg. von E. Randolph Daniel (Transactions of the American Philosophical Society 73), Philadelphia 1983.

Johannes Teutonicus (Auszüge), in: Tierney, Brian, Foundations of the conciliar theory. The contribution of medieval canonists from Gratian to the great Schism (Studies in the history of Christian thought 81), 2. Aufl. Leiden/New York/Köln 1998, S. 229–232.

Johann von Salisbury: The letters of John of Salisbury, 2 Bde., hg. und übersetzt von William J. Millor (Oxford medieval texts), Oxford 1979–1986.

Karl IV.: Vita Caroli Quarti. Die Autobiographie Karls IV. Einführung, Übersetzung und Kommentar von Eugen Hillenbrand, Stuttgart 1979.

Koelhoffsche Chronik: Die cronica van der hilliger stat van Coellen, hg. von Hermann Cardauns, in: Die Chroniken der niederrheinischen Städte, Bd. 2 (Die Chroniken der deutschen Städte vom 14. bis ins 16. Jahrhundert, Bd. 13), Leipzig 1876, ND Göttingen 1968, S. 209–640.

Kölner Königschronik: Chronica regia Coloniensis, hg. von Georg Waitz (MGH Scriptores rerum Germanicarum [18]), Hannover 1880.

Kölner Notiz, in: Heinz Löwe, Eine Kölner Notiz zum Kaisertum Karls des Großen, in: Rheinische Vierteljahrsblätter 14, 1949, S. 7–34, Text S. 7.

Konrad von Gelnhausen, Epistola Brevis, hg. von H. Kaiser, in: Historische Vierteljahrsschrift 11, 1900, S. 381–386.

Konrad von Scheyern, Chronicon Schirense, hg. von Philipp Jaffé, in: MGH Scriptores 17, Hannover 1861, S. 613–633.

Konstitutionen von Melfi: Die Konstitutionen Friedrichs II. für das Königreich Sizilien, hg. von Wolfgang Stürner (MGH Constitutiones 2. Supplementum), Hannover 1996.

Lampert von Hersfeld: Lamperti monachi Hersfeldensis Opera, hg. von Oswald Holder-Egger (MGH Scriptores rerum Germanicarum. Nova Series 38), Hannover 1894, ND 1984.

Landrecht: Das Oberbayerische Landrecht Kaiser Ludwigs des Bayern von 1346. Edition, Übersetzung und juristischer Kommentar, hg. von Hans Schlosser/Ingo Schwab, Köln/Weimar/Wien 2000.

Das Landrecht von 1346 für Oberbayern und seine Gerichte Kitzbühel, Kufstein und Rattenberg, hg. von Ingo Schwab (Fontes Rerum Austriacarum 17), Wien/Köln/Weimar 2002.

Liber pontificalis, Bd. 2, hg. von Louis Duchesne (Bibliothèque des Écoles françaises d'Athènes et de Rome), Paris 1955.

Die Werke Liudprands von Cremona, hg. von Joseph Becker (MGH Scriptores rerum Germanicarum [41]), 3. Aufl. Hannover/Leipzig 1915, ND 1993.

Lupold von Bebenburg, Politische Schriften des Lupold von Bebenburg, hg. von Jürgen Miethke/Christoph Flüeler (MGH Staatsschriften des späteren Mittelalters 4), Hannover 2004.

Lupold von Bebenburg, De iuribus regni et imperii. Über die Rechte von Kaiser und Reich, hg. von Jürgen Miethke. Aus dem Lateinischen übersetzt von Alexander Sauter (Bibliothek des deutschen Staatsdenkens 14), München 2005.

Magdeburger Schöppenchronik, hg. von Karl Janicke, in: Die Chroniken der niederdeutschen Städte, Bd. 1, Leipzig 1869, ND Göttingen 1962, S. 286–314.

Manegold von Lautenbach: Manegoldi ad Gebehardum liber, hg. von Kuno Francke in: MGH Libelli de lite 1, Hannover 1891, 308–410.

Marsilius von Padua, Defensor pacis, hg. von Richard Scholz (MGH Fontes iuris Germanici antiqui 7), 2 Bde., Hannover 1933.

Matteo Villani, Cronica, hg. von Giuseppe Porta, 2 Bde., Parma 1995.

Mattheus Parisiensis, Chronica maiora, hg. von Henry Richards, 7 Bde. (Rerum Britannicarum medii aevi scriptores 57), London 1872–1883, ND Nendeln 1964.

Matthias von Neuenburg, Chronica Mathiae de Nuwenburg, hg. von Adolf Hofmeister (MGH Scriptores rerum Germanicarum. Nova Series 4), Berlin 1924–1940, ND München 1984.

Miethke, Jürgen/Bühler, Arnold (Hgg.): Kaiser und Papst im Konflikt. Zum

Verhältnis von Staat und Kirche im späten Mittelalter (Historisches Seminar 8), Düsseldorf 1988.

MIETHKE, JÜRGEN/WEINRICH, LORENZ (Hgg.): Quellen zur Kirchenreform im Zeitalter der Großen Konzilien des 15. Jahrhunderts, 1. Teil (Ausgewählte Quellen zur deutschen Geschichte des Mittelalters 38b), Darmstadt 1995.

MIETHKE, JÜRGEN/WEINRICH, LORENZ (Hgg.): Quellen zur Kirchenreform im Zeitalter der Großen Konzilien des 15. Jahrhunderts, 2. Teil (Ausgewählte Quellen zur deutschen Geschichte des Mittelalters 38b), Darmstadt 2002.

MONTI, GENNARO MARIA: Il testo e la storia esterna delle Assise normanne, in: Studi di storia e diritto in onore di Carlo Calisse, Bd. 1, Milano 1940, S. 293–348.

Nova Alamanniae. Urkunden, Briefe und andere Quellen besonders zur deutschen Geschichte des 14. Jahrhunderts vornehmlich aus den Sammlungen des Trierer Notars und Offizials, Domdekans von Mainz Rudolf Losse aus Eisenach in der Ständischen Landesbibliothek zu Kassel und im Staatsarchiv zu Darmstadt, hg. von EDMUND E. STENGEL, 2 Bde., Berlin 1921 u. 1930, ND Hildesheim 2004.

Nithardi Historiarum libri IIII, hg. von ERNST MÜLLER (MGH Scriptores rerum Germanicarum [44]), Hannover 1907, ND 1965.

Nürnberger Jahrbücher des 15. Jahrhunderts, hg. von CARL HEGEL, in: Die Chroniken der fränkischen Städte. Nürnberg, Bd. 4 (Chroniken der deutschen Städte vom 14. bis ins 16. Jahrhundert, Bd. 10), Leipzig 1872, S. 45–386.

Odilo von Cluny, Die Lebensbeschreibung der Kaiserin Adelheid, hg. von HERBERT PAULHART, in: Festschrift zur Jahrtausendfeier der Kaiserkrönung Ottos des Großen, Teil 2 (MIÖG. Ergänzungsband 20,2), Graz/Köln 1962, S. 28–45.

Odo von Deuil, De profectione Ludovici VII in orientem, hg. von VIRGINIA GINGERICK BERRY, New York 1948.

Otfried von Weissenburg, Evangelienbuch, hg. von OSKAR ERDMANN (Altdeutsche Textbibliothek Nr. 49), 6. Auflage Tübingen 1973.

Otto Morena: Das Geschichtswerk des Otto Morena und seiner Fortsetzer über die Taten Friedrichs I. in der Lombardei, hg. von FERDINAND GÜTERBOCK (MGH Scriptores rerum Germanicarum. Nova Series 7), Berlin 1930, ND München 1994.

Otto von Freising: Ottonis episcopi Frisingensis Chronica sive Historia de duabus civitatibus, hg. von ADOLF HOFMEISTER (MGH Scriptores rerum Germanicarum [45]), Hannover/Leipzig 1912, ND 1984.

Otto von Freising: Ottonis et Rahewini Gesta Friderici I. imperatoris, hg. von GEORG WAITZ und BERNHARD VON SIMSON (MGH Scriptores rerum Germanicarum [46]), Hannover/Leipzig 1912, ND 1997.

Papstwahldekret von 1059: siehe JASPER, DETLEV.

Petrus de Ebulo, Liber ad honorem Augusti sive de rebus Siculis. Codex 120 II der Burgerbibliothek Bern. Eine Bilderchronik der Stauferzeit, hg. von THEO KÖLZER/MARLIS STÄHLI, Sigmaringen 1994.

Radulf von Diceto, Ex Ymaginibus Historiarum, hg. von Reinhold Pauli, in: MGH Scriptores 27, Stuttgart 1885, ND 1975, S. 260–286.

Radulfus Niger, De re militari (1188/89), hg. von Ludwig Schmugge (Beiträge zur Geschichte und Quellenkunde des Mittelalters 6), Berlin 1976.

Regula Benedicti, hg. von Rudolf Hanslik (Corpus scriptorum ecclesiasticorum latinorum 75), Wien 1960.

Regula Benedicti de codice 914 in Bibliotheca Monasterii S. Galli servato, hg. von Benedikt Probst, Sankt Ottilien 1983.

Reindel, Kurt (Hg.): Die Kaiserkrönung Karls des Großen (Historische Texte/Mittelalter 4), Göttingen 1970.

Regino von Prüm: Reginonis abbatis Prumiensis Chronicon cum continuatione Treverensi, hg. von Friedrich Kurze (MGH Scriptores rerum Germanicarum [50]), Hannover 1890, ND 1989.

Reiner von Lüttich, Annalen, hg. von Georg Heinrich Pertz, in: MGH Scriptores 16, Hannover 1859, ND 1994.

Richard von San Germano: Ryccardi de Sancto Germano notarii Chronica, hg. von C. A. Garufi (Muratori, Rerum Italicarum Scriptores, 2. Aufl., Bd. 7/2), Bologna 1936–1938.

Ruotgeri Vita Brunonis archiepiscopi Coloniensis, hg. von Irene Ott (MGH Scriptores rerum Germanicarum. Nova Series 10), Weimar 1951, ND Köln/Graz 1958.

Salimbene de Adam: Cronica fratris Salimbene de Adam ordinis Minorum, hg. von Oswald Holder-Egger (MGH Scriptores 32), Hannover 1905–1913, ND 1963.

Schimmelpfennig, Bernhard (Hg.): Die deutsche Königswahl im 13. Jahrhundert, 2 Hefte (Historische Texte/Mittelalter 9 und 10), Göttingen 1968.

Schlecht, J.: Ein kirchenpolitisches Gedicht aus der Zeit des Kaisers Ludwig des Bayern, in: Historisches Jahrbuch 42, 1922, S. 294–304.

Sebastian Brant, Kleine Texte, hg. von Thomas Wilhelmi, 3 Bde. (Arbeiten und Editionen zur Mittleren Deutschen Literatur. NF 3), Stuttgart/Bad Cannstatt 1998.

Sigmund Meisterlin, Chronik der Reichsstadt Nürnberg 1488, hg. von Carl Hegel, in: Die Chroniken der fränkischen Städte, Bd. 3 (Chroniken der deutschen Städte vom 14. bis ins 16. Jahrhundert 3), Leipzig 1864, ND Göttingen 1961, S. 1–256.

Sigmund Meisterlin, Deutsche Weltchronik, hg. von Carl Hegel, in: Die Chroniken der fränkischen Städte, Bd. 3 (Chroniken der deutschen Städte vom 14. bis ins 16. Jahrhundert 3), Leipzig 1864, ND Göttingen 1961, S. 257–305.

Stengel, Edmund E., siehe Nova Alamanniae.

Summa ‹Elegantius in iure diuino› seu Coloniensis, hg. von Gérard Fransen (Monumenta iuris canonici Series A,1), 4 Bde., New York/Vatikanstadt 1969–1990.

The Summa Parisiensis on the Decretum Gratiani, hg. von Terence P. MacLaughlin, Toronto 1952.

Publius Cornelius Tacitus, Germania, lat. u. deutsch, hg. von GERHARD PERL (Schriften und Quellen der Alten Welt 37/2), Berlin 1990.

Thangmar, Vita Bernwardi, hg. von GEORG HEINRICH PERTZ, in: MGH Scriptores 4, Hannover 1841, S. 757–782.

Thietmar von Merseburg, Chronicon, hg. von ROBERT HOLTZMANN (MGH Scriptores rerum Germanicarum. Nova Series 9), Berlin 1935, ND München 1980.

Teutonicus siehe Johannes Teutonicus.

Ulrich von Richental, Das Konzil zu Konstanz MCDXIV–MCDXVIII, 2 Bde., hg. von OTTO FEGER, Konstanz 1964.

Die Urkunden Konrad I., Heinrich I. und Otto I., hg. von THEODOR SICKEL (MGH Die Urkunden der deutschen Könige und Kaiser 1), Hannover 1884.

Die Urkunden Ottos III., hg. von THEODOR SICKEL (MGH Die Urkunden der deutschen Könige und Kaiser 2), 2. Auflage Berlin 1956.

Die Urkunden Heinrichs II. und Arduins, hg. von HARRY BRESSLAU (MGH Die Urkunden der deutschen Könige und Kaiser 3), Berlin 1900–1903.

Die Urkunden Friedrichs I., 5 Bde., hg. von HEINRICH APPELT (MGH Die Urkunden der deutschen Könige und Kaiser 10), Hannover 1975–1985.

Die Urkunden Friedrichs II. 1198–1212, hg. von WALTER KOCH (MGH Die Urkunden der deutschen Könige und Kaiser 14/I), Hannover 2002.

Die Urkunden Friedrichs II. 1212–1217, hg. von WALTER KOCH (MGH Die Urkunden der deutschen Könige und Kaiser 14/II), Hannover 2007.

Vier Prager Artikel, in: Fontes rerum Bohemicarum, Bd. 5: Przibiconis de Radenin dicti Pulkavae chronicon bohemiae. – Laurentii de Brzezowa historia hussitica. Excerpta ex historia Laurentii de Brzezowa. – Laurentii de Brzezowa carmen de victoria bohemorum apud Domazlitz, hg. von JOSEF EMMLER, Prag 1893, S. 391–395.

Vita Bernwardi siehe Thangmar.

Vita Godehardi siehe Wolfhere.

Vita Heinrici IV. imperatoris, hg. von WILHELM EBERHARD (MGH Scriptores rerum Germanicarum [58]), Hannover 1899, ND 1990.

Vita (Gesta) Innocentii III siehe Innocenz III.

Walther von der Vogelweide, Leich, Lieder, Sangsprüche, hg. von CHRISTOPH CORMEAU, 14. Aufl. Berlin 1996.

WEINRICH, LORENZ (Hg.): Quellen zur Reichsreform im Spätmittelalter (Ausgewählte Quellen zur deutschen Geschichte des Mittelalters 39), Darmstadt 2001.

WEINRICH, LORENZ (Hg.): Quellen zur Verfassungsgeschichte des römisch-deutschen Reiches im Spätmittelalter (1250–1500) (Ausgewählte Quellen zur deutschen Geschichte des Mittelalters 33), Darmstadt 1983.

Wenrich von Trier, Epistola sub Theoderici episcopi Virdunensis nomine composita, hg. von KUNO FRANCKE, in: MGH Libelli de lite imperatorum et pontificum 1, Hannover 1891, S. 280–299.

Widukind von Corvey: Die Sachsengeschichte des Widukind von Korvei, hg. von

Paul Hirsch/Hans-Eberhard Lohmann (MGH Scriptores rerum Germanicarum [60]), Hannover 1935, ND 1989.

Die Werke Wipos, hg. von Harry Bresslau (MGH Scriptores rerum Germanicarum [61]), 3. Aufl. Hannover/Leipzig 1915, ND 1993.

Wolfhere, Vita Godehardi prior, in: MGH Scriptores 11, hg. von Georg Heinrich Pertz, Hannover 1854, ND 1994, S. 167–196.

Wolfram von Eschenbach, Parzival, nach der 6. Ausg. von Karl Lachmann, hg. und übersetzt von Bernd Schirok/Peter Knecht, Berlin 1998.

Wohlmuth, Josef (Hg.): Dekrete der ökumenischen Konzilien. Bd. 1: Konzilien des ersten Jahrtausends. Vom Konzil von Nizäa (325) bis zum vierten Konzil von Konstantinopel (869/70), 3. Auflage, Paderborn/München/Wien/Zürich 2002.

Wohlmuth, Josef (Hg.): Dekrete der ökumenischen Konzilien. Bd. 2: Konzilien des Mittelalters. Vom ersten Laterankonzil (1123) bis zum fünften Laterankonzil (1512–1517), Paderborn/München/Wien/Zürich 2000.

Literaturverzeichnis

Der Verlag C.H.Beck dankt Herrn Professor Matthias Becher (Bonn) für die gründliche Aktualisierung der Bibliographie.

Althoff, Gerd: Verwandte, Freunde und Getreue. Zum politischen Stellenwert der Gruppenbindungen im früheren Mittelalter, Darmstadt 1990.

Althoff, Gerd: Amicitiae und Pacta. Bündnis, Einung, Politik und Gebetsgedenken im beginnenden 10. Jahrhundert (MGH Schriften 37), Hannover 1992.

Althoff, Gerd: Otto III. (Gestalten des Mittelalters und der Renaissance), Darmstadt 1996.

Althoff, Gerd: Heinrich IV. (Gestalten des Mittelalters und der Renaissance), 3. Aufl. Darmstadt 2013.

Althoff, Gerd: Die Ottonen. Königsherrschaft ohne Staat, 3. Aufl. Stuttgart/Berlin/Köln 2013.

Althoff, Gerd: Spielregeln der Politik im Mittelalter. Kommunikation in Frieden und Fehde, 2., erweiterte Aufl. Darmstadt 2014.

Althoff, Gerd: Kontrolle der Macht. Formen und Regeln politischer Beratung im Mittelalter, Darmstadt 2016.

Ambos, Claus/Hotz, Stephan/Schwedler, Gerald/Weinfurter, Stefan (Hgg.): Die Welt der Rituale. Von der Antike bis heute, 2. Aufl. Darmstadt 2006.

Angenendt, Arnold: Grundformen der Frömmigkeit im Mittelalter (Enzyklopädie deutscher Geschichte 68), 3. Aufl. München 2019.

Anton, Hans Hubert: Fürstenspiegel und Herrscherethos in der Karolingerzeit (Bonner Historische Forschungen 32), Bonn 1968.

Assmann, Jan: Das kulturelle Gedächtnis. Schrift, Erinnerung und politische Identität in frühen Hochkulturen, 8. Aufl. München 2018.

Auge, Oliver/Spiess, Karl-Heinz: Ruprecht (1400–1410), in: Die deutschen Herrscher des Mittelalters. Historische Portraits von Heinrich I. bis Maximilian I. (919–1519), hg. von Bernd Schneidmüller/Stefan Weinfurter, 2. Aufl. München 2018, S. 446–461.

Bachrach, Bernhard S./Bachrach, David: Saxon military revolution, 912–973?: myth and reality, in: Early Medieval Europe 15, 2007, S. 186–222.

Battenberg, J. Friedrich: Die Ritualmordprozesse gegen Juden in Spätmittelalter und Frühneuzeit. Verfahren und Rechtsschutz, in: Die Legende vom Ritualmord. Zur Geschichte der Blutbeschuldigung gegen Juden, hg. von

Rainer Erb (Dokumente, Texte, Materialien. Veröffentlicht vom Zentrum für Antisemitismusforschung der Technischen Universität Berlin 6), Berlin 1993, S. 95–132.

Bauch, Martin: Divina favente clemencia. Auserwählung, Frömmigkeit und Heilsvermittlung in der Herrschaftspraxis Kaiser Karls IV. (Forschungen zur Kaiser- und Papstgeschichte des Mittelalters. Beihefte zu J. F. Böhmer, Regesta Imperii 36), Köln/Weimar/Wien 2015.

Bauch, Martin u. a. (Hgg.): Heilige, Helden, Wüteriche. Herrschaftsstile der Luxemburger (1308–1437) (Forschungen zur Kaiser- und Papstgeschichte des Mittelalters. Beihefte zu J. F. Böhmer, Regesta Imperii 41), Köln/Weimar/Wien 2017.

Becher, Matthias: Rex, Dux und Gens. Untersuchungen zur Entstehung des sächsischen Herzogtums im 9. und 10. Jahrhundert (Historische Studien 444), Husum 1996.

Becher, Matthias: Die Kaiserkrönung im Jahre 800. Eine Streitfrage zwischen Karl dem Großen und Papst Leo III., in: Rheinische Vierteljahrsblätter 66, 2002, S. 1–38.

Becher, Matthias: Chlodwig I. Der Aufstieg der Merowinger und das Ende der antiken Welt, München 2011.

Becher, Matthias: Otto der Große. Kaiser und Reich. Eine Biographie, München 2012.

Becher, Matthias: Karl der Große, 7., durchgesehene u. aktualisierte Aufl. München 2021.

Behringer, Wolfgang: Kulturgeschichte des Klimas. Von der Eiszeit bis zur globalen Erwärmung, 7. Aufl. München 2019.

Berg, Dieter: Deutschland und seine Nachbarn (Enzyklopädie deutscher Geschichte 40), München 1997.

Bergdolt, Klaus: Die Pest. Geschichte des Schwarzen Todes, 3. Aufl. München 2018.

Berger, Maximiliane: Der opake Herrscher. Politisches Entscheiden am Hof Friedrichs III. (1440–1486) (Mittelalter-Forschungen 66), Ostfildern 2020.

Berges, Wilhelm: Die Politische Ethik von Thomas von Aquino bis Petrarca, in: Ders., Die Fürstenspiegel des hohen und späten Mittelalters, Leipzig 1938, ND Stuttgart 1992, S. 108–129.

Beumann, Helmut: Zur Nationenbildung im Mittelalter, in: Nationalismus in vorindustrieller Zeit, hg. von Otto Dann (Studien zur Geschichte des neunzehnten Jahrhunderts 14), München 1986, ND Berlin 2019, S. 21–33.

Blumenthal, Uta-Renate: Der Investiturstreit (Urban-Taschenbücher 335), Stuttgart 1982.

Bode, Tina: König und Bischof in ottonischer Zeit. Herrschaftspraxis, Handlungsspielräume, Interaktionen (Historische Studien 506), Husum 2015.

Borgolte, Michael (Hg.): Mittelalterforschung nach der Wende 1989 (Historische Zeitschrift. Beiheft 20), München 1995.

Borgolte, Michael (Hg.): Polen und Deutschland vor 1000 Jahren. Die Berliner Tagung über den «Akt von Gnesen» (Europa im Mittelalter 5), Berlin 2002, ND Berlin 2015.

Borgolte, Michael: Die mittelalterliche Kirche (Enzyklopädie deutscher Geschichte 17), 2. Aufl. München 2004.

Borgolte, Michael: Christen, Juden, Muselmanen. Die Erben der Antike und der Aufstieg des Abendlandes 300 bis 1400 n. Chr. (Siedler Geschichte Europas 2), München 2006.

Borst, Arno: Lebensformen im Mittelalter, Neuausgabe Berlin 1997, Lizenzausgabe Hamburg 2004.

Boshof, Egon/Erkens, Franz-Reiner (Hgg.): Rudolf von Habsburg 1273–1291. Eine Königsherrschaft zwischen Tradition und Wandel, Köln/Weimar/Wien 1993.

Boshof, Egon: Europa im 12. Jahrhundert. Auf dem Weg in die Moderne, Stuttgart 2007.

Boshof, Egon: Königtum und Königsherrschaft im 10. und 11. Jahrhundert (Enzyklopädie deutscher Geschichte 27), 3., erweiterte Aufl. München 2010.

Bowlus, Charles R.: Die Reitervölker des frühen Mittelalters im Osten des Abendlandes. Ökologische und militärische Gründe für ihr Versagen, in: Ungarn-Jahrbuch 22, 1995–1996, S. 1–25.

Bowlus, Charles R.: Die Schlacht auf dem Lechfeld, Ostfildern 2012.

Bracher, Andreas: Der Reflexbogen als Beispiel gentiler Bewaffnung, in: Typen der Ethnogenese unter besonderer Berücksichtigung der Bayern, Bd. 1, hg. von Herwig Wolfram/Walter Pohl, Wien 1990, S. 137–147.

Broekmann, Theo: Rigor iustitiae. Herrschaft, Recht und Terror im normannisch-staufischen Süden (1050–1250), Darmstadt 2005.

Burkhardt, Stefan: Mit Stab und Schwert. Bilder, Träger und Funktionen erzbischöflicher Herrschaft zur Zeit Kaiser Friedrich Barbarossas. Die Erzbistümer Köln und Mainz im Vergleich (Mittelalter-Forschungen 22), Ostfildern 2008.

Burkhardt, Stefan/Metz, Thomas/Schneidmüller, Bernd/Weinfurter, Stefan (Hgg.): Staufisches Kaisertum im 12. Jahrhundert. Konzepte – Netzwerke – politische Praxis, Regensburg 2010.

Buttinger, Sabine: Hinter Klostermauern. Alltag im mittelalterlichen Kloster, 3. Aufl. Darmstadt 2011.

Clauss, Martin: Ludwig IV. – der Bayer. Herzog, König, Kaiser (Kleine bayerische Biografien), Regensburg 2014.

Csendes, Peter: Philipp von Schwaben. Ein Staufer im Kampf um die Macht (Gestalten des Mittelalters und der Renaissance), Darmstadt 2003.

Dendorfer, Jürgen: Adelige Gruppenbildung und Königsherrschaft. Die Grafen von Sulzbach und ihr Beziehungsgeflecht im 12. Jahrhundert (Studien zur bayerischen Verfassungs- und Sozialgeschichte 23), München 2004.

Deutinger, Roman: Königsherrschaft im ostfränkischen Reich. Eine pragmatische Verfassungsgeschichte der späten Karolingerzeit (Beiträge zur Geschichte und Quellenkunde des Mittelalters 20), Ostfildern 2006.

Dilcher, Gerhard: Die Entwicklung des Lehnswesens in Deutschland zwischen Saliern und Staufern, in: Il feudalismo nell'alto medioevo (Settimane di studio 47), Spoleto 2000, S. 263–303.

Dinzelbacher, Peter: Europa im Hochmittelalter 1050–1250. Eine Kultur- und Mentalitätsgeschichte, Darmstadt 2003.

Dirlmeier, Ulf/Fouquet, Gerhard/Fuhrmann, Bernd (Hgg.): Europa im Spätmittelalter 1215–1378 (Oldenbourg Grundriss der Geschichte 8), 2. Aufl. München 2009.

Dohmen, Linda: Die Ursache allen Übels. Untersuchungen zu den Unzuchtsvorwürfen gegen die Gemahlinnen der Karolinger (Mittelalter-Forschungen 53), Ostfildern 2017.

Ehlers, Caspar: Die Integration Sachsens in das fränkische Reich (Veröffentlichungen des Max-Planck-Instituts für Geschichte 231), Göttingen 2007.

Ehlers Joachim/Müller, Heribert/Schneidmüller, Bernd (Hgg.): Die französischen Könige des Mittelalters. Von Odo bis Karl VIII. 888–1498, München 1996 (auch Beck'sche Reihe 1723, München 2006).

Ehlers, Joachim: Heinrich der Löwe. Europäisches Fürstentum im Hochmittelalter (Persönlichkeit und Geschichte 154/155), 2., erweiterte Aufl. Göttingen/Zürich 2009.

Ehlers, Joachim: Die Ritter. Geschichte und Kultur, 2. Aufl. München 2009.

Ehlers, Joachim: Die Entstehung des deutschen Reiches (Enzyklopädie deutscher Geschichte 31), 4. Aufl. München 2012.

Engels, Odilo: Stauferstudien. Beiträge zur Geschichte der Staufer im 12. Jahrhundert, 2., erweiterte Aufl. Sigmaringen 1996.

Engels, Odilo: Die Staufer, 9., erweiterte Aufl. Stuttgart/Berlin/Köln 2010.

Erkens, Franz-Reiner: Divisio legitima und unitas imperii. Teilungspraxis und Einheitsstreben bei der Thronfolge im Frankenreich, in: Deutsches Archiv 52, 1996, S. 423–485.

Erkens, Franz-Reiner (Hg.): Das frühmittelalterliche Königtum. Ideelle und religiöse Grundlagen (Ergänzungsbände zum Reallexikon der Germanischen Altertumskunde 49), Berlin u. a. 2005.

Ertl, Thomas: Religion und Disziplin. Selbstdeutung und Weltordnung im frühen deutschen Franziskanertum (Arbeiten zur Kirchengeschichte 96), Berlin 2006.

Esch, Arnold/Kamp, Norbert (Hgg.): Friedrich II. Tagung des Deutschen Historischen Instituts in Rom im Gedenkjahr 1994 (Bibliothek des Deutschen Historischen Instituts in Rom 85), Tübingen 1996.

Esders, Stefan (Hg.): Rechtsverständnis und Konfliktbewältigung. Gerichtliche und außergerichtliche Strategien im Mittelalter, Köln/Weimar/Wien 2007.

Ewig, Eugen: Die Merowinger und das Frankenreich, 6., erweiterte Aufl. Stuttgart 2012.

FICHTENAU, HEINRICH: Lebensordnungen des 10. Jahrhunderts. Studien über Denkart und Existenz im einstigen Karolingerreich (Monographien zur Geschichte des Mittelalters 30), 2. Aufl. München 1994.

FLASCH, KURT/JECK, UDO REINHOLD (Hgg.): Das Licht der Vernunft. Die Anfänge der Aufklärung im Mittelalter, München 1997.

FLECKENSTEIN, JOSEF: Rittertum und ritterliche Welt, Berlin 2002.

FRIED, JOHANNES: Der karolingische Herrschaftsverband im 9. Jahrhundert zwischen «Kirche» und «Königshaus», in: Historische Zeitschrift 235, 1982, S. 1–43.

FRIED, JOHANNES: Der Weg in die Geschichte. Die Ursprünge Deutschlands bis 1024 (Propyläen Geschichte Deutschlands 1), Berlin 1994.

FRIED, JOHANNES: Rezension zu: Susan Reynolds, Fiefs and Vassals: the Medieval Evidence Reinterpreted, Oxford 1994, in: German Historical Institute London. Bulletin 19, Nr. 1, May 1997, S. 28–41.

FRIED, JOHANNES: Otto III. und Boleslaw Chrobry. Das Widmungsbild des Aachener Evangeliars, der «Akt von Gnesen» und das frühe polnische und ungarische Königtum (Frankfurter Historische Abhandlungen 30), 2., erweiterte Aufl. Stuttgart 2001.

FRIED, JOHANNES: Das Mittelalter. Geschichte und Kultur, 4. Aufl. München 2009.

FRIED, JOHANNES: Aufstieg aus dem Untergang. Apokalyptisches Denken und die Entstehung der modernen Naturwissenschaft im Mittelalter, 2. Aufl. München 2012.

FRIED, JOHANNES: Karl der Große. Gewalt und Glaube. Eine Biographie, 4. Aufl. München 2014.

FRIEDL, CHRISTIAN: Studien zur Beamtenschaft Kaiser Friedrichs II. im Königreich Sizilien (1220–1250) (Österreichische Akademie der Wissenschaften. Phil.-Hist. Klasse, Denkschriften 337), Wien 2005.

FRIEDRICH, UDO/MÜLLER, MATTHIAS/SPIESS, KARL-HEINZ (Hgg.): Kulturtransfer am Fürstenhof. Höfische Austauschprozesse und ihre Medien im Zeitalter Kaiser Maximilians I. (Schriften zur Residenzkultur 9), Berlin 2013.

FUCHS, FRANZ/SCHMID, PETER (Hgg.): Kaiser Arnolf. Das ostfränkische Reich am Ende des 9. Jahrhunderts, München 2002.

FUHRMANN, HORST: Konstantinische Schenkung und abendländisches Kaisertum, in: Deutsches Archiv 22, 1966, S. 123–162.

FUHRMANN, HORST: Einladung ins Mittelalter, 4. Aufl. München 2009.

FUHRMANN, HORST: Überall ist Mittelalter. Von der Gegenwart einer vergangenen Zeit, 3. Aufl. München 2010.

FUHRMANN, HORST: Die Päpste. Von Petrus zu Johannes Paul II., München 1998 (auch Beck'sche Reihe 1590, 5. Aufl. München 2020).

GEARY, PATRICK J.: Die Merowinger. Europa vor Karl dem Großen, 3. Aufl. München 2008.

GLASER, RÜDIGER: Klimageschichte Mitteleuropas. 1000 Jahre Wetter, Klima, Katastrophen, 3. Aufl. Darmstadt 2013.

Gleixner, Sebastian: Sprachrohr kaiserlichen Willens. Die Kanzlei Kaiser Friedrichs II. (1226–1236) (Archiv für Diplomatik, Beiheft 11), Köln/Weimar/Wien 2006.

Görich, Knut: Otto III. Romanus Saxonicus et Italicus. Kaiserliche Rompolitik und sächsische Historiographie (Historische Forschungen 18), 2. Aufl. Sigmaringen 1995.

Görich, Knut: Die Ehre Friedrich Barbarossas. Kommunikation, Konflikt und politisches Handeln im 12. Jahrhundert (Symbolische Kommunikation in der Vormoderne), Darmstadt 2001.

Görich, Knut: Friedrich Barbarossa. Eine Biographie, München 2011.

Görich, Knut: Ereignis und Rezeption. Friedrich Barbarossa demütigt sich vor Papst Alexander III. in Venedig 1177, in: Unmögliche Geschichte(n)? – Kaiser Friedrich I. Barbarossa und die Reformation. Symposium im Residenzschloss Altenburg vom 15.–16. Dezember 2017, o. Hg. (Schriftenreihe der Barbarossa-Stiftung 2), Altenburg 2019, S. 36–45.

Görich, Knut: Die Staufer. Herrscher und Reich, 4. Aufl. München 2019.

Goetz, Hans-Werner (Hg.): Konrad I. – Auf dem Weg zum «Deutschen Reich»?, Bochum 2006.

Goez, Werner: Translatio Imperii. Ein Beitrag zur Geschichte des Geschichtsdenkens und der politischen Theorie im Mittelalter und in der frühen Neuzeit, Tübingen 1958.

Goez, Werner: Kirchenreform und Investiturstreit 910–1122, 2. Aufl. Stuttgart 2008.

Gramsch, Robert: Das Reich als Netzwerk der Fürsten. Politische Strukturen unter dem Doppelkönigtum Friedrichs II. und Heinrichs (VII.) 1225–1235 (Mittelalter-Forschungen 40), Ostfildern 2013.

Groten, Manfred: Köln im 13. Jahrhundert. Gesellschaftlicher Wandel und Verfassungsentwicklung (Städteforschung. Veröffentlichungen des Instituts für vergleichende Städtegeschichte in Münster. Reihe A: Darstellungen 36), 2. Aufl. Köln/Weimar/Wien 1998.

Groth, Simon: In regnum successit. «Karolinger» und «Ottonen» oder das «Ostfränkische Reich»? (Studien zur europäischen Rechtsgeschichte 304. Rechtsräume 1), Frankfurt a. M. 2017.

Haack, Christoph: Die Krieger der Karolinger. Kriegsdienste als Prozesse gemeinschaftlicher Organisation um 800 (Ergänzungsbände zum Reallexikon der Germanischen Altertumskunde 115), Berlin/Boston 2020.

Haas, Wolfdieter: Welt im Wandel. Das Hochmittelalter, Stuttgart 2002, ND Ostfildern 2007.

Hack, Thomas: Zur Herkunft der karolingischen Königssalbung, in: Zeitschrift für Kirchengeschichte 110, 1999, S. 170–190.

Hartmann, Martina: Die Darstellung der Frauen im Liber Historiae Francorum und die Verfasserfrage, in: Concilium medii aevi 7, 2004, S. 209–237.

Hartmann, Martina: Aufbruch ins Mittelalter. Die Zeit der Merowinger, 2., erweiterte Aufl. Darmstadt 2011.

Hartmann, Wilfried (Hg.): Europas Städte zwischen Zwang und Freiheit. Die europäische Stadt um die Mitte des 13. Jahrhunderts (Schriftenreihe der Europa-Kolloquien im Alten Reich. Sonderband), Regensburg 1995.

Hartmann, Wilfried: Ludwig der Deutsche (Gestalten des Mittelalters und der Renaissance), Darmstadt 2002.

Hartmann, Wilfried: Der Investiturstreit (Enzyklopädie der deutschen Geschichte 21), 3., überarbeitete Aufl. München 2007.

Haverkamp, Alfred (Hg.): Friedrich Barbarossa. Handlungsräume und Wirkungsweisen des staufischen Kaisers (Vorträge und Forschungen 40), Sigmaringen 1992.

Haverkamp, Alfred: 12. Jahrhundert. 1125–1198 (Gebhardt. Handbuch der deutschen Geschichte, 10. Aufl., Bd. 5), Stuttgart 2003.

Haverkamp, Alfred: Perspektiven deutscher Geschichte während des Mittelalters, in: Gebhardt. Handbuch der deutschen Geschichte, 10. Aufl., Bd. 1, Stuttgart 2004, S. 1–143.

Hechberger, Werner: Adel im fränkisch-deutschen Mittelalter. Zur Anatomie eines Forschungsproblems (Mittelalter-Forschungen 17), Ostfildern 2005.

Hechberger, Werner: Adel, Rittertum und Ministerialität im Mittelalter (Enzyklopädie deutscher Geschichte 72), 2. Aufl. München 2010.

Hehl, Ernst-Dieter: Maria und das ottonisch-salische Königtum. Urkunden, Liturgie, Bilder, in: Historisches Jahrbuch 117, 1997, S. 271–310.

Hehl, Ernst-Dieter: Gregor VII. und Heinrich IV. in Canossa 1077. Paenitentia – absolutio – honor (MGH Studien und Texte 66), Wiesbaden 2019.

Heimann, Heinz-Dieter: Die Habsburger. Dynastie und Kaiserreiche, 6. Aufl. München 2021.

Heinemeyer, Christian: Zwischen Reich und Region im Spätmittelalter. Governance und politische Netzwerke um Kaiser Friedrich III. und Kurfürst Albrecht Achilles von Brandenburg (Historische Forschungen 108), Berlin 2016.

Heinig, Paul-Joachim (Hg.): Kaiser Friedrich III. (1440–1493) in seiner Zeit. Studien anlässlich des 500. Todestages am 19. August 1493, Köln u. a. 1993.

Heinig, Paul-Joachim: Kaiser Friedrich III. (1440–1493) – Hof, Regierung und Politik (Forschungen zur Kaiser- und Papstgeschichte 17), Köln/Weimar/Wien 1997.

Hellmuth, Doris: Frau und Besitz. Zum Handlungsspielraum von Frauen in Alamannien (700–940) (Vorträge und Forschungen. Sonderband 42), Sigmaringen 1998.

Helmrath, Johannes: Das Basler Konzil, 1431–1449, Köln/Wien 1987.

Helmrath, Johannes/Müller, Heribert (Hgg.): Studien zum 15. Jahrhundert. Festschrift für Erich Meuthen, 2 Bde., München 1994.

Helmrath, Johannes/Kocher, Ursula/Sieber, Andrea (Hgg.): Maximilians Welt. Kaiser Maximilian I. im Spannungsfeld zwischen Innovation und Tradition (Berliner Mittelalter- und Frühneuzeitforschung 22), Göttingen 2018.

Herbers, Klaus (Hg.): Europa an der Wende vom 11. zum 12. Jahrhundert. Beiträge zu Ehren von Werner Goez, Stuttgart 2001.

Hergemöller, Bernd: Die Entstehung der «Goldenen Bulle» zu Nürnberg und Metz 1355 bis 1357, in: Die Kaisermacher. Frankfurt am Main und die Goldene Bulle. 1356–1806, hg. von Evelyn Brockhoff/Michael Matthäus, Frankfurt am Main 2006, S. 26–39.

Hirschi, Caspar: Wettkampf der Nationen. Konstruktionen einer deutschen Ehrgemeinschaft an der Wende vom Mittelalter zur Neuzeit, Göttingen 2005.

Hlavávek, Ivan/Patschovsky, Alexander (Hgg.): Die Reform von Kirche und Reich zur Zeit der Konzilien von Konstanz (1414–1418) und Basel (1431–1449), Konstanz 1996.

Hoensch, Jörg K.: Die Luxemburger. Eine spätmittelalterliche Dynastie gesamteuropäischer Bedeutung. 1308–1347, Stuttgart 2000.

Holbach, Rudolf: Frühformen von Verlag und Großbetrieb in der gewerblichen Produktion (13.–16. Jahrhundert) (Vierteljahrschrift für Sozial- und Wirtschaftsgeschichte. Beihefte 110), Stuttgart 1994.

Hollegger, Manfred: Maximilian I. (1459–1519). Herrscher und Mensch einer Zeitenwende, 2. Aufl. Stuttgart 2020.

Holzfurtner, Ludwig: Die Wittelsbacher. Staat und Dynastie in acht Jahrhunderten, Stuttgart 2005.

Horst, Ulrich: Evangelische Armut und päpstliches Lehramt. Minoritentheologen im Konflikt mit Papst Johannes XXII. (1316–34) (Münchener Kirchenhistorische Studien 8), Stuttgart/Berlin/Köln 1996.

Houben, Hubert: Roger II. von Sizilien. Herrscher zwischen Orient und Okzident (Gestalten des Mittelalters und der Renaissance), 2., erweiterte Aufl. Darmstadt 2010.

Hubel, Achim/Schneidmüller, Bernd (Hgg.): Aufbruch ins zweite Jahrtausend. Innovation und Kontinuität in der Mitte des Mittelalters (Mittelalter-Forschungen 16), Ostfildern 2004.

Hucker, Bernd-Ulrich: Kaiser Otto IV. (MGH-Schriften 34), Hannover 1990.

Hye, Franz-Heinz: Der Doppeladler als Symbol für Kaiser und Reich, in: Mitteilungen des Instituts für Österreichische Geschichtsforschung 81, 1973, S. 63–100.

Isenmann, Eberhard: Die deutsche Stadt im Spätmittelalter: 1250–1500. Stadtgesellschaft, Recht, Stadtregiment, Kirche, Gesellschaft, Wirtschaft, Stuttgart 1988.

Isenmann, Eberhard: Kaiser, Reich und deutsche Nation am Ausgang des 15. Jahrhunderts, in: Ansätze und Diskontinuität deutscher Nationsbildung im Mittelalter, hg. von Joachim Ehlers (Nationes 8), Sigmaringen 1989, S. 145–246.

Isenmann, Eberhard: Gesetzgebung und Gesetzgebungsrecht spätmittelalterlicher Städte, in: Zeitschrift für historische Forschung 28, 2001, S. 1–261.

JANKRIFT, KAY PETER: Brände, Stürme, Hungersnöte. Katastrophen in der mittelalterlichen Lebenswelt, Ostfildern 2003.

JARNUT, JÖRG/WEMHOFF, MATTHIAS (Hgg.): Vom Umbruch zur Erneuerung? Das 11. und beginnende 12. Jahrhundert – Positionen der Forschung (MittelalterStudien 13), München 2006.

JERICKE, HARTMUT: Imperator Romanorum et Rex Siciliae. Kaiser Heinrich VI. und sein Ringen um das normannisch-sizilische Königreich (Europäische Hochschulschriften III/765), Frankfurt am Main 1997.

JOSTMANN, CHRISTIAN: Sibilla Erithea Babilonica. Papsttum und Prophetie im 13. Jahrhundert (MGH Schriften 54), Hannover 2006.

JUSSEN, BERNHARD: Der Name der Witwe: Erkundungen zur Semantik der mittelalterlichen Bußkultur (Veröffentlichungen des Max-Planck-Instituts für Geschichte 158), Göttingen 2000.

JUSSEN, BERNHARD (Hg.): Die Macht des Königs. Herrschaft in Europa vom Frühmittelalter bis in die Neuzeit, München 2005.

JUSSEN, BERNHARD: Die Franken. Geschichte, Gesellschaft Kultur, München 2014.

KAISER, REINHOLD: Das römische Erbe und das Merowingerreich (Enzyklopädie deutscher Geschichte 26), 3., überarbeitete u. erweiterte Aufl. München 2004.

KAMP, HERMANN: Burgund. Geschichte und Kultur, 3. Aufl. München 2020.

KAMP, NORBERT: Moneta regis. Königliche Münzstätten und königliche Münzpolitik in der Stauferzeit (MGH Schriften 55), Hannover 2006.

KASTEN, BRIGITTE: Königssöhne und Königsherrschaft. Untersuchungen zur Teilhabe am Reich in der Merowinger- und Karolingerzeit (MGH Schriften 44), Hannover 1997.

KASTEN, BRIGITTE (Hg.): Tätigkeitsfelder und Erfahrungshorizonte des ländlichen Menschen in der frühmittelalterlichen Grundherrschaft (bis ca. 1000). Festschrift für Dieter Hägermann zum 65. Geburtstag (Vierteljahrschrift für Sozial- und Wirtschaftsgeschichte. Beihefte 184), Stuttgart 2006.

KAUFHOLD, MARTIN: Deutsches Interregnum und europäische Politik. Konfliktlösungen und Entscheidungsstrukturen 1230–1280 (MGH Schriften 49), Hannover 2000.

KAUFHOLD, MARTIN (Hg.): Politische Reflexion in der Welt des späten Mittelalters. Political Thought in the Age of Scholasticism. Essays in Honour of Jürgen Miethke, Leiden/Boston 2004.

KELLER, HAGEN: Die Investitur. Ein Beitrag zum Problem der ‹Staatssymbolik› im Hochmittelalter, in: Frühmittelalterliche Studien 27, 1993, S. 51–86.

KELLER, HAGEN: Machabaeorum pugnae. Zum Stellenwert eines biblischen Vorbilds in Widukinds Deutung der ottonischen Königsherrschaft, in: Iconologia Sacra. Mythos, Bildkunst und Dichtung in der Religions- und Sozialgeschichte Alteuropas. Festschrift für Karl Hauck zum 75. Geburtstag, hg. von HAGEN KELLER/NIKOLAUS STAUBACH (Arbeiten zur Frühmittelalterforschung 23), Berlin/New York 1994, S. 417–437.

KELLER, HAGEN: Zu den Siegeln der Karolinger und der Ottonen. Urkunden als ‹Hoheitszeichen› in der Kommunikation des Königs mit seinen Getreuen, in: Frühmittelalterliche Studien 32, 1998, S. 400–441.

KELLER, HAGEN: Ottonische Königsherrschaft. Organisation und Legitimation königlicher Macht, Darmstadt 2002.

KELLER, HAGEN: Die Ottonen, 6., aktualisierte Aufl. München 2021.

KEMPF, FRIEDRICH: Innocenz III. und der deutsche Thronstreit, in: Archivum Historiae Pontificiae 23, 1985, S. 64–91.

KERNER, MAX: Karl der Große. Entschleierung eines Mythos, 2. Aufl. Köln/Weimar/Wien 2001.

KEUPP, JAN: Dienst und Verdienst. Die Ministerialen Friedrich Barbarossas und Heinrichs VI. (Monographien zur Geschichte des Mittelalters 48), Stuttgart 2002.

KINTZINGER, MARTIN: Westbindungen im spätmittelalterlichen Europa. Auswärtige Politik zwischen dem Reich, Frankreich, Burgund und England in der Regierungszeit Kaiser Sigmunds (Mittelalter-Forschungen 2), Stuttgart 2000.

KINTZINGER, MARTIN: Wissen wird Macht. Bildung im Mittelalter, Stuttgart 2003.

KIRCHWEGER, FRANZ (Hg.): Die Heilige Lanze in Wien. Insignie – Reliquie – «Schicksalsspeer», Wien 2005.

KLUGER, HELMUTH: Hochmeister Hermann von Salza und Kaiser Friedrich II. Ein Beitrag zur Frühgeschichte des Deutschen Ordens, Marburg 1987.

KOCH, ALEXANDER/SCHNEIDMÜLLER, BERND/WEINFURTER, STEFAN (Hgg.): Die Salier. Macht im Wandel. Essayband, München 2011.

KOCH, GOTTFRIED: Auf dem Wege zum sacrum imperium. Studien zur ideologischen Herrschaftsbegründung der deutschen Zentralgewalt im 11. und 12. Jahrhundert (Forschungen zur mittelalterlichen Geschichte 20), Wien u. a. 1972.

KRIEGER, KARL-FRIEDRICH: Die Habsburger im Mittelalter. Von Rudolf I. bis Friedrich III., 2. Aufl. Stuttgart 2004.

KRIEGER, KARL-FRIEDRICH: König, Reich und Reichsreform im Spätmittelalter (Enzyklopädie deutscher Geschichte 14), 2., durchgesehene Aufl. München 2005.

KRUSE, HOLGER/PARAVICINI, WERNER (Hgg.): Höfe und Hofordnungen 1200–1600 (Residenzenforschungen 10), Sigmaringen 1999.

KUCHENBUCH, LUDOLF: Potestas und Utilitas. Ein Versuch über Stand und Perspektiven der Forschung zur Grundherrschaft im 9.–13. Jahrhundert, in: Historische Zeitschrift 265, 1997, S. 117–146.

LÄMMERHIRT, MAIKE: Die Ritualmordlegende im thüringischen Raum und die Verfolgung der Juden von Weißensee 1305, in: Religiöse Bewegungen im Mittelalter. Festschrift für Matthias Werner zum 65. Geburtstag, hg. von ENNO BÜNZ/STEFAN TEBRUCK/HELMUT G. WALTHER (Veröffentlichungen der Historischen Kommission für Thüringen. Kleine Reihe 24), Köln/Weimar/Wien 2007, S. 737–762.

Laudage, Johannes: Priesterbild und Reformpapsttum im 11. Jahrhundert (Beihefte zum Archiv für Kulturgeschichte 22), Köln/Wien 1984.

Laudage, Johannes: Alexander III. und Friedrich Barbarossa (Forschungen zur Kaiser- und Papstgeschichte des Mittelalters 16), Köln/Weimar/Wien 1997.

Laudage, Johannes: Otto der Große. Eine Biographie, 3. Aufl. Regensburg 2012.

Laudage, Johannes: Die Salier. Das erste deutsche Königshaus, 4. durchgesehene u. aktualisierte Aufl. München 2017.

Leppin, Hartmut/Schneidmüller, Bernd/Weinfurter, Stefan (Hgg.): Kaisertum im ersten Jahrtausend. Wissenschaftlicher Begleitband zur Landesausstellung «Otto der Große und das Römische Reich. Kaisertum von der Antike zum Mittelalter», Regensburg 2012.

Leppin, Volker: Wilhelm von Ockham. Gelehrter, Streiter, Bettelmönch (Gestalten des Mittelalters und der Renaissance), 2., erweiterte Aufl. Darmstadt 2012.

Lhotsky, Alphons: Kaiser Friedrich III., sein Leben und seine Persönlichkeit, in: Friedrich III. Kaiserresidenz Wiener Neustadt. Ausstellungskatalog, Wien 1966, S. 16–47.

Lilie, Ralph-Johannes: Byzanz. Das zweite Rom, Berlin 2003.

Lindner, Michael: Die Goldene Bulle Kaiser Karls IV., in: Heiliges Römisches Reich Deutscher Nation 962 bis 1806. Von Otto dem Großen bis zum Ausgang des Mittelalters. Essays, hg. von Matthias Puhle/Claus-Peter Hasse, Dresden 2006, S. 311–321.

Lubich, Gerhard (Hg.): Heinrich V. in seiner Zeit. Herrschen in einem europäischen Reich des Hochmittelalters (Forschungen zur Kaiser- und Papstgeschichte des Mittelalters. Beihefte zu J. F. Böhmer, Regesta Imperii 34), Köln/Weimar/Wien 2013.

Lubich, Gerhard/Jäckel, Dirk (Hgg.): Heinrich III. Dynastie – Region – Europa (Forschungen zur Kaiser- und Papstgeschichte des Mittelalters. Beihefte zu J. F. Böhmer, Regesta Imperii 43), Köln/Weimar/Wien 2018.

Luh, Peter: Der «Allegorische Reichsadler» von Conrad Celtis und Hans Burgkmair. Ein Werbeblatt für das «Collegium poetarum et mathematicorum» in Wien (Europäische Hochschulschriften. Reihe 28: Kunstgeschichte 390), Frankfurt am Main u. a. 2002.

Lutter, Christina: Geschlecht & Wissen, Norm & Praxis, Lesen & Schreiben: Monastische Reformgemeinschaften im 12. Jahrhundert (Veröffentlichungen des Instituts für Österreichische Geschichtsforschung 43), München 2005.

MacLean, Simon: Ottonian Queenship, Oxford 2017.

Märtl, Claudia: Die Hinrichtung der Agnes Bernauer 1435, in: Schauplätze der Geschichte in Bayern, hg. von Alois Schmid/Katharina Weigand, München 2003, S. 149–164.

Märtl, Claudia/Drossbach, Gisela/Kintzinger, Martin (Hgg.): Konrad von

Megenberg (1309–1374) und sein Werk. Das Wissen der Zeit (Zeitschrift für bayerische Landesgeschichte. Reihe B, Beiheft 31), München 2006.

Matthiessen, Wilhelm: Ulrich Richenthals Chronik des Konstanzer Konzils. Studien zur Behandlung eines universalen Großereignisses durch die bürgerliche Chronistik, in: Annuarium Historiae Conciliorum 17, 1985, S. 71–191 u. 324–455.

Maurer, Helmut: Der Herzog von Schwaben. Grundlagen, Wirkungen und Wesen seiner Herrschaft in ottonischer, salischer und staufischer Zeit, Sigmaringen 1978.

Meier, Mischa/Patzold, Steffen (Hgg.): Chlodwigs Welt. Organisation von Herrschaft um 500 (Roma æterna 3), Stuttgart 2014.

Melville, Gert/Oberste, Jörg (Hgg.): Die Bettelorden im Aufbau. Beiträge zu Institutionalisierungsprozessen im mittelalterlichen Religiosentum (Vita regularis 11), Münster 1999.

Mertens, Dieter: Die Instrumentalisierung der «Germania» des Tacitus durch die deutschen Humanisten, in: Geschichte der Gleichung «germanisch – deutsch». Sprache und Namen, Geschichte und Institutionen, hg. von Heinrich Beck/Dieter Geuenich/Heiko Steuer/Dietrich Hakelberg (Ergänzungsbände zum Reallexikon d. Germ. Altertumsk. 34), Berlin 2004, S. 37–101.

Metzig, Gregor: Kommunikation und Konfrontation. Diplomatie und Gesandtschaftswesen Kaiser Maximilians I. (1486–1519) (Bibliothek des Deutschen Historischen Instituts in Rom 130), Berlin/Boston 2016.

Meuthen, Erich: Das 15. Jahrhundert (Oldenbourg Grundriss der Geschichte 9), 5., erweiterte Aufl. München 2012.

Meyer, Carla: Die Stadt als Thema. Nürnberg um 1500 in der zeitgenössischen Wahrnehmung, Dissertation Heidelberg 2007.

Mierau, Heike Johanna: Das Reich, politische Theorien und die Heilsgeschichte: Zur Ausbildung eines Reichsbewußtseins durch die Papst-Kaiser-Chroniken des Spätmittelalters, in: Zeitschrift für Historische Forschung 32, 2005, S. 543–574.

Mierau, Heike Johanna: Die Einheit des *imperium Romanum* in den Papst-Kaiser-Chroniken des Spätmittelalters, in: Historische Zeitschrift 282, 2006, S. 281–312.

Miethke, Jürgen: Ockhams Weg zur Sozialphilosophie, Berlin 1969.

Miethke, Jürgen: Marsilius von Padua. Die politische Theorie eines lateinischen Aristotelikers des 14. Jahrhunderts, in: Lebenslehren und Weltentwürfe im Übergang vom Mittelalter zur Neuzeit. Politik – Naturkunde – Theologie, hg. von Hartmut Boockmann/Bernd Moeller/Karl Stackmann (Abhandlungen der Akademie der Wissenschaften in Göttingen, philol.-hist. Klasse III, 179), Göttingen 1989, S. 52–76.

Miethke, Jürgen: Politisches Denken und monarchische Theorie. Das Kaisertum als supranationale Institution im späteren Mittelalter, in: Ansätze und Diskontinuität deutscher Nationsbildung im Mittelalter, hg. von Joachim Ehlers (Nationes 8), Sigmaringen 1989, S. 121–144.

Miethke, Jürgen: Kirchenreform auf den Konzilien des 15. Jahrhunderts. Motive – Methoden – Wirkungen, in: Studien zum 15. Jahrhundert. Festschrift für Erich Meuthen, Bd. 1, hg. von Johannes Helmrath/Heribert Müller, München 1994, ND München 2015, S. 13–42.

Miethke, Jürgen: Konziliarismus – die neue Doktrin einer neuen Kirchenverfassung, in: Die Reform von Kirche und Reich zur Zeit der Konzilien von Konstanz (1414–1418) und Basel (1431–1449), hg. von Ivan Hlavácek/Alexander Patschovsky, Konstanz 1996, S. 29–61.

Miethke, Jürgen: Wirkungen politischer Theorie auf die Praxis der Politik im Römischen Reich des 14. Jahrhunderts. Gelehrte Politikberatung am Hofe Ludwigs des Bayern, in: Political Thought and the Realities of Power in the Middle Ages. Politisches Denken und die Wirklichkeit der Macht im Mittelalter, hg. von Joseph Canning/Otto Gerhard Oexle (Veröffentlichungen des Max-Planck-Instituts für Geschichte 147), Göttingen 1998, S. 173–210.

Miethke, Jürgen: De potestate papae. Die päpstliche Amtskompetenz im Widerstreit der politischen Theorie von Thomas von Aquin bis Wilhelm von Ockham (Spätmittelalter und Reformation. Neue Reihe 16), Tübingen 2000.

Miethke, Jürgen: Zukunftshoffnung, Zukunftserwartung, Zukunftsbeschreibung im 12. und 13. Jahrhundert. Der Dritte Status des Joachim von Fiore im Kontext, in: Ende und Vollendung. Eschatologische Perspektiven im Mittelalter, hg. von Jan A. Aertsen (Miscellanea mediaevalia 29), Berlin/New York 2002, S. 504–524.

Miethke, Jürgen: Der Kampf Ludwigs des Bayern mit Papst und avignonesischer Kirche in seiner Bedeutung für die deutsche Geschichte, in: Kaiser Ludwig der Bayer. Konflikte, Weichenstellungen und Wahrnehmung seiner Herrschaft, hg. von Hermann Nehlsen/Hans-Georg Hermann (Quellen und Forschungen aus dem Gebiet der Geschichte. NF 22), Paderborn/München 2002, S. 39–74.

Miethke, Jürgen: Mittelalterliche Politiktheorie. Vier Entwürfe des Hoch- und Spätmittelalters (Würzburger Vorträge zur Rechtsphilosophie, Rechtstheorie und Rechtssoziologie 35), Baden-Baden 2007.

Miethke, Jürgen: Papst Johannes XXII. und der Armutsstreit, in: Angelo Clareno Francescano. Atti del XXXIV Convegno internazionale, Assisi, 5–7 ottobre 2006, Spoleto 2007, S. 263–313.

Miethke, Jürgen: Die Konstantinische Schenkung im Verständnis des Mittelalters. Umrisse einer Wirkungsgeschichte, in: Konstantin der Große. Geschichte – Archäologie – Rezeption. Internationales Kolloquium zur Landesausstellung Rheinland-Pfalz 2007, hg. von Alexander Demandt/Josef Engemann (Schriftenreihe des Rheinischen Landesmuseums Trier 32), Trier 2007, S. 259–272.

Moeglin, Jean-Marie: Die historiographische Konstruktion der Nation – französische Nation und deutsche Nation im Vergleich, in: Deutschland und der Westen Europas im Mittelalter, hg. von JOACHIM EHLERS (Vorträge und Forschungen 56), Stuttgart 2002, S. 353–377.

MORAW, PETER: Von offener Verfassung zu gestalteter Verdichtung. Das Reich im späten Mittelalter. 1250 bis 1490 (Propyläen Geschichte Deutschlands 3), Berlin 1985.

MORAW, PETER: Fürstentum, Königtum und «Reichsreform» im deutschen Spätmittelalter, in: Blätter für deutsche Landesgeschichte 122, 1986, S. 117–136.

MORAW, PETER: Über Entwicklungsunterschiede und Entwicklungsausgleich im deutschen und europäischen Mittelalter. Ein Versuch, in: Hochfinanz, Wirtschaftsräume, Innovationen. Festschrift für Wolfgang von Stromer, hg. von UWE BESTMANN/FRANZ IRSIGLER/JÜRGEN SCHNEIDER, Bd. 2, Trier 1987, S. 583–622.

MORAW, PETER: Der Reichstag zu Worms, in: 1495 – Kaiser, Reich, Reformen. Der Reichstag zu Worms. Katalog zur Ausstellung des Landeshauptarchivs Koblenz in Verbindung mit der Stadt Worms, Koblenz 1995, S. 25–37.

MORAW, PETER: Ruprecht von der Pfalz – ein König aus Heidelberg, in: Zeitschrift für die Geschichte des Oberrheins 149, 2001, S. 97–110.

MÜLLER, HERIBERT: Die Franzosen, Frankreich und das Basler Konzil (1431–1449), 2 Bde. (Konziliengeschichte. Reihe B: Untersuchungen), Paderborn u. a. 1990.

MÜLLER, HERIBERT/HELMRATH, JOHANNES (Hgg.): Die Konzilien von Pisa (1409), Konstanz (1414–1418) und Basel (1431–1449). Institution und Personen (Vorträge und Forschungen 67), Ostfildern 2007.

MÜLLER-MERTENS, ECKHARD: Frankenreich oder Nicht-Frankenreich? Überlegungen zum Reich der Ottonen anhand des Herrschertitels und der politischen Struktur des Reiches, in: Beiträge zur mittelalterlichen Reichs- und Nationsbildung in Deutschland und Frankreich, hg. von CARLRICHARD BRÜHL/BERND SCHNEIDMÜLLER (Historische Zeitschrift, Beihefte NF 24), München 1997, S. 45–52.

MÜLLER-MERTENS, ECKHARD: König, Volk und Reich im frühen und Hochmittelalter, in: Geschichte des Mittelalters für unsere Zeit. Erträge des Kongresses des Verbandes der Geschichtslehrer Deutschlands, hg. von ROLF BALLOF, Wiesbaden 2003, S. 204–216.

MÜLLER-MERTENS, ECKHARD: Römisches Reich im Besitz der Deutschen, der König an Stelle des Augustus. Recherche zur Frage: seit wann wird das mittelalterlich-frühneuzeitliche Reich von den Zeitgenossen als römisch und deutsch begriffen?, in: Historische Zeitschrift 282, 2006, S. 1–58.

MÜLLER-MERTENS, ECKHARD: Imperium und Regnum im Verhältnis zwischen Wormser Konkordat und Goldener Bulle. Analyse und neue Sicht im Lichte der Konstitutionen, in: Historische Zeitschrift 284, 2007, S. 561–595.

MÜNKLER, HERFRIED: Imperien. Die Logik der Weltherrschaft – Vom Alten Rom bis zu den Vereinigten Staaten, 3. Aufl. Berlin 2014.

NEHLSEN, HERMANN/HERMANN, HANS-GEORG (Hgg.): Kaiser Ludwig der Bayer. Konflikte, Weichenstellungen und Wahrnehmungen seiner Herrschaft (Quellen und Forschungen aus dem Gebiet der Geschichte. NF 22), Paderborn/München 2002.

NELSON, JANET: King and Emperor. A New Life of Charlemagne, London 2019.

OBERSTE, JÖRG: Visitation und Ordensorganisation. Formen sozialer Normierung, Kontrolle und Kommunikation bei Cisterziensern, Prämonstratensern und Cluniazensern (12.–frühes 14. Jahrhundert) (Vita regularis 2), Münster 1996.

OEXLE, OTTO GERHARD: Deutungsschemata der sozialen Wirklichkeit im frühen und hohen Mittelalter, in: Mentalitäten im Mittelalter, hg. von FRANTIŠEK GRAUS (Vorträge und Forschungen 35), Sigmaringen 1987, S. 65–117.

OEXLE, OTTO GERHARD: «Die Statik ist ein Grundzug des mittelalterlichen Bewusstseins». Die Wahrnehmung sozialen Wandels im Denken des Mittelalters und das Problem ihrer Deutung, in: Sozialer Wandel im Mittelalter. Wahrnehmungsformen, Erklärungsmuster, Regelungsmechanismen, hg. von JÜRGEN MIETHKE/KLAUS SCHREINER, Sigmaringen 1994, S. 45–70.

OTT, JOACHIM: Krone und Krönung. Die Verheißung und Verleihung von Kronen in der Kunst von der Spätantike bis um 1200 und die geistige Auslegung der Krone, Mainz 1998.

PARAVICINI, WERNER: Die ritterlich-höfische Kultur des Mittelalters (Enzyklopädie deutscher Geschichte 32), 3., erweiterte Aufl. München 2011.

PAULER, ROLAND: Die deutschen Könige und Italien im 14. Jahrhundert. Von Heinrich VII. bis Karl IV., Darmstadt 1997.

PAULY, MICHEL/REINERT, FRANÇOIS (Hgg.): Sigismund von Luxemburg. Ein Kaiser in Europa. Tagungsband des internationalen historischen und kunsthistorischen Kongresses in Luxemburg, 8.–10. Juni 2005, Mainz 2006.

PELTZER, JÖRG u. a. (Hgg.): Die Wittelsbacher und die Kurpfalz im Mittelalter. Eine Erfolgsgeschichte?, Regensburg 2013.

PENTH, SABINE/THORAU, PETER (Hgg.): Rom 1312. Die Kaiserkrönung Heinrichs VII. und die Folgen. Die Luxemburger als Herrscherdynastie von gesamteuropäischer Bedeutung (Forschungen zur Kaiser- und Papstgeschichte des Mittelalters. Beihefte zu J. F. Böhmer, Regesta Imperii 40), Köln/Weimar/Wien 2016.

PETERSOHN, JÜRGEN: Rom und der Reichstitel «Sacrum Romanum Imperium» (Sitzungsbericht der Wissenschaftlichen Gesellschaft an der J. W. Goethe-Universität Frankfurt am Main 32/4), Stuttgart 1994.

POHL, WALTER (Hg.): Die Suche nach den Ursprüngen. Von der Bedeutung des frühen Mittelalters (Österreichische Akademie der Wissenschaften. Philosophisch-historische Klasse. Denkschriften 322), Wien 2004.

POHL, WALTER: Die Völkerwanderung. Eroberung und Integration, 2., erweiterte Aufl. Stuttgart 2005.

PRINZ, FRIEDRICH: Marsilius von Padua, in: Zeitschrift für bayerische Landesgeschichte 39, 1976, S. 39–77.

Prinz, Friedrich: Europäische Grundlagen deutscher Geschichte (4.–8. Jahrhundert), in: Gebhardt. Handbuch der deutschen Geschichte, 10. Aufl., Bd. 1, Stuttgart 2004, S. 145–647.

Prodi, Paolo: Das Sakrament der Herrschaft. Der politische Eid in der Verfassungsgeschichte des Okzidents. Aus dem Italienischen von Judith Elze (Schriften des Italienisch-Deutschen Historischen Instituts in Trient 11), Berlin 1997.

Proske, Veronika: Der Romzug Kaiser Sigismunds (1431–1433). Politische Kommunikation, Herrschaftsrepräsentation und -rezeption (Forschungen zur Kaiser- und Papstgeschichte des Mittelalters. Beihefte zu J. F. Böhmer, Regesta Imperii 44), Köln/Weimar/Wien 2018.

Puhle, Matthias/Hasse, Claus-Peter (Hgg.): Heiliges Römisches Reich Deutscher Nation 962 bis 1806, Bd. 2: Essays, Dresden 2006.

Reuter, Timothy: The medieval German *Sonderweg*? The Empire and its rulers in the high middle ages, in: Kings and Kingship in the Middle Ages, hg. von Anne J. Duggan, London 1994, S. 179–211.

Reuter, Timothy: Nur im Westen was Neues? Das Werden prämoderner Staatsformen im europäischen Mittelalter, in: Deutschland und der Westen Europas im Mittelalter, hg. von Joachim Ehlers (Vorträge und Forschungen 56), Stuttgart 2002, S. 327–351.

Rexroth, Frank: Die Absetzung König Adolfs von Nassau in einer europäischen Perspektive – und im Spiegel der Colmarer Dominikanerchronik, in: Herrschaftspraxis und soziale Ordnung im Mittelalter und in der frühen Neuzeit. Ernst Schubert zum Gedenken, hg. von Peter Aufgebauer/Christine van der Heuvel (Veröffentlichungen der Historischen Kommission für Niedersachsen und Bremen 232), Hannover 2006, S. 35–49.

Rexroth, Frank: Deutsche Geschichte im Mittelalter, 3. Aufl. München 2012.

Reynolds, Susan: Fiefs and Vassals. The Medieval Evidence Reinterpreted, Oxford 1994, ND Oxford 2001.

Rösch, Eva Sibylle/Rösch, Gerhard: Kaiser Friedrich II. und sein Königreich Sizilien, 2. Aufl. Sigmaringen 1996.

Rösener, Werner: Grundherrschaft im Wandel. Untersuchungen zur Entwicklung geistlicher Grundherrschaften im südwestdeutschen Raum vom 9. bis zum 14. Jahrhundert (Veröffentlichungen des Max-Planck-Instituts für Geschichte 102), Göttingen 1991.

Rösener, Werner: Agrarwirtschaft, Agrarverfassung und ländliche Gesellschaft im Mittelalter (Enzyklopädie deutscher Geschichte 13), München 1992.

Rösener, Werner (Hg.): Grundherrschaft und bäuerliche Gesellschaft im Hochmittelalter (Veröffentlichungen des Max-Planck-Instituts für Geschichte 115), Göttingen 1995.

Rogge, Jörg: Die deutschen Könige im Mittelalter. Wahl und Krönung, 2., erweiterte Aufl. Darmstadt 2011.

Runciman, Steven: Die Eroberung von Konstantinopel 1453, 7. Aufl. München 2012.

Schaller, Hans Martin: Stauferzeit. Ausgewählte Aufsätze (MGH Schriften 38), Hannover 1993.

Schieffer, Rudolf: Die Entstehung des päpstlichen Investiturverbots für den deutschen König (MGH Schriften 28), Stuttgart 1981.

Schieffer, Rudolf: Der geschichtliche Ort der ottonisch-salischen Reichskirchenpolitik (Nordrhein-Westfälische Akademie der Wissenschaften, Geisteswissenschaften, Vorträge G 352), Opladen/Wiesbaden 1998.

Schieffer, Rudolf: Die Zeit des karolingischen Großreichs. 714–887 (Gebhardt. Handbuch der deutschen Geschichte, 10. Aufl., Bd. 2), Stuttgart 2005.

Schieffer, Rudolf: Die Karolinger, 5. Aufl. Stuttgart 2014.

Schimmelpfennig, Bernhard: Könige und Fürsten, Kaiser und Papst im 12. Jahrhundert (Enzyklopädie deutscher Geschichte 37), 2. Aufl. München 2010.

Schlick, Jutta: König, Fürsten und Reich (1056–1159). Herrschaftsverständnis im Wandel (Mittelalter-Forschungen 7), Stuttgart 2001.

Schmugge, Ludwig: Nationale Vorurteile im Mittelalter, in: Deutsches Archiv 38, 1982, S. 439–459.

Schmutz, Jürgen: Juristen für das Reich. Die deutschen Rechtsstudenten an der Universität Bologna 1265–1425, 2 Teile (Veröffentlichungen der Gesellschaft für Universitäts- und Wissenschaftsgeschichte 2), Basel 2000.

Schneidmüller, Bernd: Regnum und ducatus. Identität und Integration in der lothringischen Geschichte des 9. bis 11. Jahrhunderts, in: Rheinische Vierteljahrsblätter 51, 1987, S. 81–114.

Schneidmüller, Bernd/Weinfurter, Stefan (Hgg.): Otto III. – Heinrich II. Eine Wende? (Mittelalter-Forschungen 1), 2., erweiterte Aufl. Sigmaringen 2000.

Schneidmüller, Bernd: Konsensuale Herrschaft. Ein Essay über Formen und Konzepte politischer Ordnung im Mittelalter, in: Reich, Regionen und Europa in Mittelalter und Neuzeit. Festschrift für Peter Moraw, hg. von Paul-Joachim Heinig u. a., Berlin 2000, S. 53–87.

Schneidmüller, Bernd: Sehnsucht nach Karl dem Großen. Vom Nutzen eines toten Kaisers für die Nachgeborenen, in: Geschichte in Wissenschaft und Unterricht 51, 2000, S. 284–301.

Schneidmüller, Bernd/Weinfurter, Stefan (Hgg.): Ottonische Neuanfänge. Symposion zur Ausstellung «Otto der Große, Magdeburg und Europa», Mainz 2001.

Schneidmüller, Bernd: Konsens – Territorialisierung – Eigennutz. Vom Umgang mit spätmittelalterlicher Geschichte, in: Frühmittelalterliche Studien 39, 2005, S. 225–246.

Schneidmüller, Bernd: Magdeburg und das geträumte Reich des Mittelalters, in: Heilig – Römisch – Deutsch. Das Reich im mittelalterlichen Europa, hg. von Bernd Schneidmüller/Stefan Weinfurter, Dresden 2006, S. 10–43.

Schneidmüller, Bernd/Weinfurter, Stefan (Hgg.): Ordnungskonfigurationen im hohen Mittelalter (Vorträge und Forschungen 64), Ostfildern 2006.

Schneidmüller, Bernd: Die Aufführung des Reichs. Zeremoniell, Ritual und Performanz in der Goldenen Bulle von 1356, in: Die Kaisermacher. Frankfurt am Main und die Goldene Bulle. 1356–1806, hg. von Evelyn Brockhoff/Michael Matthäus, Frankfurt am Main 2006, S. 76–92.

Schneidmüller, Bernd/Weinfurter, Stefan (Hgg.): Salisches Kaisertum und neues Europa. Die Zeit Heinrichs IV. und Heinrichs V., Darmstadt 2007.

Schneidmüller, Bernd/Weinfurter, Stefan/Wieczorek, Alfried (Hgg.): Verwandlungen des Stauferreichs. Drei Innovationsregionen im mittelalterlichen Europa, Darmstadt 2010.

Schneidmüller, Bernd: Grenzerfahrungen und monarchische Ordnung. Europa 1200–1500, München 2011.

Schneidmüller, Bernd: Die Welfen. Herrschaft und Erinnerung, 2. Aufl. Stuttgart 2014.

Schneidmüller, Bernd/Weinfurter, Stefan (Hgg.): Die deutschen Herrscher des Mittelalters. Historische Portraits von Heinrich I. bis Maximilian I. (919-1519), 2. Aufl. München 2018.

Schneidmüller, Bernd (Hg.): König Rudolf I. und der Aufstieg des Hauses Habsburg im Mittelalter, Darmstadt 2019.

Schneidmüller, Bernd: Die Kaiser des Mittelalters. Von Karl dem Großen bis Maximilian I., 4. Aufl. München 2020.

Schnell, Rüdiger: Deutsche Literatur und deutsches Nationsbewußtsein in Spätmittelalter und Früher Neuzeit, in: Ansätze und Diskontinuität deutscher Nationsbildung im Mittelalter, hg. von Joachim Ehlers (Nationes 8), Sigmaringen 1989, S. 247–319.

Scholz, Sebastian: Die Merowinger (Urban-Taschenbücher 748), Stuttgart 2015.

Schröcker, Alfred: Die deutsche Nation. Beobachtungen zur politischen Propaganda des ausgehenden 15. Jahrhunderts (Historische Studien 426), Lübeck 1974.

Schröder, Heiner: Sturmflut. 1000 Jahre Katastrophen an der ostfriesischen Küste, Leer 1999.

Schubert, Ernst: Randgruppen und Bevölkerungsentwicklung im Mittelalter, in: Saeculum 39, 1988, S. 294–339.

Schubert, Ernst: Die Quaternionen. Entstehung, Sinngehalt und Folgen einer spätmittelalterlichen Deutung der Reichsverfassung, in: Zeitschrift für historische Forschung 20, 1993, S. 1–63.

Schubert, Ernst: Geschichte Niedersachsens vom 9. bis zum ausgehenden 15. Jahrhundert, in: Geschichte Niedersachsens, Bd. 2, Teil 1: Politik, Verfassung, Wirtschaft vom 9. bis zum ausgehenden 15. Jahrhundert, hg. von Ernst Schubert, Hannover 1997.

Schubert, Ernst: Einführung in die deutsche Geschichte im Spätmittelalter, 2. Aufl. Darmstadt 1998.

Schubert, Ernst: Königsabsetzung im deutschen Mittelalter. Eine Studie zum

Werden der Reichsverfassung (Abhandlungen der Akademie der Wissenschaften zu Göttingen. Philologisch-Historische Klasse, 3. Folge, Bd. 267), Göttingen 2005.

Schubert, Ernst: Fürstliche Herrschaft und Territorium im späten Mittelalter (Enzyklopädie deutscher Geschichte 35), 2. Aufl. München 2006.

Schütte, Bernd: König Philipp von Schwaben. Intinerar, Urkundenvergabe, Hof (MGH Schriften 51), Hannover 2002.

Schulze, Hans K.: Grundstrukturen der Verfassung im Mittelalter (Urban-Taschenbücher), 4 Bde., unterschiedl. Aufl. Stuttgart 1998–2011.

Schwarz, Jörg: Herrscher- und Reichstitel bei Kaisertum und Papsttum im 12. und 13. Jahrhundert (Forschungen zur Kaiser- und Papstgeschichte des Mittelalters 22), Köln/Weimar/Wien 2003.

Schwinges, Rainer C./Hesse, Christian/Moraw, Peter (Hgg.): Europa im späten Mittelalter. Politik, Gesellschaft, Kultur (Historische Zeitschrift. Beihefte N. F. 40), München 2006.

Segl, Peter (Hg.): Die Anfänge der Inquisition im Mittelalter. Mit einem Ausblick auf das 20. Jahrhundert und einem Beitrag über religiöse Intoleranz im nichtchristlichen Bereich (Bayreuther Kolloquien 7), Köln/Weimar/Wien 1993.

Seibert, Hubertus/Dendorfer, Jürgen (Hgg.): Grafen, Herzöge, Könige. Der Aufstieg der frühen Staufer und das Reich (1079–1152) (Mittelalter-Forschungen 18), Ostfildern 2005.

Seibt, Ferdinand: Karl IV. Ein Kaiser in Europa. 1346 bis 1378, ND München 2000.

Signori, Gabriela: Schädliche Geschichte(n)? Bücher, Macht und Moral aus dem Blickwinkel spätmittelalterlicher Fürstenspiegel, in: Historische Zeitschrift 275, 2002, S. 593–623.

Signori, Gabriela: Das 13. Jahrhundert. Einführung in die Geschichte des spätmittelalterlichen Europas, Stuttgart 2007.

Spiess, Karl-Heinz: Rangdenken und Rangstreit im Mittelalter, in: Zeremoniell und Raum. 4. Symposium der Residenzen-Kommission, hg. von Werner Paravicini (Residenzenforschung 6), Sigmaringen 1997, S. 39–61.

Spiess, Karl-Heinz (Hg.): Landschaften im Mittelalter, Stuttgart 2007.

Spiess, Karl-Heinz/Willich Thomas: Das Lehnswesen in Deutschland im hohen und späten Mittelalter (Historisches Seminar. NF 13), 3. Aufl. Stuttgart 2011.

Spiess, Karl-Heinz: Familie und Verwandtschaft im deutschen Hochadel des Spätmittelalters. 13. bis Anfang des 16. Jahrhunderts (Vierteljahrschrift für Sozial- und Wirtschaftsgeschichte. Beihefte 111), 2., erweiterte Aufl. Stuttgart 2015.

Stauber, Reinhard: Die Herzöge von München. Die Wiederherstellung der Landeseinheit, in: Die Herrscher Bayerns. 25 historische Portraits von Tassilo III. bis Ludwig III., hg. von Alois Schmid/Katharina Weigand, 2. Aufl. München 2006, S. 145–160.

Stiegemann, Christoph/Wemhoff, Matthias (Hgg.): Canossa 1077. Erschütterung der Welt. Geschichte, Kunst und Kultur am Aufgang der Romanik, Bd. 1: Essays, München 2006.

Stollberg-Rilinger, Barbara: Das Heilige Römische Reich Deutscher Nation. Vom Ende des Mittelalters bis 1806, 6. Aufl. München 2018.

Störmer, Wilhelm: Die Baiuwaren. Von der Völkerwanderung bis Tassilo III., 2. Aufl. München 2007.

Stürner, Wolfgang: Natur und Gesellschaft im Denken des Hoch- und Spätmittelalters. Naturwissenschaftliche Kraftvorstellungen und die Motivierung politischen Handelns in Texten des 12. bis 14. Jahrhunderts (Stuttgarter Beiträge zur Geschichte und Politik. Textbd. 7), Stuttgart 1975.

Stürner, Wolfgang: Dreizehntes Jahrhundert. 1198–1273 (Gebhardt. Handbuch der deutschen Geschichte, Bd. 6), 10. Aufl. Stuttgart 2007.

Stürner, Wolfgang: Friedrich II., 3., erweiterte Aufl. Darmstadt 2009.

Stürner, Wolfgang: Die Staufer. Eine mittelalterliche Herrscherdynastie. Bd. 1: Aufstieg und Machtentfaltung (975–1190) (Urban-Taschenbücher), Stuttgart 2020.

Takács, Imre (Hg.): Sigismundus rex et imperator. Kunst und Kultur zur Zeit Sigismunds von Luxemburg 1387–1437. Ausstellungskatalog, Mainz 2006.

Tellenbach, Gerd: Die westliche Kirche vom 10. bis zum frühen 12. Jahrhundert, Göttingen 1988.

Thomas, Heinz: Deutsche Geschichte des Spätmittelalters. 1250–1500, Stuttgart 1983.

Thomas, Heinz: Ludwig der Bayer (1282–1347). Kaiser und Ketzer, Regensburg 1993.

Toch, Michael: Die Juden im mittelalterlichen Reich (Enzyklopädie deutscher Geschichte 44), 3., erweiterte Aufl. München 2014.

Trzinski, Elke: Studien zur Ikonographie der Germania, Münster 1992.

Ubl, Karl: Die Karolinger. Herrscher und Reich, München 2014.

Vollrath, Hanna: Das Mittelalter in der Typik oraler Gesellschaften, in: Historische Zeitschrift 233, 1981, S. 571–594.

Walther, Helmuth G.: Imperiales Königtum, Konziliarismus, Volkssouveränität. Studien zu den Grenzen des mittelalterlichen Souveränitätsgedankens, München 1976.

Wefers, Sabine: Der Wormser Tag von 1495 und die ältere Staatswerdung, in: Reich, Regionen und Europa in Mittelalter und Neuzeit. Festschrift für Peter Moraw, hg. von Paul-Joachim Heinig u. a., Berlin 2000, S. 287–304.

Weinfurter, Stefan: Herzog, Adel und Reformation. Bayern im Übergang vom Mittelalter zur Neuzeit, in: Zeitschrift für historische Forschung 10, 1983, S. 1–39.

Weinfurter, Stefan: Die Einheit Bayerns. Zur Primogeniturordnung des Herzogs Albrecht IV. von 1506, in: Festgabe Heinz Hürten zum 60. Geburtstag, hg. von Harald Dickerhof, Frankfurt am Main/Bern/New York/Paris 1988, S. 225–242.

WEINFURTER, STEFAN (Hg.): Die Salier und das Reich, 3 Bde., 2. Aufl. Sigmaringen 1992.

WEINFURTER, STEFAN/SIEFARTH, FRANK MARTIN (Hgg.): Macht und Ordnungsvorstellungen im hohen Mittelalter (Münchner Kontaktstudium 1), Neuried 1998.

WEINFURTER, STEFAN: Kaiserin Adelheid und das ottonische Kaisertum, in: Frühmittelalterliche Studien 33, 1999, S. 1–19.

WEINFURTER, STEFAN: Salisches Herrschaftsverständnis im Wandel. Heinrich V. und sein Privileg für die Bürger von Speyer, in: Frühmittelalterliche Studien 36, 2002, S. 317–335.

WEINFURTER, STEFAN (Hg.): Stauferreich im Wandel. Ordnungsvorstellungen und Politik in der Zeit Friedrich Barbarossas (Mittelalter-Forschungen 9), Stuttgart 2002.

WEINFURTER, STEFAN: Heinrich II. (1002–1024). Herrscher am Ende der Zeiten, 3. Aufl. Regensburg 2002.

WEINFURTER, STEFAN: Investitur und Gnade. Überlegungen zur gratialen Herrschaftsordnung im Mittelalter, in: Investitur- und Krönungsrituale. Herrschaftseinsetzungen im kulturellen Vergleich, hg. von MARION STEINICKE/ STEFAN WEINFURTER, Köln/Weimar/Wien 2005, S. 105–123.

WEINFURTER, STEFAN: Gelebte Ordnung – Gedachte Ordnung. Ausgewählte Beiträge zu König, Kirche und Reich, hg. von HELMUTH KLUGER/HUBERTUS SEIBERT/WERNER BOMM, Ostfildern 2005.

WEINFURTER, STEFAN: Canossa. Die Entzauberung der Welt, 3. Aufl. München 2007.

WEINFURTER, STEFAN: Das Jahrhundert der Salier (1024–1125), 2. Aufl. Ostfildern 2008.

WEINFURTER, STEFAN: Lehnswesen, Treueid und Vertrauen. Grundlagen der neuen Ordnung im hohen Mittelalter, in: Das Lehnswesen im Hochmittelalter. Forschungskonstrukte – Quellenbefunde – Deutungsrelevanz, hg. von JÜRGEN DENDORFER/ROMAN DEUTINGER (Mittelalter-Forschungen 34), Ostfildern 2010, S. 443–462.

WEINFURTER, STEFAN: Eichstätt im Mittelalter. Kloster – Bistum – Fürstentum, Regensburg 2010.

WEINFURTER, STEFAN: Karl der Große. Der heilige Barbar, 2. Aufl. München/ Zürich 2014.

WEISERT, HERMANN: Seit wann spricht man von *Deutschen*?, in: Blätter für deutsche Landesgeschichte 133, 1997, S. 131–168.

WEISS, SABINE: Maximilian I. Habsburgs faszinierender Kaiser, Innsbruck 2018.

WERNER, MATTHIAS (Hg.): Heinrich Raspe – Landgraf von Thüringen und römischer König (1227–1247). Fürsten, König und Reich in spätstaufischer Zeit (Jenaer Beiträge zur Geschichte 3), Frankfurt a. M. 2003.

WERNER, MATTHIAS: Elisabeth von Thüringen, Franziskus von Assisi und Konrad von Marburg, in: Elisabeth von Thüringen – eine europäische Heilige.

Begleitpublikation zur 3. Thüringer Landesausstellung auf der Wartburg/ Eisenach, Bd. 1, hg. von DIETER BLUME/MATTHIAS WERNER, Petersberg 2007, S. 109–135.

WIECZOREK, ALFRIED (Hg.): Die Franken. Wegbereiter Europas. Vor 1500 Jahren: König Chlodwig und seine Erben, Katalog der Ausstellung, Mannheim/Mainz 1996.

WIECZOREK, ALFRIED/SCHNEIDMÜLLER, BERND/WEINFURTER, STEFAN (Hgg.): Die Staufer und Italien, Bd. I: Essays, Bd. II: Katalog, Darmstadt 2010.

WIECZOREK, ALFRIED/WEINFURTER, STEFAN (Hgg.): Die Päpste und die Einheit der lateinischen Welt. Katalog zur Ausstellung, Regensburg 2017.

WILANGOWSKI, GESA: Frieden schreiben im Spätmittelalter. Vertragsdiplomatie zwischen Maximilian I., dem deutsch-römischen Reich und Frankreich (Ancien Régime, Aufklärung und Revolution 44), Berlin/Boston 2017.

WOLFRAM, HERWIG: Die Goten und ihre Geschichte, 3., durchgesehene Aufl. München 2010.

WOLFRAM, HERWIG: Konrad II. 990–1039. Kaiser dreier Reiche, 2. Aufl. München 2016.

WOLLASCH, JOACHIM: Mönchtum des Mittelalters zwischen Kirche und Welt, München 1973.

WOLTER, HEINZ: Die Synoden im Reichsgebiet und in Italien von 916 bis 1056 (Konziliengeschichte. Reihe A: Darstellungen), Paderborn 1988.

ZOTZ, THOMAS: Das Herzogtum Schwaben im 10. und frühen 11. Jahrhundert, in: Schwaben vor tausend Jahren, hg. von BARBARA SCHOLKMANN/SÖNKE LORENZ, Filderstadt 2002, S. 10–35.

Register

Von Mona Kirsch

Das Register enthält Personen- und Ortsnamen sowie geographische Bezeichnungen.

Abkürzungen: Äbt. = Äbtissin, avignon. = avignonesisch(er), Bf. = Bischof, bibl. = biblisch(er), byz. = byzantinisch(er), Ebf. = Erzbischof, frk. = fränkisch(er), Gem. = Gemahlin, Gf. = Graf, Gfn. = Gräfin, Gft. = Grafschaft, griech. = griechisch(er), Hl. = Heilige(r), Hz. = Herzog, Hzn. = Herzogin, Kard. = Kardinal, Kg. = König, Kgn. = Königin, Kl. = Kloster, Ks. = Kaiser, ksl. = kaiserlich(er), Ksn. = Kaiserin, lit. = literarisch(er), Lgf. = Landgraf, merow. = merowingisch(er), Mgf. = Markgraf, Mgfn. = Markgräfin, Patr. = Patriarch, Pfgf. = Pfalzgraf, röm. = römisch(er), S. = Sohn, T. = Tochter, v. = von

Bildnachweis

Abbildungen:
1, 2, 4, 5: akg-images, Berlin
3: Gallimard – La Photothèque
6: Aus Eva Sibylle Rösch und Gerhard Rösch, Friedrich II. und sein Königreich Sizilien, Jan Thorbecke, Sigmaringen 1995, Abb. 18
7: Staatsarchiv Nürnberg

Karten:
1: Aus Patrick J. Geary, Die Merowinger, 2. Auflage 2004, S. 246
2: Zeichnung: Susanne Handtmann, Erlangen
3: Zeichnung: cartomedia, Karlsruhe
4: Nach Gerd Althoff/Hagen Keller, Heinrich I. und Otto der Große, Neubeginn des karolingischen Erbes, 2. Auflage 1994, S. 260, © Peter Palm, Berlin
5: Aus Stefan Weinfurter, Herrschaft und Reich der Salier. Grundlinien einer Umbruchzeit, S. 29, © Jan Thorbecke Verlag der Schwabenverlag AG, Sigmaringen, 3. Auflage 1992, www.thorbecke.de
6, 7: Zeichnung: cartomedia, Karlsruhe
8: Bernd Schneidmüller, Heidelberg/Zeichnung: Stefan Burkhardt

Stammtafeln:
S. 261: Nach Matthias Becher, Karl der Große, 7. Auflage 2021, S. 24
S. 262: Verfasser
S. 263: Nach Hagen Keller, Die Ottonen, 3. Auflage 2006, S. 19
S. 264: Nach Johannes Laudage, Die Salier, München 2. Auflage 2007, Umschlaginnenseite vorne
S. 265: Nach Knut Görich, Die Staufer, München 2006, S. 122
S. 266/67, S. 268/69, S. 270/71: Aus Bernd Schneidmüller/Stefan Weinfurter (Hgg.), Die deutschen Herrscher des Mittelalters, a. a. O., S. 554–559